le Robe
& Collins

easy
Grammar

conception, direction et rédaction
Martyn BACK

conseillère pédagogique
Sylvie DUMEZ

lecture-correction
Annick VALADE
Brigitte ORCEL
Anne-Marie LENTAIGNE
Méryem PUILL-CHÂTILLON

conception graphique et mise en page
Laurence LEBOT
avec la collaboration de
Patricia MARCHAL

direction technique
Gonzague RAYNAUD
Maud LAHEURTE

Nous tenons à remercier **Paul LARREYA**
pour ses précieux conseils.

Cet ouvrage est une œuvre collective au sens de l'article L 113-2 du Code de la propriété intellectuelle. Publié par la société DICTIONNAIRES LE ROBERT, représentée par Marianne Durand, directrice déléguée.

NOTE AU LECTEUR

L'objectif du Robert & Collins *Easy Grammar* est très simple : aider à faire le moins d'erreurs possible en anglais.

Il tient donc compte des difficultés rencontrées par tout élève : l'ordre des mots, l'emploi des modaux (can, must, should, etc.), l'expression du passé, du présent et du futur, les faux amis, les mots faciles à confondre...

Easy Grammar est divisé en deux parties. La partie alphabétique, *Les mots et les phrases*, répertorie les mots qui généralement posent un problème à ceux qui apprennent la langue anglaise. Ce sont soit des mots « grammaticaux » (prépositions, adverbes, articles...) soit des mots « trompeurs » qui ne se comportent pas tout à fait comme leurs équivalents français. De nombreux exemples montrent comment les utiliser dans la phrase, et des explications en français, claires et précises, alertent sur les erreurs susceptibles d'être commises en les employant.

La deuxième partie, *La grammaire par l'exemple*, se présente sous la forme de fiches qui exposent et illustrent les aspects essentiels de la grammaire anglaise. Nous nous sommes attachés à présenter ces fiches de manière claire et fluide, sans jargon et sans complications inutiles.

Easy Grammar n'a pas la prétention d'offrir un panorama exhaustif de la grammaire anglaise. Il ne s'adresse ni aux spécialistes, ni aux personnes qui maîtrisent déjà la langue. Il s'adresse avant tout aux élèves qui ont besoin d'améliorer leur niveau ou de réviser leurs connaissances. Dans ce but, des tests d'auto-évaluation et des exercices leur permettent de s'entraîner de façon autonome et de vérifier leurs progrès.

Nous espérons enfin que *Easy Grammar*, tout en aidant l'élève à améliorer son niveau, attisera sa curiosité et augmentera son plaisir à communiquer en anglais.

L'éditeur

→ Quand on apprend une langue étrangère, beaucoup d'erreurs sont commises à cause d'un malentendu sur la nature des mots. On imagine à tort que chaque mot a un sens, et qu'il suffit de trouver le mot étranger qui a le même sens pour s'exprimer correctement. On appelle cela « faire du mot à mot ».

→ Quand on essaie de s'exprimer en anglais, il est **très important** de se souvenir des trois points suivants :

⊙ **Les mots ont plusieurs sens.** Pensez au mot français **glace**, qui peut signifier un dessert, de l'eau gelée, un miroir...

Pour bien choisir le mot anglais équivalent, il faut **identifier le sens** du mot que vous recherchez : la traduction de **glace** (= dessert) n'est pas la même que celle de **glace** (= miroir).

⊙ **Les mots ne s'emploient jamais seuls** mais toujours en association avec d'autres mots. Pensez au mot **bien** : dire qu'un garçon ou une fille est très **bien**, qu'un film est **bien**, ou qu'on est **bien** avec quelqu'un, n'a pas du tout le même sens.

Il faut toujours être conscient que c'est le sens de **l'ensemble de la phrase** qui compte, pas seulement le sens du mot pris tout seul.

⊙ Il existe des mots qui n'ont pas vraiment de sens tout seuls, mais qui sont utilisés comme des « outils » pour exprimer certaines choses. Pensez au mot **de** dans l'expression **la voiture de mon père** : **de** n'a pas vraiment de sens tout seul, il est là pour indiquer que quelque chose appartient à quelqu'un : c'est sa **fonction**.

Ce point est extrêmement important en anglais car il y a une famille de mots (les **auxiliaires et les modaux**) pour lesquels la **fonction** est beaucoup plus importante que le **sens**.

Par exemple, le modal **can** n'a pas de sens tout seul, mais il sert à exprimer la capacité, la permission, etc. Pour traduire la phrase « je t'autorise à aller au cinéma avec Paul » il n'est pas nécessaire de connaître la traduction du verbe « autoriser ». Il suffit de repérer que la phrase exprime la **permission**, et d'employer le mot **can** :

> Je t'autorise à aller au cinéma avec Paul.
> *You can go to the cinema with Paul.*

Avant toute chose, essayez d'identifier le **sens** des mots, le **contexte** dans lequel ils sont employés, et enfin leur **fonction**.

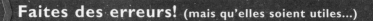

→ On essaie naturellement d'éviter de se tromper quand on parle une langue étrangère. On a peur de se ridiculiser, d'être mal compris, d'être sanctionné (mauvaises notes...). Cela nous complexe, nous inhibe, nous « bloque ».

→ Mais nos erreurs ont une fonction essentielle ; ce sont elles qui nous permettent de progresser... *à condition de les rendre utiles.*

→ Rendre utile une erreur, c'est aller au-delà de la frustration de l'avoir commise et se demander :

– *pourquoi* on l'a commise

– *comment* on peut faire pour éviter de la commettre à l'avenir.

→ N'oubliez pas qu'il y a une différence entre l'erreur commise **en parlant** et l'erreur commise **à l'écrit**.

→ Quand vous **parlez** anglais, vous êtes dans une situation de **dialogue** avec une personne qui maîtrise la langue mieux que vous. Cette personne peut vous aider à mieux vous exprimer : n'hésitez pas à faire appel à elle !

Jean-Luc : *I need a... euh... tire-bouchon... what do you call a thing to open a bottle of wine?*

Bobby : a corkscrew? Is that what you want?

Jean-Luc : *Oh yes, a cockscoo...*

Bobby : corkscrew... corkscrew...

Jean-Luc : *Euh...a cor...corkscrew, yes, thank you!*

→ Quand vous **écrivez** en anglais, vous avez l'avantage de pouvoir **vérifier** ce que vous écrivez dans un **dictionnaire** (pour le vocabulaire) et dans un **livre de grammaire** ou un **manuel** (pour la grammaire). Il est important de limiter le nombre d'erreurs à l'écrit.

→ Essayez par tous les moyens de ne pas refaire les mêmes erreurs d'un devoir à l'autre. Pour cela, vous pouvez vous fabriquer une **grille de relecture** de vos devoirs en listant vos anciennes erreurs comme dans l'exemple ci-dessous et page suivante :

Je vérifie les points suivants :

1. La ponctuation (ai-je pensé à toutes les majuscules ?).
2. Aucun « s » aux adjectifs puisqu'ils sont invariables : ex : **big white** cars.
3. « s » de la troisième personne du singulier, au présent simple.
4. Place des adjectifs épithètes : a **terrific** weekend et non pas
   a weekend terrific !

5. La conjugaison de **be** : I **am** / you / we / they / **are** / he / she / it **is**.

6. Il y a : There is + nom au singulier / There are + nom au pluriel.

7. Le mot **people** (jamais de « s ») + verbe au pluriel : les gens.

8. etc...

➜ Je peux aussi me faire une liste du vocabulaire ou des phrases dont j'ai souvent besoin et que j'ai du mal à mémoriser :

Par exemple :

- I think the book is better than the film.

- I disagree with you because I think....

- I think so / I don't think so.

- In other words...

- In my opinion...

- Some people think...

➜ **Easy Grammar** vous aidera à mieux identifier les problèmes, et à commettre moins d'erreurs.

➜ N'oubliez pas que l'apprentissage d'une langue étrangère doit avant tout être un plaisir !

les mots
et les phrases

a, an

For this fruit salad you need **a** pear, **an** apple, **an** orange, **a** peach and **an** apricot.
Pour cette salade de fruits vous avez besoin d'une poire, d'une pomme, d'une orange, d'une pêche et d'un abricot.

⊙ En français, on emploie **un** pour un nom masculin (**un** abricot) et **une** pour un nom féminin (**une** poire). **Un** et **une** constituent ce qu'on appelle *l'article indéfini*.

⊙ En anglais, les notions de « nom masculin » et de « nom féminin » n'existent pas. *L'article indéfini* en anglais est généralement **a** pour un mot qui commence par une **consonne** ou un **y** (**a** pear *une poire* ; **a** yellow banana *une banane jaune*) et **an** pour un mot qui commence par une **voyelle** (**an** apricot *un abricot*).

a U → *un U* ;
a UFO → *un ovni*
a uniform → *un uniforme*
a union → *un syndicat*
a unit → *une unité*
a university → *une université*
a used car → *une voiture d'occasion*
a useful tool → *un outil pratique*
a useless suggestion → *une suggestion inutile*
a user → *un utilisateur, une utilisatrice*
a U-turn → *un demi-tour.*

⊙ Au début de certains mots anglais, la lettre **u** se prononce comme le mot **you**. Dans ce cas, on emploie **a**, comme si le mot commençait vraiment par un **y**. Les exemples les plus courants sont donnés à gauche.

This is **a** European car.
C'est une voiture européenne.

They cost **a** euro each.
Ils coûtent un euro pièce.

⊙ Les lettres **eu** en début de mot se prononcent comme le mot **you**. On emploie **a** avant ces mots. Les exemples les plus courants sont **a euro** et **a European**.

It's **an** honour to meet you!
C'est un honneur de vous rencontrer !

Do you think she's **an** honest person?
Tu penses que c'est une personne honnête ?

We waited for **an** hour.
Nous avons attendu une heure.

⊙ En anglais, la lettre **h** se prononce presque toujours /h/ (comme dans *ha! ha! ha!*), mais dans certains mots elle n'est pas prononcée du tout (comme en français). Employez **a** avec les mots qui commencent par **h**, sauf **honour, honest, hour** et leurs dérivés (*honourable, hourly*, etc.).

It was **a** one-day trip.
C'était un voyage d'une journée.

Have you got **a** one euro coin?
As-tu une pièce d'un euro ?

⊙ Le mot **one** se prononce comme s'il commençait par un **w**. On le fait précéder de **a**.

Is there **an** H in his name?
Y a-t-il un H dans son nom ?

Have you ever met **an** MP?
As-tu déjà rencontré un député ?

They sent out **an** SOS.
Ils ont envoyé un SOS.

I need **an** X-ray.
J'ai besoin d'une radio(graphie).

⊙ **an** est employé avant **le nom** des consonnes F, H, L, M, N, S, X. Quand on dit leur nom, on dit 'ef', 'eitch', 'el', etc. C'est comme s'ils commençaient par un **e**.

Le choix entre *a* et *an* est déterminé par la **prononciation** du mot qui suit.

a/an (professions)

My Dad is **a** doctor.
Mon père est médecin.

She became **a** nurse during the war.
Elle est devenue infirmière pendant la guerre.

When I grow up, I'm going to be **an** airline pilot.
Quand je serai grand, je serai pilote de ligne.

⊙ Le nom d'une profession est précédé de **a/an** quand il suit le verbe **be** ou **become**.
☛ VOIR : **page 453**

a/an ou one ?

Karen came with **a** friend.
Karen est venue avec un(e) ami(e).

Karen has only got **one** sister.
Karen n'a qu'une sœur.

⊙ Dans les deux phrases à gauche, on emploie le mot **un/une** en français, mais dans la deuxième phrase, le mot **une** est employé comme un chiffre, pour compter (Kate a **une** sœur, pas deux).

⊙ En anglais, on emploie **one** pour compter (c'est le nom du chiffre **I** en anglais). Autrement, on emploie **a/an**.

able to

	⊙ **be able to** = « être capable de » : plus généralement, il exprime la **possibilité** qu'on a de faire quelque chose.
Is Alison **able to** walk now? *Alison est-elle capable de marcher maintenant ?*	⊙ **am/is/are able to** (au présent) sont employés pour exprimer ce qu'on est **physiquement capable** de faire.
Adrian **can** stay with us. *Adrian peut rester avec nous.*	⊙ En général, l'emploi du modal **can** est plus courant pour exprimer la possibilité. ☞ **VOIR : can**
He wasn't **able to** come to the party. *Il n'a pas pu venir à la fête.*	⊙ **was/were able to** (au prétérit) sont employés pour parler de ce qu'on **a pu faire** ou de ce qu'on **n'a pas pu faire**.
He **couldn't** come to the party. *Il n'a pas pu venir à la fête.*	⊙ le modal **could** exprime la même chose. ☞ **VOIR : could**
I will be **able to** see you tomorrow. *Je pourrai te voir demain.* I won't be **able to** come. *Je ne pourrai pas venir.*	⊙ **will be able to** (futur) est employé pour parler de ce qu'on **pourra** faire. La forme négative est **won't be able to**.

Attention : les modaux **can** et **could** ne sont pas employés pour exprimer ce qu'on **pourra/ne pourra pas** faire ; ils sont remplacés par **will/won't be able to...** On ne dit pas **will can* !

about

I

There were **about** twenty-five people in the room. *Il y avait environ vingt-cinq personnes dans la pièce.*	⊙ **about** peut signifier **à peu près** ou **environ**. Dans ce cas il précède le plus souvent un chiffre.

Suite page suivante

I think it's **about** one o'clock.
Je pense qu'il est environ une heure.

2

What is that book **about**?
Quel est le sujet de ce livre ?
De quoi parle ce livre ?

It's **about** a man who lives in a windmill.
Ça parle d'un homme qui habite dans un moulin.
C'est l'histoire d'un homme qui habite dans un moulin.

I went to see a film **about** UFOs.
Je suis allé voir un film sur les OVNIs.

You must go and see a doctor **about** your spots.
Il faut aller voir un médecin au sujet de tes boutons.

What are you laughing **about**?
Pourquoi vous riez ?

⊙ **about** peut être employé pour parler du **sujet** ou du **thème** d'un film, d'un livre, d'une histoire, d'une émission, d'une blague, d'une discussion, etc.

⊙ Dans ce cas, il n'y a pas qu'un seul mot qui correspond à **about** en français. Pensez à des mots comme *sur, au sujet de, le thème de… , ça parle de…, c'est l'histoire de…*

3

I'm really sorry **about** what happened.
Je suis vraiment désolé pour ce qui s'est passé.

He was really angry **about** that letter.
Il était très en colère au sujet de cette lettre.

⊙ **about** peut s'employer après certains adjectifs qui expriment des sentiments, comme **angry, pleased, sad, sorry**. Il a le sens de « à propos de », mais se traduit de plusieurs façons.

4

What are you talking **about**?
De quoi parlez-vous ?

We're talking **about** our holidays.
Nous parlons de nos vacances.

The teacher spoke to us **about** England.
Le prof nous a parlé de l'Angleterre.

Have you heard **about** the new James Bond film?
Tu as entendu parler du nouveau James Bond ?

⊙ **about** s'emploie avec les verbes **speak, talk, know, think, hear**.

⊙ **talk about** something/**speak about** something = **parler de quelque chose**.

⊙ **hear about** something = **entendre parler de** quelque chose.

Do you know anything **about** computers?
Tu t'y connais en informatique ?

⊙ **know about** something = **être au courant de** quelque chose, **être renseigné sur** quelque chose, **savoir** quelque chose, **s'y connaître en** quelque chose.

I didn't know **about** the accident.
Je n'étais pas au courant de l'accident.

What are you thinking **about**?
À quoi penses-tu ?

⊙ **think about** something = **penser à** quelque chose, **réfléchir à** quelque chose.

I'm thinking **about** the holidays.
Je pense aux vacances.

I need some time to think **about** it.
J'ai besoin de temps pour y réfléchir.

I'm thinking **about** buying a bike.
Je pense m'acheter un vélo.

⊙ **think about doing** something = **penser faire** quelque chose.

> What are you discussing?
De quoi discutez-vous ?

Attention : on ne dit pas **discuss about.*

> We're discussing your school marks!
On discute de tes notes à l'école !

☛ VOIR : **discuss**

5

I can't talk now, I'm just **about to** leave.
Je ne peux pas parler maintenant, je suis sur le point de partir.

⊙ **be (just) about to do** something = **être sur le point de faire** quelque chose.

☛ VOIR : **what about?, how about?**

The plane was **about to** take off.
L'avion était sur le point de décoller.

above

He had a light **above** his desk.
*Il avait une lampe **au-dessus de** son bureau.*

⊙ **above** est un mot qu'on emploie pour indiquer que quelque chose est **au-dessus de** quelque chose d'autre, qu'il se trouve **à un niveau supérieur**.

Do they live **above** you or below you?
*Ils habitent **au-dessus de** chez toi ou en-dessous ?*

Hang the picture **above** your bed.
*Accroche le tableau **au-dessus de** ton lit.*

⊙ Le contraire de **above** est **below**.

accept ou agree ?

Did they **accept** your excuse?
Ils ont accepté ton excuse ?

He **agreed** to help me.
Il a accepté de m'aider.

Did they **agree** to pay?
Est-ce qu'ils ont accepté de payer ?

☉ **accept** = "accepter", mais "accepter de faire quelque chose" se dit "**agree to do something**".

Attention : on ne dit pas
*accept to do something !

☛ VOIR : **agree**

according to

According to Sophie, the train was late.
D'après Sophie, le train était en retard.

☉ On dit **according to him/her/them/John** (d'après lui/elle/eux ou elles/John).

In my opinion, the film is really boring.
D'après moi, ce film est vraiment ennuyeux.

☉ Mais on dit **in my/our/your opinion** (d'après moi/nous/toi ou vous)

Attention : on ne dit pas
*according to me !

achieve

They **achieved** their aims.
Ils ont réalisé leurs objectifs.

What are you trying to **achieve**?
Quel est ton objectif ?

☉ Le verbe anglais **achieve** signifie **réaliser** (un objectif).

> They've **finished** the building.
Ils ont achevé l'immeuble.

☉ **achever** = **finish**

Attention : ne traduisez pas **achever** par **achieve* !

across ou through ?

⊙ **across** et **through** ont tous les deux le sens de **à travers**, mais ils sont rarement interchangeables.

They ran **across** the road.
Ils ont traversé la route en courant.
They swam **across** the river.
Ils ont traversé la rivière à la nage.

⊙ Quand on parle de traverser une **surface** (une route, une mer, une rivière, un pays vu du ciel), on emploie **across**.

The bullet went **through** his shoulder.
La balle est passée à travers son épaule.

⊙ Quand on parle de traverser un **objet** ou un **espace en trois dimensions de part en part**, on emploie **through**.

Is it OK to walk **across** / **through** this field?
On a le droit de traverser ce champ ?

⊙ Quand on parle par exemple d'un champ, d'un désert, d'une ville ou d'un pays, **through** et **across** sont tous les deux possibles.

The train goes **across** / **through** the desert.
Le train traverse le désert.

We travelled **through** / **across** India.
On a voyagé à travers l'Inde.

actual

Can you give me an **actual** example?
Tu peux me donner un exemple concret ?

⊙ **actual** ne signifie pas « actuel » : il a le sens de « réel », « exact », « concret », « vrai ».

This is the **actual** dress that the princess wore at the ceremony.
C'est la (vraie) robe portée par la princesse lors de la cérémonie.

> What is the **present** situation?
Quelle est la situation actuelle ?

> In **today's** world,...
Dans le monde actuel,...

Attention : le mot français **actuel** a plusieurs équivalents possibles en anglais. Regardez les exemples à gauche.

> The **current** President is younger.
Le président actuel est plus jeune.

actually

I thought he was wrong but **actually** he was right.
Je pensais qu'il avait tort mais en fait il avait raison.

No, I'm a teacher, **actually.**
Non, en fait, je suis prof.

⊙ **actually** ne signifie pas "actuellement" mais **en fait**.

> We're on holiday **at the moment.**
On est actuellement en vacances.

> I'm living with my brother **at the moment.**
Actuellement, j'habite avec mon frère.

> **actuellement** se dit **at the moment**.

advertisement

I answered an **advertisement** in the paper.
J'ai répondu à une petite annonce dans le journal.

⊙ **an advertisement**, c'est **une publicité** ou **une petite annonce**.

> He got several **warnings**.
Il a reçu plusieurs avertissements.

> **un avertissement**, c'est **a warning** en anglais.

advice

Thanks for your **advice.**
Merci pour tes conseils.

⊙ Le mot **advice** (= conseil, conseils) est **indénombrable**. Cela veut dire qu'on ne peut **ni** le mettre au pluriel, **ni** l'employer avec l'article **an**.

Let me give you **a piece of advice.**
Let me give you **some advice.**
Laisse-moi te donner un conseil

⊙ Pour parler d'**un conseil,** on dit **a piece of advice** ou **some advice/any advice** aux formes interrogative et négative.

Did they give you **any advice?**
Ils t'ont donné des conseils ?

⊙ Pour parler de **conseils,** on emploie soit **advice** tout court, soit **some/any advice.**

If you need **advice**, ask us.
Si vous avez besoin de conseils,
demandez-nous.

Attention : on ne dit pas **an
advice* ni **advices* !

☛ **VOIR : any, some, indénombrable
(fiche 60)**

afford

I can't **afford** a car.
*Je n'ai pas les moyens de m'acheter une
voiture.*

Can you **afford** it?
Tu peux te le permettre ?
Tu as les moyens ?
Tu as assez d'argent ?

I can only **afford** 100 euros.
Je peux mettre 100 euros, pas plus.

I can't **afford** to go on holiday this year.
*Je n'ai pas les moyens de partir en
vacances cette année.*

You won't be able to **afford** the air fare.
*Tu n'auras pas les moyens de payer le billet
d'avion.*

⊙ **afford** n'a pas d'équivalent exact en
français. C'est un verbe qui exprime
les **moyens financiers** dont on
dispose pour faire quelque chose.

⊙ **afford** est toujours précédé de
can/could/be able to.

⊙ On dit **afford to + base verbale**
(pas **afford + -ing*).

afraid, frightened, frighten, fear

Paul is **afraid** of the dark.
Paul a peur du noir.

Don't be **afraid**.
N'aie pas peur.

Don't be **frightened**.
N'aie pas peur.

Fireworks can **frighten** pets.
*Les feux d'artifice peuvent faire peur aux
animaux domestiques.*

You **frightened** me!
Tu m'as fait peur !

⊙ **be afraid = avoir peur**

Attention : *afraid* est un adjectif.
Ne dites pas **I don't afraid* !

⊙ **be frightened** signifie également
avoir peur, être effrayé.

⊙ **frighten** est un verbe qui signifie
faire peur à, effrayer.

Suite page suivante

He behaved like a **frightened** animal.
Il s'est comporté comme un animal apeuré.

⊙ **frightened** peut s'employer avant un nom. **Afraid** ne peut pas précéder un nom (on **ne dit pas** *an afraid animal*).

We talked about her **fear** of spiders.
On a parlé de sa peur des araignées.

⊙ **fear** est un nom qui signifie **la peur** ou **la crainte**.

You have nothing **to fear**.
Tu n'as rien à craindre.

⊙ **fear** peut aussi être un verbe qui signifie **craindre** (they fear us = ils nous craignent), mais il est rarement employé dans la langue courante.

after

> **AFTER** somebody *ou* something.
He came in **after** me.
Il est entré après moi.

⊙ **after** signifie généralement **après**. Il a plusieurs emplois importants en anglais.

We can play **after** dinner.
On peut jouer après le dîner.

> **AFTER** + nom ou pronom + verbe.
We'll do the washing-up **after they leave**.
On fera la vaisselle après qu'ils sont partis/après leur départ/quand ils seront partis.

⊙ Ici, on peut traduire par **après que…** mais d'autres traductions sont souvent plus naturelles en français, comme le montrent les exemples à gauche.

Patrick arrived **after you phoned me**
Patrick est arrivé après que tu m'as téléphoné/après ton coup de fil.

After his mother died, he was very depressed.
Après la mort de sa mère, il était très déprimé.

> **AFTER** + -ing.
He was very tired **after** driving all night.
Il était très fatigué après avoir conduit toute la nuit.

⊙ **after** + -ing correspond à **après avoir** + verbe.

I understood the situation better **after** seeing that film.
J'ai mieux compris la situation après avoir vu ce film.

☛ VOIR : **before**

after ou afterwards ?

Let's go out for dinner **after** the film.
Allons dîner après le film.

⊙ Quand **après** est une préposition (« après quelque chose »), son équivalent en anglais est **after**.

Let's go and see a film. **Afterwards**, we can go out to dinner.
Allons voir un film. Après, on peut aller dîner.

I'll finish my essay **afterwards**.
Je terminerai ma rédaction après.

⊙ Quand **après** est un adverbe (quand il signifie **ensuite**), son équivalent en anglais est **afterwards** et non **after**.

> ...and **then** the phone rang, and **then** my Mum came in, and **then**...
> *...et après le téléphone a sonné, et après Maman est entrée, et après...*

> Quand vous racontez une suite d'événements comme dans l'exemple à gauche, dites **then** en anglais et non *after.

☛ VOIR : **then**

again

We listened to the song **again**.
On a écouté la chanson une deuxième fois.

⊙ **again** n'a pas d'équivalent exact en français. Il exprime l'idée de « une nouvelle fois, une deuxième fois, encore une fois ».

My car has broken down **again**.
Ma voiture est retombée en panne.

⊙ **again** correspond très souvent à un verbe français qui commence par **re...**

Can you say that **again**?
Tu peux répéter ?

I won't go to that restaurant **again**!
Je ne remettrai pas les pieds dans ce restaurant !

Notez l'ordre des mots : on ne dit pas *I won't go again to that restaurant.

agenda

What's on today's **agenda**?
Qu'y a-t-il à l'ordre du jour aujourd'hui ?

⊙ **an agenda**, c'est **l'ordre du jour** d'une réunion.

> Wait a minute, I'll have a look in my **diary**.
Attendez un instant, je vais regarder dans mon agenda.

> **un agenda**, c'est **a diary** en anglais (ou **a datebook** en anglais américain).

ago

I saw that film two weeks **ago**.
J'ai vu ce film il y a deux semaines.

They left a long time **ago**.
Ils sont partis il y a longtemps.

Was it long **ago**?
C'était il y a longtemps ?

He died several years **ago**.
Il est mort il y a plusieurs années.

⊙ On emploie **ago** pour indiquer **combien de temps il y a** que quelque chose s'est passé, **combien de temps il y a** qu'on a fait quelque chose. C'est un mot qu'on emploie pour parler du **passé** ; par conséquent il est toujours associé à un verbe au **prétérit**.

⊙ **ago** est toujours précédé par des mots qui donnent une **période de temps** (three weeks **ago**, ten minutes **ago**, a long time **ago**…).

> I've been here **for** ten minutes.
Il y a dix minutes que je suis là.
Je suis là depuis dix minutes.

 Attention : ne confondez pas *ago* avec *for* !

☞ VOIR : **for**

agree

Yes, I **agree**!
Oui, je suis d'accord !

I'm sorry, I don't **agree**.
Je suis désolé, je ne suis pas d'accord.

Do you **agree**?
Tu es d'accord ?

 Ne soyez pas tenté d'inventer l'expression *"be agree"* (sur le modèle de « **être d'accord** ») : elle n'existe pas en anglais ! On ne dit pas *I am agree* !

⊙ Souvenez-vous : **être d'accord** = **agree** (et non pas *be agree*).

> I **don't want** him to drive!
Je ne suis pas d'accord pour qu'il conduise !

> The teacher **won't let us** use the computer.
Le prof n'est pas d'accord pour qu'on utilise l'ordinateur.

> Le verbe **agree** traduit **être d'accord** au sens de « être du même avis ». Mais quand **être d'accord** a le sens de « donner sa permission », il faut le traduire autrement. Regardez bien les exemples à gauche.

Is it OK if I pay you next week?
Tu es d'accord pour que je te paie la semaine prochaine ?

Notez qu'on ne dit pas **Are you OK?* dans la phrase à gauche. *Are you OK?* signifie **Tu vas bien ?**

> Can I drive? — **OK**.
Je peux conduire ? — D'accord !

> Pour traduire **d'accord** tout seul, pour donner la permission, on emploie l'expression **OK** en anglais.

all

The dog ate **all** the biscuits.
Le chien a mangé tous les gâteaux.

⊙ **all** correspond à **tout, tous, toute, toutes**.

They stayed outside **all** night.
Ils sont restés dehors toute la nuit.

Attention : on dit **all day, all evening, all week, all weekend, all year**. On n'emploie pas **the** dans ces cas.

You're **all** red, Karen!
Tu es toute rouge, Karen !

I gave him a bottle of wine and he drank **all** of it!
Je lui ai donné une bouteille de vin et il a tout bu !

⊙ Notez l'emploi de **all of** + pronom (**all of it/us/you/them**).

We invited ten people, and **all** of them came.
Nous avons invité dix personnes, et elles sont toutes venues.

Get out, **all** of you!
Sortez, tous !

Suite page suivante

> They stayed outside **every** night.
Ils sont restés dehors toutes les nuits.

Ne confondez pas
all et **every** !

> We're open **all** day, **every** day.
Nous sommes ouverts toute la journée, tous les jours.

Ne confondez pas *all* et
everything ! Quand **tout** n'est pas suivi d'un nom, il se traduit par **everything**, pas par *all.

> He sold **everything**.
Il a tout vendu.

> I didn't understand **everything**.
Je n'ai pas tout compris.

☛ VOIR : **both, each, every, none, some, whole**

all over

1

There's ketchup **all over** the carpet.
Il y a du ketchup partout sur la moquette.

⊙ **all over** something/somebody a le sens de **partout sur** ou **partout dans**.

He travels **all over** the world.
Il voyage partout dans le monde.

2

The exams are **all over**.
Les examens sont terminés.

⊙ **be (all) over** = « être terminé »

Don't worry, it's **all over**!
Ne t'inquiète pas, c'est terminé !

☛ VOIR : **over**

allowed

Are dogs **allowed** in here?
Est-ce que les chiens sont admis ici ?

⊙ **allowed** nous permet de parler de ce qui est **admis**, de ce qui est **autorisé**, de ce qu'on a le **droit de faire**.

Smoking isn't **allowed**.
Il est interdit de fumer.

⊙ Au négatif, **not...allowed** permet de parler de ce qui n'est **pas autorisé**, de ce qui est **interdit**.

It's not **allowed**.
C'est interdit.

⊙ Notez que *not allowed* est plus courant que *forbidden*.

Children aren't **allowed** to drink.
Les enfants n'ont pas le droit de boire.

⊙ **be allowed to** = avoir le droit de.

You're **allowed** to swim here.
On a le droit de se baigner ici.

Attention : on ne dit pas
*it is not allowed to... Pour traduire
You're not **allowed** to talk in the library.   **il est interdit de...**, employez
Il est interdit de parler dans la bibliothèque.   l'expression **you're not allowed to...**

alone ou lonely ?

Are you **alone**?
Tu es seul ?

⊙ **alone** exprime le simple fait d'être
seul : le fait qu'il n'y a personne
autour de soi.

Are you **lonely**?
Tu te sens seul ?

⊙ **lonely** exprime le **sentiment de
solitude**.

I felt **lonely** in Paris.
Je me suis senti seul à Paris.

It was a **lonely** place.
C'était un endroit isolé.

⊙ **lonely** s'applique aussi à des lieux
isolés où on se sent seul.

a lot

Dad works **a lot**.
Papa travaille beaucoup.

⊙ **a lot (of)** correspond à **beaucoup
(de)** et s'emploie de la même
manière.

Danny's got **a lot** of toys.
Danny a beaucoup de jouets.

☛ VOIR : **much, many**

They drank **a lot** of champagne.
Ils ont bu beaucoup de champagne.

already

My parents are **already** here.
Mes parents sont déjà là.

⊙ **already** correspond à certains
emplois du mot français **déjà**.

I've **already** seen that film.
J'ai déjà vu ce film.

⊙ **already** s'emploie très souvent avec
le **present perfect** (☛ VOIR : **fiches
33-37**) pour parler de ce qui s'est
déjà passé, de ce qu'on a déjà fait.

Suite page suivante

> Have you **ever** been to China ?
Es-tu déjà allé en Chine?

 Ne confondez pas *already* et **ever**, qui correspond à des emplois différents de **déjà**.

> How old are you **again**?
Quel âge as-tu déjà?

> Quand **déjà** est employé comme dans l'exemple à gauche, il ne se traduit pas par **already** mais par **again**.

☛ VOIR : **ever, still, yet**

also

⊙ **also** correspond à **également, aussi**.

 Attention à la place de *also* dans la phrase.

I **also** need a pair of boots.
J'ai également besoin d'une paire de bottes/J'ai aussi besoin d'une paire de bottes.

⊙ **also** précède toujours **directement** le verbe, sauf **be** conjugué.

You could **also** ask your teacher.
Tu pourrais aussi demander à ton prof.

⊙ **also** se met entre le modal et le verbe.

Our teachers will **also** be there.
Nos profs seront là aussi.

I have **also** bought a sweater.
J'ai aussi acheté un pull.

⊙ Au present perfect, **also** se met entre **have** et le verbe.

Jenny has **also** written me a letter.
Jenny m'a aussi écrit une lettre.

I've got a cat, and I've **also** got a dog.
J'ai un chat, et j'ai aussi un chien.

⊙ **also** se met entre **have** et **got**.

I work in a bar, but I'm **also** a student.
Je travaille dans un bar, mais je suis aussi étudiant.

⊙ **also** se met après **be conjugué** (am, is, are, was, were).

The museum was beautiful, and it was **also** very interesting.
Le musée était magnifique, et il était également très intéressant.

I **also** need a pair of boots.
I need a pair of boots **too**.
I need a pair of boots **as well**.
J'ai également besoin d'une paire de bottes.

⊙ Si vous avez du mal à vous souvenir de la position de **also** dans la phrase, employez **too** ou **as well**. À la différence de **also,** ils se placent généralement **à la fin de la phrase**, et sont par conséquent plus faciles à employer correctement.

> I'm tired. — Me **too**!
I'm tired. — **So am I**!
Je suis fatigué. — Moi aussi !

> Pour **moi/lui/elle**, etc., **aussi**, on emploie **too** ou une expression avec **so** (jamais **also*).
☞ VOIR : **so** + **do/be/have** ou **modal**

> He's not **as** tall **as** me.
Il n'est pas aussi grand que moi.

> I'd forgotten this restaurant was **so** bad.
J'avais oublié que ce restaurant était aussi mauvais.

 Attention à ne pas confondre **aussi** au sens de « également » avec **aussi...que** employé pour exprimer des comparaisons, et **aussi** au sens de « tellement ». Regardez bien les exemples à gauche.
☞ VOIR : **as...as..., as well, too**

although

We could go out, **although** it is a bit late.
On pourrait sortir, bien qu'il soit un peu tard.

⊙ **although** correspond à **bien que, quoique, malgré le fait que...**

We went out **although** it was raining.
Nous sommes sortis, malgré la pluie.

Ne confondez pas **although** avec **also** !

always

We **always** do our shopping on Saturday.
Nous faisons toujours nos courses le samedi.

⊙ **always** correspond à 'toujours' au sens de 'à chaque fois', 'régulièrement'.

They are **always** late!
Ils sont toujours en retard !

Attention à la place de **always** dans la phrase : toujours avant le verbe, sauf **be** conjugué.

☞ VOIR : **adverbes, fiche 82**
Suite page suivante

> Do they **still** live in London?
Est-ce qu'ils habitent toujours à Londres ?
Est-ce qu'ils habitent encore à Londres ?

> Ne confondez pas **always** avec **still**, qui correspond à « toujours » au sens de « encore ».

☞ VOIR : **still**

ancient

We visited an **ancient** temple.
Nous avons visité un très vieux temple.

⊙ **ancient** = très vieux, très ancien, antique. Ce mot s'applique le plus souvent à des vestiges archéologiques, des fossiles, etc.

> Ce sont des photographies **anciennes**.
They are old photographs.

> Dans d'autres contextes, il faut dire **old**, pas **ancient** (« ancient » se réfère le plus souvent à l'antiquité ou à la préhistoire).

> The **former** president gave a speech.
L'ancien président a fait un discours.

> **ancien** (au sens de « précédent ») = **former**

and

Mum **and** Steve are in the garden.
Maman et Steve sont dans le jardin.

⊙ **and** correspond généralement au mot français **et**.

Can you pass the salt **and** pepper, please?
Tu peux passer le sel et le poivre, s'il te plaît ?

101: a hundred **and** one
101 : cent un

⊙ **and** s'emploie quand on dit les chiffres supérieurs à cent.

10,003: ten thousand **and** three
10 003 : dix mille trois

4,545: four thousand five hundred **and** forty-five
4 545 : quatre mille cinq cent quarante-cinq

Attention : **and** se met avant les **dizaines** et les **unités** seulement (regardez l'exemple à gauche : pas de **and** avant les centaines).

Go and see who's at the door.
Va voir qui est à la porte.

☉ **and** s'emploie parfois avec des verbes de mouvement, surtout **go** et **come**. **Go and** do something = **aller faire quelque chose**. **Come and** do something = **venir faire quelque chose**.

Come and see us soon!
Venez nous voir bientôt !

Try and open the door.
Essaie d'ouvrir la porte.

☉ **and** s'emploie parfois avec le verbe **try**. **Try and** do something = **essayer de faire quelque chose**.

angry

I'm really **angry** with Sam!
Je suis très en colère contre Sam !

☉ **angry with** = **en colère contre**

Notez l'emploi de **with**. On ne dit pas **angry against*.

another

Would you like **another** glass of juice?
Tu veux un autre verre de jus de fruits ?

☉ **another** = **un(e) autre, encore un(e)**

Attention ! On ne dit pas **an another*.

answer

I had to **answer** lots of questions.
J'ai dû répondre à beaucoup de questions.

☉ **answer a question** = **répondre à une question**

Answer your mother, please.
Réponds à ta mère, s'il te plaît.

☉ **answer someone** = **répondre à quelqu'un**

Attention ! On ne dit pas **answer to* dans ces cas.

any

Have you got **any** money in your pocket?
Have you got **some** money in your pocket?
Est-ce que tu as de l'argent dans ta poche ?

⊙ **any,** comme **some**, est souvent employé pour parler d'une 'quantité indéfinie' de quelque chose (comme **du, de la, des** en français).

Dans ce sens, *any* s'emploie uniquement dans des **questions** et à la forme **négative** (avec *not*).

Do you need **any** help?
Do you need **some** help?
Tu as besoin d'aide ?

⊙ Dans les **questions**, il y a souvent très peu de différence entre **any** et **some**, et on peut souvent employer les deux.

Is there **any** cheese left?
Is there **some** cheese left?
Il reste du fromage ?

⊙ Dans les questions, **any/some** s'emploie avec les **noms indénombrables** tels que **help** et **advice**, et les **pluriels**.

Are there **any** yoghurts in the fridge?
Are there **some** yoghurts in the fridge?
Y a-t-il des yaourts dans le frigo ?

> Can you lend me **some** money?
Tu peux me prêter de l'argent ?

> Could you give me **some** advice?
Tu pourrais me donner un conseil ?

> Dans des **demandes** d'argent, de conseil, etc., on emploie généralement **some,** pas **any.**

> Would you like **some** bread?
Vous voulez du pain ?

> Can I give you **some** wine?
Je peux te donner du vin ?

> Quand on **propose de donner** quelque chose à quelqu'un, on emploie généralement **some,** pas **any.**

There isn't **any** cheese in the fridge.
Il n'y a pas de fromage dans le frigo.

I haven't got **any** green socks.
Je n'ai pas de chaussettes vertes.

They didn't buy **any** furniture.
Ils n'ont pas acheté de meubles.

⊙ **Not any + nom** correspond à **pas de + nom**.

Some serait incorrect dans les exemples à gauche. On ne dit pas *not some...*
☞ VOIR : **some**

There weren't **any** problems.
Il n'y a pas eu de problèmes.

He likes **any** sport.
Il aime n'importe quel sport.

Any fool knows that!
N'importe quel imbécile sait ça !

⊙ Dans ces phrases **affirmatives, any** a le plus souvent le sens de 'n'importe quel(le)'.

anybody/anyone

Did **anybody** /**anyone** phone me?
Est-ce que quelqu'un m'a téléphoné ?

⊙ **anybody** et **anyone** sont interchangeables : ils ont le même sens et les mêmes emplois.

Has **anyone** seen my pen?
Has **someone** seen my pen?
Est-ce que quelqu'un a vu mon stylo ?

⊙ **anybody/anyone** et **somebody/someone** dans les **questions** correspondent au mot français **quelqu'un.**

Can **anybody** tell me where the post office is?
Can **somebody** tell me where the post office is?
Est-ce que quelqu'un peut me dire où se trouve la poste ?

⊙ Dans les **questions,** il y a souvent très peu de différence entre **anybody** et **somebody,** et on peut souvent employer les deux.

There is**n't anybody** here.
Il n'y a personne ici.

⊙ **Not anybody/not anyone** correspondent à **ne... personne.**

We could**n't** find **anyone** to help us.
On n'a pu trouver personne pour nous aider.

Somebody/someone seraient incorrects dans les deux exemples à gauche.

> **Nobody** came.
Personne n'est venu.

> Who came? – **Nobody.**
Qui est venu ? – Personne.

Attention ! en début de phrase, ou employé seul, **personne** se traduit par **nobody** ou **no one.**

☛ VOIR : **nobody, somebody**

Anybody knows that!
N'importe qui sait ça !

Ask **anyone**!
Demande à n'importe qui !

⊙ Dans les phrases affirmatives, **anybody/anyone** signifient le plus souvent **n'importe qui.**

anything

Did **anything** happen when you pushed the button?
Did **something** happen when you pushed the button?
Est-ce que quelque chose est arrivé quand tu as appuyé sur le bouton ?

Have you heard **anything** about the accident?
Have you heard **something** about the accident?
Est-ce que tu as entendu quelque chose au sujet de l'accident ?

Can I do **anything** to help you?
Can I do **something** to help you?
Je peux faire quelque chose pour t'aider ?

Would you like **anything** to eat?
Would you like **something** to eat?
Tu veux quelque chose à manger ?

There is**n't anything** in the box.
Il n'y a rien dans la boîte.

We could**n't** find **anything** to drink.
On n'a rien pu trouver à boire.

Sam has**n't** done **anything** all day.
Sam n'a rien fait de la journée.

⊙ Dans les **questions, anything** et **something** ont souvent des sens très proches. Ils correspondent tous les deux au mot français **quelque chose**.

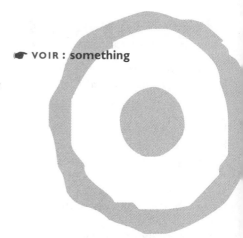

☞ **VOIR : something**

⊙ Dans les phrases **négatives**, **not...anything** correspond à **ne...rien**. On ne peut pas y substituer **something** ici.

> **Nothing** happened.
Il ne s'est rien passé.

> What happened? – **Nothing**.
Qu'est-ce qui s'est passé ? – Rien.

Attention ! En début de phrase, ou employé seul, **rien** se traduit par **nothing**.

☞ **VOIR : nothing**

Say something, say **anything**!
Dis quelque chose, dis n'importe quoi !

That dog eats **anything**.
Ce chien mange n'importe quoi.

⊙ Dans des phrases affirmatives, **anything** a souvent le sens de « n'importe quoi ».

anywhere

Are you going **anywhere** this weekend?
Tu vas quelque part ce week-end ?

I can't find them **anywhere**.
Je ne les trouve nulle part.

Put your bags **anywhere**.
Mettez vos sacs n'importe où.

⊙ Dans les questions, **anywhere** signifie **quelque part**.

⊙ **not... anywhere** signifie **nulle part**.

⊙ Dans les phrases affirmatives, **anywhere** a souvent le sens de « n'importe où ».

☞ VOIR : **somewhere**

appointment

What time is your **appointment** at the dentist's?
À quelle heure est ton rendez-vous chez le dentiste ?

Do you want to make an **appointment**?
Voulez-vous prendre rendez-vous ?

⊙ Le mot **appointment** veut dire « rendez-vous », mais seulement un rendez-vous dans un contexte **commercial** ou **professionnel** : chez le médecin, chez le coiffeur, avec un plombier par exemple.

> I've got a **date** with Leila.
J'ai rendez-vous avec Leila.

> **I'm meeting** George later.
J'ai rendez-vous avec George tout à l'heure.

> What time **are you meeting** your mother?
À quelle heure as-tu rendez-vous avec ta mère ?

> **We're meeting** in front of the church.
On a rendez-vous devant l'église.

> Un rendez-vous amoureux se dit **a date**.

> Pour dire qu'on a rendez-vous avec quelqu'un (un ami par exemple), on emploie souvent l'expression **be meeting**.

N'employez pas *appointment* quand il s'agit d'un rendez-vous avec un ami ou un proche.

arrive, happen, pass

☞ VOIR : **happen**

arrive at/in

We arrived **at** the museum just before it closed.
On est arrivé au musée juste avant la fermeture.

We arrived **in** Rome at midday.
On est arrivé à Rome à midi.

⊙ **arrive at, arrive in** = **arriver à** (un lieu)

On ne dit pas **arrive to* !

> Do you think he'll **manage to** lift that?
> *Tu penses qu'il arrivera à le soulever ?*

> **arriver à** au sens de « être capable de » = **manage to**.

as

As in the previous recipe, beat the eggs first.
Comme dans la recette précédente, battre d'abord les œufs.

He used the knife **as** a screwdriver.
Il a utilisé le couteau comme tournevis.

Jerry worked **as** a delivery man.
Jerry a travaillé comme livreur.

⊙ **as** correspond souvent à **comme**, mais **comme** n'est pas toujours traduit par **as**.

> She sings **like** a professional.
> *Elle chante comme une pro.*

> Harry is a good cook, **like** his mother.
> *Harry fait bien la cuisine, comme sa mère.*

> I've never met anyone **like** him.
> *Je n'ai jamais rencontré quelqu'un comme lui.*

Attention ! Dans des **comparaisons**, quand **comme** est suivi d'un nom ou d'un prénom personnel complément, il correspond à **like**. Le mot **as** serait incorrect dans les exemples à gauche.

☞ VOIR : like

as... as...

Timmy is not **as** clever **as** his sister.
Timmy n'est pas aussi intelligent que sa sœur.

Julie is almost **as** tall **as** you.
Julie est presque aussi grande que toi.

⊙ L'expression **as... as** est employée pour faire des **comparaisons**. Elle correspond généralement à **aussi... que**.

Jenny is young**er than** Laura.
Jenny est plus jeune que Laura.

Jenny is not **as** old **as** Laura.
Jenny n'est pas aussi vieille que Laura.

The book is **more** interesting **than** the film.
Le livre est plus intéressant que le film.

The film is not **as** interesting **as** the book.
Le film n'est pas aussi intéressant que le livre.

Attention : ne confondez pas **as** et **than**. Regardez bien les exemples à gauche.

☛ VOIR : **than**

There aren't **as many** mountains in England **as** in France.
Il n'y a pas autant de montagnes en Angleterre qu'en France.

⊙ **as many as / as much as** correspondent généralement à **autant ... que...**

I don't earn **as much money as** you.
Je ne gagne pas autant d'argent que toi.

I liked this book almost **as much as** the other one.
J'ai aimé ce livre presque autant que l'autre.

⊙ **as many** s'emploie avec un pluriel ; **as much** s'emploie avec un nom indénombrable.

☛ VOIR : **same (the same as...)**

as if, as though

It was almost **as if** he understood.
It was almost **as though** he understood.
C'était presque comme s'il comprenait.

⊙ **as if/as though** = **comme si**

He felt **as if** he was flying.
He felt **as though** he was flying.
Il avait l'impression qu'il volait/de voler.

⊙ **feel as if.../feel as though...** sont employés pour parler de l'**impression** qu'on a de faire quelque chose.

You look **as if** you've seen a ghost!
You look **as though** you've seen a ghost!
On dirait que tu as vu un fantôme !

⊙ **look as if... /look as though...** sont employés pour parler d'impressions visuelles ; la traduction la plus fréquente est **on dirait que...**

It looks **as if** it's raining.
On dirait qu'il pleut.

ask

Harry **asked for** a bicycle for his birthday.
Harry a demandé un vélo pour son anniversaire.

⊙ Demander quelque chose = **ask for** something.

N'oubliez pas la préposition **for** !

I **asked** him the time.
Je lui ai demandé l'heure.

I **asked** Martin the way.
J'ai demandé le chemin à Martin.

⊙ Mais on dit **ask the time** (demander l'heure) et **ask the way** (demander son chemin) : on n'emploie pas la préposition **for** dans ces cas.

I don't know, **ask** your mother.
Je ne sais pas, demande à ta mère.

⊙ Demander à quelqu'un = **ask** somebody.

Pas de préposition ici :
on ne dit pas *ask to somebody* !

We **asked** to see the manager.
Nous avons demandé à voir le directeur.

⊙ Demander à faire quelque chose = **ask to** do something.

Ask Dave to move his car.
Demande à David de déplacer sa voiture.

⊙ Demander à quelqu'un de faire quelque chose = **ask** somebody **to** do something.

assassin, assassinate

The President has been **assassinated**, but the **assassin** has not been caught.
Le Président a été assassiné, mais l'assassin n'a pas été appréhendé.

⊙ Le mot anglais **assassin** et le verbe **assassinate** sont uniquement employés dans le contexte d'assassinat de personnes **célèbres ou importantes**.

> A shopkeeper was **murdered** yesterday. The **murderer** is a young man.
Un commercant a été assassiné hier. L'assassin est un jeune homme.

> Dans d'autres contextes, on emploie **murderer** (= meurtrier, assassin) et le verbe **murder** (assassiner).

assist

We want to **assist** parents with young children.
Nous souhaitons apporter de l'aide aux parents de jeunes enfants.

⊙ **assist** est un mot assez rare (il ne s'emploie qu'à l'écrit) qui signifie **aider**, **apporter de l'aide à**.
Il **ne signifie pas** *assister !
Dans une conversation, on dirait **help**.

> I'm afraid I can't **attend** the meeting.
I'm afraid I can't **go to** the meeting.
Je regrette, mais je ne pourrai pas assister à la réunion.

> **assister à** (être présent à) = **attend** ou **go to**

as well (en fin de phrase)

Are your parents coming **as well**?
Tes parents viennent aussi ?

I've seen the film, and I've read the book **as well**.
J'ai vu le film et j'ai également lu le livre.

⊙ Employé en fin de phrase, l'expression **as well** signifie généralement **aussi**, **également**. Il a le même sens que les mots **also** et **too**.

> Are your parents **also** coming?
Tes parents viennent aussi ?

> I've seen the film, and I've **also** read the book.
J'ai vu le film et j'ai également lu le livre.

> **also** a le même sens que **as well**, mais **also** se place le plus souvent **avant le verbe**.

☞ VOIR : also, too

at, in, on ou to ? (pour traduire « à » quand on parle d'un lieu)

I work **at** the science museum.
Je travaille au musée des sciences.

Please pay **at** the bar.
Veuillez payer au comptoir.

The shed is **at** the bottom of the garden.
La cabane est au fond du jardin.

à ne se traduit pas toujours par **at** ! Il ne se traduit **jamais** par **at** quand il y a un **changement de lieu** (aller à...)

⊙ Pour apprendre les emplois de **at**, **in**, **on**, et **to**, n'essayez pas de trouver des « règles ». Notez simplement **avec quels mots** s'emploient ces différentes prépositions. Voici quelques indications, à compléter vous-même.

Suite page suivante

My Dad's **at** work.
Mon père est au travail.

⊙ On dit **at work, at home** (sans l'article **the**).

They're **at** church.
Ils sont à l'église (pour la messe).

They're **at the** church.
Ils sont à l'église (mais pas nécessairement pour la messe).

⊙ On dit **at church** quand on y est pour la messe, **at school** quand on est élève, et **at university** quand on est étudiant. En ajoutant **the**, on indique qu'on se trouve à l'église, à l'école ou à l'université mais pas nécessairement pour y prier ou pour y étudier.

> Geoffrey lives **in** New York now.
Geoffrey habite maintenant à New York.

> Avec le **nom** d'une ville ou d'un pays, on dit **in**.

> I feel like I'm **in** heaven!
J'ai l'impression d'être au paradis !

> Welcome **to** Paris!
Bienvenue à Paris !

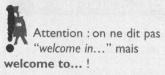
Attention : on ne dit pas _"welcome in…"_ mais **welcome to… !**

> Mum is **in** bed, she's ill.
Maman est au lit, elle est malade.

> On dit **in bed** et **in hospital**.

> What floor do they live **on**?
Ils habitent à quel étage ?

> **on** s'emploie quand on parle des étages d'un immeuble.

> It's late, I'm going **to** bed.
Il est tard, je vais au lit.

> **to** s'emploie quand on parle d'un **déplacement** vers un autre lieu.

> Have you ever been **to** Paris?
Tu es déjà allé à Paris ?

> Attention à l'emploi du present perfect **have been + to** : **been** joue ici le rôle du participe de **go**.

> I'm going **home**.
Je rentre à la maison.

> On ne dit pas *_to home_, mais simplement **home** (**go home, walk home, return home**…)

at (pour traduire « à » quand on parle de l'heure)

We close **at** five-thirty.
On ferme à 17h30.

⊙ On dit **at six o'clock, at midday, at half past nine**, etc.

What time do you close?
À quelle heure fermez-vous ?

Mais attention ! On ne dit pas *_at what time…?_ mais **what time…?**

at (at night, at Easter, at the weekend)

I always lock the door **at** night.
Je ferme toujours la porte à clé la nuit.

I go swimming **at** the weekend.
Je fais de la natation le week-end.

> It gets cold **in** the evening.
Il fait froid le soir.

What are you doing **at** Easter this year?
Que faites-vous à Pâques cette année?

> I'll see you **on** my birthday.
Je te verrai le jour de mon anniversaire.

> He was born **in** the 18th century.
Il est né au XVIIIe siècle.

⊙ On dit **at night** et **at the weekend**.

> Mais on dit **in the evening, in the morning, in the afternoon**.

⊙ On dit **at Easter** et **at Christmas**.

> Mais on dit **on my/your/his**, etc., **birthday**.

> On dit **in** quand on parle des siècles.

at first ou first ?

It's difficult **at first**, then it becomes easier.
D'abord c'est difficile, puis ça devient plus facile.

At first I thought he was joking.
D'abord j'ai cru qu'il plaisantait.

First, beat the eggs. Then melt the butter.
D'abord, battez les œufs. Ensuite, faites fondre le beurre.

⊙ **at first** = **d'abord, au début**

⊙ **first** = **d'abord** au sens de « en premier ».

Ne confondez pas **first** et **at first**. Quand vous parlez d'une série d'actions (**d'abord... puis... puis...**), il faut employer **first... then...then...**

at the same time

I feel happy and sad **at the same time**.
Je me sens heureux et triste en même temps.

⊙ On ne dit pas *in same time... ou *in the same time* !

avoid + -ing

Avoid staying in the sun for too long.
Évitez de rester au soleil trop longtemps.

I **avoided** speaking to him.
J'ai évité de lui parler.

⊙ **avoid + -ing** = **éviter de** + infinitif

On ne dit pas *avoid to... !

awake, wake, wake up

Hey! Are you **awake**?
Hé ! Tu es réveillé ?

⊙ **awake** peut être un **adjectif** qui signifie **réveillé(e)**.

We **awoke** early.
Nous nous sommes réveillés de bonne heure.

⊙ **awake** (**awoke, awoken**) est un verbe qui signifie **se réveiller**. Ce verbe est d'un registre soutenu : apprenez à le reconnaître, mais ne l'employez pas.

Can you **wake** me **up** at eight?
Tu peux me réveiller à huit heures ?

⊙ **wake up** peut être un **verbe transitif** qui signifie **réveiller** (quelqu'un).

I usually **wake up** before my parents.
D'habitude, je me réveille avant mes parents.

⊙ **wake up** peut être un **verbe intransitif** qui signifie **se réveiller**.

When I **woke up,** he had gone.
Quand je me suis réveillé, il était parti.

Le verbe **wake up** est beaucoup plus courant que le verbe **awake**.

☛ VOIR AUSSI : **wake**

back (avec un verbe)

⊙ Quand il est employé avec un verbe, le mot **back** a plusieurs sens.

1

Walk **back** three paces.
Faites trois pas en arrière.

⊙ **back** peut donner le sens de **vers l'arrière, en arrière**.

2

I'll come **back** later.
Je reviendrai plus tard.

⊙ **back** peut donner le sens de **retourner, revenir**.

I'm **back**!
Je suis de retour !

Welcome **back**!
(Expression employée pour saluer quelqu'un qui rentre d'un voyage).

3

We'll have to give **back** the money.
Il va falloir que nous rendions l'argent.

⊙ **back** peut donner le sens de **rendre, remettre à sa place**.

Put the book **back** on the shelf.
Remets le livre sur l'étagère.

bad at

I'm really **bad at** sports.
Je ne suis pas doué pour le sport.

⊙ **bad at...** = **mauvais en..., pas doué pour...**

Alice is **bad at** maths.
Alice est mauvaise en maths.

Attention ! Ne dites jamais
*bad in...!

☛ VOIR : **good at**

baggage

You can leave your **baggage** here.
Vous pouvez laisser vos bagages ici.

⊙ **baggage** est un nom **indénombrable** : il ne se met jamais au pluriel (on ne dit pas *baggages !) et on **ne dit pas** *a baggage mais **a piece of baggage**.

Have you only got one **piece of baggage**?
Vous avez un seul bagage ?

☛ VOIR : **fiche 60**

basket

Put the bread in that little **basket**.
Mets le pain dans ce petit panier.

⊙ **a basket = un panier, une corbeille**

> Tracy plays **basketball** every Tuesday.
Tracy joue au basket tous les mardis.

> **le basket = basketball** (pas **basket*!)

> Your **trainers** are covered in mud!
Tes baskets sont pleines de boue!

> **les baskets = trainers**
(pas **baskets*!)

be, « be conjugué »

⊙ Pour **be** auxiliaire, regardez les fiches **04** et **05**.

⊙ Dans ce livre, **be conjugué** signifie toutes les formes possibles du verbe **be**, c'est-à-dire : **am/is/are** au présent et **was/were** au prétérit.

because et because of

I couldn't come **because** I was ill.
Je n'ai pas pu venir parce que j'étais malade.

⊙ **because = parce que**

I was late **because of** the snow.
J'étais en retard à cause de la neige.

⊙ **because of = à cause de**

Ne les confondez pas !

before

He left **before** us.
Il est parti avant nous.

⊙ **Before** peut signifier **avant**, mais **avant** ne se traduit pas toujours par **before**.

We must get to the shops **before** they close.
Il faut qu'on arrive aux magasins avant qu'ils ne ferment.

2

Have you been to London **before**?
Es-tu déjà allé à Londres ?

I don't think we've met **before**.
Je ne pense pas que nous nous soyons jamais rencontrés.

⊙ Employé avec le present perfect, **before** peut correspondre à **déjà** ou, dans des phrases négatives, à **jamais**. Dans ce cas, il se met toujours à la fin de la phrase.

3

We're going to leave, but **first** I've got something to say to you.
On va partir, mais avant j'ai quelque chose à vous dire.

This kind of thing **used to** happen often.
Avant, ce genre de chose arrivait souvent.

⊙ Quand **avant** est adverbe (quand il veut dire « avant ça »), il se traduit par **first**, pas *before*.

⊙ Notez l'emploi de **used to** pour traduire une phrase qui commence par **avant** (au sens de « autrefois/jadis »).

before + -ing

Turn the lights out **before leaving**.
Turn the lights out **before you leave**.
Éteignez les lumières avant de partir.

I always read **before going to sleep**.
I always read **before I go to sleep**.
Je lis toujours avant de dormir.

⊙ **before + -ing = avant de + infinitif**

⊙ Notez la structure **before + sujet + verbe**, autre traduction possible de « avant de... ».

● Attention ! Ne dites **jamais** *before to...* !

behind

The dog was walking **behind** us.
Le chien marchait derrière nous.

Harry is sitting **behind** his mother.
Harry est assis derrière sa mère.

We're very **behind** with our work.
Nous avons pris beaucoup de retard dans notre travail.

⊙ **behind** indique généralement la position de quelqu'un ou de quelque chose qui est **derrière**.

⊙ **behind** peut aussi signifier « en retard » quand il s'agit d'un délai à respecter ou d'un travail à rendre.

believe

Yes, I **believe** you now.
Oui, je te crois maintenant.

Do you **believe** what he is saying?
Tu crois ce qu'il dit ?

⊙ **believe** (« croire ») ne s'emploie pas au présent ou au prétérit en **be + -ing**.

Ne dites jamais **I am believing...*!

below

They live **below** us.
Ils habitent en-dessous de chez nous.

Write your name **below** the title of your essay.
Écrivez votre nom sous le titre de votre rédaction.

⊙ **below** indique généralement la position de quelqu'un ou de quelque chose qui est **en-dessous**.

⊙ Le contraire de **below** est **above**.

benefit

These are the **benefits** of a good education.
Ce sont les bienfaits d'une bonne éducation.

⊙ **benefit** = bienfait, **avantage** (ou dans certains contextes, « allocation sociale »)

> The company made large **profits** last year.
L'entreprise a fait de gros bénéfices l'année dernière.

> bénéfice = profit (jamais **benefit*)

beside et besides

The cat always sleeps **beside** me.
Le chat dort toujours à côté de moi.

Our house is **beside** a road.
Notre maison est à côté d'une route.

It's too expensive. **Besides**, I don't like the colour.
C'est trop cher. D'ailleurs, je n'aime pas la couleur.

⊙ **beside** indique généralement la position de quelqu'un ou de quelque chose qui est **à côté**.

Ne confondez pas **beside** avec **besides** (= du reste, d'ailleurs, de plus).

best

This is the **best** way to do it.
C'est la meilleure façon de le faire.

⊙ **best** est le superlatif de **good**. **the best** signifie **le/la/les meilleur(e)(s)**.

better

I feel **better** now.
Je me sens mieux maintenant.

Have you got a **better** solution?
Tu as une meilleure solution?

⊙ **better** est le comparatif de **good**. Il signifie **meilleur, mieux**.

between

Sit **between** Lisa and me.
Assieds-toi entre Lisa et moi.

They live **between** Oxford and Birmingham.
Ils habitent entre Oxford et Birmingham.

⊙ **between** indique généralement la position de quelqu'un ou de quelque chose qui est **entre** deux autres choses ou deux autres personnes.

beyond

The village is **beyond** those hills.
Le village se trouve au-delà de ces collines.

⊙ **beyond** indique généralement la position de quelque chose qui est **au-delà** de quelque chose d'autre.

a bit

I gave the cat **a bit** of fish.
J'ai donné un peu de poisson au chat.

We have to wait **a bit** longer.
Nous devons attendre un peu plus longtemps.

The train was **a bit** late.
Le train était un peu en retard.

⊙ **a bit = un peu**

a bit (of) est surtout employé en anglais parlé. À l'écrit, on devrait employer *a little*.

born

Many animals **are born** blind.
Beaucoup d'animaux naissent aveugles.

⊙ **be born** = **naître**

I **was born** in Jamaica.
Je suis né à la Jamaïque.

⊙ Au prétérit, employez **was/were born**.

Marie was 30 when the twins
were born.
Marie avait 30 ans quand les jumeaux sont nés.

On ne dit pas **I am born* (pour **je suis né**) !

borrow

I **borrowed** these earrings from my Mum.
J'ai emprunté ces boucles d'oreilles à ma mère.

⊙ **borrow** something **from** somebody = **emprunter** quelque chose **à** quelqu'un.

Can I borrow a pen?
Je peux t'emprunter un stylo ?

Notez l'emploi de la préposition ***borrow from***. Ne confondez pas ***borrow*** (emprunter) et ***lend*** (prêter).

☞ VOIR : **lend**

both

⊙ ***both*** n'a pas d'équivalent exact en français. Il s'emploie quand on parle de **deux** choses ou **deux** personnes, et a souvent le sens de **(tous/toutes) les deux**.

■

Both our dogs are ill.
Nos chiens sont tous les deux malades.

⊙ **both** + nom au pluriel

Both solutions seem interesting.
Les deux solutions semblent intéressantes.

☞ VOIR : **all**

2

We **both** think it's too expensive.
Nous pensons tous les deux que c'est trop cher.

⊙ Sujet + **both** + verbe

My sisters **both** came to the ceremony.
Mes sœurs sont venues toutes les deux à la cérémonie.

☞ VOIR : **all**

My sisters have **both** left.
Mes sœurs sont parties toutes les deux.

We can **both** go if you like.
On peut y aller tous les deux si tu veux.

3

These cars are **both** cheap **and** reliable.
Ces voitures sont à la fois bon marché et fiables.
Ces voitures sont et bon marché et fiables.

⊙ **both... and...** correspond à **et... et...**, ou **à la fois... et...**

Both my mother and my father will be there.
Et mon père et ma mère seront là.
Mon père et ma mère seront là tous les deux.

4

Come here, **both of you**!
Venez ici tous les deux!

⊙ **both of us/you/them** correspond au français **tous les deux** (ou **toutes les deux**).

Both of them died on the same day.
Ils sont morts tous les deux le même jour.

☞ VOIR : **all**

Both of us phoned Mark yesterday.
On a tous les deux téléphoné à Mark hier.

5

You can't buy **both**!
Tu ne peux pas acheter les deux!

⊙ **both** peut correspondre à **les deux** employé comme sujet ou comme complément.

Both can swim.
Les deux savent nager.

burgle

The two men **burgled** the house.
Les deux hommes ont cambriolé la maison.

We've been burgled!
On nous a cambriolés !

⊙ **burgle = cambrioler**

☞ **VOIR : rob**

but

⊙ **but** a deux emplois importants en anglais.

1

I'm cold, **but** I'm not hungry.
*J'ai froid, **mais** je n'ai pas faim.*

⊙ **but** peut signifier **mais**.

2

Everybody **but** Simon thought it was a good idea.
*Tout le monde **sauf** Simon pensait que c'était une bonne idée.*

⊙ **but** peut signifier **sauf**.

Oh no! Anything **but** that!
*Ah non ! Tout **sauf** ça !*

buy somebody something

I would like to **buy** my mother a present.
I would like to **buy** a present for my mother.
Je voudrais acheter un cadeau pour ma mère.

⊙ On dit **buy** something **for** somebody ou **buy** somebody something.

Joe **bought** Sarah and Phil a microwave.
Joe a acheté un four à micro-ondes à Sarah et Phil.

⊙ **buy** est un « verbe à double complément ».

☞ **VOIR : verbes à double complément, fiche 15**

by

⊙ **by** a plusieurs emplois importants en anglais.

1

Can I pay **by** cheque?
Est-ce que je peux payer par chèque ?

He came in **by** the window.
Il est entré par la fenêtre.

I'll send it **by** post.
Je l'enverrai par la poste.

⊙ **by** est employé pour indiquer le **moyen** ou la **manière** de faire quelque chose et correspond à **par**.

2

He learnt English **by** listening to the radio.
Il a appris l'anglais en écoutant la radio.

⊙ **by** + **-ing** indique aussi la manière de faire quelque chose, et correspond à **en** + participe présent.

3

I like going **by** bus.
J'aime bien y aller en bus.

It's quicker **by** car.
C'est plus rapide en voiture.

I never travel **by** plane.
Je ne voyage jamais en avion.

⊙ **by** indique le **moyen de transport** que l'on utilise.

4

The window was broken **by** a child.
Le carreau a été cassé par un enfant.

He was killed **by** lightning.
Il a été tué par la foudre.

⊙ **by** est employé dans les **constructions passives** pour indiquer l'**agent**, c'est-à-dire la personne ou la chose qui fait quelque chose.

5

Who is the book **by**?
Qui est l'auteur du livre ?

This is a painting **by** Picasso.
C'est un tableau de Picasso.

⊙ **by** est employé pour parler de l'**auteur d'une œuvre** ou d'un **artiste**.

6

Come and sit **by** me.
Viens t'asseoir à côté de moi.

⊙ **by** peut signifier **à côté de**.

The house is **by** the church.
La maison est à côté de l'église.

We live **by** the sea.
Nous habitons au bord de la mer.

7

We drove **by** the town hall.
On est passé devant la mairie en voiture.

⊙ **by** est employé pour dire qu'on **passe devant** quelque chose ou quelqu'un.

He walked **by** me.
Il est passé devant moi.

8

I'll be back **by** midnight.
Je serai de retour à minuit au plus tard.

⊙ **by** peut signifier **au plus tard**, en parlant d'une date ou d'une heure.

The work must be finished **by** the end of August.
Le travail doit être fini fin août au plus tard.

9

The room is 3 metres **by** 4.
La pièce fait trois mètres sur/par quatre.

⊙ **by** est employé pour décrire les dimensions de quelque chose.

10

I did it all **by** myself.
Je l'ai fait tout seul.

⊙ **by** + pronom réfléchi est employé pour dire que quelqu'un est **tout seul** ou fait quelque chose **tout seul**.

He was **by** himself.
Il était tout seul.

☛ **VOIR : own**

caddie

He works as a **caddie** at the golf course.
Il travaille comme caddie au golf.

⊙ **a caddie**, c'est **un caddie** : une personne qui accompagne les joueurs de golf.

> Put the shopping in the **trolley**.
Mets les achats dans le Caddie®.

> Quand vous parlez d'un Caddie® au supermarché, le mot anglais qui correspond est **trolley** (en Grande-Bretagne) ou **shopping cart** (aux États-Unis).

cake, fruit cake, biscuit, gâteau

You eat too many **cakes**!
Tu manges trop de gâteaux!

⊙ **a cake**, c'est un gâteau (mais pas un gâteau sec ni un petit gâteau!).

Le mot anglais *cake* ne signifie pas un **cake**!

I love my Mum's **fruit cake**!
J'adore le cake de ma mère!

⊙ Le mot français **cake** se dit **fruit cake** en anglais.

I'm making some **biscuits**.
Je fais des petits gâteaux.

⊙ **a biscuit**, c'est un gâteau sec ou un petit gâteau.

English people often eat **biscuits** with cheese.
Les Anglais mangent souvent des gâteaux secs avec le fromage.

I think I'll have some **gâteau** for dessert.
Je crois que je vais prendre du gâteau à la crème comme dessert.

⊙ **a gâteau**, c'est un gros gâteau avec plein de crème.

camera

What kind of **camera** do you use?
Tu utilises quel genre d'appareil photo?
ou
Tu utilises quel genre de caméra?

⊙ N'oubliez pas que **camera** signifie soit un appareil photo, soit une caméra.

camping

I love **camping**.
J'adore faire du camping.

⊙ **camping** = **le camping** (l'activité, mais pas le lieu).

> This **campsite** is too far from the beach.
Ce camping est trop loin de la plage.

> **un camping** = **a campsite**

On ne dit pas *a camping* !

can, can't

We **can** park here.
Nous pouvons nous garer ici.

Terry **can** play the violin.
Terry sait jouer du violon.

I **can** speak three languages.
Je parle trois langues.

I **can't** lift this, it's too heavy.
Je ne peux pas soulever ça, c'est trop lourd.

You **can't** smoke in here!
Tu ne peux pas fumer ici !

Can the dog come in now?
Le chien peut entrer maintenant ?

When **can** you come?
Quand pouvez-vous venir ?

Can I have an ice cream?
Je peux avoir une glace ?

⊙ **can** est un **modal.** Un modal, c'est un mot qu'on ne peut pas traduire directement, mais qui nous permet d'exprimer certaines choses en anglais. **can** nous permet de parler de ce qu'on est **capable** de faire, de ce qu'on **sait** faire, ou de ce qu'il est **permis** de faire.

⊙ Le négatif de **can** est **cannot**, le plus souvent contracté en **can't**. **can't** est employé pour parler de ce qu'on n'est **pas capable** de faire ou de ce qui est **interdit**.

⊙ Pour former des questions avec **can**, on met **can** avant le sujet de la phrase (**you can**… devient **can you**…?). Dans la première phrase à gauche, le sujet est **the dog** ; dans la deuxième, le sujet est **you**.

⊙ **can I**…? en début de phrase est employé pour demander la **permission**.

I **can** see two planes in the sky.
Je vois deux avions dans le ciel.

Can you feel the wind on your face?
Tu sens le vent sur ton visage ?

I **can't** hear you!
Je ne vous entends pas !

⊙ **can** est employé avec les verbes de perception **see** (voir), **hear** (entendre), **feel** (sentir avec la peau ou éprouver des sentiments) et **smell** (sentir avec le nez).

☛ VOIR : **able to, could, modaux (fiche 10)**

car et coach

I came by **car**, and Bobby came by **coach**.
Je suis venu en voiture, et Bobby est venu en car.

⊙ **a car = une voiture ; a coach = un car**

⊙ En anglais américain, **un car = a bus**.

cave

We visited some **caves**.
Nous avons visité des grottes.

⊙ **a cave = une grotte** (jamais *une cave*)

> He keeps his wine in a **cellar**.
Il garde son vin dans une cave.

> **une cave = a cellar**

certainly ou probably ?

They're **probably** going to be late.
Ils vont certainement être en retard.

It's **probably** a mistake.
C'est certainement une erreur.

Can you help me? – **Certainly**!
Tu peux m'aider ? – Mais certainement !

⊙ Quand **certainement** est employé dans le sens de **probablement**, l'équivalent anglais est **probably** et non pas **certainly**.

⊙ **Certainly** a parfois le sens de **certainement**, mais pas systématiquement.

chance

This is our last **chance** to see this film.
C'est notre dernière occasion de voir ce film.

Give him a **chance** to explain.
Donne-lui la possibilité de s'expliquer.

⊙ Le mot anglais **chance** a plusieurs sens (**occasion, possibilité, hasard...**) mais ne signifie jamais **chance** au sens de « bonne ou mauvaise chance ».

Suite page suivante

> Good **luck** with your exams!
> *Bonne chance pour tes examens !*

> La bonne chance ou la malchance se dit **luck** (**good luck, bad luck**) en anglais.

charge (verbe)

The police **charged** the demonstrators.
La police a chargé les manifestants.

How much do you **charge** for cleaning the car?
Vous prenez combien pour nettoyer la voiture ?

⊙ Le verbe anglais **charge** a plusieurs sens (**charger, fixer un prix, accuser...**) mais ne signifie pas **charger** au sens de « charger quelqu'un de faire quelque chose ».

> He **asked** me to prepare a meal.
> *Il m'a chargé de préparer un repas.*

> Quand vous parlez de charger quelqu'un de faire quelque chose, le verbe qui convient est **ask** (jamais **charge*).

> They **loaded** the luggage into the car.
> *Ils ont chargé les bagages dans la voiture.*

> Quand vous parlez de charger un véhicule, le mot qui convient est **load** (jamais **charge*).

child

It's so simple that a **child** could do it!
C'est si simple qu'un enfant pourrait le faire !

What are your **children's** names?
Comment s'appellent vos enfants ?

Le pluriel de **child** est **children**.

Chinese

Alicia has married a **Chinese**.
Alicia a épousé un Chinois.

⊙ **a Chinese = un Chinois** ou **une Chinoise**

I met a **Chinese woman** at the swimming pool.
J'ai rencontré une Chinoise à la piscine.

⊙ Il est généralement plus naturel de dire « a Chinese person », « a Chinese man », « a Chinese woman », etc.

The Chinese eat a lot of rice.
Les Chinois mangent beaucoup de riz.

⊙ **the Chinese = les Chinois**

Pas de 's' pour le pluriel ! On **ne dit pas** **Chineses* !

Some **Chinese people** asked me the way to the Eiffel Tower.
Des Chinois m'ont demandé le chemin de la Tour Eiffel.

⊙ Quand on ne parle pas des Chinois en général, mais d'un groupe de Chinois, il est plus naturel de dire « Chinese people ».

chips

I'm not allowed to eat **chips** at home.
Je n'ai pas le droit de manger des frites à la maison.
ou (aux États-Unis)
Je n'ai pas le droit de manger des chips à la maison.

Attention ! En anglais britannique, le mot anglais **chips** signifie **frites**. Il veut dire **chips** en anglais américain.

En anglais britannique, des **chips** se dit **crisps**. En anglais américain, **des frites** se traduit par **French fries**.

choice ou choose ?

Have you made your **choice**?
Vous avez fait votre choix ?

⊙ **choice** signifie **choix**. C'est un <u>nom</u>. Le pluriel est **choices** (= des choix).

I need you to help me **choose** a jacket.
J'ai besoin de toi pour m'aider à choisir une veste.

⊙ **choose** signifie **choisir**. C'est un <u>verbe</u>. Le prétérit est **chose**, le participe passé est **chosen**.

 Ne confondez pas *choice* et *choose* !

client

☞ **VOIR : customer**

close (adjectif) ou closed ?

The shops are very **close** to our house.
Les magasins sont tout près de chez nous.

⊙ L'adjectif **close** signifie **près, proche, à proximité**. Le **s** se prononce comme celui de **sea**.

The shops are all **closed** today.
Les magasins sont tous fermés aujourd'hui.

⊙ L'adjectif **closed** signifie **fermé**. Le **s** est celui de **please**.

cloth, cloths, clothes, clothing

Use a **cloth** to clean your shoes.
Prends un chiffon pour nettoyer tes chaussures.

⊙ **cloth** est un **nom** qui signifie **tissu, chiffon**, ou **serpillière**.

There are some **cloths** under the sink.
Il y a des chiffons sous l'évier.

⊙ **cloths** est le pluriel de **cloth**.

Put these **clothes** in the wardrobe.
Mets ces vêtements dans l'armoire.

⊙ **clothes** est un **nom pluriel** qui signifie **vêtements**.

⊙ Le mot **clothes** n'existe pas au singulier. Pour dire **un vêtement** en anglais, il existe deux solutions :

The police have found **an article of clothing** that belonged to the victim.
La police a trouvé un vêtement qui appartenait à la victime.

• Quand on ne sait pas de quel genre de vêtement il s'agit, on dit **an article of clothing** (ou **a garment**, mais ce mot est démodé).

Don't forget your **jacket/ your coat/ your anorak**, etc.!
N'oublie pas ton vêtement !

• Quand on sait de quel vêtement il s'agit, on emploie simplement le nom du vêtement.

She hasn't got enough money to **clothe** her children properly.
Elle n'a pas assez d'argent pour habiller correctement ses enfants.

⊙ **clothe** est un **verbe** qui signifie **habiller, vêtir**.

coffee ou café ?

Let's go to a **café** and have a sandwich.
Allons dans un café manger un sandwich.

⊙ **A café**, c'est un **café** où on peut prendre un verre et manger. Au Royaume-Uni, **a café** est un endroit où on boit du thé ou du café, et où on peut manger des repas simples et légers.

Would you like a **coffee**?
Voulez-vous un café?

⊙ **A coffee**, c'est un **café** qu'on boit dans une tasse.

 Ne confondez pas **coffee** et **café**!

cold (be cold, have a cold)

1

This pizza is **cold**!
Cette pizza est froide!

⊙ **be cold** = **être froid**

Your sister is **cold**, close the window!
Ta sœur a froid, ferme la fenêtre!

⊙ **be cold** = **avoir froid**

Are you **cold**?
Tu as froid?

I hate being **cold**!
Je déteste avoir froid!

⊙ Autres expressions où on emploie **avoir** en français et **be** en anglais : be **afraid** (avoir peur), be **hot** (avoir chaud), be **hungry** (avoir faim), be **right** (avoir raison), be **sleepy** (avoir sommeil), be **thirsty** (avoir soif), be **wrong** (avoir tort).

2

Alison can't come to school today, she's got (= she has got) a **cold**.
Alison ne peut pas venir à l'école aujourd'hui, elle est enrhumée.

⊙ **have a cold** = **avoir un rhume, être enrhumé**

college

Alison is at **college** studying French.
Alison fait des études de français à l'université.

⊙ Le mot anglais **college** désigne généralement un établissement d'enseignement **supérieur**.

The Royal **College** of Art is a prestigious art school.
Le « Royal College of Art » est une école d'art prestigieuse.

> The **school** is not far from my house.
Le collège n'est pas loin de chez moi.

> Quand vous parlez d'un **collège** français, employez le mot **school** (ou simplement le mot français « collège », entre guillemets).

comedian, comedienne

Coluche was a famous French **comedian**.
Coluche était un célèbre humoriste français.

Muriel Robin is a French **comedienne**.
Muriel Robin est une humoriste française.

☉ **a comedian**, c'est un **humoriste** (une personne dont la profession est de faire rire les gens).
a comedienne, c'est une femme qui exerce cette profession.

> There were some **actors** and **actresses** at the party.
Il y avait des comédiens et des comédiennes à la fête.

> **Un comédien** (= un acteur), c'est **an actor**. **Une comédienne** (= une actrice), c'est **an actress**.

command (verbe et nom)

He **commanded** a lot of respect.
Il imposait beaucoup de respect.

Captain Leech is at the **commands**.
Le capitaine Leech est aux commandes.

☉ Le verbe **command** est rarement l'équivalent de **commander**.

☉ Le nom **command** est surtout employé pour les commandes d'un bateau ou d'un avion, ou dans un contexte militaire.

> I've **ordered** a pizza.
J'ai commandé une pizza.

> Can I take your **order**, sir?
Je peux prendre votre commande, Monsieur ?

> Quand **commander** signifie « demander (pour acheter) », il se traduit par **order**, pas par *command.

> Quand **commande** signifie quelque chose qu'on a commandé (pour l'acheter), il se traduit par **order**.

complete (adjectif)

I've got the **complete** works of Shakespeare.
J'ai les œuvres complètes de Shakespeare.

☉ **complete** signifie « complet » au sens de « entier », en parlant d'un ensemble, d'une collection, etc.

> The hotel is **full** right now.
L'hôtel est complet en ce moment.

> Quand on parle d'un hôtel, d'un bus, d'un train qui est **complet**, le mot qui convient en anglais est **full**, pas *complete.

> The cinema is **sold out**.
Le cinéma est complet.

> Quand on parle d'un cinéma ou d'un théâtre qui est **complet**, le mot qui convient en anglais est **sold out**, pas **complete*.

comprehensive

This report is very **comprehensive**.
Ce rapport est très complet.

⊙ **comprehensive** signifie « complet » au sens de « exhaustif, qui couvre tout ».

I went to a **comprehensive school** in Devon.
Je suis allé dans une « comprehensive school » dans le Devon.

⊙ En Grande-Bretagne, a **comprehensive school** est un établissement d'enseignement secondaire ; c'est un peu l'équivalent du collège et du lycée en France.

> My friends were very **understanding**.
Mes amis ont été très compréhensifs.

> L'adjectif français **compréhensif** se traduit par **understanding**.

conference

My Dad is at a **conference** in London.
Mon père participe à un congrès à Londres.

⊙ a **conference**, c'est un **congrès** ou un **colloque**.

> The museum offers **lectures** on modern art.
Le musée propose des conférences sur l'art moderne.

> une **conférence** au sens de « cours, exposé », c'est a **lecture** en anglais, jamais **a conference*.

confused

I'm very **confused** about what you said.
Ce que tu m'as dit m'a beaucoup déconcerté.

⊙ be **confused** = être déconcerté, désorienté, dérouté.

> I'm really **sorry**, please forgive me.
Je suis vraiment confus, veuillez m'excuser.

> être **confus** (au sens de « désolé ») = be **sorry**.

conscious

Was he **conscious** during the
operation?
*Est-ce qu'il était conscient pendant
l'opération ?*

I'm **aware** of the problem.
Je suis consciente du problème.

Yes, I'm **aware** of that.
Oui, j'en suis conscient.

 Notez que le mot « **conscient** »
n'existe pas en anglais ! On dit
conscious ou ***aware***.

control ou check ?

Do you think they'll **check** our
passports at the border?
*Tu penses qu'ils vont contrôler nos
passeports à la frontière ?*

These **checks** are necessary because of
the risk of terrorist attacks.
*Ces contrôles sont nécessaires à cause du
risque d'attentats.*

He couldn't **control** the car and he had
an accident.
*Il n'a pas pu contrôler la voiture et il a eu
un accident.*

⊙ Quand **contrôler** signifie **vérifier**,
il ne se traduit pas par le verbe
control mais par le verbe **check**.

⊙ Quand **un contrôle** signifie **une
vérification**, il ne se traduit pas par **a
control** mais par **a check**.

⊙ **control** = contrôler au sens de
maîtriser.

cook ou cooker ?

My grandmother was a **cook**.
Ma grand-mère était cuisinière.

Be careful when you use the **cooker**.
Sois prudent quand tu utilises la cuisinière.

⊙ **A cook**, c'est un **cuisinier** ou une
cuisinière : quelqu'un qui fait la
cuisine.

⊙ **A cooker**, c'est une **cuisinière** : un
appareil pour faire la cuisine.

 Ne les confondez pas !

could, couldn't

⊙ **could** est un **modal**. Un modal, c'est un mot qu'on ne peut pas traduire directement, mais qui nous permet d'exprimer certaines choses. **could** a plusieurs fonctions.

We **could** write him a letter.
Nous pourrions lui écrire une lettre.

If I had a car, I **could** visit you more often.
Si j'avais une voiture, je pourrais te rendre visite plus souvent.

⊙ **could** nous permet de parler de ce qu'on **pourrait** faire, de ce qui **pourrait** arriver si...

You **could** be right.
Tu as peut-être raison.

Do you think it **could** be true?
Tu penses que ça peut être vrai?

⊙ **could** permet de dire que quelque chose est **peut-être** le cas.
Ici, **could** est synonyme de **might**.

When I was a student I **could** speak Spanish.
Quand j'étais étudiant je savais parler espagnol.

Twenty years ago, people **could** smoke in the metro.
Il y a vingt ans, les gens avaient le droit de fumer dans le métro.

⊙ **could** nous permet de parler de ce qu'on **était capable** de faire, de ce qu'on **pouvait** faire, de ce qu'on **savait** faire, de ce qui **était permis** avant.

I **could** see two planes in the sky.
Je voyais deux avions dans le ciel.

Marie **could** hear the phone.
Marie entendait le téléphone.

⊙ **could** est employé avec les verbes de perception **see**, **hear**, **feel** et **smell**, pour dire ce qu'on **voyait**, ce qu'on **entendait,** etc.

I **couldn't** see anything.
Je ne voyais rien.

⊙ Le négatif de **could** est **could not**, souvent contracté en **couldn't**.

Could I have an ice cream?
Je pourrais avoir une glace?

⊙ Pour poser une question, on met **could** avant le sujet.

Could I see you for a minute?
Je pourrais te voir un instant?

⊙ **could I...?** en début de phrase est employé pour demander la **permission**.

Suite page suivante

Could you tell me where the station is, please?
Pourriez-vous m'indiquer la gare, s'il vous plaît ?

⊙ **could you...?** en début de phrase est employé pour demander un **service** à quelqu'un.

Could you help me with this luggage?
Tu pourrais m'aider avec ces bagages ?

⊙ Attention à la prononciation de **could** ! Le **l** ne se prononce pas, et **could** rime avec **good**.

☛ VOIR : **be able to, can, modaux** (fiche 10)

course

I'm doing a computing **course**.
Je fais un stage d'informatique.

⊙ **a course = un stage**

> You mustn't talk during the **class**.
Il ne faut pas parler pendant le cours.

> **un cours = a class**

> The black horse won the **race**.
Le cheval noir a gagné la course.

> **une course = a race**

> I'm going to do the **shopping**.
Je vais faire les courses.

> **les courses** (les achats) = **the shopping**

cover with

He **covered** his bedroom wall **with** posters.
Il a couvert le mur de sa chambre d'affiches.

⊙ On dit **cover** something **with** something (couvrir quelque chose de quelque chose).

The floor was **covered with** rubbish.
Le sol était couvert de détritus.

⊙ **covered with = couvert de**.

● Notez l'emploi de **with**.

crayon ou pencil?

Sophie was doing some colouring with her **crayons**.
Sophie faisait du coloriage avec ses crayons.

⊙ **A crayon**, c'est un **crayon de couleur**.

Shall I use a pen or a **pencil**?
J'utilise un stylo ou un crayon?

⊙ **Un crayon** (noir), c'est **a pencil** en anglais.

Ne confondez pas *a pen* (**un stylo**) et *a pencil* (**un crayon noir**).

credit ou loan?

Do you take **credit** cards?
Vous prenez les cartes de crédit?

⊙ **Le crédit**, c'est **credit** en anglais.

I'm going to take out a **loan** to buy a car.
Je vais prendre un crédit pour acheter une voiture.

⊙ Mais **un crédit** au sens de **prêt bancaire**, c'est **a loan**.

He took out a **mortgage** to buy his house.
Il a pris un crédit pour acheter sa maison.

⊙ Un crédit immobilier, c'est **a mortgage**. Le **t** de **mortgage** ne se prononce pas.

crisis

The country is in **crisis**.
Le pays est en crise.

Our family has had several **crises** over the past few years.
Notre famille a connu plusieurs crises ces dernières années.

⊙ Le pluriel de **crisis** est **crises** (qui rime avec « my seas »).

criterion

This is a useful **criterion**.
C'est un critère utile.

What are your **criteria**?
Quels sont vos critères?

⊙ Le pluriel de **criterion** est **criteria**.

critic, critical, criticism

James is a literary **critic.**
James est critique littéraire.

⊙ **a critic**, c'est **un(e) critique** : une personne qui écrit des critiques de cinéma, de théâtre, de littérature.

This isn't a **criticism**, it's just a comment.
Ce n'est pas une critique, c'est juste une remarque.

⊙ **a criticism**, c'est **une critique** : quelque chose qu'on dit ou qu'on écrit pour critiquer.

The situation is **critical.**
La situation est critique.

⊙ **critical**, c'est l'adjectif **critique.**

Ne confondez pas ces trois mots !

cross ou meet ?

We can **cross** the street here.
On peut traverser la rue ici.

⊙ Le sens le plus courant de **cross**, c'est **traverser.**

I **met** Margaret at the supermarket.
J'ai croisé Margaret au supermarché.

⊙ Quand vous voulez dire **croiser quelqu'un** en anglais, n'employez pas le verbe **cross.** Le verbe qui convient est **meet.**

We **meet** regularly in town.
On se croise régulièrement en ville.

crossroads

At the end of the street there's a **crossroads.**
Au bout de la rue il y a un carrefour.

⊙ **crossroads** fait partie d'une toute petite famille de mots anglais dont le singulier et le pluriel se terminent en **s**. On dit **one crossroads, two crossroads.**

This **crossroads** is very dangerous.
Ce carrefour est très dangereux.

Les autres membres de cette famille sont **series** (= série : **one series, two series**), **species** (= espèce animale : **one species, two species**) et **means** (= moyen : **one means, several means**).

cry, scream et shout

Stop **crying**!
Arrêtez de pleurer!

⊙ Quand vous parlez de quelqu'un qui crie, évitez d'employer **cry**. Le sens le plus courant de **cry** est **pleurer**.

Stop **shouting**!
Arrêtez de crier!

⊙ Le verbe qui correspond à **crier** est **shout**.

When he saw what had happened, he **screamed**.
Quand il a vu ce qui s'était passé, il a hurlé.

⊙ Quand on parle de quelqu'un qui crie très fort, qui hurle, on peut employer le verbe **scream**.

cultivate ou grow ?

I'm **growing** tomatoes on my balcony.
Je cultive des tomates sur mon balcon.

⊙ Quand vous parlez de cultiver des plantes, évitez le verbe *cultivate*. Employez le verbe **grow** (**grew, grown**).

cultivated ou knowledgeable ?

Harry is very **knowledgeable**.
Harry est très cultivé.

⊙ L'adjectif **cultivé** (= qui sait beaucoup de choses) se traduit par **knowledgeable**, jamais *cultivated*.

culture ou crop ?

Chinese **culture** fascinates me.
La culture chinoise me fascine.

⊙ Le mot anglais **culture** signifie la culture au sens de « connaissance, civilisation ».

The **crops** suffered during the storm.
Les cultures ont souffert pendant l'orage.

⊙ Quand vous parlez d'une **culture** au sens de « plante cultivée », employez le mot **crop**.

custom ou customs ?

They have some strange **customs**.
Ils ont des coutumes bizarres.

⊙ **a custom**, c'est **une coutume**.

We had to go through **customs**.
On a dû passer la douane.

⊙ **customs**, c'est soit le pluriel de **custom** (= des coutumes), soit un nom qui signifie **la douane**.

Customs is over there on the right.
La douane est là-bas, sur la droite.

⊙ Au sens de « douane », **customs** est employé comme nom singulier.

customer ou client ?

⊙ Les mots anglais **customer** et **client** correspondent tous les deux au mot français **client**, mais ils ont des emplois différents.

There weren't many **customers** in the shop.
Il n'y avait pas beaucoup de clients dans le magasin.

⊙ **a customer**, c'est en général quelqu'un qui achète un **produit** ou un **objet**.

Our company sells insurance to **clients** in Britain and abroad.
Notre entreprise vend des assurances à des clients en Grande-Bretagne et à l'étranger.

⊙ **a client,** c'est en général quelqu'un qui achète un **service**.

'd

I'd (= I would) like to go to London.
Je voudrais aller à Londres.

I thought I'd (= I had) seen him before.
Je pensais que je l'avais déjà vu.

⊙ 'd est la contraction de **would** et de **had**.

Apprenez à reconnaître et à distinguer ces deux emplois.

defend

You should learn how to **defend** yourself.
Tu devrais apprendre à te défendre.

⊙ **defend** = **défendre**, mais pas au sens d'interdire.

> Don't do that, it's **not allowed**.
Ne fais pas ça, c'est défendu.

> **défendu** = **not allowed**

depend on

It **depends** on the time.
Ça dépend de l'heure.

Can I **depend** on you?
Je peux compter sur toi ?

⊙ **depend on** = **dépendre de** ou **compter sur**

Ne dites jamais *depend of* !

describe

Can you **describe** what you saw?
Tu peux décrire ce que tu as vu ?

Describe the painting to me.
Décris-moi le tableau.

⊙ **describe** = **décrire**

⊙ On dit **describe something to somebody** (*describe me the painting* est **incorrect**).

☛ **VOIR :** Verbes à double complément, fiche 15

desk et office

There are thirty **desks** in the classroom.
Il y a trente tables dans la classe.

I've got a **desk** in my bedroom.
J'ai un bureau dans ma chambre.

My Mum works in an **office**.
Ma mère travaille dans un bureau.

⊙ **a desk** = **une table** (dans une salle de classe) ou **un bureau** (= un meuble pour écrire)

⊙ **an office** = **un bureau** (= une salle où on travaille)

Ne confondez pas ces deux mots !

deceive ou disappoint ?

They **deceived** us.
Ils nous ont trompés.

I wasn't **deceived**.
Je n'étais pas dupe.

You **disappoint** me.
Tu me déçois.

I was **disappointed**.
J'étais déçu.

⊙ Le verbe anglais **deceive** signifie **tromper**.

⊙ **décevoir**, c'est **disappoint** en anglais.

deception ou disappointment ?

I was a victim of his **deception**.
J'ai été victime de sa duplicité.

What a **disappointment**!
Quelle déception !

She couldn't hide her **disappointment**.
Elle n'a pas pu cacher sa déception.

⊙ Le mot anglais **deception** signifie **tromperie** ou **duplicité**.

⊙ La **déception**, en anglais, c'est **disappointment**.

delay

There will be **delays** this morning due to roadworks.
Il y aura des retards ce matin à cause des travaux sur la route.

⊙ **a delay**, c'est un **retard** et non pas un délai.

> How long will it take?
Quels sont vos délais ?

> I need more time.
J'ai besoin d'un délai supplémentaire.

They deliver very quickly.
Ils livrent dans des délais très courts.

> **délai** n'a pas d'équivalent exact en anglais. Pour vous aider à le traduire, consultez votre dictionnaire.

demand

I **demand** an explanation!
J'exige une explication !

⊙ Le verbe anglais **demand** ne correspond pas exactement au verbe français **demander**. Quand le sujet de **demand** est une personne, il signifie **exiger** ou **réclamer** :

It **demands** a lot of concentration.
Cela demande beaucoup de concentration.

⊙ Quand le sujet n'est pas une personne, **demand** correspond souvent à **demander**.

> He **asked for** a pizza.
Il a demandé une pizza.

> Quand on parle de quelqu'un qui **demande** quelque chose, on n'emploie pas **demand** mais **ask for**.

> **Ask** at reception.
Demandez à l'accueil.

> Quand **demander** est employé intransitivement (c'est-à-dire, lorsqu'il n'y a pas de COD), il se traduit par **ask**.

☛ **VOIR : ask**

did auxiliaire

☞ VOIR : fiches 4 et 11

died, dead, death

Ne confondez pas ces trois mots, qui traduisent des emplois différents du mot français **mort**!

I haven't seen him since his father's **death**.
Je ne l'ai pas vu depuis la mort de son père.

⊙ **death** est un **nom** qui traduit le nom français **mort** (la mort, le décès, la fin de la vie).

His father **died** yesterday.
Son père est mort hier.

⊙ **died** est le prétérit (= passé) du verbe **die**. Dans l'exemple à gauche, *mort* est le verbe *mourir*.

I think his father is **dead**.
Je crois que son père est mort.

⊙ **dead** est un adjectif qui correspond à l'adjectif français **mort, morte**. Dans l'exemple à gauche, *mort* est un adjectif.

Is your dog **dead**? Yes, he **died** yesterday.
Est-ce que ton chien est mort? Oui, il est mort hier.

Ne confondez pas **il est mort hier** (verbe *mourir*, au passé = **he died**) avec **il est mort** (= il n'est pas vivant = **he is dead**).

There was a **dead man** in the river.
Il y avait un mort dans la rivière.

⊙ **un mort** = a dead man

It's about a boy who sees **dead people**.
Ça parle d'un garçon qui voit les morts.

⊙ **des morts** = dead people

It's an insult to **the dead**.
C'est une insulte aux morts.

⊙ **les morts** (en général) = the dead

The dead were worshipped in this culture.
Les morts furent vénérés dans cette culture.

Attention! On ne dit pas
a dead, ni *the deads* !

Attention ! **the dead** est pluriel (the dead were...). Comparez avec **the rich, the poor, the blind...**

different

His opinions are very **different** from mine.
Ses opinions sont très différentes des miennes.

⊙ **different from = différent de**

Notez l'emploi de *from*.
On ne dit pas **different of...*

discuss

We were **discussing** the future of the company.
On discutait de l'avenir de l'entreprise.

Le verbe **discuss** n'est pas suivi d'une préposition. On ne dit pas **discuss about something*, mais **discuss something**.

divide

Divide the page into three parts.
Divisez la page en trois parties.

The book is **divided** into eight chapters.
Le livre est divisé en huit chapitres.

⊙ **divide into = diviser en**

Notez l'emploi de **into**.
On ne dit pas **divide in...*

do auxiliaire

☞ **VOIR** : fiches 4, 6 et 11.

do et make

faire = **do** ou **make** selon le contexte.

Do something to help us.
Fais quelque chose pour nous aider.

⊙ **do = faire** quand on ne précise pas l'activité.

I don't know what to **do**.
Je ne sais pas quoi faire.
What are you **doing** on Saturday?
Qu'est-ce que tu fais samedi ?

Suite page suivante

I'll **do** the dining room and you **do** the living room.
Je vais faire la salle à manger et toi tu fais le salon.

⊙ **do**, comme **faire**, peut signifier « s'occuper de, nettoyer, préparer... ».

I'm **doing** the potatoes.
Je fais les pommes de terre.

I **did** a lot of work this morning.
J'ai fait beaucoup de travail ce matin.

⊙ Quand on parle de faire un travail, on dit **do work**, pas *make work.

He **makes** a lot of work for his parents.
Il donne beaucoup de travail à ses parents.

make work = **donner du travail** et non *faire du travail !

Danny **does** judo on Wednesdays.
Danny fait du judo le mercredi.

⊙ Quand on parle de faire un sport, on emploie **do**, pas *make.

You should **do** some sport.
Tu devrais faire du sport.

On ne dit pas *make sport !

Now **do** exercise 3!
Maintenant, fais l'exercice n° 3 !

⊙ En règle générale, on « **do** » quelque chose qui est déjà préparé, qui existe déjà : on l'exécute, on s'en occupe. On « **make** » quelque chose qui n'existait pas avant : on le crée, on le fabrique.

It's a company that **makes** washing machines.
C'est une entreprise qui fait/qui fabrique des machines à laver.

⊙ Quand on fait un exercice ou un sport ou un travail, on ne le crée pas, on l'exécute (= **do**). Quand on fait un gâteau, on le crée (= **make**).

☛ Pour apprendre comment dire « faire du skateboard/du roller/de la planche à voile », etc., reportez-vous à l'entrée **go + -ing**.

don't en début de phrase

Don't talk to me like that !
Ne me parle pas comme ça !

⊙ **don't** (= do not) est employé en début de phrase pour dire à quelqu'un de **ne pas faire** quelque chose. C'est ce qu'on appelle la forme négative de l'impératif.

Don't be stupid!
Ne sois pas idiot !

Don't do that!
Ne fais pas ça !

Please **don't** go.
Ne pars pas, s'il te plaît.

⊙ En le faisant précéder du mot **please**, on rend la phrase moins autoritaire.

Please **don't** smoke in here.
Veuillez ne pas fumer ici.

☛ **VOIR** : fiche 55

dozen

Can I have two **dozen** eggs, please?
Je peux avoir deux douzaines d'œufs, s'il vous plaît ?

⊙ Quand le mot **dozen** est employé pour compter, il ne prend jamais de **s** et n'est jamais suivi de **of** (on dit **a dozen eggs, three dozen eggs...**)

I've told you **dozens** of times!
Je te l'ai dit des douzaines de fois !

⊙ **des douzaines de... = dozens of...**

dramatic

There's some very **dramatic** scenery in Scotland.
Il y a des paysages très spectaculaires en Écosse.

⊙ Le sens le plus courant du mot anglais **dramatic** est **spectaculaire**. Il ne veut jamais dire **dramatique** au sens de « grave ».

> The situation is **very serious**.
La situation est dramatique.

> Notez les différents équivalents de **dramatique** au sens de « grave ».

> It's not the end of the world!
Ce n'est pas dramatique !

dress, get dressed, dress up as

Get dressed, it's time to go to school!
Habille-toi, c'est l'heure de partir à l'école !

⊙ **get dressed = s'habiller** au sens de « mettre ses vêtements ».

Sophie **dresses** really well.
Sophie s'habille très bien.

⊙ Le verbe **dress** s'emploie le plus souvent quand on parle de la **façon de s'habiller** de quelqu'un.

Hindus **dress** in white for funerals.
Les hindous s'habillent en blanc pour les enterrements.

Suite page suivante

I **dressed up as** a witch for the Halloween party.
Je me suis habillée en sorcière pour la fête d'Halloween.

⊙ **dress up as...** = **s'habiller en...** au sens de « se déguiser en... »

Ne confondez pas ces trois façons de dire **s'habiller** en anglais.

during

We met **during** the Easter holidays.
Nous nous sommes rencontrés pendant les vacances de Pâques.

⊙ **during** = **pendant**, mais seulement lorsque **pendant** précise **quand** quelque chose a eu lieu (**pendant** la nuit, **pendant** les fêtes...)

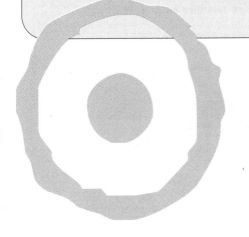

> We lived together **for** five years.
Nous avons habité ensemble pendant cinq ans.

> Quand **pendant** précise une **durée** (**pendant** cinq heures, **pendant** longtemps, **pendant** un an), il se traduit par **for**, pas par *during*.

> The house was burgled **while** we were on holiday.
La maison a été cambriolée pendant que nous étions en vacances.

> **pendant que...** = **while** (pas *during*)

Ne confondez pas **for** avec **during** et **while** ! Ne traduisez pas systématiquement **pendant** par **during** !

☛ **VOIR** : **for, while**

E

each

Look carefully at **each** picture.
Regardez bien chaque image.

The children **each** received a present.
Chaque enfant a reçu un cadeau.

Each of the houses had a large garden.
Each house had a large garden.
The houses **each** had a large garden.
Chacune des maisons avait un grand jardin.

⊙ **each** = chaque

⊙ Notez comment **each** se place entre le sujet et le verbe.

⊙ **each of...** = **chacun(e) de...**

⊙ Notez les trois façons différentes d'employer **each** pour dire la même chose.

☛ **VOIR : every**

each other

The children looked at **each other**.
Les enfants se sont regardés (les uns les autres).

They love **each other**.
Ils s'aiment.

Alison and Graham write to **each other** every week.
Alison et Graham s'écrivent toutes les semaines.

⊙ **each other** exprime la **réciprocité**, c'est-à-dire ce que font les gens **les uns aux autres**. En français, cette réciprocité est souvent exprimée par l'emploi d'un verbe pronominal (se regarder, s'aimer, s'écrire).
On ajoute parfois des expressions comme « l'un à l'autre » ou « les uns les autres », mais ce n'est pas toujours nécessaire.

early ou soon ?

We've got to leave **early**.
Il faut que nous partions tôt.

Am I **early**?
Je suis en avance ?

We've got to leave **soon**.
Il faut que nous partions bientôt.

⊙ **early** signifie **tôt, de bonne heure, en avance**.

⊙ **soon** signifie **bientôt, dans peu de temps**.

Ne les confondez pas !

earn ou win ?

How much does Alison **earn** a month?
Combien Alison gagne-t-elle par mois ?

How much did Jason **win** on the lottery?
Combien Jason a-t-il gagné au loto ?

⊙ **earn**, c'est gagner de l'argent **en travaillant**.

⊙ **win**, c'est gagner quelque chose **dans un jeu**.

Ne les confondez pas !

economic ou economical ?

There's an **economic** crisis in this country.
Il y a une crise économique dans ce pays.

It's a very **economical** method.
C'est une méthode très économique.

⊙ **economic** signifie **économique** au sens de « qui a un rapport avec l'économie ».

⊙ **economical** signifie **économique** au sens de « qui permet de faire des économies ».

economics

He's studying **economics**.
Il fait des études d'économie.

Economics is an interesting subject.
Les sciences économiques sont un sujet intéressant.

⊙ **economics**, c'est les **sciences économiques**. Ne confondez pas avec **economy** (= l'économie d'un pays).

⊙ Malgré son **s**, **economics** est un nom singulier (comme **politics** et **mathematics**). Le verbe qui est associé à ce mot doit donc être au singulier (ici, Economics **is**...).

-ed ou -ing ?

I'm **bored**! This teacher is **boring**!
Je m'ennuie ! Ce prof est ennuyeux !

I'm **excited**! This holiday is **exciting**!
Je suis excité ! Ces vacances sont passionnantes !

Ne confondez pas ces couples d'adjectifs :
• Ceux en **-ed** parlent de la personne qui **ressent** quelque chose (l'ennui, l'excitation, la fatigue, la peur).
• Ceux en **-ing** parlent de la situation ou de la personne qui **produit** ces effets.

I'm **exhausted**! That walk was
exhausting!
*Je suis épuisé ! Cette promenade était
épuisante.*

It was a **frightening** experience. I was
very **frightened**.
*C'était une expérience effrayante. J'ai eu
très peur.*

either

⊙ **either** exprime l'idée de la **dualité**,
c'est-à-dire le fait qu'il y ait deux
choses, deux personnes, deux idées,
etc.

You can take **either** train.
Vous pouvez prendre n'importe quel train.
(= n'importe lequel des deux)

⊙ Quand il est suivi d'un nom, le mot
either indique qu'il n'y a **pas de
préférence** entre deux choses ou
deux personnes. C'est l'idée de
« n'importe lequel/laquelle ».

Open **either** window.
Ouvrez n'importe quelle fenêtre.
(= n'importe laquelle des deux)

⊙ Le nom qui suit directement **either**
n'est **jamais** au pluriel.

Can **either** of your brothers help me?
*Est-ce que l'un de vos (deux) frères peut
m'aider ?*

⊙ **either of** + pronom ou nom pluriel
indique qu'il n'y a **pas de préférence**
entre deux choses ou deux personnes.
C'est encore une fois l'idée de
« n'importe lequel ».

He didn't get on with **either** of his
sisters.
*Il ne s'entendait avec aucune de ses (deux)
sœurs.*

⊙ **not ... either (of)** + nom signifie
aucun (e)(des deux). Comparez
avec **any** (regardez les exemples à la
fin de cet article).

I haven't read **either** of his books.
Je n'ai lu aucun de ses (deux) romans.

We can **either** go to the cinema or the
theatre.
*Nous pouvons aller soit au cinéma, soit au
théâtre.*

⊙ **either ... or ...** indique le choix
entre deux possibilités, et se traduit
par **soit... soit...**

Suite page suivante

He doesn't like cauliflower, and he doesn't like carrots **either**.
Il n'aime pas le chou-fleur, et il n'aime pas les carottes non plus.

⊙ À la fin d'une phrase négative, **either** correspond à **non plus**.

☞ **VOIR** : neither, both

You can take **any** train.
Vous pouvez prendre n'importe quel train.

> Open **any** window.
Ouvrez n'importe quelle fenêtre.

> He didn't get on with **any** of his sisters.
Il ne s'entendait avec aucune de ses sœurs.

> I haven't read **any** of his books.
Je n'ai lu aucun de ses romans.

comparez :

> **either** exprime l'idée de « n'importe lequel/laquelle des deux », « aucun(e) des deux » ; **any** exprime la même chose quand il y a plus de deux choses, deux personnes, etc.

any a d'autres emplois. Reportez-vous à l'entrée **any**.

else

⊙ **else** est toujours associé à un autre mot et ne peut pas se traduire seul.

I

Did you see **anybody else?**
As-tu vu quelqu'un d'autre ?

I didn't buy **anything else**.
Je n'ai rien acheté d'autre.

Did you go **anywhere else?**
Tu es allé ailleurs ?

Nobody else seemed to know.
Personne d'autre ne semblait le savoir.

There was **nothing else** to do.
Il n'y avait rien d'autre à faire.

⊙ Associé aux mots composés qui commencent par **any...**, **no...** et **some...**, **else** correspond souvent à l'expression française « ... d'autre ». Attention aux différentes façons de traduire **autre(s)**.

⊙ **anywhere else** = **ailleurs** (dans une question ou une phrase négative).

Ask **somebody else.**
Demandez à quelqu'un d'autre.

That's **somebody else's** cat.
C'est le chat de quelqu'un d'autre.

I've got **something else** to tell you.
J'ai autre chose à te dire.

Let's go **somewhere else.**
Allons ailleurs.

⊙ **somebody else** peut se mettre au génitif (= ajout d'un **'s** pour signifier la possession).

⊙ **something else** = **autre chose**

⊙ **somewhere else** = **ailleurs**

2

What else did he say?
Qu'est-ce qu'il a dit d'autre ?

Who else was there?
Qui d'autre était là ?

Where else did you go?
Où est-ce que vous êtes allé, à part ça ?

How else can we do it?
Comment pouvons-nous le faire, autrement ?

⊙ Associé à **what** et à. **who, else** signifie aussi « … d'autre ».

⊙ Notez la traduction de **where else ?** et de **how else?**

3

Speak slowly **or else** nobody will understand you.
Parle lentement sinon personne ne te comprendra.

⊙ **or else…** signifie **sinon…**

employ ou use ?

They **employ** a lot of people from the village at the factory.
Ils emploient beaucoup de gens du village à l'usine.

We **use** the preterite to talk about the past.
On emploie le prétérit pour parler du passé.

⊙ **employ** = **employer**, mais seulement au sens de « donner un travail rémunéré à quelqu'un ».

⊙ Quand **employer** signifie « se servir de, utiliser », il se traduit par **use**.

engine

This car has a very powerful **engine**.
Cette voiture a un moteur très puissant.

⊙ **an engine**, c'est le moteur d'un véhicule ou le réacteur d'un avion.

The plane has four **engines**.
L'avion a quatre réacteurs.

Which **search engine** do you use?
Tu utilises quel moteur de recherche ?

⊙ A **search engine**, c'est un moteur de recherche.

> My throat hurts, I think I've got **tonsillitis**!
J'ai mal à la gorge, je pense que j'ai une angine !

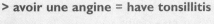
> **avoir une angine** = **have tonsillitis**

Ne confondez pas « engine » et « angine » !

engineer

My Dad is an **engineer**.
Mon père est ingénieur.

An **engineer** came to repair the TV.
Un technicien est venu réparer la télé.

⊙ Le mot anglais **engineer** peut signifier un **ingénieur**, mais il peut aussi signifier un **technicien** ou un **réparateur**.

English

English is my favourite language.
L'anglais est ma langue préférée.

⊙ **English** (sans article) = **l'anglais** (la langue)

The English drink a lot of beer.
English people drink a lot of beer.
Les Anglais boivent beaucoup de bière.

⊙ **The English** ou **English people** = **les Anglais**

Karl speaks good **English**.
Karl parle un bon anglais.

⊙ On dit **good /bad English**, jamais *a good/bad English*.

I'm trying to speak better **English**.
J'essaie de parler un meilleur anglais.

She married an **Englishman**.
Elle a épousé un Anglais.

⊙ **un Anglais** (adulte) = **an Englishman; une Anglaise** (adulte) = **an Englishwoman**

There's an **English** boy at my school.
Il y a un jeune Anglais à mon collège.

⊙ Pour les jeunes, on dit **an English boy, an English girl.**

enjoy

Did you **enjoy** the film?
Le film vous a plu ?

I really **enjoyed** that meal!
Je me suis régalé !

⊙ **enjoy** n'a pas d'équivalent exact en français. C'est un verbe qui exprime le **plaisir qu'on a à faire quelque chose.**

I hope you'll **enjoy** using this camera.
J'espère que tu aimeras utiliser cet appareil photo.

⊙ Notez que dans les quatre premières phrases à gauche, on pourrait remplacer **enjoy** par **like**, dont le sens est assez proche. Ceci peut vous aider à l'employer correctement.

Sarah **enjoyed** seeing her friends.
Sarah a été contente de voir ses amis.

Enjoy!
Bon appétit ! (dit par un serveur dans un restaurant).

Attention! On dit *enjoy + V -ing*, pas **enjoy to...*

Enjoy yourselves!
Amusez-vous bien !

⊙ **enjoy ...self/...selves = s'amuser**

I really **enjoyed** myself.
Je me suis bien amusé.

enough

⊙ **enough** = suffisamment, assez (de).

This soup isn't hot **enough.**
Cette soupe n'est pas assez chaude.

⊙ **enough** se place **après** un adjectif, un adverbe ou un verbe.

They didn't speak clearly **enough.**
Ils n'ont pas parlé assez clairement.

I've heard **enough!**
J'en ai assez entendu !

Suite page suivante

Do you think we'll have **enough** glasses?
Tu penses qu'on aura assez de verres ?

⊙ **enough** se place **avant** un nom.

Attention ! Notez comment *enough* précède directement le nom (sans *of*).

We didn't have **enough** paint to finish the bedroom.
On n'avait pas assez de peinture pour finir la chambre.

Attention ! **assez de... pour** + verbe = **enough... to** + BV

I have**n't** got **enough** space.
Je manque d'espace.

⊙ **have** + **not** + **enough** est une expression utile pour traduire « manquer de... ».

> The exam was **quite** hard.
L'examen était assez dur.

> Ne confondez pas **enough** (= assez au sens de « suffisamment ») avec **quite** (= assez au sens de « un peu mais pas trop/plutôt »).

enter ou go/come in ?

Everybody stood up when she **entered** the room.
Tout le monde s'est levé quand elle est entrée dans la pièce.

⊙ **enter** = entrer (dans)

Ne dites pas **enter.in*.

Come in!
Entrez !

Hé **went in**.
Il est entré.

⊙ **come in** et **go in** sont beaucoup plus courants et plus naturels que **enter**. Essayez de les employer quand vous voulez dire **entrer**.

⊙ On dit **come in** quand on parle de quelqu'un qui **vient** à l'intérieur, et **go in** quand quelqu'un **va** à l'intérieur.

We **went into** the bank.
Nous sommes entrés à la banque.

⊙ Notez l'emploi de **verbe + into** avant le nom d'un endroit.

-er

This TV is cheap**er** in the other shop. *Cette télé est moins chère dans l'autre magasin.*	☉ La terminaison **-er** est employée pour former le **comparatif** de certains adjectifs.
It's warm**er** than last week. *Il fait plus chaud que la semaine dernière.*	☞ **VOIR** : fiche 71
She got thinn**er and** thinn**er**. *Elle est devenue de plus en plus maigre.*	☉ **...er and ...er = de plus en plus...**

error, mistake, fault

The table is full of **errors**. The table is full of **mistakes**. *Le tableau est plein d'erreurs.*	☉ **a mistake** ou **an error**, c'est une **erreur** ou une **faute**.
Sorry, I've made a **mistake**. *Désolé, j'ai fait une erreur. Désolé, je me suis trompé.*	☉ le mot **mistake** est beaucoup plus courant que le mot **error**. Essayez d'employer **mistake** plutôt que **error**.
It's my **fault**. *C'est ma faute.*	☉ somebody's **fault** = la **faute** de quelqu'un.

essay

I've finished my **essay**. *J'ai terminé ma rédaction.*	☉ **an essay**, c'est une rédaction à l'école.
I hate writing essays! *Je déteste faire des rédactions !*	

> I succeeded after several **tries**. *J'ai réussi après plusieurs essais.*	> **un essai** (= une tentative), c'est **a try** (pluriel **tries**).
> I had three **tries**, but I couldn't lift the box. *J'ai fait trois essais, mais je n'ai pas pu soulever le carton.*	> **faire un essai = have a try**
> I scored five **tries**! *J'ai marqué cinq essais !*	> **marquer un essai** (au rugby) = **score a try**

73

-est

I bought the cheap**est** sandals I could find.
J'ai acheté les sandales les moins chères que j'aie pu trouver.

Death Valley is one of the hott**est** places on Earth.
La Vallée de la Mort est un des endroits les plus chauds de la Terre.

⊙ La terminaison **-est** est employée pour former le **superlatif** de certains adjectifs.

☞ VOIR : fiche 72

even (adverbe)

1

Even the dog was tired!
Même le chien était fatigué !

⊙ L'adverbe **even** s'emploie pour parler de quelque chose qui est surprenant, et peut être traduit par l'adverbe **même**.

2

Our flat is small, but theirs is **even** smaller.
Notre appartement est petit, mais le leur est encore plus petit.

⊙ Quand il précède un adjectif au comparatif (adjectif + **-er**), **even** correspond à **encore** (encore plus petit, encore moins cher, etc.).

eventually

The car started **eventually**.
Finalement, la voiture a démarré.

They **eventually** agreed with me.
Ils ont fini par être d'accord avec moi.

I'll reply to his letter **eventually**.
Je finirai par répondre à sa lettre.

⊙ **eventually** ne signifie pas « éventuellement » mais **finalement**.

> We could **possibly** leave tomorrow.
Nous pourrions éventuellement partir demain.

> éventuellement = possibly

ever

⊙ **ever** exprime l'idée de « à un moment ou à un autre », « à n'importe quel moment », et peut se traduire de plusieurs façons.

1

Have you **ever** been to Scotland?
Es-tu déjà allé en Écosse ?

⊙ Dans des **questions**, avec le present perfect, **ever** correspond souvent à **déjà**.

Attention ! Ne confondez pas **ever** et **already**.

☞ VOIR : already

2

Does Jamie **ever** write to you?
Est-ce que Jamie t'écrit parfois ?
Est-ce qu'il arrive que Jamie t'écrive ?

⊙ Dans les autres questions, **ever** correspond souvent à **parfois**.

Attention ! Ne confondez pas **ever** et **sometimes**.

☞ VOIR : sometimes

3

I don't think I've **ever** been there.
Je ne pense pas y être jamais allé.

⊙ **not... ever** signifie **ne... jamais**.

Attention ! Ne confondez pas **not... ever** et **never**. Jamais se traduit le plus souvent par **never**.

☞ VOIR : never

4

That's the biggest cat I've **ever** seen.
C'est le plus gros chat que j'aie jamais vu.

⊙ Avec un superlatif, **ever** correspond également à **jamais**.

It's the smallest car **ever** made.
C'est la plus petite voiture jamais fabriquée.

every (comparé à each)

⊙ **every** = tous/toutes les…,
chaque (mais **every** est suivi
d'un **singulier** !).

1

How much water should I drink
every/each day?
*Combien d'eau devrais-je boire chaque
jour/tous les jours ?*

⊙ Il y a très peu de différence d'emploi
entre **each** + nom et **every** + nom
(mais regardez bien les restrictions
indiquées plus bas).

I think about you **every/each** morning.
*Je pense à toi chaque matin/tous les
matins.*

Prices go up **every/each** year.
*Les prix augmentent chaque année/
tous les ans.*

●   Attention ! *every*, comme *each*,
est toujours suivi d'un **singulier**, jamais
d'un pluriel. *every years* est **incorrect**.

2

He comes **every** Saturday.
Il vient tous les samedis.

⊙ **every** s'emploie plus souvent que
each avec les **jours de la semaine**.

3

There were three doors, and **each** door
was closed.
*Il y avait trois portes, et chaque porte était
fermée.*

⊙ **each** s'emploie plus souvent que
every quand le **nombre** d'éléments
dont on parle est **faible**…

He had an apple in **each** hand.
Il avait une pomme dans chaque main.

⊙ …et quand il n'y a que **deux** éléments,
every est **impossible**.

4

He called **each of** his sisters.
Il a appelé chacune de ses sœurs.

⊙ On dit **each of** + pluriel ; *every of* est
impossible…

Every one of/Each one of the boxes
was empty.
Chacun des cartons était vide.

⊙ …mais on peut dire **every one of** +
pluriel ou **each one of** + pluriel
(= chacun(e) de).

5

Every child got a present.
The children **each** got a present.
Chacun des enfants a eu un cadeau.

⊙ **every** est toujours suivi d'un **nom**.
Dans la deuxième phrase à gauche,
every est **impossible**.

☞ **VOIR** : **all, each**

everybody, everyone

Everybody knows the answer.
Tout le monde connaît la réponse.

☉ **everybody** signifie **tout le monde**.

Everyone knows the answer.
Tout le monde connaît la réponse.

☉ **everyone** a le même sens.

everything

I think I've understood **everything**.
Je pense que j'ai tout compris.

☉ **everything** signifie **tout**.

Everything is very clear.
Tout est très clair.

☛ VOIR : **all**

everywhere

They travel **everywhere** by plane.
Ils voyagent partout en avion.

☉ **everywhere** signifie **partout**.

evidence

The police are looking for **evidence**.
La police cherche des preuves.

☉ Le sens le plus courant du mot
evidence est **preuves**
(dans un contexte judiciaire).

> It's **obvious**!
C'est une évidence !

> Notez comment on traduit « c'est une
évidence ».

evident ou obvious ?

It's **obvious** that he's lying.
Il est évident qu'il ment.

But it's **obvious**, isn't it?
Mais c'est évident, non ?

It's quite **difficult** to understand.
Ce n'est pas évident à comprendre.

Attention ! **N'employez pas** le
mot **evident** en anglais. Il existe,
mais il n'a pas du tout les mêmes
emplois que le mot français « évident ».
Il faut employer le mot **obvious**.

Notez que **pas évident** (au sens de
« assez difficile ») se traduit par **quite
difficult**.

evolve

Plants and animals have **evolved** over millions of years.
Les plantes et les animaux ont évolué pendant des millions d'années.

⊙ Le mot **evolve** est surtout employé dans un contexte scientifique, pour parler de l'évolution des espèces.

> He's **changed** a lot since I last saw him.
Il a beaucoup évolué depuis la dernière fois que je l'ai vu.

> Dans la langue courante, traduisez **évoluer** par **change**.

excited ou exciting ?

The children are all **excited** about going on holiday.
Les enfants sont tout excités à l'idée de partir en vacances.

⊙ **excited** = excité

I'm really **excited**!
Je suis vraiment excité !

Our trip to Colorado was an **exciting** experience.
Notre voyage au Colorado a été une expérience passionnante.

⊙ **exciting** = passionnant, excitant

☞ VOIR : -ed ou -ing ?

How **exciting**!
Comme c'est excitant !

exhausted ou exhausting?

That was an **exhausting** trip!
I'm **exhausted**!
C'était un voyage épuisant !
Je suis épuisé !

⊙ **exhausting** = épuisant

⊙ **exhausted** = épuisé

☞ VOIR : -ed ou -ing ?

expect ou wait (for) ?

☞ VOIR : wait

experience ou experiment?

He hasn't got much **experience**.
Il n'a pas beaucoup d'expérience.

We did some **experiments** in the laboratory.
Nous avons fait des expériences dans le laboratoire.

⊙ **experience** = **l'expérience** (au sens de « connaissance »)

⊙ an **experiment** = une **expérience** (scientifique)

 Ne confondez pas ces deux mots !

explain

Andrew **explained** how the machine worked.
Andrew a expliqué comment fonctionnait la machine.

⊙ **explain** = **expliquer**

 Notez l'ordre des mots après *explain how...*

I'm going to **explain to** you.
I'm going to **explain**.
Je vais vous expliquer.

Can you **explain to** me what happened?
Can you **explain** what happened?
Tu peux m'expliquer ce qui s'est passé ?

Attention ! On dit *explain to somebody*, pas *explain somebody*. Ne dites pas *I will explain you...* ni *Explain me...* !

F

far

Is it **far**?
Is it **far away**?
C'est loin ?

⊙ **far (away)** signifie **loin**, mais attention ! Il ne s'emploie pas tout à fait de la même façon.

On ne dit pas *it is far ! **far** s'emploie dans les **questions** et dans les expressions **not far** et **too far**.

> It's **a long way** from here.
> *C'est loin d'ici.*

> Pour dire que quelque chose est loin, employez **a long way**, pas *far.

It isn't very **far**.
Ce n'est pas très loin.

⊙ **not far** = **pas loin, près**

They live not **far** from London.
Ils habitent près de Londres.

Three kilometres? That's too **far**.
Trois kilomètres ? C'est trop loin.

⊙ **too far** = **trop loin**

How **far** is it?
C'est à quelle distance ?

⊙ **how far ?** interroge sur la **distance**.

How **far** is Dublin from here?
Dublin est à combien de kilomètres d'ici ?

☞ VOIR : how + adjectif

far + comparatif / too

Our new car is **far** bigger than the old one.
Notre nouvelle voiture est beaucoup plus grande que l'ancienne.

⊙ **far** + comparatif = **beaucoup** + comparatif

This exercise is **far** more difficult!
Cet exercice est beaucoup plus difficile !

You're walking **far** too slowly!
Tu marches beaucoup trop lentement !

⊙ **far too** + adjectif ou adverbe = **beaucoup trop** + adjectif ou adverbe

⊙ Dans ce sens, **far** est synonyme de **much** (**much** bigger, **much** more difficult, **much** too slowly).

☞ **VOIR : much**

fashion ou way (pour traduire « façon »)?

He spoke to us in an unfriendly **way**.
Il nous a parlé de façon antipathique.

The Japanese prepare fish in several **ways**.
Les Japonais préparent le poisson de plusieurs façons.

⊙ Le mot **fashion** a parfois le sens de « façon », mais il est beaucoup moins courant que le mot **way**. Pour ne pas vous tromper, il vaut mieux **ne pas employer** le mot *fashion* au sens de « façon ».

☞ **VOIR : way**

Do you ever read **fashion** magazines?
Tu lis parfois des revues de mode ?

⊙ Le sens le plus courant de **fashion** est **mode** (au sens de « tendance »).

fault

It's not my **fault**!
Ce n'est pas de ma faute !

⊙ **fault** = **faute** (au sens de responsabilité ou faute morale)

> This essay is full of **mistakes**.
Ce devoir est plein de fautes.

> Quand vous parlez d'une **faute** (au sens d'une erreur), le mot qui convient est **mistake**, pas *fault.

fear

☞ **VOIR : afraid**

feel, fell et felt

How do you **feel**?
Comment te sens-tu ?

I **felt** ill and I had to come home.
Je me suis senti malade et j'ai dû rentrer à la maison.

Beaucoup de gens confondent *fell*, qui est une forme du verbe *fall* (= tomber), et *felt*, qui est une forme du verbe *feel* (sentir, se sentir). Ne les confondez pas !

The cat **fell** off the roof.
Le chat est tombé du toit

feel + adjectif

I **feel** ill.
Je me sens malade.

Don't you **feel** silly wearing that hat?
*Tu ne te sens pas ridicule avec ce
chapeau ?*

⊙ **feel** + adjectif = **se sentir** + adjectif

Notez qu'on n'emploie pas la
forme pronominale (**feel myself,
feel yourself*) dans ce cas.

feel like

It **feels like** silk.
Ça ressemble à de la soie.
On dirait de la soie.

I **feel like** a drink.
J'ai envie de prendre un verre.

I don't **feel like** it.
Je n'ai pas envie.

⊙ **feel like** exprime une ressemblance
que l'on remarque en **touchant**
quelque chose.

⊙ **feel like** peut également exprimer ce
dont on a **envie**.

feel like + -ing

I don't **feel like** go**ing** out tonight.
Je n'ai pas envie de sortir ce soir.

I **feel like** danc**ing**!
J'ai envie de danser !

⊙ **feel like** + V **-ing** = **avoir envie de**
+ infinitif

few, a few

Put **a few** olives in the salad.
Mets quelques olives dans la salade.

⊙ **a few** = **quelques**

a few n'est jamais suivi d'un nom
au singulier !

It only costs **a few** euros.
Ça ne coûte que quelques euros.

I need to write **a few** more letters.
Je dois encore écrire quelques lettres.

⊙ **a few more...** = **encore quelques...**

I need to write **some** more letters
Je dois encore écrire quelques lettres.
Je dois encore écrire des lettres.

⊙ **a few** et **some** (+ nom pluriel) ont presque le même sens (**some** est plus proche de **des**).

Few people have climbed this mountain.
Peu de gens ont escaladé cette montagne.

⊙ **few** = **peu de**

few n'est jamais suivi d'un nom au singulier !

Not many people have climbed this mountain.
Peu de gens ont escaladé cette montagne.

⊙ **not many** veut dire la même chose, et est plus courant.

> We need **a little** space.
We need **a bit of** space.
On a besoin d'un peu de place.

> **Put a little** salt in the sauce.
Put **a bit of** salt in the sauce.
Mets un peu de sel dans la sauce.

> Avec les noms non dénombrables (pour dire **un peu de...**), employez **a little** ou (plus familièrement) **a bit of**.

Ne les confondez pas :
a few = quelques ;
few = peu de ;
a little, a bit of = un peu de.

☛ **VOIR** : bit, little, lot, many, much

figure

Andrea has got a very good **figure**.
Andrea a une très belle silhouette.

⊙ **figure** peut signifier **silhouette**, **ligne** (au sens de « forme du corps »).

I've got to watch my **figure**.
Il faut que je surveille ma ligne.

The page was covered in **figures**.
La page était couverte de chiffres.

⊙ **figure** peut signifier **chiffre**.

> Go and wash your **face**.
Va te laver la figure.

> Au sens de « visage », le mot français **figure** se traduit par **face**, jamais par **figure*.

fill

Fill the bag with sand.
Remplis le sac de sable.

⊙ **fill something with something =
remplir quelque chose de
quelque chose**

Notez l'emploi de **with**.

finish + V -ing

When I've **finished** read**ing** my book,
I'll mow the lawn.
*Quand j'aurai terminé de lire mon livre, je
tondrai le gazon.*

Has David **finished** clean**ing** the car?
*Est-ce que David a terminé de laver la
voiture ?*

⊙ L'équivalent de **terminer de** +
infinitif, **finir de** + infinitif est **finish** +
V **-ing**.

Ne dites pas **finish to...* !

first + chiffre

The **first** three days were the most
difficult.
*Les trois premiers jours étaient les plus
difficiles.*

⊙ **first** précède toujours les chiffres
(**the first three times, the first
hundred answers**...)

Ne dites pas **the three first days* !

flipper

Seals and dolphins have powerful
flippers.
*Les phoques et les dauphins ont de
puissantes nageoires.*

⊙ **flippers** peut signifier **nageoires**.

Flipper is the name of a **dolphin** in a
TV series.
*Flipper est le nom d'un dauphin dans une
série télévisée.*

Dans la série télévisée, le dauphin
s'appelle *Flipper*, mais *flipper* ne
signifie pas « dauphin » !

I'd like to buy a mask and some **flippers**.
Je voudrais acheter un masque et des palmes.

⊙ **flippers** peut signifier **palmes** (pour nager).

> There's a **pinball machine** in the bar.
Il y a un flipper dans le bar.

> **un flipper** (le jeu) = a **pinball machine**

> Do you want to play pinball with me?
Tu veux jouer au flipper avec moi ?

> **jouer au flipper** = play pinball

foot

My **foot** hurts!
J'ai mal au pied !

David has got very big **feet**.
David a de très grands pieds.

⊙ Le pluriel de **foot** (= pied) est **feet**.

> Mehdi is playing **football** in the garden.
Mehdi joue au foot dans le jardin.

> **le foot** = **football** (jamais **foot !*)

for (= pour)

Are these flowers **for** me?
Est-ce que ces fleurs sont pour moi ?

⊙ **for** signifie le plus souvent **pour**.

Who is that letter **for**?
Pour qui est cette lettre ?

⊙ Notez la position de **for** en fin de phrase quand on pose la question **who for?** **(pour qui ?)**.

What is that machine **for**?
À quoi sert cette machine ?

⊙ **what... for** est une expression employée pour demander **à quoi sert quelque chose**. Notez la position de **for** en fin de phrase.

What did you do that **for**?
Pourquoi tu as fait ça ?

⊙ **what for?** signifie également **pourquoi ?** Dans ce cas, il a le même sens que **why?** Notez la position de **for** en fin de phrase.

Suite page suivante

> **To** stop the machine, press this button.
> *Pour arrêter la machine, appuyez sur ce bouton.*

> I just came **to** listen.
> *Je suis juste venu pour écouter.*

> **In my opinion**, he's wrong.
> *Pour moi, il a tort.*

> Attention à ne pas traduire **pour + infinitif** par *for*.

> Quand **pour moi** signifie « à mon avis », ne le traduisez pas par **for me*. Employez l'expression **in my opinion**.

---

for + période de temps (depuis, pendant)

I've known Sam **for** more than twelve years.
Je connais Sam depuis plus de douze ans.

⊙ **for** est employé avec le **present perfect** pour dire **depuis combien de temps** une situation existe, **depuis combien de temps** on fait quelque chose.

Ne confondez pas *for* avec *since* ! Souvenez-vous : *since* introduit un **point de départ**.

The building was empty **for** ten years.
L'immeuble était vide pendant dix ans.

⊙ **for** est employé avec le prétérit pour dire **pendant combien de temps** une situation a existé dans le passé.

We will be in London **for** three days.
On sera à Londres pendant trois jours.

⊙ **for** est employé avec **will** pour dire **pendant combien de temps** une situation existera à l'avenir.

I went skiing **for** a week **during** the Christmas holidays.
Je suis allé faire du ski pendant une semaine pendant les vacances de Noël.

Ne confondez pas *for* avec *during* ! *during* précise **quand** quelque chose s'est passé (pendant la nuit, pendant les élections). *for* précise **pendant combien de temps** (pendant deux heures, pendant un an).

☞ **VOIR : during, since, while**

forbid, forbidden (interdire, interdit)

⊙ Les dictionnaires traduisent souvent le mot français « interdire » par **forbid**. Dans la pratique, ce mot est loin d'être le seul équivalent possible. Très souvent, **forbid** est impossible. Prenez l'habitude de chercher d'autres solutions que **forbid** pour exprimer l'interdiction.

I **forbid** you to have your nose pierced!
I **won't allow** you to have your nose pierced!
You **can't** have your nose pierced!
Je t'interdis de te faire percer le nez !

⊙ Quand vous parlez de quelqu'un qui interdit quelque chose à quelqu'un d'autre, **forbid** est possible, mais **not** + **allow** est plus fréquent. Notez que **can't**/**couldn't** exprime aussi l'interdiction.

I said he **couldn't** come.
Je lui ai interdit de venir.

☛ **VOIR : can, could**

Dogs **are not allowed** in the shop.
Les chiens sont interdits dans le magasin.

⊙ Quand **interdit** signifie « pas admis », traduisez par **not allowed**.

Alcohol is **forbidden** in this country.
Alcohol is **not allowed** in this country.
Alcohol is **banned** in this country.
L'alcool est interdit dans ce pays.

⊙ Quand **interdit** signifie « proscrit par la loi », traduisez par **forbidden**, **not allowed** ou **banned**.

You're **not allowed** to smoke in here.
You **can't** smoke in here.
Smoking is **not allowed** in here.
Il est interdit de fumer ici.

⊙ Pour traduire « il est interdit de... », employez **you're not allowed to...** ou **...V -ing is not allowed** (jamais *it is not allowed to* ou *it is forbidden to...* !) Notez comment **can't** exprime aussi l'interdiction.

DO NOT FEED THE MONKEYS.
IL EST INTERDIT DE DONNER À MANGER AUX SINGES.

⊙ Sur les panneaux, la forme impérative **do not...** exprime souvent l'interdiction.

NO SMOKING.
IL EST INTERDIT DE FUMER.

⊙ L'interdiction de fumer s'exprime sur les panneaux par **no smoking**.

forget

Don't **forget** Dad's birthday!
N'oublie pas l'anniversaire de papa !

⊙ **forget** = **oublier**

> I **left** my bag on the Tube.
J'ai oublié mon sac dans le métro.

> Attention ! Quand on parle d'oublier un objet quelque part (= le laisser quelque part par mégarde), on emploie **leave** et non **forget*.

form ou shape pour traduire « forme » ?

This illness is a **form** of flu.
Cette maladie est une forme de grippe.

⊙ **form** = **forme** (surtout au sens de « type », « genre »)

Anne drew some **shapes** on the paper.
Anne a dessiné des formes sur le papier.

⊙ Évitez le mot **form** pour traduire le mot français « forme » au sens de « forme géométrique ». Employez **shape**.

What shape is the vase?
De quelle forme est le vase ?

⊙ Pour demander de quelle forme est quelque chose, on dit **what shape is it?**

Those cakes **are** a strange **shape**.
Ces gâteaux ont une forme bizarre.

⊙ On dit **be + shape**, pas **have + shape*.

friendly

Their dog is really **friendly**.
Leur chien est très gentil.

⊙ **friendly** (= sympa, gentil, aimable) est un **adjectif**, pas un adverbe.

He looked at me in a **friendly** way.
Il m'a regardé d'un air sympathique.

*He looked at me friendly est **incorrect**.

frightened ou frightening ?

That was a **frightening** film! I was very **frightened**!
C'était un film effrayant ! J'ai eu très peur !

⊙ **frightening** = **effrayant**

⊙ **be frightened** = **avoir peur**

☞ VOIR : -ed ou -ing ?

from

I'm **from** London.
Je suis de Londres.

Is it far **from** here?
C'est loin d'ici ?

I got a present **from** Jerry.
J'ai reçu un cadeau de Jerry.

Where is Jason **from**?
D'où est Jason ?
Jason vient d'où ?

Do you know who this letter is **from**?
Tu sais de qui est cette lettre ?

Which part of England are you **from**?
De quelle région d'Angleterre venez-vous ?
Vous êtes d'où en Angleterre ?

⊙ **from** correspond généralement à **de** (exprimant l'origine, la provenance).

⊙ Notez l'ordre des mots quand on emploie **who/where/which** avec **from** : **from** se met à la fin.

full of ou covered with ?

The car is **full of** children.
La voiture est pleine d'enfants.

This essay is **full of** mistakes!
Ce devoir est plein d'erreurs !

The car is **covered with** mud.
La voiture est pleine de boue.

⊙ **full of** = **plein de, rempli de**

Quand vous voulez dire « plein de » au sens de « couvert de », employez **covered with**, pas *full of.*

funny et fun

He told some very **funny** jokes.
Il a raconté des blagues très drôles.

That's **funny**, I thought I left my keys on the table.
C'est bizarre, je pensais avoir laissé mes clés sur la table.

⊙ **funny** a deux sens. Il peut signifier **drôle** ou **bizarre**.

Suite page suivante

Learning English is **fun**!
C'est amusant d'apprendre l'anglais !

⊙ **fun** est un **nom** (pas un adjectif) qui n'a pas de vrai équivalent en français. Il exprime l'idée du divertissement, de l'amusement, mais **pas l'idée du rire**.

Laura is **fun**.
On s'amuse bien avec Laura.

Laura is **funny**.
Laura est drôle. Laura nous fait rire.

⊙ Comparez les deux exemples à gauche pour bien saisir la différence entre **be fun** et **be funny**.

Swimming is great **fun**!
La natation, c'est très amusant !

⊙ On ne dit pas *very fun, mais **great fun** (ou **a lot of fun**).

It's no **fun** being in hospital.
Ce n'est pas très amusant d'être à l'hôpital.

⊙ On ne dit pas *not fun, mais **no fun** (ou **not much fun**).

We had **fun** in the park.
Nous nous sommes bien amusés dans le parc.

⊙ **have fun = s'amuser**

Ne confondez pas **fun** et **funny**. Avec **funny**, il y a soit l'idée qu'on rit, soit l'idée que quelque chose est étrange.

furniture

All our **furniture** was destroyed in the fire.
Tous nos meubles ont été détruits dans l'incendie.

⊙ **furniture** (= meubles, mobilier) est un nom **indénombrable**. Il ne se met jamais au pluriel, et on ne dit pas *a furniture.

⊙ Notez que **furniture** est suivi d'un verbe au singulier (ici, **was**).

A desk is a very useful piece of **furniture**.
Un bureau est un meuble très utile.

⊙ **un meuble = a piece of furniture**

> They sell office **supplies**.
Ils vendent des fournitures de bureau.

Attention ! **Furniture** ne signifie jamais *fourniture ! **Fournitures = supplies**.

genial

My uncle is a very **genial** man.
Mon oncle est un homme très sympathique.

⊙ **genial** est un mot un peu littéraire qui signifie **sympathique**.

> That film was really **great**!
Ce film était génial !

> Le mot français **génial** (au sens familier de « très bien ») se traduit par **great**.

get, got, have got

get peut se traduire de plusieurs façons. Votre dictionnaire vous montrera les divers sens et emplois de ce mot.

We always **get** lots of presents.
On reçoit toujours beaucoup de cadeaux.

⊙ Le prétérit (passé) de **get** est **got**.

Danny **got** a bike for his birthday.
Danny a eu un vélo pour son anniversaire.

> Danny **has got** a new bike.
Danny a un nouveau vélo.

Ne confondez pas **got** (= prétérit de **get**) avec **have got/has got** (= **avoir**, **posséder**).

☛ VOIR : have got

get to

I'll phone you when I **get to** Leeds.
Je t'appellerai quand j'arriverai à Leeds.

⊙ **get to** + endroit = **arriver à**

He **got to** Paris at lunchtime.
Il est arrivé à Paris à midi.

⊙ Le prétérit est **got to**.

We've **got to** chapter four.
On est arrivé au chapitre 4.

⊙ Le participe passé est **got to**.

Ne confondez pas cette expression avec **have got to** + **verbe**, qui exprime **l'obligation**.

give somebody something

Léa **gave** a present to her brother.
Léa **gave** her brother a present.
Léa a donné un cadeau à son frère.

Give your friends some sweets!
Donne des bonbons à tes amis!

⊙ On dit **give something to somebody** ou **give somebody something**.

☞ VOIR : **verbes à double complément, fiche 15**

glass, glasses, ice, mirror

Would you like a **glass** of wine?
Tu veux un verre de vin?

⊙ **a glass** = **un verre** (à boire)

Put the **glasses** next to the plates.
Mets les verres à côté des assiettes.

⊙ **glasses** est le pluriel de **glass...**

I hate wearing **glasses**!
Je déteste porter des lunettes!

⊙ ... mais **glasses** signifie également **lunettes**.

> I slipped on the **ice**.
J'ai glissé sur la glace.

> **la glace** (= l'eau gelée) = **ice**

> They make really nice **ice creams**.
Ils font de très bonnes glaces.

> **une glace** (= une crème glacée) = **an ice cream**

> Look at yourself in the **mirror**.
Regarde-toi dans la glace.

> **une glace** (= un miroir) = **a mirror**

go, went, gone

Would you like to **go** with me?
Tu veux y aller avec moi?

⊙ **go** = **aller, partir**

We **went** to Paris.
Nous sommes allés à Paris.

⊙ Le prétérit de **go** est **went**

Have they **gone**?
Ils sont partis?

⊙ Le participe passé de **go** est **gone**

☞ VOIR : **have gone** ou **have been**?

go + -ing

Do you want to **go riding** with me?
Tu veux aller faire du cheval avec moi ?

We **went hiking** last weekend.
Nous avons fait une randonnée le week-end dernier.

⊙ **go** + BV **-ing** est une expression qu'on emploie pour parler d'activités sportives ou de loisirs qu'on ne **pratique pas à la maison.**

The children **have gone cycling.**
Les enfants sont allés faire du vélo.

⊙ En général, quand le nom de l'activité se termine en **-ing,** on peut employer **go** + BV **-ing** (rappel : il s'agit d'activités qu'on ne pratique pas à la maison !) :
riding = équitation ;
go riding = (aller) faire du cheval ;
rollerblading = roller ;
go rollerblading = (aller) faire du roller.

We **went sightseeing** in Vienna.
On a fait du tourisme à Vienne.

Let's **go windsurfing** on the lake!
Allons faire de la planche à voile sur le lac !

⊙ Voici quelques exemples utiles à apprendre :
go **cycling** (faire du vélo)
go **fishing** (partir à la pêche)
go **hunting** (partir à la chasse)
go **sailing** (faire de la voile)
go **shopping** (faire les courses, les magasins)
go **sightseeing** (faire du tourisme, voir ce qu'il y a à voir)
go **skiing** (faire du ski)
go **skating** (faire du patin à glace)
go **skateboarding** (faire du skateboard)
go **snowboarding** (faire du surf des neiges)
go **surfing** (faire du surf)
go **windsurfing** (faire de la planche à voile).

Let's **go and take** some photographs.
Allons prendre des photos.

Go and play football in the garden.
Allez jouer au foot dans le jardin.

⊙ Quand l'activité est désignée par **verbe en -ing + complément** (playing football, taking photographs, doing judo...), on n'emploie pas **go** + **-ing** mais **go and** + BV.

☞ **VOIR : -ing**
☞ **VOIR : do et make**

go in, go into, go to

We decided to **go in**.
Nous avons décidé d'entrer.

⊙ **go in** = entrer

Please **go in**!
Entrez, je vous prie !

⊙ Le verbe **enter** existe en anglais, mais il est moins courant que **go in**.

They all **went into** the museum.
Ils sont tous entrés dans le musée.

⊙ **go into** = entrer dans

> We **go to** England regularly.
Nous allons en Angleterre régulièrement.

> I **went to** London last week.
Je suis allé à Londres la semaine dernière.

Ne confondez pas **go in** avec **go to** (aller en..., aller à...) quand on parle d'un pays ou d'une ville. On ne dit pas **go in England* !

be going to + verbe

Who **is going to** repair the roof?
Qui va réparer le toit ?

Mum and Dad **are going to** be angry.
Maman et Papa vont être fâchés.

⊙ On emploie **am/is/are going to** + verbe pour parler de ce qui **va arriver**. C'est une manière de parler du **futur**.

☛ VOIR : fiche 51

I **was going to** do it, then I forgot.
J'allais le faire, puis j'ai oublié.

He said he **was going to** hit me.
Il a dit qu'il allait me frapper.

⊙ On emploie **was/were going to** + verbe pour parler de ce qui **allait arriver**, de ce qu'on **allait faire**.

> Harry **is going** to school.
Harry va à l'école.

Ne confondez pas **be going to + verbe** avec **be going to + nom**, qui signifie **aller quelque part**.

94

gone (have/has gone ou have/has been ?)

Ne confondez pas *have/has been* avec *have/has gone.*

have gone = **parti et pas encore revenu.**

Harry **has been** to Japan twice.
Harry est allé au Japon deux fois.

⊙ Dans l'exemple à gauche, Harry n'est pas au Japon, mais on peut dire qu'il y est allé (**he has been...**) – ces voyages font partie de son expérience.

Harry **has gone** to Japan.
Harry est parti au Japon.

⊙ Ici, Harry est parti au Japon et **il n'est pas revenu (he has gone...).**

Dad **has been** shopping – the fridge is full!
Papa est allé faire les courses, le frigo est plein !

⊙ Dans l'exemple à gauche, Papa est revenu des courses et a rempli le frigo.

Dad **has gone** shopping – he's taken the car!
Papa est allé faire les courses, il a pris la voiture !

⊙ Ici, Papa **n'est pas revenu** des courses.

☞ VOIR : **present perfect, fiche 33-36**

good at

I'm quite **good at** drawing.
Je suis assez bon en dessin.
Je suis assez doué pour le dessin.

⊙ **good at = bon en, doué pour**

He's not very **good at** telling lies.
Il n'est pas très doué pour raconter des mensonges.

Ne dites pas *good in* !

good-looking, handsome, pretty, beautiful

⊙ **good-looking, handsome**, **pretty**
et **beautiful** sont employés pour
parler de la **beauté physique** d'une
personne.

Harry is quite **good-looking**.
Harry est assez beau.
Harry n'est pas mal.
Harry est un joli garçon.

⊙ **good-looking** s'emploie
indifféremment pour les garçons et les
filles, les hommes et les femmes.

Patricia is quite **good-looking**.
Patricia est assez belle.
Patricia n'est pas mal.

Jason is very **handsome**.
Jason est très beau.

⊙ **handsome** s'emploie pour les
garçons et les hommes.

Kenza is very **pretty**.
Kenza est très jolie.

⊙ **pretty** et **beautiful** s'emploient pour
les filles et les femmes.

She's a very **beautiful** woman.
C'est une très belle femme.

got

Jamie **got** a present from his parents.
Jamie a reçu un cadeau de ses parents.

⊙ **got** peut être le prétérit (= le passé)
de **get** (regardez **get**, plus haut).

Anna has **got** a little dog.
Anna a un petit chien.

David and Jason have **got** blue eyes.
David et Jason ont les yeux bleus.

⊙ **have/has got** est une expression
qu'on emploie pour parler de ce qu'on
a, de ce qu'on **possède**. Dans cette
expression, le mot **got** n'ajoute pas
de sens particulier (**I have a car** et
I have got a car veulent dire
exactement la même chose : **j'ai une
voiture**).

Have you **got** a car?
As-tu une voiture ?

⊙ Notez les formes interrogative et
négative.

Rachel hasn't **got** any money.
Rachel n'a pas d'argent.

☛ VOIR : **have got/has got**

have **got to** + verbe

Sorry, I**'ve got to** go.
Désolé, je dois partir.

You**'ve got to** listen to me.
Tu dois m'écouter.

⊙ On emploie **have got to** + verbe pour parler de ce qu'on **doit faire**. **have got to** a le même sens que **have to** (regardez aussi l'entrée **have to**).

> We phoned our parents when we **got to** Paris.
Nous avons téléphoné à nos parents quand nous sommes arrivés à Paris.

> Ne confondez pas **have got to** + verbe avec **got to** + endroit, qui est une forme du verbe **get to** (= **arriver à**).

grand, great, big, large, tall

They live in a **grand** house.
Ils habitent dans une maison grandiose.

⊙ Le mot anglais **grand** signifie **grandiose, somptueux.** Il ne signifie pas *grand (= **big, large**).

They live in a **big** house.
They live in a **large** house.
Ils habitent dans une grande maison.

Pasteur was a **great** scientist.
Pasteur était un grand savant.

⊙ **great** signifie **grand**, mais seulement au sens de « exceptionnel », « éminent ».

This song is really **great!**
Cette chanson est vraiment géniale !

⊙ Dans la langue familière, **great** signifie **génial**.

China is a very **large** country.
China is a very **big** country.
La Chine est un très grand pays.

⊙ Quand vous parlez de la **taille** de quelque chose, il faut employer **large** ou **big** (jamais *great).

Ricky is very **tall**.
Ricky est très grand.

⊙ Quand vous parlez de la taille de quelqu'un, de la hauteur d'un immeuble ou d'un arbre, employez **tall**.

grandchild

They have one **grandchild**.
Ils ont un petit-enfant.

⊙ **a grandchild** = un petit-enfant (par rapport aux grands-parents).

Their **grandchildren** are in Paris.
Leurs petits-enfants sont à Paris.

⊙ Le pluriel est **grandchildren**.

had better

Danny **had better** tell the truth.
Danny ferait bien de dire la vérité.

⊙ **had better** est une expression qu'on emploie pour parler de ce que quelqu'un **ferait bien** de faire.

You**'d better** leave now.
Tu ferais bien de partir maintenant.

⊙ **had better** se contracte généralement en **'d better** après les pronoms **I, you, he, she, we, they**.

You**'d better not** say anything.
Tu ferais bien de ne rien dire.

We**'d better not** lie.
On ferait mieux de ne pas mentir.

⊙ La forme négative (pour parler de ce que quelqu'un ferait bien de **ne pas** faire) est **had better not** (et non **hadn't better*).

had better est une expression figée ; elle ne change jamais de forme (on ne dit pas **he has better...* ou **they have better...*).

hair

1

Mehdi has got brown **hair**.
Mehdi a les cheveux bruns.

⊙ Quand on parle des cheveux de quelqu'un, on emploie le mot **hair**, qui est **indénombrable** dans ce sens (on ne le met pas au pluriel ! « hairs » = « poils » !)

My **hair** is dirty.
Mes cheveux sont sales.

⊙ Notez que le verbe est au singulier (**is**, pas **are** dans l'exemple à gauche).

2

You've got some **hairs** on your jacket.
Tu as des cheveux sur ta veste.

⊙ Quand on parle de cheveux qui sont **tombés**, ou de **poils**, on emploie également le mot **hair**, mais dans ce sens il est **dénombrable** (on peut dire one **hair**, two **hairs**, some **hairs**).

The sofa is covered in dog **hairs**.
Le canapé est couvert de poils de chien.

Ne mettez jamais *hair* au pluriel quand vous parlez des cheveux sur la tête de quelqu'un !

happen

happen = se passer, arriver, se produire. Ne le confondez pas avec *arrive* ou avec *pass*.

Look! Something **is happening**!
Regarde ! Il se passe quelque chose !

⊙ Dans cet exemple, **happen** est au présent en **be + -ing**. On parle de quelque chose qui se produit **au moment où on parle**.

That is what **happens** when people are late!
Voilà ce qui se passe quand les gens sont en retard !

⊙ Dans cet exemple, **happen** est au **présent simple**. On parle de quelque chose qui **se passe à chaque fois** ou **régulièrement**.

I pressed the button but nothing **happened**.
J'ai appuyé sur le bouton mais il ne s'est rien passé.

⊙ Dans cet exemple, **happen** est au **prétérit** (= au passé).

What's **happening**? I don't understand.
Qu'est-ce qui se passe ? Je ne comprends pas.

⊙ **What's happening?** = qu'est-ce qui se passe (en ce moment) ?

What **happens** on the Queen's birthday?
Qu'est-ce qui se passe le jour de l'anniversaire de la reine ?

⊙ **What happens?** = qu'est-ce qui se passe (à chaque fois) ?

What **happened** after the party?
Qu'est-ce qui s'est passé après la fête ?

⊙ **What happened ?** = qu'est-ce qui s'est passé ?

hardly

I **hardly** worked yesterday.
J'ai à peine travaillé hier.

⊙ **hardly** exprime l'idée de « à peine... ».

The paint is **hardly** dry.
La peinture est à peine sèche.

Ne confondez pas **hardly** avec l'adverbe **hard** (= dur) :
I work hard = je travaille dur.
I hardly work = je travaille à peine.

Hardly anybody came to the meeting.
Presque personne n'est venu à la réunion.

⊙ **hardly any** = presque pas de...
hardly anybody = presque personne
hardly anything = presque rien

hate

Paul **hates** spinach.
Paul déteste les épinards.

⊙ **hate** = détester

I **hate** being late.
Je déteste être en retard.

⊙ Quand **hate** est suivi d'un verbe, celui-ci se termine généralement par **-ing**, sauf **would hate** qui est suivi de **to** + base verbale.

I would **hate** to arrive too early.
Cela m'ennuierait vraiment d'arriver trop tôt.

⊙ L'expression **would hate** exprime des choses qui nous embêteraient beaucoup, qui nous ennuieraient beaucoup si elles se passaient.

have (auxiliaire)

☞ VOIR : fiche 04

have (verbe lexical)

I **had** a strange dream last night.
J'ai fait un rêve bizarre cette nuit.

Alison **is having** a bath.
Alison prend un bain.

We're **having** our dinner.
On est en train de dîner.

⊙ Certaines activités courantes (boire, dîner, rêver) peuvent être exprimées en anglais par le verbe **have** suivi d'un nom. Dans ce cas, **have** ne se traduit pas par **avoir**.

Did you **have** a drink with David?
Vous avez pris un verre avec David ?

I **didn't have** a shave this morning.
Je ne me suis pas rasé ce matin.

⊙ Notez que pour former l'interrogatif et le négatif, **have** se comporte comme un verbe ordinaire (**do** + sujet + **have** ; sujet + **do** + **not** + **have**).

Have a nice afternoon!
Bon après-midi !

Have a good trip!
Bon voyage !

On ne dit pas *had you a drink*, ni *I hadn't a shave* !

⊙ Notez l'emploi de l'impératif **have** (**a...**) dans des souhaits qui s'expriment en français par « bon... ».

have (contrainte : « faire faire »)

☞ VOIR : make, have, get

have got

We **have** two dogs and a cat.
We**'ve got** two dogs and a cat
Nous avons deux chiens et un chat.

Andrew **has** two sisters.
Andrew **has got** two sisters.
Andrew a deux sœurs.

We **had** two dogs and a cat.
Nous avions deux chiens et un chat.

⊙ Quand **have** signifie « avoir » au sens de « posséder », il est souvent suivi de **got** en anglais courant. Le sens reste le même (**I have a car** et **I've got a car** signifient la même chose : **j'ai une voiture**).

⊙ **have + got** n'est pratiquement employé qu'au présent (**ne dites pas** **We had got two dogs*).

have to, has to, had to

Sorry, I **have to** go.
Désolé, je dois partir.

You **have to** listen to me.
Tu dois m'écouter.

He **has to** tell us the truth.
Il doit nous dire la vérité.

Sam **doesn't have to** come with us.
Sam n'est pas obligé de venir avec nous.

⊙ On emploie **have to/has to** + verbe pour parler de ce qu'on **doit faire**, de ce qu'on est **obligé de faire**.

⊙ Notez la forme négative (**don't/doesn't have to**).

Ne confondez pas *don't/doesn't have to* (= ce qu'on n'est pas obligé de faire) avec *mustn't* (= ce qu'on ne doit pas faire).

Do I **have to** do it now?
Est-ce que je suis obligé de le faire maintenant ?

I **had to** clean my room.
J'ai été obligé de nettoyer ma chambre.

⊙ Notez la forme interrogative (**do** I/they/we/you **have to? Does** he/she/it **have to?**)

⊙ Au prétérit (= au passé), c'est **had to**.

Suite page suivante

I **didn't have to** clean my room.
Je n'ai pas été obligé de nettoyer ma chambre.

Did you have to clean your room?
Est-ce que tu as été obligé de nettoyer ta chambre ?

⊙ Notez la forme négative (**didn't have to**) et interrogative (**did** I/he/she/it/we/you/they **have to?**)

⊙ **have to** se prononce comme s'il s'écrivait « **haf to** ».

☞ VOIR : must

he

David was late because **he** missed the bus.
David était en retard parce qu'il a raté le bus.

⊙ **he = il** quand on parle d'une **personne** (homme, garçon) ou d'un **animal familier mâle**

> I sold **my bike** because **it** was too small.
> *J'ai vendu mon vélo parce qu'il était trop petit.*

> Quand on ne parle pas d'une personne ou d'un animal de compagnie, on emploie **it**.

N'employez pas **he** pour des objets ou des animaux non familiers !

☞ VOIR : it, she

hear et listen (to)

Listen! Can you **hear** that music?
Écoute ! Tu entends cette musique ?

⊙ **listen = écouter** (sans COD)

I'm **listening to** the radio.
J'écoute la radio.

⊙ **listen to something = écouter quelque chose**

I **can hear** Bob talking.
J'entends Bob qui parle.

⊙ **hear = entendre**

⊙ Notez l'emploi de **can/could** avec **hear**, qui est un verbe de perception (comme **see, feel, smell, taste**).

We **couldn't** hear anything.
Nous n'entendions rien.

Listen to me carefully!
Écoutez-moi bien !

N'oubliez pas la préposition **to** dans **listen to** + complément.

help

Would you like me to **help** you?
Voulez-vous que je vous aide ?

⊙ **help** somebody = **aider** quelqu'un

The boys **helped** me to clean the bedroom.
The boys **helped** me clean the bedroom.
Les garçons m'ont aidé à nettoyer la chambre.

⊙ On dit soit **help** somebody **to do** something, soit **help** somebody **do** something (= **aider** quelqu'un **à faire** quelque chose).

Can you **help** David with his homework?
Tu peux aider David à faire ses devoirs ?

⊙ L'expression **help** somebody **with** something est également très courante.

Help yourself!
Servez-vous !

⊙ Attention ! **help yourself** signifie **servez-vous/sers-toi**.

I **can't help** laughing when I see him!
Je ne peux pas m'empêcher de rire quand je le vois !

⊙ L'expression **can't help** + BV -ing est employée pour parler de ce qu'on ne peut pas s'empêcher de faire (quand c'est « plus fort que soi »).

I **couldn't help** telling her everything!
Je n'ai pas pu m'empêcher de tout lui dire !

⊙ Au prétérit, on emploie **couldn't help** + BV -ing.

her

1

Audrey didn't see me because I was behind **her**.
Audrey ne m'a pas vu parce que j'étais derrière elle.

⊙ **her** = **elle** complément, quand on parle d'une **personne** (fille, femme) ou d'un **animal familier femelle**

2

Julie was at the party, but I didn't speak to **her**.
Julie était à la fête, mais je ne lui ai pas parlé.

⊙ **to her** = **lui** (« à elle »)

☛ VOIR : **him, it, me, us, you, them**

3

Laurie left **her** coat, **her** watch and **her** earrings on the plane.
Laurie a oublié son manteau, sa montre et ses boucles d'oreilles dans l'avion.

⊙ **her** = **son/sa/ses** quand on parle d'une **personne** (fille, femme) ou d'un **animal familier femelle**.

Suite page suivante

Kevin left **his** coat, **his** watch and **his** sunglasses on the bus.
Kevin a oublié son manteau, sa montre et ses lunettes de soleil dans le bus.

 Ne confondez pas avec _his_, qui s'emploie quand la personne est de sexe masculin (_Laurie left her coat, Kevin left his coat_).

☛ VOIR : his, its, my, our, your, their

here, here's, here are

1

Sign **here**, please.
Signez ici, s'il vous plaît.

⊙ **here** = **ici**

Sit **here**, next to me.
Assieds-toi ici, à côté de moi.
Assieds-toi là, à côté de moi.

⊙ Attention : **here** peut aussi correspondre à **là**, mais seulement au sens de « ici ». Quand **là** signifie « là-bas », il faut traduire par **there**.

2

Here's Ruth, and **here are** her parents.
Voici Ruth, et voici ses parents.

Here's (= here is) = **voici** suivi d'un singulier. **Here are** = **voici** suivi d'un pluriel.

Harry, **this is** Ruth.
Harry, je te présente Ruth.

 Ne confondez pas _here is..._ (= voici) avec _this is..._ (employé pour présenter quelqu'un).

☛ VOIR : there, there's, there are

hers

I asked **Olivia** if the books were **hers**.
J'ai demandé à Olivia si les livres étaient à elle.

⊙ **hers** = **à elle** (exprimant la propriété)

> It's **up to her** to call us!
C'est à elle de nous appeler !

> Quand « c'est à elle » signifie « c'est elle qui devrait le faire », cela se traduit par **it's up to her**.

☛ VOIR : his, mine, ours, theirs, yours

herself

1

Mum said she would do the job **herself**.
Maman a dit qu'elle ferait le travail elle-même.

⊙ **herself = elle-même**

2

My sister burnt **herself** while she was cooking.
Ma sœur s'est brûlée en faisant la cuisine.

The dog has hurt **herself**.
La chienne s'est fait mal.

⊙ **herself** correspond au **se** du verbe pronominal (de sens réfléchi) quand le sujet est de sexe **féminin** (femme, fille, animal familier femelle).

☛ VOIR : **himself, itself, myself, ourselves, yourself, yourselves, themselves**

him

1

Andrew didn't see me because I was behind **him**.
Andrew ne m'a pas vu parce que j'étais derrière lui.

⊙ **him = lui** complément d'objet, quand on parle d'une personne (homme, garçon) ou d'un animal familier mâle.

2

Jules was at the party, but I didn't speak to **him**.
Jules était à la fête, mais je ne lui ai pas parlé.

⊙ **to him = lui** (« à lui »)

himself

1

Dad said he would do the job **himself**.
Papa a dit qu'il ferait le travail lui-même.

⊙ **himself = lui-même**

2

My brother burnt **himself** while he was cooking.
Mon frère s'est brûlé en faisant la cuisine.

⊙ **himself** correspond au **se** du verbe pronominal quand le sujet est de sexe **masculin** (homme, garçon, animal familier mâle).

☛ VOIR : **herself, itself, myself, ourselves, yourself, yourselves, themselves**

his

1

Fred left **his** coat, **his** watch and **his** gloves on the plane.
Fred a oublié son manteau, sa montre et ses gants dans l'avion.

⊙ **his** = **son/sa/ses** quand on parle d'une **personne** (homme, garçon) ou d'un **animal familier mâle**.

2

I asked **Pierre** if the books were **his**.
J'ai demandé à Pierre si les livres étaient à lui.

⊙ **his** = **à lui** (exprimant la propriété)

> It's **up to him** to call us!
> *C'est à lui de nous appeler !*

> Quand « c'est à lui » signifie « c'est lui qui devrait le faire », il se traduit par **it's up to him**.

history et story

I'm interested in French **history**.
Je m'intéresse à l'histoire de France.

⊙ **history** = **l'histoire** (les événements du passé)

Patrick told us a **story** about a magician.
Patrick nous a raconté une histoire de magicien.

⊙ **a story** = **une histoire** (un récit, quelque chose qu'on raconte)

Ne les confondez pas !

holiday

I need a **holiday**!
J'ai besoin de vacances !

⊙ Attention : le mot **holiday** (= **vacances**) s'emploie généralement au **singulier**.

We're going on **holiday** next week.
Nous partons en vacances la semaine prochaine.

⊙ On dit **on holiday**, jamais *on holidays* (ni *in holidays* !).

I met Harry during the **holidays**.
J'ai rencontré Harry pendant les vacances.

⊙ Mais on dit **during the holidays** (**pendant les vacances**), surtout quand on parle des **grandes vacances**.

home et house

My parents are thinking of buying a **house**.
Mes parents envisagent d'acheter une maison.

⊙ **house = maison**

Dan and Jessica have a very comfortable **home**.
C'est très confortable chez Dan et Jessica.

Their **home** is a caravan.
Ils habitent dans une caravane.

⊙ Le mot anglais **home** n'a pas d'équivalent exact en français. C'est **l'endroit où l'on habite** (pas nécessairement une maison). **A home** peut être un appartement, une caravane, une maison ou même un bateau.

I've left my camera **at home**.
J'ai laissé mon appareil photo à la maison.
J'ai laissé mon appareil photo chez moi.

⊙ **at home = chez soi, à la maison**

Sandra stayed **at home**.
Sandra est restée à la maison.
Sandra est restée chez elle.

I want to go **home** now.
Je veux rentrer à la maison maintenant.
Je veux rentrer chez moi maintenant.

We missed the bus and we had to walk **home**.
Nous avons raté le bus et nous avons dû rentrer (chez nous/à la maison) à pied.

⊙ Le mot **home** suit directement les verbes qui évoquent un déplacement (on dit **go home, come home, walk home, return home, drive home**).

Attention! On **ne dit pas** **go at home* ni **go to home.*

homework et housework

I can't go out, I've got to do my **homework**.
Je ne peux pas sortir, je dois faire mes devoirs.

⊙ **homework** signifie **les devoirs** (pour l'école). C'est un nom **indénombrable** (on **ne dit pas** **a homework*, ni **homeworks*).

Dad usually does the **housework** on Saturdays.
Papa fait généralement le ménage le samedi.

⊙ **housework** signifie **le ménage**.

Ne confondez pas ces deux mots !

hope (so)

I **hope** you like beef.	⊙ **hope = espérer**
J'espère que tu aimes le bœuf.	
	⊙ **espérer que...** = **hope that...**, mais « that » est le plus souvent omis.
Is he coming? – I **hope** so!	⊙ Notez que l'équivalent de
Il vient? – J'espère!	« j'espère ! » (= je l'espère) est **I hope so** (pas * *I hope*).

hot (be hot)

This tea is too **hot**!	⊙ **be hot = être chaud**
Ce thé est trop chaud!	
If you are **hot**, take your jumper off.	⊙ **be hot = avoir chaud**
Si tu as chaud, enlève ton pull.	
	⊙ Autres expressions où on emploie **avoir** en français et **be** en anglais : be **afraid** (avoir peur), be **cold** (avoir froid), be **hungry** (avoir faim), be **right** (avoir raison), be **sleepy** (avoir sommeil), be **thirsty** (avoir soif), be **wrong** (avoir tort).
It's really **hot** today.	⊙ **it is hot** peut aussi signifier **il fait chaud**.
Il fait vraiment chaud aujourd'hui.	

hour

☛ VOIR : time, hour, o'clock

how?

How do you make brownies?	⊙ **how? = comment ?** au sens de « de quelle façon ? »
Comment fait-on les brownies?	
And **how** is Kate now?	⊙ **how** + be conjugué **?** est une question qu'on pose pour savoir **comment va** quelqu'un.
Et comment va Kate maintenant?	
How are you today?	
Comment vas-tu aujourd'hui?	

> How are you today?
> *Comment vas-tu aujourd'hui ?*

how? ne signifie pas
● « **comment ?** » pour interroger
sur l'apparence ou sur le caractère.

> Remind me, **what** is Kate **like**?
> *Rappelle-moi, elle est comment, Kate ?*

> **What** was it **like**?
> *C'était comment ?*

> **What** will the new building be **like**?
> *Comment sera le nouvel immeuble ?*

> Pour demander comment **est**
quelqu'un ou quelque chose, on emploie
l'expression **what is he/she /it like?**

Attention ! *how is...* ne signifie
● pas **comment est...* mais
comment va...

☛ VOIR : like, be like

how + adjectif

He didn't lock the door! **How** stupid!
*Il n'a pas fermé la porte à clé ! Que c'est
bête !*

⊙ **how** peut s'employer avec un adjectif
pour former une **exclamation**.

How kind! You've brought me some
flowers.
*Comme c'est gentil ! Tu m'as apporté des
fleurs.*

☛ VOIR : what

How tall are you?
– I'm 6 foot 2.
Tu mesures combien ?
– Je mesure 1,85 m.

How old is David?
– He's thirteen.
Quel âge a David ?
– Il a treize ans.

⊙ On emploie **how** + adjectif...? pour
poser des questions sur des choses
qu'on peut **mesurer** ou **estimer** (la
taille, l'âge, le poids, la difficulté, la
température, etc.).

How heavy is the lorry?
– It weighs two tons.
ou
– Very heavy!
Quel est le poids du camion ?
– Il pèse deux tonnes.
ou
– Très lourd !

⊙ Pour répondre à la question **how** +
adjectif...?, on peut fournir soit une
mesure exacte (le poids, l'âge, etc.),
soit une appréciation moins précise
(avec **very** ou **not very**).

Suite page suivante

How difficult was the exam?
– Not very difficult.
Quel était le niveau de difficulté de l'examen ?
– *Pas très difficile.*

How fast can you run?
– Very fast!
Tu peux courir vite ou pas ?
– Très vite !

⊙ Apprenez à reconnaître cette structure, et à employer vous-même les deux exemples les plus fréquents :
how old...? (pour demander l'âge de quelqu'un) et
how tall...? (pour demander la taille de quelqu'un).

☛ VOIR : **how long, how many, how much.** Pour **how far** VOIR **far**

how about...?

How about a drink?
Si on allait prendre un verre ?

⊙ **how about ...?** est une expression qu'on emploie en anglais parlé pour **lancer une idée**, pour **proposer** qu'on fasse quelque chose. En français, l'expression qui correspond est « **(et) si... ? ».

How about going to the cinema?
Si on allait au cinéma ?

⊙ **how about ...?** est suivi soit d'un nom, soit d'un verbe en **-ing**.

☛ VOIR : **let's**

how do you do?

Paul présente sa copine Sophie à son ami Gary :

Paul: Gary, this is Sophie.
Gary: How do you do?
Sophie: How do you do?

Paul : *Gary, je te présente Sophie.*
Gary : *Enchanté !*
Sophie : *Enchantée !*

how do you do? ne signifie pas « comment allez-vous ? ». Ce n'est pas une question, mais une manière de saluer quelqu'un très poliment (généralement en lui serrant la main). Cette expression est de moins en moins employée en anglais, mais si quelqu'un vous dit *how do you do?*, souvenez-vous qu'il faut simplement répondre *how do you do?*

☛ VOIR : **how**

how long? (durée)

How long is the film?
– Three hours.
Le film dure combien de temps ?
– Trois heures.

⊙ **How long?** pose la question
combien de temps ?

How long were they married?
– Eighteen years.
Ils ont été mariés pendant combien de
temps ?
– Dix-huit ans.

How long will it take to fix the car?
– Not very long.
Il faudra combien de temps pour réparer la
voiture ?
– Ce ne sera pas très long.

⊙ **how long?** est employé avec le verbe
take pour demander **combien de**
temps il faut pour faire quelque
chose.

How long are you staying in Paris?
– Not very long: less than a week.
Tu restes combien de temps à Paris ?
– Pas très longtemps : moins d'une semaine.

⊙ **how long?** est employé pour
demander la **durée d'un séjour.**

How long have you lived here?
– A long time! At least ten years.
Depuis combien de temps habites-tu ici ?
Depuis longtemps ! Au moins dix ans.

⊙ **how long?** est employé avec le
present perfect pour demander
depuis combien de temps
quelqu'un fait quelque chose.

☛ VOIR : long

how many, how much?

⊙ **How many** et **how much** posent la
question **combien (de) ?**

How many boys came to the party?
– About twenty.
Combien de garçons sont venus à la fête ?
– Une vingtaine.

⊙ **How many** + nom s'emploie avec les
pluriels (how many bags/children/cats?).

How much flour do I need to make
ten pancakes?
J'ai besoin de combien de farine pour faire
dix crêpes ?

⊙ **How much** + nom s'emploie avec les
indénombrables (how much
flour/water/money/rice/milk/time?).
Suite page suivante

How much does Sam earn?
Combien gagne Sam ?

How much is that watch?
Combien coûte cette montre ?

How much are the strawberries?
Combien coûtent les fraises ?

How much was the taxi?
Combien a coûté le taxi ?

⊙ Quand **how much** n'est pas suivi d'un nom, il signifie **combien (d'argent)**.

⊙ **How much** + be conjugué? s'emploie pour demander le **prix** de quelque chose.

☞ VOIR : many, much

hundred, hundreds

The CD player costs **a hundred** euros.
Le lecteur de CD coûte cent euros.

⊙ **a hundred** = **cent** (100)

N'oubliez pas le mot *a*.

He gave me **one hundred** pounds.
Il m'a donné cent livres.

⊙ **a hundred** et **one hundred** ont le même sens, mais **a hundred** est plus courant.

Three **hundred** people came to the concert.
Trois cents personnes sont venues au concert.

⊙ On dit **two hundred, three hundred, four hundred**, etc. (**sans 's'**).

She died when she was a **hundred** and four.
Elle est morte à l'âge de 104 ans.

⊙ On dit **a hundred and one** (101), **three hundred and twelve** (312), **nine hundred and eighty-seven** (987), etc.

This house was built in the nineteen **hundreds**.
Cette maison a été construite dans les années 1900.

⊙ On dit **the seventeen hundreds** (les années 1700), **the eighteen hundreds** (les années 1800), etc.

Hundreds of children were invited.
Des centaines d'enfants ont été invités.

⊙ **hundreds (of)** = des centaines **(de)**

We saw **hundreds and hundreds** of birds.
Nous avons vu des centaines et des centaines d'oiseaux.

hungry

I'm really **hungry**, when will dinner be ready?
J'ai vraiment faim, quand est-ce que le dîner sera prêt ?

⊙ **be hungry** = **avoir faim**

You don't know what **hunger** is!
Tu ne sais pas ce que c'est que la faim !

⊙ Attention ! **la faim** = **hunger**
(« hungry » est un adjectif, pas un nom).

⊙ Autres expressions où on emploie **avoir** en français et **be** en anglais : be **afraid** (avoir peur), be **cold** (avoir froid), be **hot** (avoir chaud), be **right** (avoir raison), be **sleepy** (avoir sommeil), be **thirsty** (avoir soif), be **wrong** (avoir tort).

I'm cold, I'm **hungry** and I'm sleepy – but I'm not at all **angry**!
J'ai froid, j'ai faim et j'ai sommeil – mais je ne suis pas du tout en colère !

Ne confondez pas **hungry** avec **angry** (= en colère).

I et me

I took the dogs with **me**.
J'ai emmené les chiens avec moi.

⊙ **I = je. I** est le **sujet** de la phrase.

⊙ **me = moi. me** est le complément.

I'm cold.
J'ai froid.
Moi, j'ai froid.

Attention, on **ne dit pas** **me, I...*
pour traduire **moi, je...**!

I'd like

I'd like to speak to Mr Lee, please.
J'aimerais parler à M. Lee, s'il vous plaît.

I'd like a new bike, but I can't afford it.
J'aimerais un nouveau vélo, mais je n'ai pas les moyens.

⊙ **I'd like** (= I would like) vous permet de dire ce que vous **aimeriez**, ce que vous **aimeriez faire**, ce que vous **voudriez...**

I'd like some carrots, please.
Je voudrais des carottes, s'il vous plaît.

⊙ **I'd like** est employé dans les magasins pour dire au vendeur ce qu'on **veut acheter**.

On **ne dit pas** **I'd want* pour **je voudrais...**

> **I like** talking to Mr. Lee, he's very interesting.
J'aime bien parler avec M. Lee, il est très intéressant.

> Ne confondez pas **I'd like** avec **I like**, qui vous permet de dire ce que vous **aimez bien**, ce que vous **aimez faire**.

> **I like** my new bike!
J'aime bien mon nouveau vélo !

if + présent

Can I come?
– **If** you are good!
Je peux venir ?
– Si tu es sage !

⊙ **if + présent = si + présent**

If I'm late, don't wait for me.
Si je suis en retard, ne m'attends pas.

⊙ **if + présent** s'emploie avec les modaux **will, can, might, must.**

If the price goes down, I **will** buy it.
Si le prix baisse, je l'achèterai.

⊙ **will : ce qui arrivera si...**

We **might** go out **if** the weather improves.
On sortira peut-être si le temps s'améliore.
Il se pourrait qu'on sorte si le temps s'améliore.

⊙ **might : ce qui arrivera peut-être si..., ce qui pourrait arriver si...**

If you are bored, you **can** leave.
Si tu t'ennuies, tu peux partir.

⊙ **can : ce qui est possible si...**

If you need anything, you **must** tell me.
Si tu as besoin de quelque chose, il faut que tu me le dises.

⊙ **must : ce qu'on doit faire si...**

if + prétérit

⊙ **if + prétérit = si + imparfait. if + prétérit** s'emploie avec les modaux **would, could** et **might**

If you **bought** a computer, I **would** send you e-mails.
Si tu achetais un ordinateur, je t'enverrais des courriels.

⊙ **if + prétérit + would = ce qui arriverait si...**

If you **walked** a bit faster, we **might** arrive on time.
Si tu marchais un peu plus vite, on arriverait peut-être à l'heure.

⊙ **if + prétérit + might = ce qui arriverait peut-être si...**

If we **lived** in a bigger flat, we **could** organize a party.
Si on habitait dans un plus grand appartement, on pourrait organiser une fête.

⊙ **if + prétérit + could = ce qui serait possible si...**

if + past perfect

⊙ Le « past perfect » = **had** + **participe passé** : I **had gone**, David **had been** ill, you **had eaten**...

⊙ **if** + **past perfect** est suivi de **would have**, **could have** et **might have** (regardez les exemples).

If you **had bought** her a present, she **would have been** very happy.
Si tu lui avais acheté un cadeau, elle aurait été très contente.

⊙ **if** + **past perfect** + **would have** = **ce qui serait arrivé si...**

If it **had been** cheaper, I **might have bought** it.
S'il avait été moins cher, je l'aurais peut-être acheté.

⊙ **if** + **past perfect** + **might have** = **ce qui serait peut-être arrivé si...**

If David **had come** earlier, we **could have gone** for a walk.
Si David était venu plus tôt, on aurait pu aller se promener.

⊙ **if** + **past perfect** + **could have** = **ce qui aurait été possible si...**

ignore

He saw me, but he **ignored** me.
Il m'a vu, mais il m'a ignoré.

⊙ **ignore somebody** = **ignorer quelqu'un** (= faire semblant de ne pas le voir)

If the dog barks, **ignore** it.
Si le chien aboie, n'y fais pas attention.

⊙ **ignore something** = **ne pas faire attention à quelque chose**

> I **don't know** why he did it.
J'ignore pourquoi il l'a fait.

> Who was he with? I **don't know**.
Avec qui il était ? Je l'ignore.

> Quand vous voulez parler du fait d'**ignorer quelque chose**, employez **not know** (I don't know, he didn't know...).

 ignore n'a jamais le sens de « ne pas savoir » !

important

This is a very **important** document. *C'est un document très important.* *Ce document est d'une grande importance.*	⊙ **important** = **important** au sens de « qui a de l'importance ».

> This file is too **large** to send by e-mail. *Ce fichier est trop important pour être envoyé par mail.*	> Le mot français **important** au sens de « grand, volumineux » se traduit par **large**, jamais par **important*.

The **important** thing is to tell the truth. *L'important, c'est de dire la vérité.*	⊙ On dit **the important thing...** (jamais **the important...*)

in et to

The tickets are **in** my pocket.
Les billets sont dans ma poche.

⊙ **in** signifie **dans**, **à** ou **en**. C'est un mot qu'on emploie pour parler de **l'endroit où se trouve** quelqu'un ou quelque chose.

I live **in** Lille, which is **in** France.
*J'habite **à** Lille, qui est **en** France.*

I'm going **to** London next Tuesday, and then on Friday I'm going **to** Belgium.
*Je vais **à** Londres mardi prochain, et puis vendredi je vais **en** Belgique.*

⊙ Quand on parle d'un **déplacement** ou d'un **voyage**, on emploie **to**, pas **in**.

Ne dites pas des choses comme **to go in England* ou **I am going in Paris* ! Il faut employer **to** quand on parle d'un changement de lieu.

Phone me when you arrive **in** Lille.
Appelle-moi quand tu arriveras à Lille.

Attention ! Avec le verbe **arrive**, on emploie **in**, pas **to*.

Welcome **to** Paris!
Bienvenue à Paris !

Attention ! On dit **welcome to...**, pas **welcome in...*

Please go **in**.
Entrez, je vous prie.
Come **in**!
Entrez !

⊙ Quand on parle d'**entrer dans** un immeuble, une pièce ou un magasin, on emploie **in** avec le verbe de mouvement (notamment **go** et **come**).

in + mois/année

We always go on holiday **in** August.
Nous allons toujours en vacances en août.

⊙ Quand on parle d'un mois ou d'une année, **en** se traduit par **in**...

We saw each other last May.
On s'est vus en mai dernier.

⊙...mais on **ne dit pas** **in last/next...*

I'm leaving next June.
Je pars en juin de l'année prochaine.

☛ **VOIR : on** + jour

I was born **in** 1990.
Je suis né en 1990.

in case

Keep your mobile with you, **in case** Dad calls.
Garde ton mobile sur toi, pour le cas où papa appellerait.

⊙ **in case = pour le cas où...**

 notez l'emploi du **présent** après **in case** (on **ne dit pas** **in case he will/would call !*)

inconvenient

I hope it's not **inconvenient** if I leave now.
J'espère que ce n'est pas gênant si je pars maintenant.

⊙ **inconvenient** est un **adjectif** qui signifie **pas pratique**, **gênant**, **inopportun**.

> What are the advantages and **disadvantages** of this solution?
Quels sont les avantages et les inconvénients de cette solution ?

> **un inconvénient = a disadvantage**

Ne traduisez jamais **inconvénient** par **inconvenient* !

information

I need some **information** about trains to Brussels.
J'ai besoin d'informations sur les trains à destination de Bruxelles.

⊙ **information** est un nom **indénombrable** en anglais. On **ne dit pas** *an information*, et on **ne met pas** le mot **information** au pluriel.

This is a very interesting **piece of information**.
C'est une information très intéressante.

⊙ **une information = a piece of information**

Ne dites jamais *an information*, ni *informations* !

☞ VOIR : fiche 60

in front (of)

Can I sit **in front**?
Je peux m'asseoir devant ?

⊙ **in front (of) = devant** (jamais *en face de*)

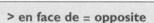

>There's a big statue **in front of** the town hall.
Il y a une grande statue devant l'hôtel de ville.

> **en face de = opposite**

> There's a park **opposite** our house.
Il y a un parc en face de notre maison.

Ne confondez pas *in front of* et *opposite* !

inhabited

This village is still **inhabited**.
Ce village est encore habité.

⊙ **inhabited = habité** (jamais *inhabité*)

> We went to an **uninhabited** area.
Nous sommes allés dans une zone inhabitée.

> **inhabité = uninhabited**

-ing (activités)

1

Here is a list of activities: **listening** to music, **going** out with friends, **watching** TV.
Voici une liste d'activités : écouter de la musique, sortir avec des amis, regarder la télé.

⊙ La forme en **-ing** correspond souvent à l'infinitif en français quand on parle d'activités.

Smoking isn't allowed in here.
Il est interdit de fumer ici.

⊙ Mot à mot, la phrase à gauche signifie « fumer n'est pas permis ici ».

2

He teaches **skiing**, **sailing** and **boxing**.
Il enseigne le ski, la voile et la boxe.

⊙ La forme en **-ing** est employée pour certaines activités sportives.

3

I like **cooking** but I hate **doing** the housework.
J'aime faire la cuisine mais je déteste faire le ménage.

⊙ La forme en **-ing** est très importante quand on veut exprimer ce qu'on **aime faire** ou ce qu'on **n'aime pas faire**.

Notez que l'infinitif français ne correspond pas toujours à **to** + **BV** en anglais. Regardez la fiche **03**.

-ing (be + -ing)

☞ VOIR : **fiches 28-31**.

injure, injury

Joseph was **injured** in an accident.
Joseph a été blessé dans un accident.

⊙ **injure** = blesser

His **injuries** are not serious.
Ses blessures ne sont pas graves.

⊙ **an injury** (pluriel : **injuries**) = **une blessure**

> This word is a **term of abuse** in English.
Ce mot est une injure en anglais.

> **une injure** = a term of abuse

> They shouted racist **abuse**.
Ils ont crié des injures racistes.

> **des injures** = **abuse** (attention ! indénombrable)

instead of

Drink tea **instead of** coffee.
Buvez du thé plutôt que du café.

Let's play a game **instead of** watching TV.
Faisons un jeu au lieu de regarder la télé.

⊙ **instead of** = plutôt que

⊙ **instead of** + **-ing** = au lieu de + infinitif

N'employez pas *to après **instead of** (on ne dit pas *instead of to watch...*)

interested ou interesting ?

Sorry, I'm not **interested**.
Désolé, je ne suis pas intéressé.
Désolé, ça ne m'intéresse pas.

⊙ **interested** = intéressé

Aren't you **interested** in what I'm saying?
Tu n'es pas intéressé par ce que je dis ?
Ce que je dis ne t'intéresse pas ?

⊙ **interested in** = intéressé par

Notez l'emploi de la préposition **in**.

This is a very **interesting** book.
C'est un livre très intéressant.

⊙ **interesting** = intéressant

Ne confondez pas **interested** et **interesting**, et notez que *interessant* n'existe pas en anglais !

> I bought it at a very **good** price.
Je l'ai acheté à un prix très intéressant.

> 3 euros, that's very **reasonable**!
Trois euros, c'est très intéressant !

Attention ! Quand on parle d'un **prix intéressant**, le mot *interesting* ne convient pas !

interpret ou perform ?

How do you **interpret** what he said?
Comment tu interprètes ce qu'il a dit ?

⊙ **interpret** = **interpréter**, mais seulement au sens de **traduire** ou **expliquer**.

Sarah will **perform** a new song.
Sarah interprétera une nouvelle chanson.

⊙ Quand **interpréter** signifie **jouer** ou **chanter**, il se traduit par **perform**.

...in the world

It's the tallest building **in the world**.
C'est le plus haut immeuble du monde.

Notez qu'on dit **in the world** (pas *of the world*) après un superlatif.

into

David came **into** the room.
David est entré dans la pièce.

⊙ **into** signifie **dans**. Il est généralement employé quand il y a un **déplacement vers l'intérieur**.

I put the papers **into** the box.
J'ai mis les papiers dans la boîte.

Can you translate this **into** English?
Tu peux traduire ça en anglais ?

⊙ Avec **convert, change, transform** et **translate**, **into** correspond à **en**.

How do you convert euros **into** dollars?
Comment est-ce que l'on convertit les euros en dollars ?

On **ne dit pas** *in* dans ces cas-là !

invite, take, pay

Shall we **invite** Harry to the party?
On invite Harry à la fête ?

⊙ **invite** = **inviter** au sens de « demander de venir ».

We went for dinner with Sarah, and she **paid for** us.
Nous sommes allés dîner avec Sarah, et elle nous a invités.

⊙ Quand **inviter** signifie **payer pour**, il se traduit par **pay for**.

David **took** us to a restaurant.
David nous a invités au restaurant.

⊙ Quand **inviter** signifie **emmener**, il se traduit par **take**.

is, it, it's, its

1

Sophie **is** my sister.
Sophie est ma sœur.

⊙ **is** est une forme du verbe **be**
(= être) : he **is**..., she **is**..., it **is**...

2

Is **it** finished?
C'est terminé ?

⊙ **it** est un pronom qui correspond à
ce, à **c'** (dans « **c'est** ») ou à **il**.

It was cold yesterday.
Il a fait froid hier.

> **He's** a very kind man.
C'est un homme très gentil.

> **it** ne s'emploie pas pour parler d'une
personne. Dans ce cas, **c'** se traduit par
he ou **she**.

> **She's** an old woman now.
C'est une vieille femme maintenant.

> On **ne dit pas** *It's an old woman*, ni
It's a kind man !

3

It's dangerous to ski here.
C'est dangereux de skier ici.

⊙ **it's** est la contraction de **it is**
(« c'est », « il est »).

It's late.
Il est tard.

It's Wednesday.
On est mercredi.

⊙ Notez qu'on dit **it's** avec une date,
jamais *we are*...

4

The budgie was in **its** cage.
La perruche était dans sa cage.

⊙ **its** est un pronom personnel qui
correspond à **son, sa, ses** quand on
parle d'une chose ou d'un animal non
familier.

☛ **VOIR : his, her**

it (impersonnel)

It rained all day.
Il a plu toute la journée.

⊙ **It** correspond à **il** dans les tournures
impersonnelles (quand on parle du
temps qu'il fait ou de l'heure, par
exemple).

It's five o'clock.
Il est cinq heures.

itself

The cat was licking **itself**.
Le chat se léchait.

The swimming pool cleans **itself**.
La piscine se nettoie toute seule.

The computer turns on **by itself**.
L'ordinateur s'allume tout seul.

This is not a problem **in itself**.
Ce n'est pas un problème en soi.

⊙ **itself** correspond au **se** du verbe pronominal quand le sujet est un animal ou une chose.

⊙ **by itself = tout(e) seul(e)**

⊙ **in itself = en soi**

☛ **VOIR :** herself, himself, ourselves, themselves, yourself, yourselves

jeans

Where did you buy those **jeans**?
Où est-ce que tu as acheté ce jean ?

She was wearing green **jeans**.
Elle portait un jean vert.

I need a new pair of **jeans**.
I need some new **jeans**.
J'ai besoin d'un nouveau jean.

⊙ **jeans** est toujours au pluriel en
anglais.

On **ne dit pas** *a jean pour
« un jean ». On **ne dit pas** *a
jeans mais **some jeans** ou **a pair of
jeans**.

☞ VOIR : **trousers, shorts, pants,
pyjamas, tights**

job ou work ?

☞ VOIR : **work**

jogging

I like **jogging**.
J'aime bien le footing.

⊙ Le mot anglais **jogging** signifie le
footing.

> I'm going to buy myself a **tracksuit**.
Je vais m'acheter un jogging.

> **un jogging** = **a tracksuit**

journal ou newspaper ?

The results were published in a scientific
journal.
*Les résultats ont été publiés dans une revue
scientifique.*

⊙ **a journal**, c'est une **revue
spécialisée**.

> I read the **newspaper** every morning.
Je lis le journal tous les matins.

> **un journal** (= un quotidien), c'est **a
newspaper**.

> Mehdi keeps a **diary**.
Mehdi tient un journal.

> **un journal** (intime), c'est **a diary**.

journey, trip, voyage ou travel ?

You must be tired after your **journey**.
You must be tired after your **trip**.
Tu dois être fatigué après ton voyage.

⊙ **a journey** ou **a trip**, c'est **un voyage**.

The **voyage** from Southampton to New York takes several days.
Le voyage de Southampton à New York prend plusieurs jours.

⊙ **a voyage**, c'est un voyage très long, généralement en mer ou dans l'espace.

I love watching programmes about **travel**.
J'adore regarder les émissions sur les voyages.

⊙ **travel** signifie « les voyages ».

I love **travel**.
J'adore les voyages.

On **ne dit pas** *a travel* !

just

I've **just** finished the washing-up.
Je viens de terminer la vaisselle.

⊙ **just** est employé avec le **present perfect** (☞ VOIR : fiche 32) pour parler de ce qu'on **vient de** faire, de ce qui **vient de** se passer. Notez que **just** se met entre l'auxiliaire (**have**) et le verbe.

Mr. Benson has **just** left.
M. Benson vient de partir.

Hurry up, the film has **just** started!
Dépêche-toi, le film vient de commencer !

keen on

Jerry is **keen on** football.
Jerry aime beaucoup le foot.

I'm not very **keen on** liver.
Je n'aime pas beaucoup le foie.

Jeremy seems very **keen on** Lara.
Jeremy semble aimer beaucoup Lara.

⊙ **be keen on something/someone** est une expression qu'on emploie quand on veut parler de ce qu'on **aime**.

keep +V -ing (« continuer de », « ne pas arrêter de »)

We **kept** walking.
Nous avons continué à marcher.

Mum, David **keeps** hitting me!
Maman, David n'arrête pas de me frapper !

⊙ **keep +V -ing = continuer à +** infinitif, **ne pas arrêter de +** infinitif

kind

Your Dad has been very **kind** to me.
Ton père a été très gentil avec moi.

Be **kind** to your sister!
Sois gentil avec ta sœur !

⊙ **kind to someone = gentil avec quelqu'un**

Notez l'emploi de **to**.
On ne dit pas *kind with...

knee

I was on my **knees** in the garden.
J'étais à genoux dans le jardin.

Come and sit on my **knee**!
Viens t'asseoir sur mes genoux !

⊙ **on one's knees = à genoux**

⊙ Quand on veut parler de s'asseoir sur les genoux de quelqu'un, on emploie **knee** au singulier.

know

Do you **know** the difference between a rabbit and a hare?
Tu connais la différence entre un lapin et un lièvre ?

⊙ **know = savoir, connaître**

Suite page suivante

I **know** that you're telling the truth.
I **know** you're telling the truth.
Je sais que tu dis la vérité.

⊙ Notez qu'on peut omettre **that** après **know**.

> The company has **had** some difficulties.
L'entreprise a connu des difficultés.

> Attention : quand on parle de **connaître** au sens de **éprouver**, il ne se traduit pas par **know**.

> The film **was** a huge success.
Le film a connu un succès énorme.

> **connaître un succès** = **be a success**

> Most of the attempts **failed**.
La plupart des tentatives ont connu l'échec.

> **connaître un échec** = **fail**

> I **met** her in Spain.
Je l'ai connue en Espagne.

> Attention : quand on parle de **connaître** au sens de **rencontrer**, il se traduit par **meet**.

I think I **know** you.
Je pense que je te connais.

Notez aussi que le verbe ***know*** ne se met jamais à la forme **be + -ing** (on ne dit jamais **I am knowing...*).

know + for/since

I **know** Mary very well. I **have known** her for ten years.
Je connais très bien Mary. Je la connais depuis dix ans.

⊙ Notez l'emploi du **present perfect** dans les exemples à gauche, là où on emploie le présent simple en français.

How long **have** you **known** John?
Depuis combien de temps connais-tu John ?

On ne dit pas **I know her for ten years/ *I know him since 1998 !*

– **I've known** him since 1998.
– *Je le connais depuis 1998.*

☞ **VOIR : fiche 35.**

We haven't known each other for very long.
Nous nous connaissons depuis peu de temps.
Ça ne fait pas très longtemps qu'on se connaît.

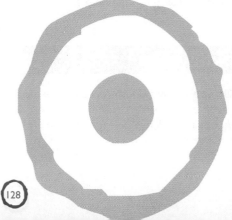

know how to et can...

Do you **know how to** make scones?
Can you make scones?
Tu sais faire les scones ?

⊙ **know how to do something** =
savoir faire quelque chose

I don't **know how to** ski.
I **can't** ski.
Je ne sais pas skier.

⊙ Le modal **can** exprime aussi le fait
qu'on sait/ne sait pas faire quelque
chose.

I know how to ask for directions in
English.
Je sais demander mon chemin en anglais.

knowledge

This research has improved our
knowledge of aids.
*Cette recherche a amélioré nos
connaissances sur le sida.*

knowledge ne se met jamais au
pluriel ! **des connaissances** =
knowledge.

large

Can I have a **large** coffee, please?
Je peux avoir un grand café, s'il vous plaît ?

● *large* = grand, pas **large*.

The Thames is a very **large** river.
The Thames is a very **big** river.
La Tamise est un très grand fleuve.

☺ Le mot anglais **large** est synonyme de **big**.

> The Thames is a very **wide** river.
> *La Tamise est un fleuve très large.*

● le mot français *large* = *wide* en anglais.

● Ne confondez pas les mots *large* et *wide* en anglais !

last et the last

Who wants the **last** chocolate?
Qui veut le dernier chocolat ?

☺ **the last** = le dernier, la dernière **(the last** chocolate, **the last** person, **the last** day...)

It's the **last** day of our holiday.
C'est le dernier jour de nos vacances.

I saw Jack **last** week.
J'ai vu Jack la semaine dernière.

Attention ! On dit *last week* (la semaine dernière), *last year* (l'année dernière), *last month* (le mois dernier). Le mot *the* n'est pas employé ici.

It's the **last** week of the sales.
C'est la dernière semaine des soldes.

the last week = la dernière semaine et non pas la semaine dernière.

The **last** three days have been easy.
Les trois derniers jours ont été faciles.

☺ **last** précède toujours les chiffres.

● Ne dites pas **the three last days* !

latest

Have you seen her latest film?
As-tu vu son dernier film ?

This was Hitchcock's last film.
C'était le dernier film de Hitchcock.

⊙ **latest** = **dernier** au sens de
« dernier en date » : il pourra y en
avoir d'autres.

⊙ **last** = **dernier** (= le dernier de tous :
il n'y en aura pas d'autres).

 Ne confondez pas **the last** et
the latest.

least

I chose the **least** expensive menu.
J'ai choisi le menu le moins cher.

You could **at least** help me!
Tu pourrais au moins m'aider !

⊙ **the least** + adjectif = **le moins, la
moins** + adjectif

⊙ **at least** = au moins

 On ne dit pas **at the least* !

leave

1

You can **leave** your jacket in the
bedroom.
*Tu peux laisser ton blouson dans la
chambre.*

⊙ **leave** (verbe transitif) = **laisser** au
sens de « poser », « mettre ».

 Ne confondez pas **leave** et **let** !

2

The train **leaves** in five minutes.
Le train part dans cinq minutes.

I never want to **leave** Paris.
Je ne veux jamais quitter Paris.

He **left** last Tuesday.
Il est parti mardi dernier.

⊙ **leave** (verbe intransitif) = **partir,
s'en aller**

⊙ **leave** something = **quitter** quelque
chose

⊙ Au prétérit (au passé), c'est **left**.

 Ne confondez pas **leave** et **live** !

lecture

Did you go to Mr. Peterson's **lecture**?
Tu es allé au cours de M. Peterson ?

⊙ a **lecture**, c'est un cours magistral (en fac), un **exposé**, ou une **communication** (dans un congrès).

> I love **reading**.
J'adore la lecture.

> la **lecture** (= le fait de lire), c'est **reading** en anglais.

left (= gauche)

The school is on the **left**.
L'école est à gauche.

⊙ **on the left** = à gauche

Turn **left** when you get to the church.
Tournez à gauche quand vous arrivez à l'église.

 Mais attention ! On dit *turn left* et non pas **turn on the left*.

be left

How many cakes are **left**?
Il reste combien de gâteaux ?

⊙ **be + left** est une expression qu'on emploie pour parler de ce qui **reste**.

There are none **left**!
Il n'y en a plus !

⊙ Cette expression n'est pas très facile à employer correctement. Apprenez au moins à la reconnaître dans ce que vous lisez.

There is a little bit of chicken **left**.
Il reste un petit morceau de poulet.

lend somebody something

Dave **lent** his car to his brother.
Dave **lent** his brother his car.
Dave a prêté sa voiture à son frère.

⊙ On dit **lend something to somebody** ou **lend somebody something**

Can you **lend** me ten euros?
Tu peux me prêter dix euros ?

☞ VOIR : fiche 15

less

You should work **less**.
Tu devrais travailler moins.

⊙ **less = moins, moins de...**

He earns **less** money now.
Il gagne moins d'argent maintenant.

The film is **less** interesting than the book.
Le film est moins intéressant que le livre.

⊙ **less than = moins que...**

● Ne dites pas **less that*!

I go out **less and less**.
Je sors de moins en moins.

⊙ **less and less = de moins en moins (de)**

People eat **less and less** fish.
Les gens mangent de moins en moins de poisson.

let

My parents don't **let** me go out.
Mes parents ne me laissent pas sortir.
Mes parents m'interdisent de sortir.

⊙ **let** évoque la **permission**, l'**autorisation**. À la forme négative, **don't/doesn't/didn't** + **let** évoque l'**interdiction**. **Let** correspond souvent à **laisser** (au sens d'autoriser).

Let me look!
Laisse-moi regarder !

Let me help you.
Permettez-moi de vous aider.

☞ **VOIR : leave, allow, can**

let's

Let's go to the cinema this evening.
Allons au cinema ce soir.

⊙ **let's** est une expression qu'on emploie dans la langue parlée pour **lancer une idée**, pour dire « et si on faisait ça ? ». En français, on emploie le présent de l'impératif à la première personne du pluriel pour dire la même chose : **allons, voyons, marchons, partons...**

Let's go!
Allons-y !

Let's see who can run the fastest.
Voyons qui court le plus vite.

library

I want to borrow a book from the **library**.
Je voudrais emprunter un livre à la bibliothèque.

⊙ **a library**, c'est une bibliothèque.

> My brother works in a **bookshop**.
Mon frère travaille dans une librairie.

> Une librairie = a **bookshop**.

Ne les confondez pas !

licence

You need a **licence** to hunt here.
Il vous faut un permis pour chasser ici.

⊙ **a licence**, c'est un permis.

Can I see your **driving licence**?
Puis-je voir votre permis de conduire ?

> He's got a **degree** in chemistry.
Il a une licence de chimie.

> Une licence (un diplôme) = a **degree**

like (préposition : « comme »)

Rats are **like** large mice.
Les rats sont comme de grosses souris.

Like me, he comes to school by bus.
Comme moi, il vient à l'école en bus.

He works **like** a slave.
Il travaille comme un esclave.

⊙ **like** (= comme) établit une **comparaison** et exprime une **ressemblance**.

Ne confondez pas *like* et *as* (= **comme** au sens de « en tant que... »). *As* serait impossible dans les trois phrases à gauche.

> **As** a teacher, I cannot accept this behaviour.
En tant qu'enseignant, je ne peux pas accepter ce comportement.

> **as** = comme, en tant que

> He works **as** a waiter.
Il travaille comme serveur.

What is his brother **like**?
Il est comment, son frère ?

What were the restaurants **like** in London?
Ils étaient comment, les restaurants à Londres ?

What's it **like**?
C'est comment ?

⊙ **what** + be conjugué + **like ?** est une question qui demande une **description**. Elle correspond généralement à **comment ?**

Ne confondez pas *what... like?* (qui demande une description) et *how?* (= Comment ? De quelle manière ?)

What kind of films does your sister **like**?
Ta sœur aime quel genre de films ?

Ne confondez pas *what is he like?* (comment est-il ? : personnalité), *what does he look like?* (comment est-il physiquement ?) et *what does he like?* (qu'est-ce qu'il aime?)

like (verbe : « aimer »)

I **like** Paul and I think he **likes** me.
J'aime bien Paul et je crois qu'il m'aime bien aussi.

⊙ **like** = aimer, apprécier

I **like** butter but I **don't like** cheese.
J'aime le beurre mais je n'aime pas le fromage.

Do you **like** reading?
Est-ce que tu aimes lire ?

⊙ Notez la structure **like + -ing**.

I'd like a new bike, but I can't afford it.
J'aimerais avoir un nouveau vélo, mais je n'ai pas les moyens.

⊙ **I'd like** (= I would like) est une expression importante pour communiquer en anglais. Elle vous permet de dire ce que vous **aimeriez**, ce que vous **aimeriez faire**, ce que vous **voudriez** faire.

I'd like some carrots, please.
Je voudrais des carottes, s'il vous plaît.

I'd like to speak to Mr Lee, please.
Je voudrais parler à M. Lee, s'il vous plaît.

⊙ **I'd like** est employé dans les magasins pour dire au vendeur ce qu'on veut acheter, et au téléphone pour dire à qui on veut parler.

Suite page suivante

I like this cake – **I'd like** some more!
*J'aime bien ce gâteau – j'en voudrais
encore !*

Ne confondez pas
I like et **I'd like**.

Ne soyez pas tenté de traduire
je voudrais par **I would want.*

Would you like some potatoes?
Tu veux des pommes de terre ?

How many cakes **would you like?**
Combien de gâteaux veux-tu ?

Would you like to go to the cinema?
Ça te dirait d'aller au cinéma ?

Do you **like** it?
*Tu aimes ?
Ça te plaît ?*

I don't **like** it!
*Je n'aime pas !
Ça ne me plaît pas !*

⊙ **would you like…?** demande à
quelqu'un ce qu'il **veut** ou ce qu'il
veut faire.

Ne confondez pas *would you
like…?* (= tu veux…?) et *do you
like…?* (= tu aimes…?)

⊙ **like** est **toujours suivi d'un
complément d'objet.** On peut dire
«je n'aime pas», mais il est impossible
de dire **I don't like.* Il faut dire **I don't
like it/them/him,** etc.

☞ **VOIR : look like**

like + V -ing

I **like** dancing and reading, but I don't
like cooking!
*J'aime la danse et la lecture, mais je n'aime
pas la cuisine !
J'aime danser et lire, mais je n'aime pas
faire la cuisine !*

⊙ En anglais, quand on dit qu'on aime
pratiquer une activité, on emploie le
plus souvent la forme **like + V -ing.**

Ne dites pas **I don't like dance*
pour « je n'aime pas la
danse/danser ».

likely

They think they're going to win, but
I don't think it's very **likely.**
*Ils pensent qu'ils vont gagner, mais je ne
pense pas que ce soit très probable.*

⊙ **likely = probable**

All trains are **likely** to be delayed today.
Tous les trains risquent de subir des retards aujourd'hui.

⊙ **be likely to** exprime la **probabilité** et correspond généralement à « risquer de », « être susceptible de », « il y a des chances que… ».

What do you think he's **likely** to say?
Que penses-tu qu'il soit susceptible de dire ?

listen

Listen! Can you hear the rain?
Écoutez ! Vous entendez la pluie ?

⊙ **listen = écouter** (sans COD)

I like **listening to** the radio in the morning.
J'aime écouter la radio le matin.

⊙ **écouter** quelque chose/quelqu'un = **listen to** something/somebody

Listen to me!
Écoutez-moi !

 Il est **très important** de ne pas oublier **to** quand il y a un complément d'objet et dans les questions avec **what?** et **who?** On ne **dit pas** **listen the radio* ou **listen me*.

What are you **listening to**?
Qu'est-ce que tu écoutes ?

Who are you **listening to**?
Qui est-ce que tu écoutes ?

Ne confondez pas **listen (to)** et **hear**.

little et a little

They've got a **little** dog called Spike.
Ils ont un petit chien qui s'appelle Spike.

⊙ **little** + nom dénombrable = **petit**

They gave us **little** time.
Ils nous ont donné peu de temps.

⊙ **little** + nom indénombrable = **peu de**

I did a **little** cooking.
J'ai fait un peu de cuisine.

⊙ **a little** + nom indénombrable = **un peu de**

 Notez qu'on ne dit pas *a few* avec les noms indénombrables : *a little* time, *a little* cheese, *a little* rice…

Add **a little** cheese and a few olives.
Ajoutez un peu de fromage et quelques olives.

Notez comment *a little* précède directement le nom (sans *of*).

location

This is the ideal **location** for a new airport.
C'est le site idéal pour un nouvel aéroport.

⊙ **a location** = un site, un lieu, un emplacement

> **Hire** of equipment is not included.
La location de matériel n'est pas incluse.

> «Flats for **rent**».
« Location d'appartements ».

> **la location** (le fait de louer quelque chose) = **hire** (pour des objets) ou **rent** (pour un logement)

logic et logical

Computers work thanks to **logic**.
Les ordinateurs fonctionnent grâce à la logique.

⊙ **logic** est un **nom** (un substantif) qui signifie « la logique » ou « le raisonnement ».

I don't follow your **logic**.
Je ne suis pas ton raisonnement.

It's not **logical**!
Ce n'est pas logique !

⊙ **logical** est un **adjectif** qui signifie « logique ».

Ne confondez pas *logic* et *logical*. On ne dit pas *it's not logic*.

long (pour dire « longtemps »)

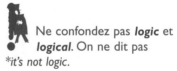

La traduction de **longtemps** pose souvent des problèmes.
Les indications suivantes vous aideront.

Did you wait **long**?
Did you wait **a long time**?
Vous avez attendu longtemps ?

⊙ Dans les **questions**,
longtemps = long ou **a long time** (vous pouvez employer les deux)

We waited **a long time**.
Nous avons attendu longtemps.

⊙ Dans les phrases affirmatives (sauf avec **too**), **longtemps = a long time**

On ne dit pas
*we waited long.

We waited much **too long**.
Nous avons attendu beaucoup trop longtemps.

⊙ trop longtemps = **too long**

On ne dit pas
*too long time.

How long does it take?
Combien de temps ça prend?

How long have you been waiting?
Depuis combien de temps attendez-vous?

⊙ (depuis) combien de temps ? = **how long** ?

On ne dit pas **how long time?*

look et look like

David **looks** really tired.
David a l'air vraiment fatigué.

⊙ **look** + adjectif = **avoir l'air** + adjectif

You **look** happy!
Tu as l'air heureux!

She **looks** English.
On dirait une Anglaise.

⊙ Quand **look** est suivi d'un adjectif de nationalité, on traduit plus naturellement par « on dirait... ».

David **looks like** his brother.
David ressemble à son frère.

⊙ **look like** = **ressembler à**

You **look like** a star with those sunglasses!
Tu ressembles à une star avec ces lunettes de soleil!

Ne confondez pas *look* et *look like*.

It **looks like** a lemon.
Cela ressemble à un citron.
On dirait un citron.

⊙ On peut traduire **it looks like...** par « on dirait... ».

look, look at, look after, look for

Look carefully and you'll find a clue.
Regarde bien et tu trouveras un indice.
Cherche bien et tu trouveras un indice.

⊙ **look** = **regarder** (sans COD) ou **chercher** (sans COD)

Look! I've found a starfish!
Regarde ! J'ai trouvé une étoile de mer !

I've **looked** everywhere.
J'ai regardé partout.
J'ai cherché partout.

Look at your shoes! They're dirty!
Regarde tes chaussures ! Elles sont sales !

⊙ **look at** something = **regarder** quelque chose

What are you **looking at?**
Qu'est-ce que tu regardes ?

Who are you **looking at?**
Qui est-ce que tu regardes ?

Help me to **look after** the dog.
Aide-moi à m'occuper du chien.

⊙ **look after** something/someone = **s'occuper de** quelque chose/de quelqu'un

Help me to **look for** the dog.
Aide-moi à chercher le chien.

⊙ **look for** something = **chercher** quelque chose

What are you **looking for?**
Qu'est-ce que tu cherches ?

Il est **très important** de ne pas oublier *at* et *for* quand il y a un complément d'objet, et dans les questions commençant par *what* et par *who.*

look at, see, watch

Ces trois expressions sont souvent source de confusion. Regardez bien les exemples.

I can **see** our house from here.
Je vois notre maison d'ici.

⊙ **see** = **voir**

That man is **looking at** our house.
Cet homme regarde notre maison.

⊙ **look at** = **regarder** (au sens de « contempler »)

That man is **watching** our house.	⊙ **watch** = **regarder** (ce qui se passe),
Cet homme surveille notre maison.	**surveiller**
Would you like to **watch** television?	⊙ On dit **watch** quand il se passe
Tu veux regarder la télévision ?	quelque chose, quand quelque chose
	bouge : **watch television**, **watch a**
	film, **watch a football match**.

● « Look at the television » signifierait « regarder le téléviseur » (l'appareil, pas l'image).

Would you like to **look at** some photographs?
Tu veux regarder des photos ?

⊙ Quand on regarde quelque chose qui ne bouge pas, on dit **look at**.

● On dit **watch a film** (l'image bouge) et **look at a photograph** (l'image est fixe).

Watch me!
Regarde-moi (faire) !

⊙ **watch me !** signifie « regarde-moi » au sens de « regarde ce que je fais ».

Look at me!
Regarde-moi !

⊙ **look at me !** signifie simplement « regarde-moi », sans vouloir attirer l'attention de l'interlocuteur sur ce que je fais.

look forward to

I'm **looking forward to** seeing you on Sunday.
Il me tarde de te voir dimanche.

Are **you looking forward to** it?
Tu as hâte que ça arrive ?

The children are really **looking forward to** the holidays.
Les enfants ont vraiment hâte d'être en vacances.

⊙ **look forward to** something/ **look forward to V + -ing**… est une expression qui n'a pas d'équivalent exact en français, et qui exprime l'idée d'**attendre quelque chose avec impatience**. Il correspond généralement à l'expression française «il me tarde… », « avoir hâte… ».

loose et lose

Here's the key, don't **lose** it!
Voici la clé, ne la perds pas !

This shelf is **loose**.
Cette étagère est mal fixée.

This screw is **loose**.
Cette vis a besoin d'être resserrée.

⊙ **lose** (**lost, lost**) est un **verbe** qui signifie **perdre**.

⊙ **loose** est un **adjectif** qui n'a pas d'équivalent exact en français. Il s'emploie par exemple pour parler d'objets mal attachés ou mal fixés, pour des clous mal enfoncés, etc.

 N'écrivez pas le verbe _lose_ avec deux **o** !

a lot, lots

I read **a lot**.
Je lis beaucoup.

How much does he earn? – **A lot**!
Combien gagne-t-il ? — Beaucoup !

I read **a lot of** novels.
I read **lots of** novels.
Je lis beaucoup de romans.

Paul goes out **a lot** – he's got **lots of** friends and **a lot of** money!
Paul sort beaucoup – il a beaucoup d'amis et beaucoup d'argent !

⊙ **a lot = beaucoup**

⊙ **a lot of** ou **lots of = beaucoup de**

a lot of et _lots of_ sont toujours suivi d'un nom (on ne dit pas *_I read a lot of_ pour « je lis beaucoup »)

Le contraire de _a lot (of)_ est _not much/not many_ (= pas beaucoup [de]).

☞ VOIR : **many, much**

luggage

Do not leave your **luggage** unattended.
Ne laissez pas vos bagages sans surveillance.

I only have one **piece of luggage**.
Je n'ai qu'un seul bagage.

⊙ **luggage** est **indénombrable** : ce mot ne se met **jamais** au pluriel, et on ne dit jamais *_a luggage_ mais **a piece of luggage**.

make ou do ?

☛ VOIR : do

madam

Can I help you, **Madam?**
Je peux vous aider, Madame ?

Dear **Madam**, I am writing to you...
Chère Madame, je vous écris...

Hello, I wonder if you can help me...?
Bonjour Madame, pouvez-vous m'aider... ?

⊙ **Madam** est employé **uniquement** pour parler très poliment à une cliente dans un magasin, ou pour commencer une lettre à une dame qu'on ne connaît pas. Les emplois de **Madam** sont ainsi beaucoup plus restreints que ceux de **madame** en français (pour dire « bonjour Madame », un simple « hello » suffit en anglais).

☛ VOIR : **Mrs**

made of

The statue is **made of** bronze.
La statue est en bronze.

What are those tablemats **made of?**
En quoi sont ces sets de table ?

⊙ **be made of** est une expression qu'on emploie pour parler de la **matière** dont quelque chose est fait.

⊙ Notez comment on pose une question concernant la matière dont quelque chose est fait (**what is/are... made of?**)

magic ou magical ?

Say the **magic** words!
Prononcez la formule magique !

She waved her **magic** wand and disappeared.
Elle a agité sa baguette magique et a disparu.

This is a **magical** place.
C'est un lieu magique.

⊙ **magic** signifie **magique** au sens de « ayant des pouvoirs surnaturels ».

⊙ **magical** s'emploie généralement au sens figuré et signifie « merveilleux », « enchanteur ».

make, have, get (= faire faire)

You can't **make** me come with you!
Tu ne peux pas m'obliger à venir avec toi !

My Mum **made** me study all weekend.
Ma mère m'a obligé à étudier pendant tout le week-end.

He **made** his sister sit down.
Il a obligé sa sœur à s'asseoir.

He **made** me do it!
Il m'a obligé à le faire !

⊙ **make** somebody do something a souvent le sens de **obliger** quelqu'un à faire quelque chose, **forcer** quelqu'un à faire quelque chose.

Sally **made** her sister cry.
Sally a fait pleurer sa sœur.

You **make** me think of my mother.
Tu me fais penser à ma mère.

They **made** me laugh!
Ils m'ont fait rire !

⊙ Avec certains verbes exprimant des émotions ou des sensations, **make** + verbe correspond à l'expression « faire + verbe ».

I'm going to **have** my hair **cut**.
I'm going to **get** my hair **cut**.
Je vais me faire couper les cheveux.

⊙ Quand on **fait faire** quelque chose, on emploie **have** ou **get**.

You must **have** that computer **repaired**.
You must **get** that computer **repaired**.
Il faut que tu fasses réparer cet ordinateur.

I **had** him **repair** the leak.
I **got** him **to repair** the leak.
Je lui ai fait réparer la fuite.

man

A **man** came to repair the dishwasher.
Un homme est venu réparer le lave-vaisselle.

⊙ Le pluriel de **man** est **men**.

Joe was attacked by three **men**.
Joe a été agressé par trois hommes.

manage to...

Did you **manage to** find a present for Ian?
Tu as réussi à trouver un cadeau pour Ian ?

I **managed to** park in the shade.
J'ai réussi à me garer à l'ombre.

⊙ **manage to = réussir à**

manner ou way (pour traduire « manière »)?

He spoke to us in an unfriendly **way**.
Il nous a parlé de manière antipathique.

You can prepare fish in several **ways**.
On peut préparer le poisson de plusieurs manières.

⊙ Le mot **manner** existe en anglais, mais ses emplois sont très limités et il est beaucoup moins courant que le mot **way**. Pour ne pas vous tromper, il vaut mieux **ne jamais employer** le mot **manner** pour traduire « manière, façon ».

☞ VOIR : way

many

Many people think hunting is cruel.
Beaucoup de gens pensent que la chasse est cruelle.

⊙ **many = beaucoup de**

Were there **many** mistakes in the essay?
Y avait-il beaucoup de fautes dans le devoir ?

Drink **a lot of** water.
Bois beaucoup d'eau.

⊙ **many** est employé avec les noms **dénombrables** (boys, people, houses...). Avec les noms indénombrables (rice, water, air...) on emploie **a lot of.**

☞ VOIR : much, how many

Notez comment *many* précède directement le nom (sans *of*). Regardez l'entrée suivante pour l'emploi de *many of...*

Not many English people like snails.
Peu d'Anglais aiment les escargots.

⊙ **many, a lot of** et **lots of** signifient la même chose.

Suite page suivante

There aren't **many** clothes shops in this area.
Il n'y a pas beaucoup de magasins de vêtements dans ce quartier.

⊙ **not many** = **pas beaucoup de, peu de**

⊙ **not many** et **few** signifient la même chose.

☛ VOIR : **few, lots of**

many of...

Many of these books were damaged in the flood.
Un grand nombre de ces livres ont été abîmés dans l'inondation.

⊙ **many of** exprime l'idée de « beaucoup parmi... ».

⊙ Comparez **many books** (beaucoup de livres) et **many of these books** (beaucoup de ces livres).

Many of you know this writer.
Beaucoup d'entre vous connaissent cet écrivain.

⊙ **many of** est toujours suivi d'un déterminant (**the, these...**) ou d'un pronom personnel (**you, us...**). Il n'est jamais suivi directement d'un nom (on **ne dit pas** *many of people*).

map ou plan ?

Have you got a Metro **map**?
Tu as un plan du Métro ?

I've got to buy a **map** of London.
Je dois acheter un plan de Londres.

Have you got a **plan** of the house?
As-tu un plan de la maison ?

⊙ Le mot anglais **plan** s'emploie pour des plans architecturaux, mais pas pour des plans de rues. Dans ce cas il faut employer le mot **map**.

march

The soldiers **marched** to the station.
Les soldats ont marché au pas jusqu'à la gare.

⊙ Le verbe **march** ne signifie pas marcher, mais **marcher au pas** (ce que font les militaires).

> We **walked** for hours.
Nous avons marché pendant des heures.

> **marcher** = **walk**

mark ou write ?

Mark the place on the map.
Marque l'endroit sur la carte.

⊙ mark = marquer au sens de « faire une marque », « indiquer par une marque, par un point de repère ».

Write your name on the cover.
Marque ton nom sur la couverture.

⊙ Quand marquer signifie « écrire », il se traduit par write, pas par *mark.

marmalade

Would you like some toast and marmalade?
Tu veux du pain grillé avec de la confiture d'oranges ?

⊙ marmalade ne signifie pas « marmelade » mais « confiture d'agrumes ». Il s'agit le plus souvent de confiture d'oranges.

marriage ou wedding ?

Their marriage lasted three years.
Leur mariage a duré trois ans.

⊙ Le mot marriage signifie soit l'institution du mariage, soit la vie de couple. Il ne désigne pas la cérémonie elle-même.

Have you been invited to their wedding?
As-tu été invité à leur mariage ?

⊙ Quand vous voulez parler de la cérémonie du mariage, il faut employer le mot wedding.

marry, married, get married

Will you marry me?
Veux-tu m'épouser ?

⊙ marry somebody = épouser quelqu'un, se marier avec quelqu'un

She decided not to marry Arthur.
Elle a décidé de ne pas se marier avec Arthur.

On ne dit pas *marry with...

They got married in June.
Ils se sont mariés en juin.

⊙ get married (au prétérit, got married) = se marier

They are not married.
Ils ne sont pas mariés.

⊙ be married = être marié

Suite page suivante

Nigel was **married to** a nurse.
Nigel était marié avec une infirmière.

⊙ **be married to** = être marié avec

On ne dit pas **be married with...*

massive et solid

The hotel has a **massive** pool.
L'hôtel a une énorme piscine.

⊙ **massive** ne signifie pas **massif**, mais **énorme**.

The ring is made of **solid** gold.
La bague est en or massif.

⊙ **massif** (en parlant d'un matériau) = **solid**

mathematics, maths

Mathematics is my favourite subject.
Les maths sont ma matière préférée.

Maths is hard!
Les maths sont difficiles !

⊙ Malgré son **s**, **mathematics/maths** est un nom singulier (comme **politics** et **economics**). Le verbe qui est associé à ce mot doit donc être au singulier (ici, mathematics **is**...).

matter (verbe)

It **matters** a lot to me.
Ça a beaucoup d'importance pour moi.
J'y tiens beaucoup.

⊙ Le verbe **matter** signifie « avoir de l'importance ». Il se comporte comme n'importe quel autre verbe régulier.

Does it **matter**?
Est-ce que ça a de l'importance ?
C'est important ?

It doesn't **matter**.
Ça n'a pas d'importance.
Ça ne fait rien.

Do you think it **mattered** that they were poor?
Tu penses que le fait qu'ils étaient pauvres avait de l'importance ?

may

It **may** rain tomorrow.
Peut-être qu'il pleuvra demain.

The train **may** be late.
Le train sera peut-être en retard.

The painting **may** be a Picasso.
Le tableau est peut-être un Picasso.

David **may not** answer the phone.
David ne répondra peut-être pas au téléphone.
Ce n'est pas sûr que David réponde au téléphone.

We **may not** arrive in time.
Nous n'arriverons peut-être pas à l'heure.
Ce n'est pas sûr qu'on arrive à l'heure.

May I speak to Mr. Briggs, please?
Puis-je parler à M. Briggs, s'il vous plaît ?

⊙ **may** est un **modal**. Un modal, c'est un mot qu'on ne peut pas traduire directement, mais qui nous permet d'exprimer certaines choses en anglais. **may** nous permet de parler de ce qui **arrivera peut-être**, de ce qui est **peut-être** vrai.

⊙ **may not** exprime ce qui **n'arrivera peut-être pas**, ce qui **n'est pas sûr**.

⊙ **may** n'est pas très courant, surtout en anglais parlé. **might**, qui a un sens très proche, est plus courant.

⊙ **may I?** est une expression qu'on emploie pour demander très poliment la permission de faire quelque chose. Cette expression est peu employée aujourd'hui ; elle est remplacée par **can I?** et (plus poliment) **could I?**

☛ VOIR : **can, could, might**

me

I told Cathy to come with **me**.
J'ai dit à Cathy de venir avec moi.

·Hi, it's **me**!
Salut, c'est moi !

⊙ **me = moi**

> **I** don't like it.
Moi, je ne l'aime pas.

> Attention : l'expression **moi, je...** se traduit simplement par **I...** On **ne dit pas** *me, I...* !

mean (verbe)

« Hi » **means** the same as « hello ».
« Hi » veut dire la même chose que « hello ».

☉ **mean = vouloir dire, signifier**

What do you **mean**?
Qu'est-ce que tu veux dire ?

What does « grin » **mean**?
Que signifie « grin » ?

Ne dites pas *what mean...?* ou
what means....? Regardez bien la
construction des exemples à gauche.

means

Scientists are looking for a **means** to produce cheap fuel.
Les scientifiques cherchent un moyen de produire du carburant bon marché.

☉ **means** (= **moyen** au sens de « méthode », « manière de faire ») s'écrit toujours avec un **s** : a **means**, several **means**.

mechanic ou mechanical ?

My Dad is a **mechanic**.
Mon père est mécanicien.

☉ **mechanic** est un **nom** qui signifie **mécanicien**. Ce n'est pas un adjectif !

This company makes **mechanical** toys.
Cette entreprise fabrique des jouets mécaniques.

☉ **mécanique = mechanical**

meeting

I've got a **meeting** at five.
J'ai une réunion à 17h.

☉ a **meeting** = une **réunion** (rarement « une rencontre »)

A lot of things have changed **since they met**.
Beaucoup de choses ont changé depuis leur rencontre.

We **met** in June.
Notre rencontre date de juin.

☉ Quand vous voulez parler d'une **rencontre** (= le simple fait que des gens se rencontrent), n'employez pas **a meeting**. Regardez bien les exemples : on emploie le verbe **meet**.

mess

My bedroom is in a **mess**.
Ma chambre est très désordonnée.

What a **mess**!
Quelle pagaille !

Don't make a **mess**!
Ne salissez pas tout !

⊙ Le mot **mess** est employé pour parler du **désordre**, de la **saleté**. Il n'a rien à voir avec le mot français **messe** (qui se traduit par **mass** en anglais).

might

It **might** rain tomorrow.
Peut-être qu'il pleuvra demain.

The train **might** be late.
Le train sera peut-être en retard.

The painting **might** be a Picasso.
Le tableau est peut-être un Picasso.

David **might not** answer the phone.
David ne répondra peut-être pas au téléphone.
Ce n'est pas sûr que David réponde au téléphone.

We **might not** arrive in time.
Nous n'arriverons peut-être pas à l'heure.
Ce n'est pas sûr qu'on arrive à l'heure.

⊙ **might** est un **modal**. Un modal, c'est un mot qu'on ne peut pas traduire directement, mais qui nous permet d'exprimer certaines choses en anglais. **might** nous permet de parler de ce qui **arrivera peut-être**, de ce qui est **peut-être** vrai.

⊙ **might not** exprime ce qui **n'arrivera peut-être pas**, ce qui **n'est pas sûr**.

On est souvent tenté d'employer les mots *maybe* et *perhaps* dans ce genre de phrase (pour traduire « peut-être »), mais le modal *might* est beaucoup plus naturel.

☞ VOIR : **can, could, may**

military

He's interested in **military** history.
Il s'intéresse à l'histoire militaire.

His brother is a **soldier**.
Son frère est militaire.

⊙ **military** est un **adjectif** qui signifie « militaire ».

⊙ **un militaire = a soldier**

Ne dites pas *a military* !

million

Almost a **million** people live here.
Près d'un million de personnes vivent ici.

⊙ Notez qu'en anglais on n'emploie pas **of** après **million** au singulier. On **ne dit pas** **a million of people.*

The city has a population of two **million**.
La ville a une population de deux millions.

⊙ Dans les **chiffres**, le mot **million** ne prend pas de **s** en anglais : il est toujours au singulier.

Millions of people suffered during the war.
Des millions de personnes ont souffert pendant la guerre.

⊙ **millions of = des millions de**

mind

Do you **mind** if I sit here?
Ça vous dérange si je m'installe ici ?

Yes, I **mind**!
Oui, ça me dérange !

⊙ Le verbe **mind** est employé pour parler de ce qui nous **dérange**. Notez que le sujet de **mind** n'est pas le même que le sujet de **déranger** (**I mind** = <u>ça me</u> dérange).

I don't **mind** sleeping on the floor.
Ça ne me dérange pas de dormir par terre.
Je veux bien dormir par terre.

I'm sure they won't **mind**.
Je suis sûr que ça ne les dérangera pas.
Je suis sûr qu'ils seront d'accord.

⊙ À la forme négative, **mind** est employé pour parler de ce qui ne nous **dérange pas**, de ce qu'on **veut bien faire**. Notez la structure **mind + -ing**.

mine (pronom)

David's bike is older than **mine**.
Le vélo de David est plus vieux que le mien.

⊙ **mine = le mien, la mienne, les miens, les miennes**

On ne dit pas **the mine* !

If your watch is broken you can borrow **mine**.
Si ta montre est cassée tu peux emprunter la mienne.
I prefer your glasses to **mine**.
Je préfère tes lunettes aux miennes.

That money is **mine**.
Cet argent est à moi.

He's a friend **of mine**.
C'est un ami à moi.

⊙ En français, le mot **mien/mienne/miens/miennes** change en fonction du genre et du nombre du nom. En anglais, les noms n'ont pas de genre grammatical et le mot **mine** ne change jamais de forme.

⊙ **mine** peut parfois être traduit par **à moi**.

⊙ Notez l'expression **of mine**.

On ne dit pas *a friend of me* !

> It's **up to me** to call them!
C'est à moi de les appeler !
> It wasn't **up to me** to decide!
Ce n'était pas à moi de décider !

> Quand « c'est à moi » signifie « c'est moi qui devrais le faire », cela se traduit par **it's up to me**.

miss

I **miss** you.
Tu me manques.

Do you **miss** me?
Est-ce que je te manque ?

Do you **miss** your brother?
Ton frère te manque-t-il ?

Does your brother **miss** you?
Est-ce que tu manques à ton frère ?

⊙ **I miss you** = **tu me manques** : celui qui « miss », c'est celui **à qui l'autre manque**. Le sujet et le complément sont inversés par rapport au français. Regardez bien les exemples !

mistake

☞ **VOIR : error**

mister (Mr)

Mr Davidson lives near us.
Monsieur Davidson habite près de chez nous.

⊙ **Mister** signifie **Monsieur**, mais seulement dans les noms des personnes. Il est généralement abrégé en **Mr**.

> A **man** came to see us.
Un monsieur est venu nous voir.

> **Un monsieur** = a man

On ne dit jamais *a mister* !

mistress

The papers revealed that the minister had a **mistress**.
Les journaux ont révélé que le ministre avait une maîtresse.

⊙ **a mistress** = **une maîtresse**, une femme qui sort avec un homme marié.

> Our **teacher** broke her arm.
Notre maîtresse s'est cassé le bras.

> **une maîtresse** (à l'école) = **a teacher**

Attention au sens du mot **mistress**.

modify et change

They've **modified** the software.
Ils ont modifié le logiciel.

Can I **change** the date for my return journey?
Je peux modifier la date de mon voyage retour ?

⊙ Le verbe **modify** existe en anglais, mais il est beaucoup moins courant que le verbe **change**. Pour ne pas vous tromper, **évitez d'employer le mot « modify »**.

money, change, currency

Could you lend me some **money**?
Tu peux me prêter de l'argent ?

⊙ **money = argent**

Have you got some **change** for the tip?
Tu as de la monnaie pour le pourboire ?

⊙ **change = monnaie** (au sens de « pièces »)

What's the **currency** in Mauritania?
Quelle est la monnaie en Mauritanie ?

⊙ **currency** = **monnaie** (au sens de
« devise » : l'euro, le dollar, etc.)

Ne confondez pas ces trois mots
qui ont des sens bien différents !

monitor pour traduire « moniteur »

You can see what's happening on the
monitor.
*Tu peux voir ce qui se passe sur le
moniteur.*

⊙ **a monitor** = **un moniteur**
(= un écran lié à un appareil)

> The **group leader** was very friendly.
Le moniteur était très sympa.

> **un moniteur, une monitrice** (= une
personne qui assure l'encadrement d'un
groupe) = **a group leader**

> Our **ski instructor** looked after us
very well.
*Notre moniteur de ski s'est très bien
occupé de nous.*

> **un moniteur de ski** = **a ski
instructor**

more

My new computer is a lot **more**
powerful **than** the old one.
*Mon nouvel ordinateur est beaucoup plus
puissant que l'ancien.*

⊙ **more... than** = **plus... que**

Ne dites jamais **more that* !

There are **more than** ten.
Il y en a plus de dix.

⊙ **more than** + **chiffre** = **plus de**

Are there **any more** biscuits?
Il y a encore des biscuits ?
Il reste des biscuits ?

⊙ **some/any more** exprime l'idée de
« encore » (au sens de « un peu plus
de... »).

Would you like **some more** tea?
Tu veux encore du thé ?

Notez comment *more* précède
directement le nom (sans *of*).

Suite page suivante

I don't go swimming **any more**.
Je ne vais plus à la piscine.

Rachel doesn't phone me **any more**.
Rachel ne me téléphone plus.

There's **no more** cheese.
Il n'y a plus de fromage.

Computers are **more and more** powerful.
Les ordinateurs sont de plus en plus puissants.

He earns **more and more** money.
Il gagne de plus en plus d'argent.

⊙ **not... any more** exprime ce qui ne se produit **plus**, ce qu'on ne fait **plus**, ce qui n'existe **plus**.

Ne dites pas *I don't go more* !
C'est **not any more**, pas
not more.

⊙ **no more** + **nom** s'emploie pour dire qu'il n'y en a **plus**.

⊙ **more and more** = de plus en plus (de)

the **most** et **most of**

That's **the most** ridiculous thing I've ever heard!
C'est la chose la plus ridicule que j'aie jamais entendue !

He bought **the most** expensive shoes in the shop.
Il a acheté les chaussures les plus chères du magasin.

Who scored **the most** points?
Qui a marqué le plus de points ?

Who ate **the most** cake?
Qui a mangé le plus de gâteau ?

In our family, it's Dad who reads **the most**.
Dans notre famille, c'est Papa qui lit le plus.

Most English people drink a lot of tea.
La plupart des Anglais boivent beaucoup de thé.

⊙ **the most** + adjectif = **le plus/ la plus/les plus** + adjectif

☞ **VOIR : -est**

⊙ **the most** + nom = **le plus de** + nom

⊙ verbe + **the most** = verbe + **le plus**

⊙ **most** + nom = **la plupart de** + nom, **presque tout** + nom

Most cats hate water.
La plupart des chats détestent l'eau.

Attention ! Pour dire une généralité sur « la plupart des gens/des Français/des chiens », etc., on dit **most**, pas **most of*.
On dit **most cats**, pas **most of cats* !

She was happy **most of** the time.
Elle était heureuse la plupart du temps.

⊙ **most of** est toujours suivi d'un déterminant (**the, these...**) ou d'un pronom personnel (**my, your, them**).

We ate **most of** the strawberries and drank **most of** the wine.
On a mangé la plupart des fraises et bu presque tout le vin.

I put **most of** my money in the bank.
Je mets la plupart de mon argent à la banque.

mountain

What's the name of that **mountain**?
Comment s'appelle cette montagne ?

⊙ **a mountain** = une montagne

We spent our holidays in the **mountains**.
On a passé nos vacances à la montagne.

⊙ **à la montagne =
in the mountains**

I love the **mountains**.
J'adore la montagne.

Quand « la montagne » signifie « les montagnes », il se traduit par ***the mountains***, avec un « s ».

mouse

I've got a white **mouse** called Sammy.
J'ai une souris blanche qui s'appelle Sammy.

⊙ Le pluriel de **mouse** (= souris) est **mice**.

There are **mice** in our loft.
Il y a des souris dans notre grenier.

Mr, Mrs, Miss, Ms

Mr and **Mrs** Norton came to the wedding.
M. et Mme Norton sont venus au mariage.

⊙ **Mr**, l'abréviation écrite de **Mister**, s'emploie avant un nom de famille et correspond à **M.** (Monsieur).

⊙ **Mrs** s'emploie avant un nom de famille et correspond à **Mme** (Madame).

Mr et *Mrs* sont toujours suivis d'un nom de famille. On ne dit pas **hello Mr!* pour traduire « bonjour Monsieur ! ».

Our teacher's name is **Miss** Ingham.
Notre prof s'appelle Mlle Ingham.

⊙ **Miss** s'emploie avant un nom de famille et correspond à **Mlle** (Mademoiselle).

Miss! Can I go out please?
Madame ! Je peux sortir, s'il vous plaît ?

⊙ **Miss** peut également s'employer tout seul pour s'adresser à un professeur (femme) à l'école.

Ms Davidson has written several books.
Mme/Mlle Davidson a écrit plusieurs livres.

⊙ **Ms** n'a pas d'équivalent en français. Il s'emploie quand on ne sait pas si la femme dont on parle est mariée ou non, ou si on ne veut pas le dire.

much

Do you read **much**? – Yes, I read **a lot**.
Tu lis beaucoup ? Oui, je lis beaucoup.

⊙ **much** (= beaucoup) est surtout employé dans des **questions**, dans l'expression **not much**, et dans des **comparaisons** (**much** more, **much** bigger…).

I have**n't** got **much** time, but I've got **a lot of** problems!
Je n'ai pas beaucoup de temps, mais j'ai beaucoup de problèmes !

⊙ Pour traduire **beaucoup** dans des phrases affirmatives, employez **a lot (of)**, pas **much**.

There's not **much** wine, and there aren't **many** sandwiches!
Il n'y a pas beaucoup de vin et il n'y a pas beaucoup de sandwichs !

⊙ **much** est employé avec les noms indénombrables (**air, water, rice, wine**…). Avec les noms dénombrables (**boys, people, houses…**) on emploie **many**.

This chair is **much more** comfortable.
Cette chaise est beaucoup plus confortable.

⊙ **much more/less** + adjectif = **beaucoup plus/moins** + adjectif

I need a **much** bigg**er** bike.
J'ai besoin d'un vélo beaucoup plus grand.

⊙ **much ...-er** = **beaucoup plus** + adjectif

Pour **how much,** ☞ VOIR : **how many**
Pour **too much,** ☞ VOIR : **too**

☞ VOIR : **many, most**

music

Let's listen to some **music**.
Écoutons un peu de musique.

⊙ **music** est un nom **indénombrable** : il ne se met jamais au pluriel, et on ne dit jamais **a music* (**une musique = a piece of music**).

I love **music**.
J'aime la musique.

What do you think of **the music?**
Que penses-tu de cette musique ?

⊙ Attention à l'emploi de l'article : dans les exemples à gauche, **music = la musique** (en général) ; **the music = cette musique** (qu'on entend en ce moment).

must

⊙ **must** est un **modal.** Un modal, c'est un mot qu'on ne peut pas traduire directement, mais qui nous permet d'exprimer certaines choses en anglais. **must** a **deux fonctions importantes**.

I

I **must** phone Julie.
Il faut que j'appelle Julie.
Je dois appeler Julie.

You really **must** visit the Louvre when you're in Paris!
Il faut vraiment que vous alliez au Louvre quand vous serez à Paris.
Vous devez vraiment aller au Louvre...

⊙ **must** nous permet de parler de ce qu'il **faut faire**, de ce qu'on **doit faire**. On dit souvent que **must** exprime le **devoir**, l'**obligation**.

Suite page suivante

You **mustn't** sit there.
Il ne faut pas que tu te mettes là.
Tu ne dois pas te mettre là.

⊙ **mustn't** indique ce qu'il ne **faut pas faire**, ce qu'on ne **doit pas faire**. On dit souvent que **mustn't** exprime **l'interdiction**.

> You **needn't** pay for the drinks.
Tu n'es pas obligé de payer les boissons.

> Ne confondez pas **l'interdiction** (= **mustn't**) et **l'absence d'obligation** (= **needn't**).

☞ **VOIR : needn't**

2

It **must** be at least 3 o'clock.
Il doit être au moins quinze heures.

You **must** know Jerry, he comes here every week!
Tu dois connaître Jerry, il vient ici chaque semaine !

⊙ **must** nous permet de parler de ce qui **doit être le cas** : des choses dont on est presque certain. On dit souvent que **must** exprime la **quasi-certitude**.

They **must** be tired and hungry.
Ils doivent être fatigués et avoir faim.

> It **can't** be midnight.
Il ne doit pas être minuit.

> They **can't** be tired.
Ils ne doivent pas être fatigués.

> Pour dire ce qui **ne doit pas** être le cas, on emploie **can't**, pas *mustn't* (souvenez-vous : **mustn't** exprime **l'interdiction**).

I must go now.
Je dois partir maintenant.

It must rain a lot here.
Il doit pleuvoir beaucoup ici.

must, comme tous les modaux, n'est JAMAIS suivi du mot **to** ! On dit **I must go** et non pas *I must to go* !

● *It must* ne signifie pas « il faut » !

must have + participe passé

I **must have** left my book on the Tube.
J'ai dû laisser mon livre dans le Métro.

⊙ **must have** + participe passé est employé pour avancer une **hypothèse** sur ce qui **a dû** se passer.

There **must have** been a mistake.
Il a dû y avoir une erreur.

my

Can I show you **my** drawing?
Je peux te montrer mon dessin ?

⊙ **my** = mon, ma, mes

There's a shop at the end of **my** street.
Il y a un magasin au bout de ma rue.

These are **my** sweets, not yours!
Ce sont mes bonbons, pas les tiens !

myself

I said I would do the job **myself**.
J'ai dit que je ferais le travail moi-même.

⊙ **myself** = moi-même

I burnt **myself** while I was cooking.
Je me suis brûlé en faisant la cuisine.

⊙ **myself** correspond au **me** du verbe pronominal.

I'll do the exercice by **myself**.
Je ferai l'exercice tout seul.

⊙ **by myself** = tout(e) seul(e)

☛ VOIR : **herself, himself, itself, ourselves, yourself, yourselves, themselves**

N

need

Everybody **needs** friends.
Tout le monde a besoin d'amis.

I **need** to speak to you now.
J'ai besoin de te parler maintenant.

We **needed** more time.
Nous avions besoin de plus de temps.

You don't **need** a jacket, it's warm
outside.
*Tu n'as pas besoin de veste, il fait chaud
dehors.*

Dad didn't **need** the car this morning.
*Papa n'a pas eu besoin de la voiture ce
matin.*

Do you **need** any help?
Tu as besoin d'aide ?

Does Kevin **need** a doctor?
Est-ce que Kevin a besoin d'un médecin ?

Did they **need** some advice?
Est-ce qu'ils avaient besoin de conseils ?

need (= avoir besoin de) est un
verbe régulier qui se comporte
exactement comme les autres verbes
(I need, I don't need, do I need?,
I needed...).

⊙ Au prétérit (au passé) : **needed**

⊙ Pour dire qu'on n'a pas besoin de
quelque chose : **don't need/doesn't
need** (au passé : **didn't need**)

⊙ Pour demander si quelqu'un a besoin
de quelque chose : **do/does + sujet +
need... ?** (au passé : **did + sujet +
need... ?**).

needn't

You **needn't** do it now, you can do it
later.
*Tu n'es pas obligé de le faire maintenant, tu
peux le faire plus tard.*

You **needn't** shout, I can hear you!
Inutile de crier, je t'entends !

⊙ **needn't** est un **modal.** Un modal,
c'est un mot qu'on ne peut pas
traduire directement, mais qui nous
permet d'exprimer certaines choses
en anglais. **needn't** nous permet de
parler de ce qu'on n'est **pas obligé**
de faire, de ce qu'on n'a **pas besoin**
de faire. C'est en quelque sorte le
contraire de **must.**

Comme tous les modaux, **needn't**
est toujours suivi d'une base
verbale. On dit **I needn't wear a
jacket.** Mais on ne dit pas *I needn't a
jacket* !

neither

neither signifie **aucun des deux**. Avec **neither**, on parle toujours de **deux choses** ou de **deux personnes**.

Which one do you want? – **Neither!**
Lequel tu veux ? – Aucun des deux ! Ni l'un ni l'autre !

Neither of my brothers is married.
Aucun de mes (deux) frères n'est marié.

⊙ **neither of...** = **aucun(e) de...**

Neither my father **nor** my mother smokes.
Ni mon père ni ma mère ne fume.

⊙ **neither... nor** = **ni... ni...**

☞ VOIR : **either, both, none**

neither + « outil » + sujet

I'm not married, and **neither is** Jake.
Je ne suis pas marié, et Jake non plus.

⊙ La structure **neither** + « **outil** » + **sujet** nous permet de dire « lui non plus », « nous non plus », etc., en anglais.

Ian **has**n't got a car, and **neither have** his neighbours.
Ian n'a pas de voiture, et ses voisins non plus.

I **do**n't smoke, and **neither does** Bob.
Je ne fume pas, et Bob non plus.

Heather **can**'t read, and neither **can** Tom.
Heather ne sait pas lire, et Tom non plus.

⊙ Le choix du mot-outil (**be/have/do, modal**) se fait en fonction de celui qui est employé dans la première partie de la phrase (en gras dans les exemples).

☞ VOIR : **so** + « **outil** » + sujet

never

I've **never** been to Marseille.
Je ne suis jamais allé à Marseille.

⊙ **never** = **ne... jamais**

Our dog **never** barks.
Notre chien n'aboie jamais.

Apprenez : **sujet** – « **outil** » – **never** – **verbe.** Cet ordre ne change jamais (this order never changes!).

I will **never** forget you.
Je ne t'oublierai jamais.

☞ VOIR : **ever**

news

That's good **news**! *C'est une bonne nouvelle !*	⊙ **news** est un nom **indénombrable**. Malgré son **s**, ce n'est pas un pluriel !
Is there any **news**? *Y a-t-il des nouvelles ?*	⊙ **news = une nouvelle** ou **des nouvelles**

I've got some important **news** to tell you.
J'ai une nouvelle importante/des nouvelles importantes à vous annoncer.

On **ne dit pas** *a news* !

The **news** is not good.
Les nouvelles ne sont pas bonnes.

Le verbe qui s'emploie avec **news** est au singulier !

next

I'm meeting Jerry **next** Tuesday.
J'ai rendez-vous avec Jerry mardi prochain.

⊙ **next** = **prochain, prochaine**

What are you doing **next** week?
Que fais-tu la semaine prochaine ?

⊙ On dit **next week, next Monday, next month, next Summer, next year**.

Notez que le mot « the » n'est pas employé dans ces expressions. « The next week » signifie « la semaine d'après » et non pas « la semaine prochaine ».

The **next** three days are going to be hard.
Les trois prochains jours vont être durs.

⊙ **next** précède toujours les chiffres.

Ne dites pas *the three next days* !

nice to

Be **nice** to your sister!
Sois gentil avec ta sœur !

⊙ **nice to someone** = gentil avec quelqu'un

Notez l'emploi de **to**. On ne dit pas *nice with...*

night

Hedgehogs come out **at night**.
Les hérissons sortent la nuit.

⊙ **at night** = **la nuit** (au sens de
« pendant la nuit, généralement »).

Ne dites pas **the night* dans ce cas.

no + nom (= pas de)

There are **no** buses today.
Il n'y a pas de bus aujourd'hui.

⊙ **no** + nom = **pas de... , aucun...**

There is **no** cheese in the fridge.
There is**n't any** cheese in the fridge.
Il n'y a pas de fromage dans le frigo.

⊙ **no** et **not any** signifient la même
chose.

There are **no** biscuits, but there is
some cake.
*Il n'y a pas de biscuits mais il y a du
gâteau.*

⊙ Remarquez : **no...** (il n'y en a pas) ;
some... (il y en a).

Ne confondez pas **no** et **not**.

☞ VOIR : **not any**

nobody, no one

We invited ten people, but **no one**
came.
*On a invité dix personnes mais personne
n'est venu.*

⊙ **nobody** et **no one** signifient
personne (au sens de « aucun
individu »).

Nobody know**s** where David is.
Personne ne sait où se trouve David.

⊙ Notez le **s** à la fin du verbe au
présent quand **nobody/no one** est
sujet.

Nobody ha**s** seen him.
Personne ne l'a vu.

Ne dites pas **nobody know* ou
*nobody have ! N'oubliez pas le **s** !

☞ VOIR : **somebody, someone**

noise ou sound pour traduire « bruit » ?

The seagulls made a lot of **noise**.
Les mouettes faisaient beaucoup de bruit.

⊙ **a noise**, c'est un bruit désagréable, fort ou strident.

The **noise** from the street disturbed me.
Le bruit de la rue m'a dérangé.

We listened to the **sound** of the waves.
On a écouté le bruit des vagues.

⊙ **a sound**, c'est généralement un son ou un bruit agréable ou doux.

I like the **sound** of the wind.
J'aime le bruit du vent.

no longer

Dad **no longer works** for that company.
Papa ne travaille plus pour cette entreprise.

⊙ **no longer** est une expression qu'on emploie pour dire que quelque chose **n'est plus** le cas.

They are **no longer** living there.
Ils n'y habitent plus.

⊙ Notez l'ordre des mots (**no longer** précède le verbe).

I can **no longer** write to you.
Je ne peux plus t'écrire.

none (of)

None of my brothers is married.
Aucun de mes frères n'est marié.

⊙ **none of** + nom au pluriel = **aucun de, aucune de**

How many pairs of shoes did you buy? – **None**.
Tu as acheté combien de paires de chaussures ? – Aucune.

⊙ **none** tout seul = **aucun, aucune**

☞ VOIR : neither, not... any, some

no one

☞ VOIR : nobody

nor

☞ VOIR : neither

normal

The **normal** price is 200 euros.
Le prix normal est 200 euros.

⊙ **normal** = **normal** au sens de « habituel » ou « pas exceptionnel »

> It's **not surprising** he's angry!
C'est normal qu'il soit fâché !

> **c'est normal** (= ce n'est pas étonnant) ne se traduit pas par *it's normal mais par **it's not surprising**.

> They've increased the price again, it's **not right**!
Ils ont encore augmenté le prix, ce n'est pas normal !

> Quand **normal** signifie « juste » ou « acceptable », il se traduit par **right**.

> Do you think that's **right**?
Tu trouves ça normal ?

Faites attention quand vous employez le mot **normal** en anglais.

not

Who told him? – **Not** me!
Qui lui a dit ? – Pas moi !

⊙ **not** = **pas**

This is **not** David's jacket.
Ce n'est pas la veste de David.

I haven**'t** eaten yet.
Je n'ai pas encore mangé.

⊙ **not** est un mot qu'on ajoute aux « outils » (auxiliaires, modaux) et au verbe **be** pour exprimer la **négation** (= « ne... pas »).

Our dog doesn**'t** bite.
Notre chien ne mord pas.

⊙ Attention à **l'ordre des mots**

I can**'t** see you!
Je ne te vois pas !

Apprenez : **sujet – outil – not – verbe.** Cet ordre ne change pas (this order does not change!).

Paul won**'t** forget.
Paul n'oubliera pas.

not all...

Not all English people drink tea.
Tous les Anglais ne boivent pas du thé.

Not all of my friends are the same age as me.
Tous mes amis n'ont pas le même âge que moi.

Not all birds can fly.
Tous les oiseaux ne volent pas.

⊙ Notez l'emploi de **not all...** suivi d'une proposition affirmative, là où en français **tous/toutes...** est suivi d'une proposition négative.

On **ne dit pas** *all English people don't drink tea...*, ni *all birds can't fly*).

not... any

I haven**'t** got **any** money.
Je n'ai pas d'argent.

Don**'t** give Sophie **any** sweets!
Ne donne pas de bonbons à Sophie !

There aren**'t any** buses today.
There are **no** buses today.
Il n'y a pas de bus aujourd'hui.

⊙ **not any** = pas de...

⊙ **not any** + *nom* et **no** + *nom* signifient la même chose.

Pas de « double négation » ! On ne dit pas *there aren't no buses*.

☛ **VOIR : any, no, none, some**

not... any more, not... any longer

I'm **not** hungry **any more**.
Je n'ai plus faim.

I don**'t** go out with Joe **any more**.
I don**'t** go out with Joe **any longer**.
Je ne sors plus avec Joe.

I used to smoke, but **not any more**.
I used to smoke, but **not any longer**.
Je fumais avant, mais plus maintenant.

⊙ Notez comment **not any more** et **not any longer** sont employés pour exprimer ce qui **n'est plus le cas**, ce qu'on **ne fait plus**. Dans ce cas, **any more** et **any longer** se mettent toujours à la fin de la phrase (on **ne dit pas** *I'm not any more hungry* !)

note, mark ou grade ?

I took lots of **notes**.
J'ai pris plein de notes.

Leave Sandy a **note**.
Laisse un petit mot pour Sandy.

I get goods **marks** in English.
I get good **grades** in English.
J'ai de bonnes notes en anglais.

⊙ **a note** c'est une note écrite, une
note musicale ou un petit mot.
Ce n'est pas une note à l'école.

⊙ **une note** à l'école, c'est **a mark** en
Grande-Bretagne et **a grade** aux
États-Unis.

nothing, not... anything

Nothing happened.
Il ne s'est rien passé.

I saw **nothing**.
I did**n't** see **anything**.
Je n'ai rien vu.

⊙ **nothing** = **rien**

⊙ **nothing** et **not... anything**
signifient la même chose.

Pas de « double négation » ! On
ne dit pas **I didn't see nothing.*

☞ VOIR : **anything, something**

nowhere

Where did you go last Saturday?
– **Nowhere**.
Où es-tu allé samedi dernier ? – Nulle part.

⊙ **nowhere** = **nulle part**

☞ VOIR : **anywhere, somewhere**

obey

Children should **obey** their parents.
Les enfants devraient obéir à leurs parents.

Players have to **obey** these rules.
Les joueurs doivent obéir à ces règles.

⊙ On dit **obey somebody/something**.
Obey n'est pas suivi d'une préposition :
on **ne dit pas** *obey to...*

oblige ou have to/make ?

⊙ Le verbe **oblige** existe en anglais,
mais il est beaucoup moins employé
que le verbe **obliger** en français.

I was **obliged** to work all weekend.
I **had to** work all weekend.
J'ai été obligé de travailler tout le week-end.

⊙ Quand vous voulez dire **être obligé
de...**, employez plutôt **have to...**

You don't **have to** answer.
Tu n'es pas obligé de répondre.

They **made** us leave early.
Ils nous ont obligés à partir tôt.

⊙ Quand vous voulez dire **obliger**
quelqu'un **à**, employez toujours
make....

You can't **make** David do it.
Tu ne peux pas obliger David à le faire.

obscure et dark

He knows lots of **obscure** words.
Il connaît beaucoup de mots obscurs.

⊙ **obscure** = **obscur**, mais seulement
au sens de « peu connu »

The corridor is very **dark**.
Le couloir est très obscur.

⊙ **dark** = **obscur** au sens de « sans
lumière »

He was wearing a **dark** brown coat.
Il portait un manteau marron foncé.

⊙ **dark + couleur = foncé**

observe et watch

We use this telescope to **observe** the sun.
Nous utilisons ce télescope pour observer le soleil.

I knew he was **watching** me.
Je savais qu'il m'observait.

⊙ Le mot **observe** existe en anglais, mais il s'emploie moins souvent que le mot français **observer**. Il s'emploie plutôt dans un contexte **scientifique**.

⊙ Dans la langue courante, **observer** se traduit le plus souvent par **watch**.

occasion

On this **occasion**, Fred seemed happy.
À cette occasion, Fred semblait heureux.

⊙ Le mot anglais **occasion** signifie « occasion » au sens de « moment » ou « événement ».

> I didn't have the **opportunity** to speak to him.
Je n'ai pas eu l'occasion de lui parler.

> Quand vous voulez parler d'une occasion au sens de « possibilité », employez **opportunity**, pas *occasion.

> At that price, it's a **bargain**!
À ce prix-là, c'est une occasion !

> Quand vous voulez parler d'une occasion au sens de « affaire », le mot qui convient est **bargain**.

occur et happen

When did the incident **occur**?
When did the incident **happen**?
Quand l'incident a-t-il eu lieu ?

What **happened** last night?
Qu'est-ce qui s'est passé hier soir ?

⊙ **Évitez** d'employer le verbe **occur**, qui est rarement employé en anglais courant. Le verbe **happen** est beaucoup plus naturel.

☞ VOIR : happen

of (possession)

The surface **of** the table is all scratched.
La surface de la table est toute rayée.

They live in the centre **of** Paris.
Ils habitent dans le centre de Paris.

⊙ On emploie généralement **of** (= **de**) quand on parle de quelque chose qui « appartient » à un **objet** ou un **lieu** (pas une personne).

Suite page suivante

> Steven's bike has been stolen.
> *On a volé le vélo de Steven.*

> Quand vous parlez de quelque chose qui appartient à une **personne**, employez **'s**.

> Have you seen Rachel's new hairstyle?
> *Tu as vu la nouvelle coiffure de Rachel ?*

> La forme **'s** s'appelle le **génitif**.

> I don't understand your mother's reaction.
> *Je ne comprends pas la réaction de ta mère.*

Jack is a friend **of mine**.
Jack est un ami à moi.

I met a cousin **of his**.
J'ai rencontré un cousin à lui.

This is an old coat **of my Mum's**.
C'est un vieux manteau de ma mère.

⊙ **of** peut être suivi des pronoms possessifs **mine, yours, his, hers, theirs, ours** ou du génitif.

Attention ! On ne dit pas
*a friend of me ! Il faut employer le **génitif** après **of** dans ce cas.

---

off

I can't **get** the lid **off** this jar.
Je n'arrive pas à enlever le couvercle de ce pot.

Take off your shoes and put on your slippers.
Enlevez vos chaussures et mettez vos chaussons.

Turn the radio **off**! – But it is **off**!
Éteins la radio ! — Mais elle est éteinte !

He **fell off** the roof.
Il est tombé du toit.

The children **ran off**.
Les enfants sont partis en courant.

The plane **took off** at three.
L'avion a décollé à trois heures.

⊙ **off** est un mot qui s'emploie toujours en association avec un **verbe**. Il exprime, entre autres, les idées suivantes :
• le fait d'enlever, d'être enlevé
• le fait d'éteindre, d'être éteint
• le fait de descendre d'un moyen de transport
• le fait de partir, de décoller.

⊙ Le mot **off** ne peut pas se traduire tout seul. Apprenez toujours **off** en association avec un verbe (**take off, get off, fall off**...).

☞ VOIR : **on**

☞ VOIR : **phrasal verbs, fiche 12**

offer

Sandra **offered** to help me.
Sandra a proposé de m'aider.

He **offered** me ten dollars for my
watch, but I refused.
*Il m'a proposé dix dollars pour ma montre,
mais j'ai refusé.*

Jeremy **offered** the lady some help.
Jeremy a proposé de l'aide à la dame.

Can I **offer** you a drink?
Je peux vous proposer un verre ?

⊙ le verbe **offer** signifie généralement
proposer et non « offrir ».

⊙ On dit **offer something to
somebody** ou **offer somebody
something**.

☛ VOIR : **fiche 15**

> What did Cathy **give** you for your
birthday?
*Qu'est-ce que Cathy t'a offert pour ton
anniversaire ?*

> She **gave** me a nice pen.
Elle m'a offert un beau stylo.

Quand vous parlez d'**offrir**
quelque chose à quelqu'un,
employez **give.**

often

I **often** go rollerblading on Sundays.
Je fais souvent du roller le dimanche.

often = souvent, mais attention
à l'ordre des mots !

Hairdressers are **often** closed on
Mondays.
*Les salons de coiffure sont souvent fermés
le lundi.*

Mum is **often** late for work.
Maman est souvent en retard au travail.

Do you **often** see your grandparents?
*Est-ce que tu vois souvent tes grands-
parents ?*

On voit que **often** précède
toujours le verbe (sauf **be
conjugué**). On **ne dit pas** *I see often
my grandparents* ou *I go often
rollerblading* !

☛ VOIR : **always, sometimes, never**

☛ VOIR : **fiche 82**

OK (= d'accord)

OK, you can come.
D'accord, tu peux venir.

He **agrees**.
Il est d'accord.

⊙ On emploie **OK** pour exprimer son **propre** accord, mais pas pour parler de l'accord de quelqu'un d'autre. **He's OK** signifie **il va bien** et non **il est d'accord.*

on et onto

Your keys are **on** the table.
Tes clés sont sur la table.

⊙ **on something** = **sur** quelque chose

The cat sat **on** my knee.
Le chat s'est assis sur mes genoux.

Switch the kettle **on**. – But it is **on**!
Allume la bouilloire. – Mais elle est allumée !

He got **on** the bus.
Il est monté dans le bus.

Put your gloves **on**, it's freezing outside.
Mets tes gants, il fait très froid dehors.

⊙ **on** est un mot qui s'emploie en association avec un **verbe**. Il exprime, entre autres, les idées suivantes :
• le fait d'être ou de se mettre **sur** quelque chose
• le fait d'allumer, d'être allumé
• le fait de monter sur ou dans quelque chose
• le fait de mettre ou de porter un vêtement.

The cup fell **on** the floor.
La tasse est tombée par terre.

⊙ Notez que **on** ne se traduit pas toujours par **sur** (regardez les exemples).

There were some pictures **on** the wall.
Il y avait des tableaux au mur.

Helen got **on/onto** the horse.
Helen est montée sur le cheval.

⊙ **onto** peut remplacer **on** quand il y a l'idée d'un **déplacement**.

Put the books **on/onto** the shelf.
Mets les livres sur l'étagère.

☞ VOIR : **phrasal verbs**

☞ VOIR : **off**

on + jour

I'm leaving **on** Friday.
Je pars vendredi (= vendredi prochain).

I play tennis **on** Saturdays.
Je joue au tennis le samedi (= tous les samedis).

I'm leaving **next** Friday.
Je pars vendredi prochain.

He left **last** Friday.
Il est parti vendredi dernier.

⊙ N'oubliez pas **on** quand vous parlez de ce qui se passe tel ou tel jour de la semaine...

⊙ ...mais **ne dites pas** *on next/last...*

once

I don't know her very well, I've only met her **once**.
Je ne la connais pas très bien, je ne l'ai rencontrée qu'une fois.

We go to the cinema **once a** week.
Nous allons au cinéma une fois par semaine.

I've been there **once** or twice.
J'y suis allé une fois ou deux.

⊙ **once = une fois**

⊙ **once a... = une fois par...**

On dit **once** (une fois), **twice** (deux fois), mais à partir de trois, on emploie le mot **times** (three **times**, ten **times**, a hundred **times**...)

☛ **VOIR** : twice, time

one, ones (give me one, the green one, the old ones...)

I

Audrey wanted a computer, so her parents bought her **one**.
Audrey voulait un ordinateur, alors ses parents lui en ont acheté un.

Audrey wanted some earrings, so her parents gave her **some**.
Audrey voulait des boucles d'oreilles, alors ses parents lui en ont donné.

⊙ **one** est employé pour éviter de répéter **a/an + nom**.

Dans la phrase à gauche, **one = a computer**.

⊙ Au pluriel, on emploie **some**. Dans la phrase à gauche, **some = some earrings**.

Suite page suivante

2

I didn't like the blue shirt, so I bought the green **one**.
Je n'aimais pas la chemise bleue, alors j'ai acheté la verte.

⊙ **one** est employé pour éviter de répéter un **nom**. Dans la phrase à gauche, **the green one** = **the green shirt**.

Attention: on **ne dit pas** **the green* dans ce cas !

David caught a big fish, but **the one** that I caught was bigger.
David a attrapé un gros poisson, mais celui que j'ai attrapé était plus gros.

⊙ Dans la phrase à gauche, **the one** = **the fish**.

These tomatoes are cheaper than **the ones** I saw at the market.
Ces tomates sont moins chères que celles que j'ai vues au marché.

⊙ Au pluriel, on emploie **ones**. Dans la phrase à gauche, **the ones** = **the tomatoes**.

one day...

One day, Harry went shopping...
Un jour, Harry est allé faire des courses...

One day, I'll tell you what happened.
Un jour, je te dirai ce qui s'est passé.

⊙ L'expression **un jour...** employée comme dans les exemples à gauche se dit **one day**, jamais **a day*.

only

It's **only** three o'clock.
Il est seulement trois heures.

⊙ **only** = **seulement**

The **only** way to visit the island is by boat.
La seule façon de visiter l'île est en bateau.

⊙ **the only** + nom = **le seul, la seule**...

She's an **only** child.
Elle est fille unique.

⊙ **an only child** = **une fille unique** ou **un fils unique**

> I ordered **just one** pizza for both of us.
J'ai commandé une seule pizza pour nous deux.

Attention : **un(e) seul(e)** = **just one**. On ne dit pas **a only pizza* !

onto

☞ VOIR : on

open, opened

The museum was **open**.
Le musée était ouvert.

The museum was **opened** by the mayor.
Le musée a été ouvert par le maire.

⊙ Ne confondez pas **open** (adjectif =
ouvert) avec **opened** (prétérit et
participe passé du verbe **open**).

opposite (= en face)

Farid was sitting **opposite** me.
Farid était assis en face de moi.

I live in Holby Road, **opposite** the shoe
shop.
*J'habite Holby Road, en face du magasin de
chaussures.*

They live **opposite**.
Ils habitent en face.

⊙ **opposite** something/somebody = **en
face de** quelque chose/quelqu'un

⊙ **opposite** = **en face**

 Attention à ne pas confondre
opposite (en face) et **in front of**
(= devant).

other, others

I like judo and **other** martial arts.
J'aime le judo et d'autres arts martiaux.

Go and play with the **others**.
Va jouer avec les autres.

⊙ Quand **other** est adjectif (quand
il est suivi d'un nom), il ne prend jamais
de **s**.

⊙ **the others** = **les autres** (ici, **other**
est un pronom).

Attention ! On ne dit pas
*others people, **others things...*

ought to

I think you **ought to** tell me the truth.
Je pense que tu devrais me dire la vérité.

Kevin **ought to** spend more time revising.
Kevin devrait passer plus de temps à réviser.

It **ought not to** pose too many problems.
Cela ne devrait pas poser trop de problèmes.

⊙ **ought to** + **verbe** est une expression qu'on emploie quand on pense que quelque chose **devrait** se passer, que quelqu'un **devrait** faire quelque chose. **Ought to** peut être remplacé par le modal **should**.

⊙ La forme négative est **ought not to**, parfois contractée en **oughtn't to**.

our

A big white cat came into **our** garden.
Un gros chat blanc est venu dans notre jardin.

We ought to tell **our** parents.
On devrait le dire à nos parents.

⊙ **our** = **notre, nos**

Attention : n'ajoutez pas de **s** à **our** : on ne dit pas *ours parents !

Le mot **ours** a un autre sens (il veut dire « le nôtre, la nôtre, les nôtres » : regardez l'article suivant).

ours

If your car is too small you can use **ours**.
Si votre voiture est trop petite vous pouvez utiliser la nôtre.

Their chidren are older than **ours**.
Leurs enfants sont plus âgés que les nôtres.

That money is **ours**.
Cet argent est à nous.

He's a friend **of ours**.
C'est un ami à nous.

⊙ **ours** = **le nôtre, la nôtre, les nôtres**

On ne dit pas *the ours !

⊙ **ours** peut parfois être traduit par **à nous**.

⊙ Notez la structure **of ours**.

On ne dit pas *a friend of us !

> It's **up to us** to call them!
C'est à nous de les appeler !

> Quand « c'est à nous » signifie « c'est nous qui devrions le faire », cela se traduit par **it's up to us**.

ourselves

We said we would do the job **ourselves**.
Nous avons dit que nous ferions le travail nous-mêmes.

⊙ **ourselves** = **nous-mêmes**

We looked at **ourselves** in the mirror.
Nous nous sommes regardés dans la glace.

⊙ **ourselves** correspond au **nous** du verbe pronominal (réfléchi).

Ne confondez pas **ourselves** avec **each other**!

☞ VOIR : **herself, himself, itself, myself, yourself, yourselves, themselves, each other**

out

I can't **get** the CD **out** of the box.
Je n'arrive pas à sortir le CD de la boîte.

Take out the rubbish.
Sors la poubelle.

Turn the light **out**!
Éteins la lumière !

Jake **fell out** of his pushchair.
Jake est tombé de sa poussette.

The children **ran out**.
Les enfants sont sortis en courant.

Get out!
Sors d'ici !

Dad is **out**.
Papa est sorti.

⊙ **out** est un mot qui s'emploie toujours en association avec un **verbe**. Il exprime, entre autres, les idées suivantes :
• le fait de sortir, d'être sorti
• le fait d'éteindre, d'être éteint.

☞ VOIR : **in**

⊙ Le mot **out** ne peut généralement pas se traduire tout seul. Apprenez toujours **out** en association avec un verbe (**take out, get out, fall out**...).

☞ VOIR : **phrasal verbs, p. 321**

over

We live **over** a shop.
Nous habitons au-dessus d'un magasin.

⊙ **over** peut signifier **au-dessus de**.

David earns **over** $100,000 a year.
David gagne plus de 100 000 dollars par an.

⊙ avec un chiffre, **over** signifie **plus de**. Il est synonyme de **more than**.

We cleaned the flat when the party was **over**.
Nous avons nettoyé l'appartement une fois la fête terminée.

⊙ **over** peut signifier **terminé**.

Careful! That lamp is going to fall **over**.
Attention ! Cette lampe va tomber.

⊙ **over** s'associe avec des **verbes** et se traduit de diverses façons (**fall over** = **tomber**, **come over** = **venir à la maison**, **push over** = **renverser...**).

☞ VOIR : **phrasal verbs**

owe

I **owe** 20 euros to my sister.
I **owe** my sister 20 euros.
Je dois 20 euros à ma sœur.

⊙ **owe** = **devoir** (de l'argent)

He **owes** me a pound.
Il me doit une livre.

How much do I **owe** you?
Combien je te dois ?

⊙ Attention à l'ordre des mots. On peut dire **owe something to somebody**, mais il est plus courant de dire **owe somebody something**.

☞ VOIR : **fiche 15**

☞ VOIR : **give, lend**

own (verbe)

They **own** two houses.
Ils possèdent deux maisons.

⊙ **own** (verbe) = **posséder**

own (my own, your own)

Is this your **own** car?
C'est ta voiture à toi ?

⊙ **own** indique la **possession**.

The hotel has its **own** pool.
L'hôtel a sa propre piscine.

I hate being on my **own**.
Je déteste être seul.

⊙ **on** my/his/her/its/your/our/their **own**
signifie **seul(e)(s)**. Il a le même sens
que « by myself, by himself, etc. ».

Are you on your **own**?
Tu es seul ?

 Attention : on ne dit pas
*by my own ! On dit **on my own**
ou **by myself**.

palace

Buckingham **Palace** is where the Queen lives.
Le palais de Buckingham est la résidence de la reine.

⊙ **a palace** = **un palais**

> We stayed at a **luxury hotel** in the centre of London.
Nous sommes descendus dans un palace dans le centre de Londres.

> **un palace** = **a luxury hotel** (jamais *a palace*!)

pantomime

We went to see a **pantomime** at Christmas.
On est allé voir une « pantomime » à Noël.

 Attention, le mot anglais « pantomime » n'a pas le même sens que le mot français « pantomime ». Au Royaume-Uni, la « pantomime » est un genre particulier de spectacle pour enfants, présenté pendant les fêtes de fin d'année.

pants

Where did you buy those **pants**?
(GB) Où est-ce que tu as acheté ce slip ?
(US) Où est-ce que tu as acheté ce pantalon ?

⊙ **pants** (= (US) pantalon ou (GB) slip) est toujours au pluriel.

I need some new **pants**.
J'ai besoin d'un nouveau slip/d'un nouveau pantalon.

On **ne dit pas** *a pants*.
On dit (**some**) **pants** ou **a pair of pants**.

What's that? – It's a pair of **pants**.
Qu'est-ce que c'est ? – C'est un slip/un pantalon.

☞ VOIR : **jeans, pyjamas, shorts, tights, trousers**

paper

Can you buy me a **paper**?
Tu peux m'acheter un journal ?

⊙ **a paper** = **un journal**

Have you got a piece of **paper**?
Tu as un papier ?

⊙ **un papier** (= un morceau de papier) = a **piece of paper** (jamais *a paper*)

I need some **paper**.
J'ai besoin de papier.

⊙ **(some) paper** = du papier

parents et relatives

My **parents** are on holiday in Spain.
Mes parents sont en vacances en Espagne.

All my **relatives** were at the wedding.
Tous mes parents étaient au mariage.

⊙ Le mot anglais **parent** signifie
seulement le père ou la mère. Quand
le mot français **parent** signifie
« cousin, tante, oncle... » il se traduit
par **relative**, jamais par *parent.

parking

I couldn't find a **parking** space.
Je n'ai pas pu trouver de place pour me
garer.

⊙ Le mot anglais **parking** s'emploie
dans des mots composés (**parking
space, parking lot, parking
ticket...**) et sur les panneaux qui
indiquent les parkings.

> There's a public **car park** near the
town hall.
Il y a un parking public près de la mairie.

On **ne dit pas** *a parking !
Un parking = a car park.

participate in, take part in

Did you **participate in** the
competition?
Did you **take part in** the competition?
Tu as participé au concours ?

⊙ Notez que la préposition employée
avec le verbe **participate** est **in**
(jamais *at ni *to !).

⊙ En règle générale, **take part in** est
plus naturel en anglais que
participate in.

party

I'm going to a **party** on Friday.
Je vais à une fête vendredi.

⊙ **a party** = une fête (généralement
chez un particulier).

> Let's have a **game** of cards.
Faisons une partie de cartes.

> Ne confondez pas **a party** avec « une
partie » (de cartes par exemple). On dit
a game of cards pour une partie de
cartes.

pass, arrive, happen

☞ VOIR : **happen**

pass et spend

Could you **pass** me the paper, please?
Tu peux me passer le journal, s'il te plaît ?

⊙ **pass somebody something /pass something to somebody**
= **passer quelque chose à quelqu'un**

He **passed** his brother the map.
He **passed** the map to his brother.
Il a passé le plan à son frère.

⊙ Notez la structure « **pass somebody something** » – c'est comme si on disait « passer à quelqu'un quelque chose ».

☞ VOIR : **fiche 15**

We **passed** two churches.
Nous sommes passés devant deux églises.

⊙ **pass a place** = **passer devant un endroit**

He **spends** a lot of time in the garden.
Il passe beaucoup de temps dans le jardin.

⊙ Quand on parle de **passer du temps**, on ne dit pas *pass* en anglais mais **spend**.

I **spent** an hour with Paul.
J'ai passé une heure avec Paul.

 Ne confondez pas **pass** et **spend**.

pass an exam/a test

I really need to **pass** this exam.
J'ai vraiment besoin de réussir cet examen.

⊙ **pass an exam** = **réussir** un examen et non *passer un examen*

Jerry is **taking** the « bac » this year.
Jerry passe le bac cette année.

⊙ **passer** un examen = **take an exam**

I **took** my driving test, but I didn't **pass**.
J'ai passé mon permis de conduire, mais je ne l'ai pas eu.

 Ne confondez pas **pass** et **take** !

pause et break

There was a **pause** in the conversation.
Il y a eu une pause dans la conversation.

⊙ **a pause**, c'est une **pause**, mais seulement quand on arrête de **parler**.

I'll see you after the **break**.
Je te verrai après la pause.

⊙ Dans d'autres contextes, **une pause** = **a break**

Shall we have a **break**?
On fait une pause ?

⊙ Notez : **have a break** = **faire une pause**

pay et pay for

I'll **pay** you if you help me.
Je te paierai si tu m'aides.

⊙ **pay somebody** = **payer quelqu'un**

I **paid** ten dollars.
J'ai payé dix dollars.

⊙ **pay** + somme d'argent = **payer** + somme d'argent

Have you got some change to **pay for** the taxi?
As-tu de la monnaie pour payer le taxi ?

⊙ Quand on parle de **payer** quelque chose qu'on achète, ou un service, il faut employer l'expression **pay for** en anglais.

I forgot to **pay for** the vegetables.
J'ai oublié de payer les légumes.

*pay the vegetables **est incorrect**.

How much did you **pay for** that?
Combien tu as payé ça ?

*how much did you pay that? **est incorrect**.

I **paid** $300 **for** this dress.
J'ai payé cette robe 300 dollars.

*I paid this dress... **est incorrect**.

N'oubliez pas **pay for** something !

pen, pencil et crayon

I need a **pen**, not a **pencil**!
Il me faut un stylo, pas un crayon !

⊙ **a pen = un stylo (à bille)**

⊙ **a pencil = un crayon (à papier)**

Use a **fountain pen** to write your name.
Prends un stylo plume pour écrire ton nom.

⊙ **a fountain pen = un stylo plume**

I drew a horse in **pencil**, then I used my **crayons** to colour it in.
J'ai dessiné un cheval au crayon, puis j'ai pris mes crayons de couleur pour le colorier.

⊙ **a crayon = un crayon de couleur**

Faites bien la différence entre les mots anglais **pen, pencil** et **crayon**.

pensioner

Lots of **pensioners** live in this street.
Beaucoup de retraités habitent dans cette rue.

⊙ **a pensioner = un(e) retraité(e)** (jamais **un(e) pensionnaire* !)

people

☞ VOIR : person

perhaps

Perhaps Alan will phone later.
Alan appellera peut-être plus tard.

⊙ **perhaps** (= peut-être) se place généralement en **début de phrase**.

Perhaps it's true, I don't know.
C'est peut-être vrai, je ne sais pas.

Perhaps I'm wrong.
Peut-être ai-je tort.
J'ai peut-être tort.

En anglais on n'inverse jamais le sujet et le verbe après **perhaps**.

permit, allow, enable et make possible

I won't **allow** you to say that!
Je ne te permettrai pas de dire ça !

⊙ Le mot **permit** existe en anglais, mais il a des emplois limités et le mot **allow** est beaucoup plus courant.

Do your parents **allow** you to go out at night?
Tes parents te permettent de sortir le soir ?

Dites **allow**, jamais **permit.*

⊙ Attention à la structure de l'expression : **allow somebody to + base verbale**

This money will **enable** me to buy a car.
Cet argent me permettra d'acheter une voiture.

⊙ Quand « permettre » signifie « rendre capable », il peut aussi se traduire par **enable**.

enable n'a jamais le sens de « autoriser » : on **ne dit pas** **my parents enable me to go out.*

This ticket **makes it possible** to enter both sections of the park.
Ce billet permet d'entrer dans les deux parties du parc.

⊙ Quand vous voulez parler de quelque chose qui **permet de faire** quelque chose, employez l'expression **make it possible to...**

On **ne dit pas** **it permits to...* ni **it allows to...* ni **it enables to...*

person et people

Jack is a wonderful **person**.
Jack est une personne merveilleuse.
Jack est quelqu'un de merveilleux.

⊙ **a person = une personne**

Kate's parents are wonderful **people**.
Les parents de Kate sont des gens merveilleux.

Au pluriel, employez **people**, jamais **persons* !

There were 100 **people** at the wedding.
Il y avait 100 personnes au mariage.

people est toujours associé à un verbe au **pluriel**.

People like this kind of book.
Les gens aiment bien ce genre de livre.

⊙ Quand vous parlez **des gens** en général, dites **people...**, pas **the people...*

pest

Mice, rats and other **pests** do a lot of damage.
Les souris, les rats et les autres animaux nuisibles font beaucoup de dégâts.

⊙ **a pest** = **un animal nuisible**

> The **plague** still exists in some Third World countries.
Le peste existe encore dans certains pays du Tiers-Monde.

> la **peste** = the **plague**

petrol

I need some **petrol**.
J'ai besoin d'essence.

⊙ **petrol** = **essence** (au sens de « carburant »)

> They've discovered **oil** in the desert.
Ils ont découvert du pétrole dans le désert.

> le **pétrole** = **oil**

phone somebody

I must **phone** my mother before I leave.
Il faut que j'appelle ma mère avant de partir.

 On dit **phone somebody**, pas **phone to somebody* !

photograph, photographer, photography

Would you like to look at some **photographs**?
Voulez-vous regarder des photos ?

⊙ **a photograph**, c'est une **photo**.

My cousin is a professional **photographer**.
Mon cousin est photographe professionnel.

⊙ **a photographer**, c'est un(e) **photographe**.

I'm very interested in **photography**.
Je m'intéresse beaucoup à la photographie.

⊙ **photography**, c'est la **photographie** (= l'activité ou l'art de prendre des photos).

 Ne confondez pas ces trois mots !

physician et physicist

If you feel ill, call a **physician**.
Si vous vous sentez malade, appelez un médecin.

⊙ **a physician = un médecin** (surtout en anglais américain)

Einstein was a mathematician and a **physicist**.
Einstein était mathématicien et physicien.

⊙ **un(e) physicien(ne) = a physicist**

physics

Physics is a very interesting subject.
La physique est une matière très intéressante.

⊙ Malgré son **s**, **physics** est un nom singulier (comme **politics** et **mathematics**). Le verbe qui est associé à ce mot doit donc être au singulier (ici, physics **is**...).

piece of

Would you like a **piece** of quiche?
Tu veux un morceau de quiche ?

⊙ a **piece** of something, c'est un **morceau** de quelque chose.

Can I give you a **piece** of advice?
Je peux te donner un conseil ?

⊙ Le mot **piece** sert à « rendre dénombrable » certains noms indénombrables. Quand on veut dire « un conseil », on dit **a piece of advice**. Quand on veut dire « un meuble », on dit **a piece of furniture**.

This is a very expensive **piece** of furniture.
C'est un meuble très cher.

☞ VOIR : fiche 60

pity (« a pity »)

It's **a pity** you can't come with us.
C'est dommage que tu ne puisses pas venir avec nous.

⊙ **it's a pity = c'est dommage**

What **a pity**!
Quel dommage !

N'oubliez pas le mot **a** !
On **ne dit pas** *it's pity*.

place

This is a good **place** for a picnic.
C'est un bon endroit pour un pique-nique.

⊙ **a place** = **un endroit, un lieu** (pas
*une place)

Let's go to my **place**.
Allons chez moi.

⊙ **possessif + place** (**my place, your
place, Leo's place, my parents'
place**) désigne l'endroit où quelqu'un
habite et correspond au français
chez...

> There isn't enough **space** for the
table.
There isn't enough **room** for the table.
Il n'y a pas assez de place pour la table.

> **de la place** = **space** ou **room** (pas
*place)

> They live near the main **square**.
Ils habitent près de la place principale.

> **une place** (dans une ville) = a
square (pas *a place)

Ne confondez pas **place**, **space**
et **square** !

planning

What are you **planning** to do?
Qu'est-ce que vous envisagez de faire ?

⊙ **planning** est une forme du verbe
plan, qui signifie « prévoir, envisager,
planifier ».

> I'm going to have a look at the
schedule.
Je vais regarder le planning.

> **un planning** = a schedule

On **ne dit pas** *a planning !

play

Do you **play** a musical instrument?
Tu joues d'un instrument de musique ?

⊙ **play an instrument** = **jouer d'un
instrument**

Harry **plays** the guitar.
Harry joue de la guitare.

⊙ On dit **play the guitar/the flute/the
piano/...**

Do you **play** football?
Tu joues au foot ?

⊙ **play** + nom d'un sport = **jouer à**

Tracy **plays** rugby.
Tracy joue au rugby.

Would you like to **play** cards?
Tu veux jouer aux cartes ?

 Notez l'absence de préposition en anglais. On **ne dit pas** **play at cards* !

police

The **police** have arrived.
La police est arrivée.

The **police** are trying to find some evidence.
La police essaie de trouver des preuves.

⊙ En anglais, le verbe associé à **police** doit toujours être au **pluriel** (the police **have** arrived, pas **the police has arrived* ; the police **are** trying, pas **the police is trying*).

policy et politics

I don't agree with the government's immigration **policy**.
Je ne suis pas d'accord avec la politique d'immigration du gouvernement.

Fiona is interested in **politics**.
Fiona s'intéresse à la politique.

Politics is an interesting subject.
La politique est un sujet intéressant.

⊙ **a policy** = **une politique** (au sens de « ensemble de mesures »). Le pluriel de **policy** est **policies**.

⊙ **politics** = **la politique** (le domaine de la politique)

⊙ Malgré son **s**, **politics** est un nom singulier (comme **mathematics** et **physics**). Le verbe associé doit donc être au singulier (ici, politics **is**...).

polite

They're not very **polite** to the customers.
Ils ne sont pas très polis avec les clients.

⊙ **polite to someone** = **poli avec quelqu'un**

 Notez l'emploi de **to**. On **ne dit pas** **polite with*...

poor

My grandparents were very **poor**.
Mes grands-parents étaient très pauvres.

⊙**poor = pauvre**

He gave some money to a **poor person**.
Il a donné de l'argent à un pauvre.

⊙**un pauvre = a poor person** (pluriel : **poor people**)

On **ne dit pas** *a poor !

We must help **the poor**.
Il faut que nous aidions les pauvres.

⊙**les pauvres** (en général) = **the poor**

On **ne dit pas** *poors !

Oh, the **poor** thing!
Oh, la pauvre !

⊙**le/la pauvre, les pauvres** (pour exprimer la compassion) = **the poor thing(s)** !

practical

We need some **practical** solutions.
Nous avons besoin de solutions pratiques.

⊙**practical** signifie **pratique**, mais il n'a pas les mêmes emplois.

This tool is very **handy**.
This tool is very **useful**.
Cet outil est très pratique.

⊙Quand vous parlez d'un outil ou d'un instrument **pratique**, employez **handy** ou **useful**.

It's very **handy** living so near the shops.
It's very **convenient** living so near the shops.
C'est très pratique d'habiter si près des commerces.

⊙Quand **pratique** s'applique à une situation, employez **handy** ou **convenient**.

practise (en parlant d'un sport)

Many children **practise** a sport.
Many children **do** a sport.
Beaucoup d'enfants pratiquent un sport.

⊙Quand on parle du sport en général (sans nommer un sport en particulier), **practise = pratiquer**.

What sports do you **do**?
Quels sports pratiques-tu ?

⊙ Toutefois il est généralement plus naturel d'employer le mot **do**. Pour ne pas vous tromper, nous vous conseillons d'**éviter** le mot **practise** pour traduire **pratiquer** en parlant de sports.

I play football and I **practise** every Wednesday.
Je joue au foot et je m'entraîne tous les mercredis.

Attention ! Quand on parle d'un sport en particulier, le mot **practise** signifie **s'entraîner**, pas **pratiquer*.

You need to **practise** a lot.
Il faut beaucoup s'entraîner.

I **do** judo and swimming.
Je pratique le judo et la natation.

⊙ En parlant de sports individuels ou de sports de combat, on emploie **do** pour « pratiquer ».

I **play** tennis and volleyball.
Je pratique le tennis et le volley.

⊙ En parlant de jeux et de sports d'équipe, on emploie **play** pour « pratiquer ».

Ne dites pas **I practise football,* **I practise swimming* ni **I practise judo* !

precise

He gave us **precise** details.
Il nous a donné des détails précis.

⊙ **precise** est un **adjectif** qui signifie **précis**.

> He **explained** that he couldn't cook.
Il a précisé qu'il ne savait pas faire la cuisine.

> **préciser** peut se traduire par **explain** (= expliquer) ou **tell** (= dire à quelqu'un).

> Can you **tell** me your holiday dates?
Tu peux me préciser tes dates de vacances ?

Precise n'est **jamais** **un verbe** !

prefer

I **prefer** walking.
I **prefer** to walk.
Je préfère marcher.

⊙**prefer** peut être suivi de **-ing** ou de **to** + base verbale.

I **would prefer** to walk.
Je préférerais marcher.

⊙Mais attention! Après **would prefer**, on n'emploie pas la forme en **-ing**.

Ne dites pas *I would prefer walking*!

prejudice

I hate all forms of **prejudice**, especially racism.
Je déteste tous les types de préjugés, surtout le racisme.

⊙**prejudice** = **préjugés** (et non *préjudice*).

present et introduce

Jack **presented** the documents to us.
Jack nous a présenté les documents.

⊙ **present something** = **présenter quelque chose**

Jack **introduced** his brother to us.
Jack nous a présenté son frère.

⊙ **présenter quelqu'un (à quelqu'un)** = **introduce somebody (to somebody)**

Can you **introduce** me to your sister?
Tu peux me présenter à ta sœur?

Ne les confondez pas!

Can you **introduce** your sister to me?
Tu peux me présenter ta sœur?

Attention, *...introduce me your sister* est **incorrect**.

preservative

This jam contains **preservatives**.
Cette confiture contient des agents de conservation.

⊙**a preservative** = **un agent de conservation** (dans une confiture, une conserve par exemple)

> You can buy **condoms** at the chemist's.
Tu peux acheter des préservatifs à la pharmacie.

> **un préservatif** = a condom

Ne confondez pas ces mots !

pressing

Try **pressing** that button.
Essaie d'appuyer sur ce bouton.

⊙ **pressing** est une forme du verbe **press** (presser, appuyer sur).

> I need to take these trousers to the **dry-cleaner's**.
Je dois emmener ce pantalon au pressing.

> **un pressing** = a dry-cleaner's

On **ne dit pas** *a pressing !

pretend

He **pretended** to be asleep.
Il a fait semblant de dormir.

Let's **pretend** to be pirates!
Si on jouait aux pirates !

⊙ **pretend** signifie **faire semblant.**

Attention ! **pretend** ne signifie pas *prétendre !

> He **claims** to be very rich.
Il prétend être très riche.

> **prétendre** = claim

prevent

We want to **prevent** road accidents.
Nous voulons empêcher les accidents de la route.

⊙ **prevent** = empêcher

Try to **prevent** him **from** coming.
Essaie de l'empêcher de venir.

⊙ Notez la forme **prevent from -ing**, qui correspond à **empêcher de** + infinitif.

price ou prize

☞ VOIR : prize

principal et main

The **principal** problem was money.
The **main** problem was money.
Le principal problème était l'argent.

They live near the **main** square.
Ils habitent près de la place principale.

The **main** street is called Broad Street.
La rue principale s'appelle Broad Street.

⊙ L'adjectif **principal** existe en anglais, mais le mot **main** est beaucoup plus courant et dans beaucoup de cas, **principal** est impossible.

Évitez d'employer le mot **principal** en anglais. Employez toujours **main**.

prison (in prison, to prison)

Emma's cousin is **in prison**.
Le cousin d'Emma est en prison.

I don't want to go **to prison**!
Je ne veux pas aller en prison !

There's a gym **in the prison**.
Il y a un gymnase dans la prison.

⊙ **in prison** = **en prison** (quand on parle d'y être)

⊙ **to prison** = **en prison** (quand on parle d'y aller)

In the prison = **dans la prison**, pas « en prison ».

On **ne dit pas** **go in prison* !

☞ **VOIR : school, work**

prize et price

Mina won a **prize** for her essay.
Mina a gagné un prix pour sa dissertation.

Have you seen the **price** of that car?
Tu as vu le prix de cette voiture ?

⊙ **a prize** = **un prix** (qu'on gagne)

⊙ **a price** = **un prix** (qu'on paie)

Ne confondez pas **price** et **prize** !

produce et product

This factory **produces** shoes.
Cette usine produit des chaussures.

⊙ **produce** (avec l'accent sur la <u>deuxième</u> syllabe) = **produire**

They sell **produce** on the roadside.
Ils vendent des produits de la ferme au bord de la route.

⊙**produce** (avec l'accent sur la **première** syllabe) signifie « produits de la ferme ». Ce mot est **indénombrable** (on ne dit pas *a produce, ni *produces).

We no longer sell this **product**.
Nous ne vendons plus ce produit.

⊙a **product** = un **produit**

Product n'est pas un verbe !
Le verbe **produire** se traduit par pro**duce**.

professor et teacher

Mrs Jenkins is a **professor**.
Mme Jenkins est professeur à l'université.

⊙a **professor** est un professeur d'université qui a atteint un très haut niveau. Le mot **professor** n'est donc pas l'équivalent exact du mot français **professeur**.

Mrs Jenkins' husband is a **teacher**.
Le mari de Mme Jenkins est professeur.
Le mari de Mme Jenkins est enseignant.
Le mari de Mme Jenkins est prof.

⊙a **teacher** est un(e) enseignant(e), un professeur au sens large, un(e) prof.

progress

They have made some **progress**.
Ils ont fait des progrès.

⊙**progress** (= progrès) est un nom **indénombrable** : il ne se met pas au pluriel, et on ne dit pas *a progress.
des progrès = some progress

This is a real **improvement**.
This is a real **step forward**.
C'est un vrai progrès.

⊙Si vous voulez parler d'**un progrès**, au singulier, employez le mot **improvement**, ou l'expression **a step forward**.

promise somebody something

David **promised** the children an ice cream.
David a promis une glace aux enfants.

⊙Notez l'ordre des mots quand on emploie le verbe **promise** :
promise somebody something

Suite page suivante

Promise me one thing...
Promets-moi une chose...

She **promised** her sister a present.
Elle a promis un cadeau à sa soeur.

⊙ C'est comme si on disait « promettre
à quelqu'un quelque chose ». **Promise**
est un « verbe à double complément ».

☛ VOIR : **fiche 15**

proof

I think he's guilty, but we need some
proof.
*Je pense qu'il est coupable, mais on a
besoin de preuves.*

⊙ **proof** = **preuves**

It's **proof** of his innocence.
C'est une preuve de son innocence.

Give me **proof**!
Donne-moi des preuves !
Donne-moi une preuve !

⊙ **proof** est **indénombrable** : il ne se
met pas au pluriel, et on **ne dit pas**
*a proof.

☛ VOIR : **fiche 60**

proper

If you don't use the **proper** software,
you'll have problems.
*Si tu n'utilises pas le logiciel qu'il faut, tu
auras des problèmes.*

⊙ **proper** a le sens soit de « comme il
faut, convenable », soit le sens de
« vrai, véritable ».

We must put a **proper** lock on this door.
*Il faut qu'on mette une vraie serrure sur
cette porte.*

 proper ne signifie pas
« propre » !

Sorry, I haven't got any **proper** coffee,
only instant.
*Désolé, je n'ai pas de vrai café, seulement
de l'instantané.*

> The hotel has its **own** pool.
L'hôtel a sa propre piscine.

> **propre** (indiquant la propriété) =
own

> Say it in your **own** words.
Dis-le avec tes propres mots.

> This table isn't very **clean**!
Cette table n'est pas très propre !

> **propre** (= pas sale) = **clean**

properly

Am I doing this **properly**?
Est-ce que je fais ça comme il faut?

The door doesn't shut **properly**.
La porte ne ferme pas bien.

⊙ **properly** signifie **comme il faut** ou **bien**.

 properly ne signifie pas
proprement!

property

This is private **property**.
C'est une propriété privée.

He sells **property**.
Il vend de l'immobilier.

⊙ **property** signifie soit **propriété**, soit **immobilier**.

 property ne signifie pas
* *propreté*, qui se traduit par **cleanliness**!

propose, suggest ou offer?

⊙ Le verbe **propose** existe en anglais, mais il a des emplois limités et est difficile à employer correctement.

 Évitez donc d'employer le verbe **propose**!

Daniel **suggested** an interesting solution.
Daniel a proposé une solution intéressante.

⊙ Quand « proposer » signifie « suggérer » ou « avancer », traduisez par **suggest**.

What do you **suggest** doing?
Qu'est-ce que tu proposes de faire?

On dit **suggest + -ing**, jamais *suggest to*...

Let's go to the cinema.
Je propose qu'on aille au cinéma.

⊙ Notez aussi l'emploi de **let's** pour faire une **proposition**.

Anne **offered** me some help.
Anne m'a proposé de l'aide.

⊙ Quand « proposer » signifie « dire qu'on veut bien donner », il se traduit par **offer**.

Offer David something to drink.
Propose quelque chose à boire à David.

Suite page suivante

Fiona **offered** Luke £1,000 for his car.
Fiona a proposé mille livres à Luke pour sa voiture.

⊙ Attention ! Ici **offer** ne signifie pas « offrir » mais **proposer**.

provoke et cause

The dog bit Andrew because he **provoked** it.
Le chien a mordu Andrew parce qu'il l'a provoqué.

⊙ **provoke** = **provoquer**, mais seulement au sens de « agresser, embêter ».

What **caused** the accident?
Qu'est-ce qui a provoqué l'accident ?

⊙ Quand « provoquer » signifie « être la cause de », il se traduit par **cause**, pas par *provoke.

The news **caused** a riot.
La nouvelle a provoqué une émeute.

prune et plum

I'm not very keen on **prunes**, but I like **plums**.
Je n'aime pas beaucoup les pruneaux, mais j'aime bien les prunes.

⊙ **a prune** = **un pruneau** ; **a plum** = **une prune**

Ne les confondez pas !

public et audience

The **public** has a right to know!
Le public a le droit de savoir !

⊙ **the public** = **le public**, mais seulement au sens général (= tous les gens dans la société)

The **audience** clapped.
Le public a applaudi.

⊙ Quand vous parlez du public dans une salle, le public d'une émission, etc., employez **audience**, pas *public.

Is your wife in the **audience**?
Votre femme est-elle dans le public ?

N'employez jamais le mot **public** pour le public d'un spectacle !

publicity, advertising, ad(vertisement)

My mum works in **publicity**.
My mum works in **advertising**.
Ma mère travaille dans la publicité.

⊙ **publicity**, c'est le métier de la **publicité**. **advertising** signifie la même chose.

 publicity ne signifie pas <u>une</u> publicité !

I love this **advertisement**.
I love this **ad**.
J'adore cette publicité.

⊙ **une publicité** = **an ad** ou **an advertisement**

public school

All their children went to **public school**.
Tous leurs enfants sont allés dans une école privée.

⊙ Au Royaume-Uni, **a public school** est un établissement scolaire **privé** où les cours sont payants.

purchase

They **purchased** a house in 2003.
They **bought** a house in 2003.
Ils ont acheté une maison en 2003.

⊙ **purchase** = **acheter** (et non **pourchasser* !)

⊙ Le mot **purchase** est d'un registre soutenu. Dans la langue de tous les jours, on emploie le verbe **buy**.

pyjamas

What's that? – It's a pair of **pyjamas**.
Qu'est-ce que c'est ? – C'est un pyjama.

⊙ En anglais **pyjamas** est toujours au **pluriel**.

On **ne dit pas** **a pyjama* !
On dit (**some**) **pyjamas** ou **a pair of pyjamas**.

I'm going to put my **pyjamas** on.
Je vais mettre mon pyjama.

I need some new **pyjamas**.
J'ai besoin d'un nouveau pyjama.

☞ VOIR : jeans, pants, shorts, tights, trousers

QR

quiet et quite (a)

They live in a very **quiet** area.
Ils habitent dans un quartier très tranquille.

⊙ **quiet** = **tranquille** ou **calme**

I found that book **quite** boring.
J'ai trouvé ce livre assez ennuyeux.

⊙ **quite** = **assez** (au sens de « un peu »)

That's **quite** ridiculous!
C'est vraiment ridicule !

⊙ Avec certains adjectifs, **quite** peut aussi avoir le sens de « vraiment, complètement ».

We haven't **quite** finished eating.
On n'a pas tout à fait fini de manger.

⊙ **not quite** = **pas tout à fait**

It's not **quite** cooked.
Ce n'est pas tout à fait cuit.

This street is **quite quiet**.
Cette rue est assez tranquille.

Ne confondez pas **quite** (= assez) et **quiet** (= tranquille).

My cousins live in **quite a** big house.
Mes cousins habitent dans une assez grande maison.

⊙ Notez la construction **quite a + adjectif**.

On **ne dit pas** *a quite big house.*

raise ou rise ?

Raise your hands above your head.
Lève les mains au-dessus de la tête.

⊙ **raise** something = **lever** quelque chose. **raise** est un verbe régulier (**raise - raised - raised**).

The sun **rises** in the east.
Le soleil se lève à l'est.

⊙ **rise** = **se lever** (en parlant du soleil) ou **monter**. **rise** est un verbe irrégulier (**rise - rose - risen**).

Ne confondez pas **raise** et **rise**.

raisins et grapes

Has this fruit cake got **raisins** in it?
Est-ce qu'il y a des raisins secs dans ce cake ?

Would you like some **grapes**?
Voulez-vous du raisin ?

There's a **grape** under your chair.
Il y a un grain de raisin sous ta chaise.

⊙ **a raisin** = **un raisin sec** (et non *un grain de raisin* !)

⊙ **grapes** (au pluriel) = **du raisin**

⊙ **a grape** = **un grain de raisin**

Ne confondez pas **raisin** et **grape**.

rapid, quick et fast pour traduire « rapide »

⊙ Le mot **rapid** existe en anglais, mais il ne s'emploie pas de la même façon que « rapide » et il vaut mieux **éviter** de l'employer.

Employez **fast** ou **quick**, pas *rapid*, pour traduire **rapide**. Regardez les exemples.

We took a **fast** train to Leeds.
On a pris un train rapide pour Leeds.

My computer is very **fast**.
Mon ordinateur est très rapide.

⊙ Quand **rapide** a le sens de « qui va vite, qui se déplace rapidement », il se traduit par **fast**.

I wrote Anna a **quick** note.
J'ai écrit un petit mot rapide à Anna.

Have a **quick** look at this.
Jette un coup d'œil rapide sur ça.

Would you like a **quick** coffee?
Tu veux un café, vite fait ?

⊙ Quand **rapide** a le sens de « qui ne prend pas beaucoup de temps » (quand il n'y a pas l'idée d'un déplacement rapide), il faut le traduire par **quick**, pas par *fast*.

rather (would rather)

No thanks, I'd **rather** walk.
Non merci, je préfère marcher.

⊙ **would rather** + base verbale
(souvent abrégé en **I'd rather...**, **we'd
rather...**, **she'd rather...**, etc.)
exprime une **préférence**.

Would you **rather** go to the theatre?
Tu aimerais mieux aller au théâtre ?

⊙ Notez comment on pose une
question avec **would rather**.

I'**d rather not** go to the pool now.
*Je préférerais ne pas aller à la piscine
maintenant.*

⊙ La forme négative est **would rather
not**.

rather, quite et fairly

It was a nice meal, but it was **rather**
expensive.
It was a nice meal, but it was **quite**
expensive.
It was a nice meal, but it was **fairly**
expensive.
*C'était un bon repas, mais c'était assez
cher.*

⊙ **rather**, **quite** et **fairly** signifient tous
les trois **assez** (au sens de « un
peu »). **quite** et **fairly** sont plus
courants et souvent plus naturels que
rather. Nous vous conseillons de les
employer plutôt que **rather**.

receive (pour « recevoir »)

I **received** a parcel.
I **got** a parcel.
J'ai reçu un colis.

⊙ **receive** correspond à certains
emplois de **recevoir**, mais pas tous.

The children **got** lots of presents.
Les enfants ont reçu beaucoup de cadeaux.

⊙ Le verbe **get (got, got)** signifie la même
chose que **receive**, et est beaucoup
plus naturel en anglais courant.

> I **was hit** on the head.
J'ai reçu un coup sur la tête.

> Quand on parle de **recevoir** un coup,
on emploie l'expression **be hit** (ou, s'il
s'agit d'un coup de pied, **be kicked**).

> They **made us feel very welcome**.
Ils nous ont très bien reçus.

> Quand on parle de **bien recevoir**
quelqu'un, on emploie l'expression
make somebody feel welcome.

> I **had** Andrew and Laura **over** for
dinner.
J'ai reçu Andrew et Laura à dîner.

> Quand on parle de **recevoir** quelqu'un
à dîner, on emploie l'expression **have
somebody over for dinner**.

relatives ou parents ?

☞ VOIR : parent

remain, be left et stay (pour « rester »)

Nothing **remains** of the old building.
Nothing **is left** of the old building.
Il ne reste rien de l'ancien bâtiment.

⊙ **remain** (= **rester** au sens de « être toujours là ») a des emplois limités. L'expression **be left** est beaucoup plus courante.

There **are** three cakes **left**.
Il reste trois gâteaux.

There **is** some cheese **left**.
Il reste du fromage.

Ne dites pas *it remains pour **il reste** ! Employez l'expression **there is/are... left**.

☞ VOIR : left

Please **stay** with me.
Reste avec moi, s'il te plaît.

⊙ **rester** au sens de « ne pas partir » = **stay**

remark

He **remarked** that it was cold.
Il a fait remarquer qu'il faisait froid.

⊙ Le verbe anglais **remark** signifie **faire remarquer** (= dire quelque chose). Il n'a généralement pas le sens de « remarquer, apercevoir ».

> He **noticed** that the door was open.
Il a remarqué que la porte était ouverte.

> Quand **remarquer** signifie « voir, apercevoir », il se traduit par **notice**, pas par *remark.

remember et remind

Can you **remind** me of your name?
Pouvez-vous me rappeler votre nom ?

⊙ **remind** somebody **of** something = **rappeler** quelque chose **à** quelqu'un

That photo **reminds** me of something.
Cette photo me rappelle quelque chose.

Remind Dad to buy some milk.
Rappelle à Papa qu'il doit acheter du lait.

⊙ **remind** somebody **to do** something = **rappeler à** quelqu'un **qu'il doit faire** quelque chose

Suite page suivante

I don't **remember** his name.
Je ne me souviens pas de son nom.

⊙ **remember** something
= **se souvenir de** quelque chose

Try to **remember** to water the plants.
Essaie de ne pas oublier d'arroser les plantes.

⊙ **remember to do** something
= **ne pas oublier de faire** quelque chose, **penser à faire** quelque chose

Did you **remember** to phone Jerry?
Tu as pensé à appeler Jerry ?

Ne confondez pas **remind** et **remember**.

report

If you lose your passport, **report** the loss immediately to the police.
Si vous perdez votre passeport, déclarez la perte au commissariat sans tarder.

⊙ **report** something = **déclarer** quelque chose, **faire un rapport sur** quelque chose

I'm going to **report** you to the headmaster!
Je vais te dénoncer au proviseur !

⊙ **report** somebody = **dénoncer** quelqu'un

I read a **report** in the paper about the elections.
J'ai lu un reportage dans le journal au sujet des élections.

⊙ **a report** = un **rapport**, un **compte rendu** ou un **reportage**

> We had to **postpone** our holiday.
On a dû reporter nos vacances.

> **reporter** quelque chose = **postpone** something

Ne confondez pas **report** et **postpone**.

reproach (comment traduire « reprocher »)

He's always **criticizing** me for spending too long on my computer.
Il me reproche toujours de rester trop longtemps sur l'ordinateur.

⊙ Le mot **reproach** existe en anglais, mais il est très peu employé. On emploie plus facilement le mot **criticize**.

Stop **criticizing** me!
Arrête de me faire des reproches !

I don't **blame** him for anything.
Je ne lui reproche rien.

⊙ Quand il y a l'idée de tenir quelqu'un pour responsable de quelque chose, c'est le mot **blame** qu'il faut employer.

research, search et look for

My job is **research**. I'm a **researcher**.
Mon métier, c'est la recherche. Je suis chercheur.

⊙ **research** est un **nom** qui signifie **recherche**, mais **seulement** au sens de recherches scientifiques ou universitaires.

I'm doing some **research** in the library.
Je fais des recherches à la bibliothèque.

⊙ **research** est un nom **indénombrable**. Il ne se met pas au pluriel et on **ne dit pas** **a research.*

N'employez pas **research** si vous ne parlez pas de recherches scientifiques !

The results of your **search** are displayed in this window.
Les résultats de votre recherche sont affichés dans cette fenêtre.

⊙ **une recherche** (quand on cherche quelque chose ou quelqu'un, ou sur un ordinateur) = **a search**

I'm **looking for** a second-hand bike.
Je suis à la recherche d'un vélo d'occasion.

⊙ **être à la recherche de** quelque chose = **be looking for** something

I'm going to **look for** it on the Web.
Je vais le rechercher sur Internet.

⊙ **rechercher** quelque chose = **look for** something

What are you **looking for**?
Qu'est-ce que vous recherchez ?

The police **searched** the house.
La police a fouillé la maison.

⊙ **search** something = **fouiller quelque chose** (pas **rechercher quelque chose !*)

They **searched** all day.
Ils ont cherché toute la journée.

⊙ **search** (sans complément d'objet) = **chercher**.

Notez bien :
• **chercher** (tout seul, sans complément) = **search**.
• **chercher** quelque chose = **look for** something.

Ne dites jamais **search something* pour **rechercher quelque chose** ! C'est **look for** qu'il faut employer.

responsible

Who is **responsible** for this damage?
Qui est responsable de ces dégâts ?

I'm not **responsible**.
Je ne suis pas responsable.

They have a very **responsible** attitude.
Ils ont une attitude tout à fait responsable.

> I'd like to speak to the **person in charge**.
Je voudrais parler au responsable.

> He's the sales **manager**.
C'est le responsable des ventes.

⊙ **be responsible for** something =
être responsable de quelque chose

 responsible est un **adjectif**,
jamais un nom !

 Attention à l'orthographe de
responsible. Notez l'emploi de
for.

> **le responsable** (= le chef) = **the person in charge** ou **the manager**.

 N'employez jamais **responsible**
pour traduire **un responsable**.

resume

They have **resumed** negotiations.
Ils ont repris les négociations.

> I'm going to **summarize** the situation.
I'm going to **sum up** the situation.
Je vais résumer la situation.

⊙ **resume** = **reprendre,
recommencer** (pas *résumer* !)

> **résumer** = **summarize** ou **sum up**

 Ne traduisez pas **résumer** par
resume !

retain, hold back, hold up

The soil here **retains** a lot of water.
Le sol ici retient beaucoup d'eau.

I tried to **hold** the dog **back**.
J'ai essayé de retenir le chien.

Sorry, I was **held up**.
Désolé, j'ai été retenu.

⊙ **retain** = **retenir** en parlant d'une
substance qui retient un liquide ou
une odeur.

⊙ Quand on parle de retenir quelqu'un
ou un animal qui veut partir, on
emploie le verbe **hold back**.

⊙ Quand on parle d'être retenu au sens de
retardé, on emploie le verbe **hold up**.

retire

My grandfather has decided to **retire**.
Mon grand-père a décidé de prendre sa retraite.

⊙ Le verbe **retirer** a plusieurs traductions possibles (consultez votre dictionnaire), mais il ne se traduit jamais par **retire**, qui signifie **prendre sa retraite**.

return et go back

Would you like to **go back** to New York?
Tu aimerais retourner à New York ?

⊙ Le verbe **return** (= **retourner**) existe en anglais, mais **go back** est plus courant.

I'm **going back** at Easter.
J'y retourne à Pâques.

Dites **go back**, pas **return*.

reunion et meeting

The family is having a **reunion** next Saturday.
Toute la famille va se retrouver samedi prochain.

⊙ **a reunion**, c'est une fête où tous les membres d'un groupe (anciens élèves, famille, ex-collègues, etc.) se retrouvent ensemble.

> I've got an important **meeting** this afternoon.
J'ai une réunion importante cet après-midi.

> **une réunion** en anglais, c'est **a meeting**.

Ne confondez pas **a reunion** et **a meeting**.

right (= droite)

The school is on the **right**.
L'école est à droite.

⊙ **on the right** = **à droite**

Turn **right** when you get to the church.
Tournez à droite quand vous arrivez à l'église.

Mais attention ! On dit **turn right** et non pas **turn on the right*.

right (be right)

I think he's **right**.
Je pense qu'il a raison.

⊙ **be right = avoir raison**

Notez l'emploi du verbe **be**.

You were **right** to tell me.
Tu as eu raison de me le dire.

rise

☞ **VOIR : raise**

risk (verbe)

I decided to **risk** tell**ing** her the truth.
J'ai décidé de prendre le risque de lui dire la vérité.

⊙ **risk + -ing = prendre le risque de...** (pas **risquer de*)

I can't **risk** be**ing** late.
Je ne peux pas prendre le risque d'être en retard.

Attention ! On ne dit pas
*risk to...

> This **might** take a long time.
Cela risque de prendre beaucoup de temps.

> Quand **risquer de** exprime la probabilité, il se traduit par le modal **might** + base verbale.

> You **might** be late.
Tu risques d'être en retard.

☞ **VOIR : might**

> It **might** rain.
Il risque de pleuvoir.

> It **is unlikely** to happen now.
Cela a peu de chances d'arriver maintenant.

> Pour exprimer l'improbabilité, employez **be unlikely to**.

> You're **unlikely** to find it in the kitchen!
Tu as peu de chances de le trouver dans la cuisine !

N'employez pas le verbe **risk** pour traduire **risquer de** !

rob, steal et burgle

They **robbed** a bank. They **stole** a million dollars.
Ils ont cambriolé une banque. Ils ont volé un million de dollars.

⊙ **rob** = **cambrioler, dévaliser, braquer un endroit** (une banque, un magasin) **ou une personne**

I've been **robbed**!
On m'a dévalisé!

My watch has been **stolen**!
On m'a volé ma montre!

⊙ **steal (stole, stolen)** = **voler quelque chose** (des objets, de l'argent)

He **stole** a car and then he **robbed** a supermarket.
Il a volé une voiture et il a cambriolé un supermarché.

Ne confondez pas **rob** et **steal**.

The two men **burgled** the house.
Les deux hommes ont cambriolé la maison.

⊙ **burgle** signifie **cambrioler**.

We've been **burgled**!
On nous a cambriolés!

rude

Don't be **rude**!
Ne sois pas impertinent!

⊙ Le mot anglais **rude** signifie **impertinent, vulgaire, impoli** (jamais *rude).

He said a **rude** word.
Il a dit un gros mot.

⊙ **a rude word** = **un gros mot**

> The winters are very **harsh** here.
Les hivers sont très rudes ici.

> Pour parler d'un climat **rude**, employez le mot **harsh**.

-S (terminaison du nom)

I love **dogs** and **cats**.
J'adore les chiens et les chats.

⊙ Pour former le pluriel d'un nom en anglais, on ajoute généralement un **s**, comme en français.

Some **children** are afraid of **mice**.
Certains enfants ont peur des souris.

⊙ Certains noms anglais ont un pluriel irrégulier.

> Jerry works in a shoe shop.
Jerry travaille dans un magasin de chaussures.

> Would you like some tomato salad?
Tu veux de la salade de tomates ?

> Tania bought some very expensive shoes.
Tania a acheté des chaussures très chères.

> Dans les noms composés, le premier mot est généralement invariable et ne prend pas de **s** (a **shoe shop**, a **flower garden**, **vegetable soup**, **tomato salad**, etc.).

Attention ! L'adjectif en anglais ne s'accorde pas ! N'ajoutez **JAMAIS** un **s** à un adjectif (dans l'exemple à gauche, **expensive** est l'adjectif).

-S (terminaison du verbe)

I **live** in Paris and Steve **lives** in Barcelona.
J'habite à Paris et Steve habite à Barcelone.

Il est très important d'ajouter un **s** au verbe au présent quand il est employé avec **he, she, it** ou avec un **nom singulier** (the house, my sister, Jake, Mrs Hunter...).

Does Rachel often come here?
Est-ce que Rachel vient souvent ici ?

Dave **doesn't** like fish.
Dave n'aime pas le poisson.

Quand on forme des questions et la forme négative avec **do**, c'est **do** qui prend le **s** (il devient **does**).

Is Leo angry? **Has** he left?
Est-ce que Leo est en colère ? Est-ce qu'il est parti ?

Quand on forme des questions et la forme négative avec **be** ou **have**, le **s** est encore là – dans **is** et **has**.

☞ **VOIR :** fiche 02

212

S avec apostrophe (génitif)

Have you seen **Emma's** glasses?
Tu as vu les lunettes d'Emma ?

⊙ **'s** indique la **possession**, le fait que quelque chose est **à** quelqu'un, qu'il **appartient à** quelqu'un.

This dog is **Martin's**.
Ce chien est à Martin.

This is my **cousins'** house.
C'est la maison de mes cousins.

⊙ Quand on parle de quelque chose qui appartient à plusieurs personnes, on met l'apostrophe après le **s** du pluriel. **my cousin's house = la maison de mon cousin ; my cousins' house = la maison de mes cousins.**

S avec apostrophe (contraction)

Mark is here.
Mark's here.
Mark est là.

⊙ **'s** est la contraction de **is** et de **has**, employée surtout en anglais parlé.

Mark has bought a car.
Mark's bought a car.
Mark a acheté une voiture.

Attention! **has** est seulement contracté quand il est **auxiliaire**. On dit « Mark **has** a shower every morning » mais on ne peut pas dire *Mark's a shower* (parce que **have** est ici un verbe lexical, pas un auxiliaire).

same (the same...)

Zoe and Vicky live in **the same** street.
Zoe et Vicky habitent dans la même rue.

⊙ **the same... = le/la même, les mêmes**

In the shopping centre there are 30 shops under **the same** roof.
Dans le centre commercial il y a trente magasins sous un même toit.

Attention ! En français on peut dire **un(e) même...** En anglais on ne peut pas dire *a same...* On dit toujours **the same...**

We're reading **the same** books.
Nous lisons les mêmes livres.

Attention ! Ne soyez pas tenté d'accorder le mot **same** ! Au pluriel, c'est **the same...**, pas *the sames...*

At **the same** time, it doesn't seem very fair.
En même temps, ça ne semble pas très juste.

⊙ **en même temps = at the same time** (pas *in same time* !)

satisfied

I wasn't very **satisfied** with the result.
Je n'étais pas très satisfait du résultat.

⊙ **satisfied with = satisfait de**

Notez l'emploi de **with**. On **ne dit pas** **satisfied of.*

savage

That lion is really **savage**.
Ce lion est vraiment féroce.

⊙ **savage** signifie généralement **féroce**, pas **sauvage.*

> Jack takes photos of **wild** animals.
> *Jack prend des photos d'animaux sauvages.*

> **sauvage = wild**

say et tell

Helen **said** a word that I didn't understand.
Helen a dit un mot que je n'ai pas compris.

⊙ **say (said, said) = dire**

Fred **said** « good luck! »
Fred a dit « bonne chance ! ».

Andrew **says** that he's hungry.
Andrew dit qu'il a faim.

⊙ **say that... = dire que ...**

He **told** me that he was cold.
Il m'a dit qu'il avait froid.

⊙ **tell somebody (told, told) = dire à quelqu'un**

Tell me your name.
Dis-moi ton nom.

Attention ! **say** n'est **jamais** suivi directement d'un complément

She **said** she was sorry, and I **told** her not to worry.
Elle a dit qu'elle était désolée, et je lui ai dit de ne pas s'inquiéter.

personnel (**me, him, her, you, us, them** ou le nom d'une personne). On **ne dit pas** **say me your name* ni **he said me that he was cold* !

☛ VOIR : **tell**

scare, scared, scary

Andrew tried to **scare** his sister by jumping out of a cupboard.
Andrew a essayé de faire peur à sa sœur en surgissant d'un placard.

⊙ Le verbe **scare** signifie **faire peur à**. Il est synonyme du verbe **frighten**.

Oh! You **scared** me!
Oh ! Tu m'as fait peur !

⊙ Dans l'exemple à gauche, **scared** est le prétérit du verbe **scare**.

Don't be **scared**, it's only a mouse!
N'aie pas peur, ce n'est qu'une souris !

⊙ **be scared** signifie **avoir peur**. Dans ce cas, **scared** est un **adjectif**. Il est synonyme de **frightened** et **afraid**.

I liked the film, but it was a bit **scary**.
J'ai bien aimé le film, mais il faisait un peu peur.

⊙ **scary** est un adjectif qu'on emploie pour parler de choses qui **font peur**. Il est synonyme de **frightening**.

scientist ou scientific ?

Basil and Laura are **scientists**. They do **scientific** experiments.
Basil et Laura sont des scientifiques. Ils font des expériences scientifiques.

⊙ **a scientist = un(e) scientifique**

⊙ **scientific** (= scientifique) est un **adjectif**, jamais un nom !

Ne dites jamais **a scientific* pour « un(e) scientifique » !

scissors ou chisel ?

What's that? – It's a pair of **scissors**.
Qu'est-ce que c'est ? – C'est une paire de ciseaux.

⊙ **scissors = ciseaux**

Pass me the **scissors**, please.
Passe-moi les ciseaux, s'il te plaît.

Ne dites jamais **a scissors* !

The sculptor uses a hammer and a **chisel**.
Le sculpteur se sert d'un marteau et d'un ciseau.

⊙ **un ciseau** (l'outil qu'utilisent les maçons et les sculpteurs) = **a chisel**

sea ou seaside ?

The **sea** is calm today.
La mer est calme aujourd'hui.

⊙ **the sea = la mer** (l'eau)

I can see the **sea** from my room.
Je vois la mer depuis ma chambre.

He's gone to the **seaside**.
Il est parti au bord de la mer.

⊙ **the seaside** désigne la plage et l'ensemble des aménagements qui se trouvent **près de la mer** (hôtels, activités, etc.).

David loves the **sea**.
David adore la mer.

⊙ Dans l'exemple à gauche, **the sea** désigne **la mer** au sens général. David est sans doute un passionné de voile ou de voyages en mer.

Clara loves the **seaside**.
Clara adore la plage.
Clara adore être au bord de la mer.

⊙ Dans cet exemple, **the seaside** désigne **le bord de mer** (la plage, les hôtels, etc.).

We stayed at the **seaside**.
On a fait un séjour au bord de la mer.

⊙ **at the seaside** signifie **au bord de la mer**.

search

☛ **VOIR : research**

seat et sit (down)

Your **seat** number is on the ticket.
Votre numéro de siège est sur le billet.

⊙ **a seat = un siège, une place**

The waiter **seated** us next to the window.
Le serveur nous a placés à côté de la fenêtre.

⊙ Le verbe **seat** signifie **placer** (= indiquer où l'on doit s'asseoir).

We **sat** under a tree.
Nous nous sommes assis sous un arbre.

⊙ Le verbe **sit (sat, sat)** signifie **s'asseoir** ou **être/rester assis**.

Where **were** you **sitting**?
Où étiez-vous assis ?

Please **sit down**.
Assieds-toi, s'il te plaît.

⊙ **sit down = s'asseoir**

Quand vous invitez quelqu'un à s'asseoir, n'employez jamais **sit** tout seul. Employez **sit down**.

Pierre **was sitting** next to Sarah.
Pierre était assis à côté de Sarah.

⊙ **be sitting** = **être assis**

Pierre **sat** next to Sarah.
Pierre s'est assis à côté de Sarah.

⊙ Comparez les deux exemples à gauche.

see et can/could see

Terry **saw** the plane before me.
Terry a vu l'avion avant moi.

⊙ **see (saw, seen)** = **voir** (au sens d' « apercevoir »)

What **can** you **see**?
Qu'est-ce que tu vois ?

⊙ Quand on décrit ce qu'on voit au moment où l'on parle, on emploie l'expression **can see**.

I **can see** a house, a car and a lake.
Je vois une maison, une voiture et un lac.

☞ VOIR : **can**

I **can't see** anything.
Je ne vois rien.

What **could** you **see**?
Qu'est-ce que tu voyais ?

⊙ Au passé, quand on décrit ce qu'on **voyait**, on emploie **could see**.

I **could see** a house, a car and a lake.
Je voyais une maison, une voiture et un lac.

☞ VOIR : **could**

I **couldn't see** anything.
Je ne voyais rien.

⊙ La différence entre **I saw** et **I could see** est la même que celle entre **j'ai vu** et **je voyais** :

I **didn't see** anything.
Je n'ai rien vu.

– **I saw a dog** = **j'ai vu un chien** (tout d'un coup, je l'ai aperçu).

– **I could see a dog** = **je voyais un chien** (je décris une scène : il n'y a plus l'idée du chien qui surgit tout d'un coup).

☞ VOIR : **hear, feel, smell**

217

send

I **sent** a letter to Jerry.
I **sent** Jerry a letter.
J'ai envoyé une lettre à Jerry.

Don't forget to **send** me a postcard!
N'oublie pas de m'envoyer une carte postale !

⊙ On dit **send something to somebody** ou **send somebody something.**

☛ VOIR : fiche 15

sensible et sensitive

Steve is a very **sensitive** person.
Steve est une personne très sensible.

Steve is a very **sensible** person.
Steve est une personne très raisonnable.

⊙ **sensitive = sensible**

⊙ le mot anglais **sensible** ne signifie pas *sensible mais **raisonnable, sensé.**

series

This is a **series** that I really like watching.
C'est une série que j'aime beaucoup regarder.

They've made two **series** about the Queen.
Ils ont fait deux séries au sujet de la reine.

⊙ **a series = une série**

Attention, **series** prend toujours un **s**, même au singulier : one **series**, two **series**. On **ne dit pas** *a serie* ! Attention au verbe : « This series **is** really good », « These series **are** really good ».

service

The **service** is very bad in this restaurant.
Le service est très mauvais dans ce restaurant.

⊙ Le mot anglais **service** signifie **service** au sens de « travail fait pour d'autres ».

> Which **department** do you work in?
Tu travailles dans quel service ?

> Les différents services d'une entreprise s'appellent **departments** en anglais, pas *services*.

> Can you do me a **favour?**
Tu peux me rendre service ?

> **do someone a favour = rendre service à quelqu'un**

shade et shadow

Come and sit in the **shade**.
Viens t'asseoir à l'ombre.

I can see my **shadow** on the wall.
Je vois mon ombre sur le mur.

⊙ **shade** signifie **l'ombre** au sens de
« endroit protégé du soleil ».

⊙ **une ombre** (= une forme sombre
projetée contre une surface), c'est **a
shadow** en anglais.

Ne confondez pas **shade** et
shadow.

shall ou will ?

I'll (= I will) call you tomorrow.
I shall call you tomorrow.
Je t'appellerai demain.

We'll (= we will) help you if you like.
Nous t'aiderons si tu veux.

⊙ **I/we shall** et **I/we will** ont le même
sens, mais **I/we shall** ne sont
pratiquement plus employés en anglais
courant.

Employez **I/we will**, pas
« I/we shall ».

Shall I put these flowers in a vase?
Je mets ces fleurs dans un vase ?

⊙ **shall I?** et **shall we?** sont employés
quand on veut **proposer de faire**
quelque chose. *will I?* et *will we?* sont
impossibles dans ce cas.

Shall we start?
On commence ?
Shall we go?
On y va ?

Il est **incorrect** de dire *We start?*
ou *We go?* Il faut employer **shall**
pour poser ce genre de question.

How much sugar **shall I** buy?
J'achète combien de sucre ?

⊙ **shall I?** et **shall we?** sont aussi
employés quand on demande un
conseil.

Will I be on time?
Est-ce que je serai à l'heure ?

⊙ **will I?** et **will we?** sont employés
pour demander un renseignement sur
ce qui **va se passer**.

What time **will we** arrive?
À quelle heure arriverons-nous ?

☞ VOIR : will

219

shame (a shame)

It's **a shame** you can't come.
C'est dommage que tu ne puisses pas venir.

⊙ **It's a shame** = **c'est dommage**

They lost the match? What **a shame**!
Ils ont perdu le match ? Quel dommage !

 N'oubliez pas le mot **a** ! On **ne dit pas** **it's shame*.

she

Léa was late because **she** missed the bus.
Léa était en retard parce qu'elle a raté le bus.

⊙ **she** = **elle** quand on parle d'une **personne** (femme, fille) ou un **animal familier femelle**.

> I threw **my watch** away because **it** was broken.
J'ai jeté ma montre parce qu'elle était cassée.

> Quand on ne parle pas d'une personne ou d'un animal de compagnie, on emploie **it**.

She bought a house. **It** was very expensive.
Elle a acheté une maison. Elle était très chère.

N'employez pas *she* pour des objets ou des animaux non familiers !

☞ **VOIR** : it, he

sheep

I took a photo of a **sheep**.
J'ai pris une photo d'un mouton.

⊙ **a sheep** = **un mouton**

There are over a hundred **sheep** in that field.
Il y a plus de cent moutons dans ce champ.

⊙ Le pluriel de **sheep** est **sheep** (pas de **s** à la fin !).

I like lamb, but I don't like **mutton**.
J'aime l'agneau, mais je n'aime pas le mouton.

⊙ Quand on parle de la viande de mouton, on emploie le mot **mutton**, pas *sheep.

They transported the **sheep** by **ship**.
Ils ont transporté les moutons par bateau.

Ne confondez pas **sheep** (mouton) avec **ship** (bateau, navire).

shirt et skirt

He was wearing a short-sleeved **shirt**.
Il portait une chemise à manches courtes.

She was wearing a long **skirt**.
Elle portait une jupe longue.

Ne confondez pas **shirt** (chemise) avec **skirt** (jupe). Une astuce pour vous en souvenir : le **h** de s**h**irt peut vous rappeler que c'est un vêtement d'**h**omme !

shock, shocked, shocking

Fred is always trying to **shock** his parents.
Fred essaie constamment de choquer ses parents.

⊙ Le verbe **shock** signifie **choquer**.

It really **shocked** me when he hit me.
Cela m'a vraiment choqué quand il m'a frappé.

⊙ Dans l'exemple à gauche, **shocked** est le prétérit du verbe **shock**.

My Dad was **shocked** when I told him I was leaving.
Mon père était choqué quand je lui ai dit que je partais.

⊙ **be shocked = être choqué**. Dans ce cas, **shocked** est un **adjectif**.

It's **shocking** to see so much violence on TV.
Il est choquant de voir tant de violence à la télé.

⊙ **shocking** est un adjectif qui signifie **choquant**.

I'm **shocked**!
Je suis choqué !

Ne confondez pas **shocked** et **shocking** (ne dites pas *I am shocking* !)

short

I like wearing **short** skirts.
J'aime bien mettre des jupes courtes.

⊙ **short = court**

My Dad is quite **short**.
Mon père est assez petit.
Mon père n'est pas très grand.

⊙ **short** signifie aussi **petit**, en parlant de la taille de quelqu'un.

shorts

What's that? – It's a pair of **shorts**.
Qu'est-ce que c'est ? – C'est un short.

⊙ En anglais **shorts** est toujours au pluriel.

I'm going to put my **shorts** on.
Je vais mettre mon short.

On **ne dit pas** *a short*! On dit (**some**) **shorts** ou **a pair of shorts**.

I need some new **shorts**.
J'ai besoin d'un nouveau short.

Ne confondez pas **shorts** avec l'adjectif **short**.

☛ VOIR : **jeans, pants, pyjamas, tights, trousers**

should, shouldn't

⊙ **should** est un **modal.** Un modal, c'est un mot qu'on ne peut pas traduire directement, mais qui nous permet d'exprimer certaines choses. **should** a **deux fonctions importantes**.

You **should** leave now.
Tu devrais partir maintenant.

How many eggs **should** I use?
Je devrais utiliser combien d'œufs ?

Do you think I **should** phone Andrew?
Tu penses que je devrais appeler Andrew ?

⊙ **should** nous permet de parler de ce qu'il **faudrait faire**, de ce qu'on **devrait faire**. Il permet aussi de donner et de demander des **conseils**.

⊙ **must** exprime une **obligation** et est donc plus fort que **should**, qui permet de donner un **conseil**.

☛ VOIR : **must**

You **shouldn't** drive so fast.
Tu ne devrais pas rouler si vite.

People **shouldn't** be so impatient.
Les gens ne devraient pas être si impatients.

⊙ **shouldn't** (= should not) nous permet de parler de ce qu'il **ne faudrait pas faire**, de ce qu'on **ne devrait pas faire**. Il permet de donner des **conseils** et d'exprimer des **opinions**.

2

They **should** arrive at nine.	⊙ **should** nous permet de parler de ce qui **devrait être le cas**, de ce qui **devrait se passer** : il permet de faire des **hypothèses**.
Ils devraient arriver à neuf heures.	

should have, shouldn't have

Olivia **should have** phoned her Mum.
Olivia aurait dû téléphoner à sa mère.

⊙ **should have** + participe passé nous permet de dire ce que quelqu'un **aurait dû** faire, ce qui **aurait dû** être le cas.

I **should have** known!
J'aurais dû le savoir !

You really **shouldn't have** bought that bag.
Tu n'aurais vraiment pas dû acheter ce sac.

⊙ **should have** + participe passé nous permet de dire ce que quelqu'un **n'aurait pas dû** faire, ce qui **n'aurait pas dû** être le cas.

I **shouldn't have** come.
Je n'aurais pas dû venir.

Should we **have** given her a present?
Est-ce que nous aurions dû lui donner un cadeau ?

Rappel : le participe passé d'un verbe **régulier**, c'est le verbe avec terminaison **-ed** (**phoned, walked, asked**...). Vous trouverez le participe passé des verbes **irréguliers** dans les tableaux de conjugaison (**bought, had, sat, said**... à la fin de ce livre).

shout

Stop **shouting**!
Arrêtez de crier !

⊙ Le verbe **shout** signifie **crier**.

Attention ! **shout** n'a rien à voir avec le verbe français **shooter**, qui se traduit par **shoot** (**shot, shot**).

show

Dave **showed** his photos to his friends.
Dave **showed** his friends his photos.
Dave a montré ses photos à ses amis.

⊙ On dit **show something to somebody** ou **show somebody something**.

Show me your drawing.
Montre-moi ton dessin.

Show it to me.
Montre-le-moi.

☞ VOIR : fiche 15

since + present perfect (= « depuis »)

I'**ve lived** in Paris **since** March.
J'habite à Paris depuis mars.

I'**ve** been here since this morning.
Je suis là depuis ce matin.

How long have you known him? – **Since** last year.
Depuis combien de temps tu le connais ?
– Depuis l'année dernière.

Sharon has been away **since** Tuesday.
Sharon est absente depuis mardi.

I haven't seen David **since** Easter.
Je n'ai pas vu David depuis Pâques.

Since then, I've never eaten oysters.
Depuis ce moment-là, je n'ai plus jamais mangé d'huîtres.

He's been unhappy **since** he moved to London.
Il est malheureux depuis qu'il s'est installé à Londres.

⊙ **since = depuis**, mais attention à ne pas le confondre avec **for** !

⊙ **since** s'emploie avec :
• les heures (since **three o'clock**, since **nine thirty**)
• les noms des mois (since **April**, since **September**...)
• les années (since **1983**, since **2001**...)
• **this** et **last**... (since **this morning**, since **last week**, since **last year**...)
• **yesterday** (since **yesterday**)
• **then** (since **then**)
• les événements passés que l'on peut dater précisément (since **my birthday**, since **Christmas**, since **I broke my arm**).

since ne **s'emploie pas** avec les expressions qui servent à **mesurer le temps** (one week, three months, a year, several hours...). Dans ces cas, **depuis = for**, pas *since.

☞ VOIR : **for**
☞ VOIR : fiche 35

Sir

Can I help you, **Sir**?
Je peux vous aider, Monsieur ?

⊙ **Sir** est employé pour parler très poliment à un client dans un magasin, ou pour commencer une lettre à un homme qu'on ne connaît pas. Les emplois de **Sir** sont ainsi beaucoup plus restreints que ceux de **Monsieur** en français (pour dire « bonjour Monsieur », un simple « hello » suffit en anglais).

Dear **Sir**, I am writing to you...
Monsieur, je vous écris...

Sir, can I leave the room please?
Monsieur, je peux sortir s'il vous plaît ?

⊙ Autrefois, **Sir** était employé par les élèves au Royaume-Uni pour s'adresser à leur professeur. Aujourd'hui, cet usage a presque disparu et les élèves appellent leur professeur par son nom (Mr Moore, Mr Peterson...).

siren et mermaid

We heard the **siren** and ran out of the building.
Nous avons entendu la sirène et nous avons quitté l'immeuble en courant.

⊙ **a siren** = **une sirène** (un appareil qui fait du bruit pour avertir les gens).

> We went to see « The Little Mermaid ».
On est allé voir « La Petite Sirène ».

> Quand vous voulez parler d'une sirène au sens de « femme à queue de poisson », le mot qui convient est **mermaid**, pas *siren.

skinny, slim et thin

Joe is really **skinny**.
Joe est très maigre.
Joe n'a rien sur les os.

⊙ **Skinny, slim** et **thin** sont employés pour parler de la minceur de quelqu'un, mais ils ont des nuances de sens différentes. **Skinny** est généralement assez péjoratif et signifie **maigre. Slim** a des connotations très positives ; il signifie **mince, svelte**. **Thin** signifie également **mince**, mais peut également avoir des connotations négatives selon le contexte.

Helen is **slim** and pretty.
Helen est mince et jolie.

Many people want to be **thin**.
Beaucoup de gens veulent être minces.

slip

Sorry about that **slip**.
Désolé pour cette erreur.

⊙ **a slip** = **une erreur**. Dans ce cas, **slip** est synonyme de **mistake**.

I wrote his name on a **slip** of paper.
J'ai écrit son nom sur un bout de papier.

⊙ **a slip of paper** = **un bout de papier**

She was wearing a white **slip**.
Elle portait une combinaison blanche.

⊙ **a slip** peut également signifier une combinaison (le vêtement qu'une femme porte sous sa robe).

> I need to buy a **pair of pants**.
I need to buy some **pants**.
Je dois acheter un slip.

> **un slip** se traduit par (**a pair of/some**) **pants**.

> I can see your **pants**!
Je vois ton slip !

Attention ! **un slip** ne se traduit pas par *a slip !

small *et* little

Can I have two **small** coffees please?
Je peux avoir deux petits cafés, s'il vous plaît ?

⊙ **small** et **little** signifient tous les deux **petit**, mais ils n'ont pas tout à fait les mêmes emplois.

Look at the baby's **little** hands!
Regarde les petites mains du bébé !

⊙ **little** est employé quand il y a une nuance **affective** (dans l'exemple à gauche, on trouve les mains du bébé mignonnes...), alors que **small** est plus objectif (on ne parle que de la taille).

We found a **nice little** hotel.
On a trouvé un joli petit hôtel.

⊙ Avec un second adjectif (ici, **nice, vicious, ugly**), on emploie généralement **little**, pas **small**.

They've got a **vicious little** dog.
Ils ont un petit chien méchant.

It's an **ugly little** house.
C'est une petite maison laide.

My **little** brother's name is Gary.
Mon petit frère s'appelle Gary.

⊙ **little brother/sister** = **petit frère/petite sœur** (car lien de parenté).

smell ou feel ? (sentir)

Smell these roses, they **smell** lovely!
Sens ces roses, elles sentent très bon !

The dentist gave me an injection and I
didn't **feel** anything.
*Le dentiste m'a fait une piqûre et je n'ai
rien senti.*

⊙ **smell** = **sentir** (une odeur)

⊙ **feel** = **sentir** (quelque chose qui
nous touche ou qui nous fait mal).

● Ne les confondez pas !

smell like, smell of

This soap **smells like** jasmine.
This soap **smells of** jasmine.
Ce savon sent le jasmin.

⊙ **smell like** et **smell of** sont employés
pour parler de l'odeur ou du parfum
de quelque chose.

SO

⊙ **so** a plusieurs fonctions.

1

I'm **so** happy you could come.
*Je suis tellement heureux que tu aies pu
venir.*
Je suis si heureux que tu aies pu venir.

Fred is **so** stubborn!
Fred est tellement têtu !
Fred est si têtu !

⊙ **so** peut précéder un adjectif ou un
adverbe et signifier **tellement, si**.

☞ VOIR : **such**

2

I've got **so much** work to do!
J'ai tant de travail à faire !
J'ai tellement de travail à faire !

I've got **so much** to do!
J'ai tellement de choses à faire !

We laughed **so much**!
On a tellement ri !

He seems to have **so many** friends.
Il semble avoir tellement d'amis.

⊙ **so much** = **tant (de), tellement
(de)** (suivi d'un nom indénombrable)

☞ VOIR : **much, many**

⊙ **so many** = **tant (de), tellement
(de)** (suivi d'un pluriel)

Suite page suivante

3

Was Andrew there? – Yes, I think **so**.	⊙ **I think so, I suppose** so et **I hope**
Andrew était là ? Oui, je pense.	**so** servent à **confirmer** (regardez
Andrew était là ? Je pense que oui.	bien les exemples).

Have they left? – I don't think **so**.
Ils sont partis ? Je ne pense pas.
Ils sont partis ? Je pense que non.

Is dinner ready? – I hope **so**!
Le dîner est prêt ? J'espère que oui !

Attention! On **ne dit pas** *Yes,
I think, *I think yes, *I suppose yes, etc.

Does he agree? – I suppose **so**.
Il est d'accord ? – Je suppose que oui.

4

We arrived at the station early, **so** we	⊙ **so** peut servir à lier deux phrases et
had a coffee.	signifie **alors, donc, par conséquent**
On est arrivé tôt à la gare, alors on a pris	
un café.	

5

I love ice cream and **so does** Rachel.
J'adore les glaces et Rachel aussi.

⊙ **so** s'associe avec **do/have/be** et les **modaux** pour signifier « aussi ». L'ordre des mots est toujours le même : **so** + **« outil »** + **sujet**.

I often go to the cinema. – **So do** I.
Je vais souvent au cinéma. – Moi aussi.

I'm hungry. – **So are** we!
J'ai faim. – Nous aussi !

⊙ Notez comment l'expression avec **so** « reprend » l'auxiliaire ou le modal de la première phrase dans chaque cas :
I {do} love = reprise de **do** ;
I can swim = reprise de **can** ;
I have seen = reprise de **have**, etc.

I've seen this film already and **so has** Olivia.
J'ai déjà vu ce film, Olivia aussi.

I can swim. – **So can** I.
Je sais nager. – Moi aussi.

☛ **VOIR** : neither + « outil » + sujet

I'll help you and **so will** Steve.
Je t'aiderai, Steve aussi.

so (that)

I gave Anna some money **so (that)** she could buy her Mum some flowers.
J'ai donné de l'argent à Anna pour qu'elle puisse acheter des fleurs à sa mère.

⊙ **so (that)** = **pour que**

society

I'm interested in the role of religion in modern **society**.
Je m'intéresse au rôle de la religion dans la société moderne.

⊙ **society** = **la société** au sens de « communauté, civilisation »

> I work for a French **company**.
Je travaille pour une société française.

> **une société** commerciale (une entreprise) = **a company**

N'employez jamais le mot **society** pour traduire « entreprise ».

some (comparé à any)

There are **some** people in the garden.
Il y a des gens dans le jardin.

Give me **some** cheese.
Donne-moi du fromage.

⊙ **some**, comme **any**, est souvent employé pour parler d'une « quantité indéfinie » de quelque chose (comme **du, de la, des** en français).

Dans ce sens, **any** s'emploie dans des **questions** et à la forme **négative** (avec **not**).

Have you got **some** sweets in your pocket?
Have you got **any** sweets in your pocket?
Est-ce que tu as des bonbons dans ta poche ?

⊙ Dans les **questions**, il y a souvent très peu de différence entre **any** et **some**, et on peut souvent employer les deux.

Suite page suivante

Do you need **some** help?
Do you need **any** help?
Tu as besoin d'aide ?

⊙ Dans les questions, **any/some** s'emploient avec les **noms indénombrables** tels que **help** et **advice**, et les **pluriels**.

Is there **some** cheese left?
Is there **any** cheese left?
Il reste du fromage ?

Are there **some** yoghurts in the fridge?
Are there **any** yoghurts in the fridge?
Y a-t-il des yaourts dans le frigo ?

Can you lend me **some** money?
Tu peux me prêter de l'argent ?

⊙ Dans des **demandes** d'argent, de conseil, etc., on emploie généralement **some**, pas **any**.

Could you give me **some** advice?
Tu pourrais me donner un conseil ?

Would you like **some** bread?
Vous voulez du pain ?

⊙ Quand on **propose de donner** quelque chose à quelqu'un, on emploie généralement **some**, pas **any**.

Can I give you **some** wine?
Je peux te donner du vin ?

> There is**n't any** cheese in the fridge.
Il n'y a pas de fromage dans le frigo.

> I have**n't** got **any** green socks.
Je n'ai pas de chaussettes vertes.

Attention ! on dit **not any**, pas **not some*.

> They did**n't** buy **any** furniture.
Ils n'ont pas acheté de meubles.

> There were**n't any** problems.
Il n'y a pas eu de problèmes.

He likes **some** sports.
Il aime certains sports.

⊙ **some** peut aussi avoir le sens de « certains », « un certain nombre de ».

Some people think he's lying.
Certaines personnes pensent qu'il ment.

somebody/someone, something

There's **somebody** at the door.
There's **someone** at the door.
Il y a quelqu'un à la porte.

⊙ **somebody** et **someone** signifient **quelqu'un**.

Did **somebody** phone me?
Did **anybody** phone me?
Est-ce que quelqu'un m'a téléphoné ?

⊙ Dans les questions (mais **uniquement** dans les questions), **somebody** et **anybody** sont souvent interchangeables.

Can **somebody** tell me where the post office is?
Can **anybody** tell me where the post office is?
Est-ce que quelqu'un peut me dire où se trouve la poste ?

Something fell off the lorry.
Quelque chose est tombé du camion.

⊙ **something** = **quelque chose**

Can I do **something** to help you?
Can I do **anything** to help you?
Je peux faire quelque chose pour vous aider ?

⊙ Dans les questions (mais **uniquement** dans les questions), **something** et **anything** sont souvent interchangeables.

Do you want **something**?
Do you want **anything**?
Tu veux quelque chose ?

☞ VOIR : anything

sometimes

We **sometimes** go to the park together.
Nous allons parfois au parc ensemble.

⊙ Attention à l'ordre des mots avec **sometimes** (= **quelquefois**, **parfois**).

Children are **sometimes** very cruel.
Les enfants sont parfois très cruels.

Attention : en français, le mot **parfois** peut suivre le verbe (nous allons parfois...). Le mot **sometimes** précède le verbe (sauf **be** conjugué).

☞ VOIR : fiche 82
☞ VOIR : often, never

soon ou early ?

We've got to leave **soon**.
Il faut que nous partions bientôt.

We've got to leave **early**.
Il faut que nous partions tôt.

⊙ **soon** signifie **bientôt, dans peu de temps**.

⊙ **early** signifie **tôt, de bonne heure**.

Ne les confondez pas !

sound ou noise pour traduire « bruit » ?

We listened to the **sound** of the waves.
On a écouté le bruit des vagues.

I like the **sound** of the wind.
J'aime le bruit du vent.

⊙ **a sound**, c'est généralement un son ou un bruit agréable ou doux.

The seagulls made a lot of **noise**.
Les mouettes faisaient beaucoup de bruit.

⊙ **a noise**, c'est un bruit désagréable, fort ou strident.

The **noise** from the street disturbed me.
Le bruit de la rue m'a dérangé.

sound like

I've got a ringtone that **sounds like** rain falling.
J'ai une sonnerie qui ressemble à de la pluie qui tombe.

⊙ **sound like** s'emploie pour décrire un bruit en le comparant à quelque chose.

What does it **sound like**?
Quel bruit ça fait ?

It **sounds like** a church bell.
On dirait une cloche d'église.

⊙ Notez que **it sounds like**... peut se traduire par **on dirait**...

souvenir

Did you buy any **souvenirs** in Morocco?
As-tu acheté des souvenirs au Maroc?

> I have good **memories** of that holiday.
J'ai de bons souvenirs de ces vacances.

⊙ **a souvenir**, c'est un souvenir (un objet) qu'on rapporte d'un voyage.

> **un souvenir** (une chose dont on se souvient) = **a memory**

spaghetti

I really like **spaghetti**.
J'adore les spaghettis.

This **spaghetti** is cold!
Ces spaghettis sont froids!

⊙ **spaghetti** est un nom indénombrable en anglais. Il ne se met jamais au pluriel (on **ne dit pas** *spaghettis) et on ne dit jamais *a spaghetti.

species

They've discovered a new **species** of fish.
Ils ont découvert une nouvelle espèce de poisson.

There are many different **species** of lizard.
Il y a beaucoup d'espèces différentes de lézards.

⊙ **a species**, c'est une espèce (au sens scientifique d'une espèce animale ou végétale).

Attention! On dit **one species, two species...** (il y a toujours un s, même au singulier). Ne dites **jamais** *a specie!

sport

I do lots of **sport**.
Je fais beaucoup de sport.

Do you do **any kind of sport**?
Est-ce que tu fais du sport?
Est-ce que tu pratiques un sport?

On dit **do some sport, do a lot of sport,** etc., mais on **ne dit pas** *do sport. Si vous voulez dire « je fais du sport » en anglais, parlez du sport que vous pratiquez (**I play tennis, I do judo...,** mais pas *I do sport).

☞ **VOIR** : practise

stage

We did the work in **stages**.
Nous avons fait le travail par étapes.

The **stage** was covered in flowers.
La scène était couverte de fleurs.

⊙ **a stage**, c'est soit une **étape**, soit une **scène de théâtre** (au sens de « plateau »).

> What kind of **course** would you like to do?
Quel genre de stage aimerais-tu faire ?

> **un stage** (de formation) = **a course**

> James is doing a **placement** in a big company.
James fait un stage dans une grande entreprise.

> **un stage** (un apprentissage en entreprise) = **a placement**

station

I'll meet you at the **station**.
On se retrouve à la gare.

⊙ **a station**, c'est une **gare** ou une **station de métro**.

> It's a really nice **ski resort**.
C'est une très jolie station de ski.

> **une station** (balnéaire ou de sports d'hiver) = **a resort**

> I don't like big **beach resorts**.
Je n'aime pas les grandes stations balnéaires.

steal

They tried to **steal** some money from their teacher.
Ils ont essayé de voler de l'argent à leur prof.

⊙ **steal something from somebody** = **voler quelque chose à quelqu'un**

Notez l'emploi de la préposition : **steal** <u>from</u>.

☞ VOIR : rob

still

The washing machine is **still** broken.
La machine à laver est encore en panne.
La machine à laver est toujours en panne.

⊙ **still** = **encore**

They **still** live in London.
Ils habitent encore à Londres.
Ils habitent toujours à Londres.

I can **still** hear the music.
J'entends encore la musique.
J'entends toujours la musique.

Ne confondez pas **still** (= encore, toujours), **always** (= toujours, le contraire de jamais), et **yet**.

☞ VOIR : **always, yet**

stop + -ing

I can't **stop** sneez**ing**!
Je ne peux pas arrêter d'éternuer !

⊙ **stop + -ing = arrêter de** + infinitif

Stop laugh**ing**!
Arrête de rire !

They **stopped** smok**ing**.
Ils ont arrêté de fumer.

> They **stopped** to smoke.
Ils se sont arrêtés pour fumer.

> **stop to** + base verbale = **s'arrêter pour** + infinitif

Ne confondez pas **stop doing** et **stop to do** !

succeed

They **succeeded in** repairing the car.
Ils ont réussi à réparer la voiture.

⊙ **succed in + -ing = réussir à +** infinitif

On **ne dit pas**
*succeed to...

such, such a

I've never known **such** heat!
Je n'ai jamais connu une telle chaleur !

They're **such** idiots...
Ce sont de tels imbéciles...

⊙ **such** s'emploie seul (sans article) avec un **nom indénombrable** ou un **pluriel : such pride** (une telle fierté), **such ideas** (de telles idées).

Suite page suivante

He's **such a** clever man.
C'est un homme si intelligent.

It's **such a** nice day, we can go for a
picnic.
Il fait si beau, on peut faire un pique-nique.

⊙ Avec un nom singulier, employez **such a**...

☛ **VOIR : SO**

suffer

They **suffer** from the heat.
Ils souffrent de la chaleur.

⊙ **suffer from something = souffrir
de quelque chose**

Notez l'emploi de la
préposition : **suffer from** (jamais
suffer of).

suggest

They **suggested** several good
restaurants (to me).
*Ils m'ont suggéré plusieurs bons
restaurants.*

Attention ! On **ne dit pas**
suggest me, mais
suggest... to me.

What do you **suggest**?
Qu'est-ce que tu me/nous suggères ?

Dans la pratique, on omet le plus
souvent « to me/him/us », etc.

I **suggest** that you leave early.
Je vous suggère de partir tôt.

⊙ On peut dire **suggest that**... + verbe.
I suggest you to leave... est **incorrect**.

support

These three pillars **support** the roof.
Ces trois piliers soutiennent le toit.

⊙ Le sens le plus courant du verbe
anglais **support** est **soutenir**.

> I **can't bear** this programme!
Je ne supporte pas cette émission !

> Pour dire qu'on ne **supporte pas**
quelque chose, on emploie l'expression
can't bear...

suppose (so)

I **suppose** you're tired.
Je suppose que tu es fatigué.

Will they be late? – I **suppose** so.
Ils seront en retard ? – Je suppose que oui.

Isn't he coming? – I **suppose** not.
Il ne vient pas ? – Je suppose que non.

⊙ **supposer que**... = **suppose that**...,
mais « that » est le plus souvent omis.

⊙ Notez l'expression I **suppose so**
(= je suppose que oui).

⊙ Notez l'expression I **suppose not**
(= je suppose que non).

surely

Surely he can't be serious!
Non mais, il ne peut pas être sérieux !

Surely you're not going to buy that!
Tu ne vas pas acheter ça, quand même ?

⊙ **Surely** ne signifie pas **sûrement**. Il
exprime l'**étonnement** ou
l'**incrédulité**. Il se traduit de diverses
façons (« non mais... », « quand
même »...).

> You're **probably** right!
Tu as sûrement raison !

> Quand **sûrement** signifie
probablement / certainement, il se
traduit par **probably**.

surname

What's your **surname**?
Quel est ton nom de famille ?

⊙ a **surname** = un **nom de famille**

> His **nickname** is Jojo.
Son surnom est Jojo.

> un **surnom** = a **nickname**

sweet, sweat, sweatshirt, sweater

Would you like a **sweet**?
Tu veux un bonbon ?

This tea is too **sweet**.
Ce thé est trop sucré.

⊙ a **sweet** = un **bonbon**

⊙ L'adjectif **sweet** signifie **sucré, doux**.

Sweet rime avec **meet**.

Suite page suivante

237

My t-shirt was soaked in **sweat**.
Mon tee-shirt était trempé de sueur.

☉ **sweat = la transpiration, la sueur**

● **Sweat** rime avec **net**.

I've got a new **sweatshirt** with a hood.
J'ai un nouveau sweat avec une capuche.

☉ **a sweatshirt = un sweat** (on écrit
parfois « un sweet » en français).

I love your **sweater**!
J'adore ton pull !

☉ **a sweater = un pull**

My **sweatshirt** is soaked in **sweat**.
Mon sweat est trempé de sueur.

● Attention ! Les mots anglais **sweet**
et **sweat** ne désignent pas un
vêtement. Il faut dire **a sweatshirt**
(littéralement, une « chemise pour
transpirer »).

sympathetic

When I told her what had happened to
me, she was very **sympathetic**.
*Quand je lui ai dit ce qui m'était arrivé, elle
a été très compatissante.*

☉ Le mot anglais **sympathetic** ne
signifie pas *sympathique mais
compatissant (c'est-à-dire, à l'écoute
des problèmes des autres).

> The policeman was very **friendly**.
Le policier a été très sympathique.

> **sympathique = nice** ou **friendly**

● N'employez pas **sympathetic**
comme traduction de
sympathique !

T

take (= apporter)

Take a cup of tea to your father.
Take your father a cup of tea.
Apporte une tasse de thé à ton père.

I **took** Naomi some chocolates.
J'ai apporté des chocolats à Naomi.

Take it to him.
Apporte-le-lui.

⊙ On dit **take something to somebody** ou **take somebody something**.

⊙ **take somebody something** est souvent plus naturel.

☞ VOIR : bring

☞ VOIR : fiche 15

take from

Take the ball **from** the dog.
Prends la balle au chien.

Laura **took** the money **from** me.
Laura m'a pris l'argent.

⊙ **take... from = prendre... à**

Attention ! « She took me the money » signifie « elle m'a apporté l'argent » (regardez l'entrée précédente).

take (it takes...)

It takes a lot of training to become a gymnast.
Il faut beaucoup d'entraînement pour devenir gymnaste.

It takes three hours to get to Marseille.
Il faut trois heures pour aller à Marseille.

It took him a lot of courage to tell her.
Il lui a fallu beaucoup de courage pour lui dire.

⊙ **it takes = il faut** au sens de « ça demande... », « ça prend... »

Ne traduisez jamais **il faut** par *it must* !

⊙ Au passé : **it took**

talk et speak

talk et speak sont faciles à confondre. Ils ont à peu près le même sens (« parler »), mais ils ont des emplois différents.

We **talked** for a few minutes.
Nous avons parlé pendant quelques minutes.

⊙ Avec **talk**, il y a plus la notion d'échange, de dialogue, de conversation, qu'avec **speak**.

He **spoke** for an hour about global warming.
Il a parlé du réchauffement de la planète pendant une heure.

Speak into this microphone.
Parlez dans ce micro.

⊙ Quand il n'y a aucune notion d'échange, il vaut mieux employer **speak**.

Stop **talking** now, children!
Arrêtez de parler maintenant, les enfants !

⊙ Quand il s'agit clairement de bavardage, il faut employer **talk** (**speak* serait impossible dans l'exemple à gauche).

I don't **speak** Italian.
Je ne parle pas italien.

⊙ **speak** a language = **parler** une langue (ici, **talk* est impossible)

> The text **is about** an old man.
Le texte parle d'un vieil homme.

> **talk** et **speak** s'emploient uniquement pour des **personnes** qui parlent. Quand « parler de » signifie « avoir pour sujet », il faut employer l'expression **be about**...

tap (turn on/off a tap...)

I forgot to **turn off** the **tap**.
J'ai oublié de fermer le robinet.

⊙ On dit **turn on a tap**, **turn off a tap** (et non pas **open/close a tap* !).

The hot **tap** is hard to **turn on**.
Le robinet d'eau chaude est dur à ouvrir.

taste like, taste of

This soup **tastes like** garlic.
This soup **tastes of** garlic.
Cette soupe a un goût d'ail.

It **tastes like** cabbage!
It **tastes of** cabbage!
On dirait du chou !

⊙ **taste like** et **taste of** signifient **avoir un goût de**.

⊙ Notez qu'on peut également traduire par « on dirait... ».

teach

Mr Stevens **teaches** English.
M. Stevens enseigne l'anglais.

Alice **taught** me to ski.
Alice m'a appris à skier.

⊙ **teach (taught, taught)**
= **enseigner**

⊙ **teach** somebody **to** + base verbale
= **apprendre à quelqu'un à** + infinitif

> Harry **told** me the news.
Harry m'a appris la nouvelle.

 Attention ! Quand **apprendre à quelqu'un** signifie **informer**, il se traduit par **tell**, pas *teach*. **teach** a toujours le sens d'enseigner.

tell

Did you **tell** Andrew to come?
Tu as dit à Andrew de venir ?

Tell him not to worry.
Dis-lui de ne pas s'inquiéter.

He **told** me that he was cold.
Il m'a dit qu'il avait froid.

Tell me your name.
Dis-moi ton nom.

What did you **tell** the police?
Qu'as-tu dit à la police ?

⊙ **tell** somebody **to**... = **dire à** quelqu'un **de**...

⊙ **tell** somebody **not to**... = **dire à** quelqu'un **de ne pas**...

Attention ! Ne confondez pas **tell** et **say** !

⊙ **tell somebody something** = **dire quelque chose à quelqu'un**

☞ **VOIR** : fiche 15

Suite page suivante

I like to **tell** stories.
J'aime raconter des histoires.

⊙ **tell** a aussi le sens de **raconter**.

Are you **telling** the truth?
Tu dis la vérité ?

He **tells** a lot of lies.
Il dit beaucoup de mensonges.

Sam **told** me there had been an accident.
Sam m'a appris qu'il y avait eu un accident.

⊙ **tell** peut aussi correspondre à **apprendre**, au sens d'informer.

He didn't **tell** his mother about it.
Il n'en a pas parlé à sa mère.

Attention ! **tell** est toujours suivi d'un complément (les pronoms **me, him, her**, le nom d'une personne, etc.). On **ne dit pas** *tell about...*

tennis

Paul is really good at **tennis**.
Paul est très doué pour le tennis.

> My **trainers** are dirty.
Mes tennis sont sales.

> **des tennis** (= des chaussures) = **trainers**

tense et time

Which **tense** should I use?
Quel temps (grammatical) devrais-je employer ?

⊙ **a tense = un temps grammatical** (le présent, le passé, le futur...)

The past **tense** of « do » is « did ».
Le prétérit de « do » est « did ».

What **time** did they arrive?
À quelle heure sont-ils arrivés ?

⊙ **time = l'heure** ou **le temps** (qu'on mesure avec une montre).

I haven't got **time** to do that.
Je n'ai pas le temps de faire ça.

☛ VOIR : **weather**

terrible ou terrific ?

I've got a **terrible** headache.
J'ai un mal de tête épouvantable.

This film is **terrible**!
Ce film est nul!

That's **terrible**!
C'est horrible!

⊙ Le mot anglais **terrible** est employé pour parler de choses **horribles**, **épouvantables**, **affreuses**...

That was a **terrific** meal!
Ce repas était vraiment génial!

So you can come! That's **terrific**!
Alors tu peux venir! C'est génial!

⊙ Le mot **terrific** est employé pour parler de choses **géniales**, **magnifiques, superbes**...

Ne les confondez pas!

terrified ou terrifying ?

I was **terrified** when the bomb exploded.
J'étais terrifié quand la bombe a explosé.

He's **terrified** of spiders.
Il a très peur des araignées.

⊙ **terrified** s'emploie pour une personne qui est **terrifiée**, qui **a très peur**.

It was a **terrifying** experience.
*C'était une expérience **terrifiante**.*

⊙ **terrifying** s'emploie pour quelque chose qui est **terrifiant**, qui **fait très peur**.

Ne les confondez pas!

than, as, that

I think James is a bit younger **than** me.
Je pense que James est un peu plus jeune que moi.

It was less expensive **than** last time.
C'était moins cher que la dernière fois.

⊙ **than** («que») sert à **comparer**, et exprime une **différence** (moins... que, plus... que). Il est employé après un **adjectif** ou un **adverbe** au **comparatif**.

Suite page suivante

243

> Ben is almost as tall **as** me.
Ben est presque aussi grand que moi.

> Prices here are the same **as** in London.
Les prix ici sont les mêmes qu'à Londres.

> **as** (« que ») sert aussi à comparer, mais exprime une **similitude**, une **égalité** (aussi... que, le même... que).

● Ne confondez pas **than** avec **as**.

> Is this the cake **that** you made?
C'est le gâteau que tu as fait ?

> **that** établit une **relation** (« que » est ici un pronom relatif).

Attention à ne pas commettre l'erreur de dire **that** au lieu de **than** dans les comparaisons !

☞ VOIR : **as... as, that** (relatif)

thank god

Thank god you're safe!
Tu es sain et sauf, dieu merci !

● Attention ! On dit **thank god**, pas *thanks god* !

thank you/thanks (for + -ing)

Thank you for helping me.
Thanks for helping me.
Merci de m'avoir aidé.

⊙ Quand on remercie quelqu'un d'avoir fait quelque chose, on emploie l'expression **thank you for + -ing**. **Thanks** est synonyme de **thank you**.

> **Please** show your ticket.
Merci de présenter votre billet.

> Quand « merci de » est employé pour demander à quelqu'un de faire quelque chose, on traduit par **please**...

that (démonstratif)

☞ VOIR : **this**

that (pronom relatif)

Here are some photos **that** I took on holiday.
Here are some photos **which** I took on holiday.
Voilà des photos que j'ai prises en vacances.

There's the boy **that** hit me.
There's the boy **who** hit me.
Voilà le garçon qui m'a frappé.

⊙ **that = que/qui**

⊙ Notez que **that** a la même fonction que les pronoms relatifs **which** (qui se réfère à des sujets non humains) et **who** (qui se réfère à des sujets humains).

☞ VOIR : which, who
☞ VOIR : fiche 79

the

Put **the** cheese, **the** water and **the** apples on the table.
Mets le fromage, l'eau et les pommes sur la table.

⊙ **the = le, la, l', les**

> I love cheese!
J'adore le fromage!

Attention ! Quand on parle de quelque chose **en général** (le fromage, l'eau, les pommes, les fraises **en général**), on n'emploie pas **the**.

> **The** strawberries we bought are delicious.
Les fraises qu'on a achetées sont délicieuses.

> Dans la phrase à gauche, il ne s'agit pas des fraises en général, mais seulement de **celles qu'on a achetées**.

> Strawberries are cheap at the moment.
Les fraises sont bon marché en ce moment.

> Ici, il s'agit des fraises **en général**, de **toutes** les fraises.

☞ VOIR : fiche 61

their

The children brought **their** dog.
Les enfants ont amené leur chien.

The children brought **their** dogs.
Les enfants ont amené leurs chiens.

⊙ **their = leur, leurs**

Attention ! Ne soyez pas tenté d'ajouter un **s** à **their** ! *theirs dogs est **incorrect** ! (Regardez aussi l'entrée suivante).

theirs

1

We showed them our photos and they showed us **theirs**.
Nous leur avons montré nos photos et ils nous ont montré les leurs.

Anne and Phil borrowed our lawnmower because **theirs** is broken.
Anne et Phil ont emprunté notre tondeuse parce que la leur est en panne.

⊙ **theirs = le leur, la leur, les leurs**
(mais pas « leurs » suivi d'un nom !)

2

They said that the house was **theirs**.
Ils ont dit que la maison était à eux.

⊙ **theirs = à eux/à elles**

> It's **up to them** to call us!
> *C'est à eux de nous appeler !*

> Quand « c'est à eux/elles » signifie « c'est eux/elles qui devraient le faire », cela se traduit par **it's up to them**.

them

Steve and Kate asked if I wanted to play with **them**.
Steve et Kate m'ont demandé si je voulais jouer avec eux.

⊙ **them = eux** (complément d'objet)

They were at the party, but I didn't speak to **them**.
Ils étaient à la fête, mais je ne leur ai pas parlé.

⊙ **to them = leur** (« à eux »)

themselves

1

They decided to do it **themselves**.
Ils ont décidé de le faire eux-mêmes.
Elles ont décidé de le faire elles-mêmes.

⊙ **themselves** = eux-mêmes, elles-mêmes

2

They hurt **themselves**.
Ils (ou elles) se sont fait mal.

Tom and Tina were looking at **themselves** in the mirror.
Tom et Tina se regardaient dans la glace.

⊙ **themselves** correspond au **se** du verbe pronominal quand le sujet est pluriel (**ils, elles, mes frères, les chiens, Alice et Bernard...**)

☞ VOIR : **herself, himself, itself, myself, ourselves, yourself, yourselves**

then

Read page 4, **then** page 23.
Lis la page 4, puis la page 23.
Lis la page 4, ensuite la page 23.

⊙ **then** = puis, ensuite

I'm going to do the washing up, and **then** I'm going to watch TV.
Je vais faire la vaisselle, et après je vais regarder la télé.

⊙ On peut aussi traduire **then** par **après**. Ne le confondez pas avec **after**, qui serait impossible ici !

☞ VOIR : **after**

the one, the ones

☞ VOIR : **one, ones**

there (pour désigner)

Don't put your dirty clothes **there**!
Ne mets pas ton linge sale là !

⊙ **there** = là (au sens de « là-bas »)

Should I put the flowers here or **there**?
Je dois mettre les fleurs ici ou là-bas ?

There's Ruth, and **there are** her parents.
Voilà Ruth, et voilà ses parents.

⊙ **there's/there are...** = voilà... (mais regardez aussi l'entrée suivante).

Suite page suivante

> Sit **here** next to me.
Assieds-toi là, à côté de moi.

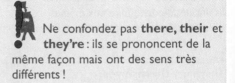

there ne signifie jamais « là » au sens de « ici ». Dans ce cas, il faut traduire par **here**.

> **They're** sitting over **there** with **their** parents.
Ils sont assis là-bas avec leurs parents.

Ne confondez pas **there, their** et **they're** : ils se prononcent de la même façon mais ont des sens très différents !

☞ VOIR : **here**

there's, there are, there will be...

There's a stain on your jacket.
Il y a une tache sur ta veste.

⊙ **there is/there are = il y a**

There are some cats in the garden.
Il y a des chats dans le jardin.

⊙ **there is** + singulier ; **there are** + pluriel.

Are there any cats in the garden?
Y a-t-il des chats dans le jardin ?

⊙ Notez qu'à la forme interrogative on inverse **there** et **be** conjugué.

There were a lot of people on the train.
Il y avait beaucoup de monde dans le train.

There must be a solution.
Il doit y avoir une solution.

⊙ Notez comment on emploie les **modaux** (**must, will,** etc.) avec **there** + **be** conjugué.

There will be a prize.
Il y aura un prix.

Will there be a prize?
Y aura-t-il un prix ?

⊙ Notez qu'à la forme interrogative on inverse **there** et le modal (ici, **will**).

these

☞ VOIR : **this**

they

I told my parents and **they** were very angry.
Je l'ai dit à mes parents et ils étaient très fâchés.

⊙ **they** = **ils**, **elles**

I phoned Anne and Christine but **they** were out.
J'ai appelé Anne et Christine mais elles étaient sorties.

☛ VOIR : **them**

they're

Thanks for the flowers, **they're** very pretty.
Merci pour les fleurs, elles sont très jolies.

⊙ **they're** = **they are**

Ne confondez pas **there**, **their** et **they're** : ils se prononcent de la même façon mais ont des sens très différents !

thief, thieves, theft

You're nothing but a **thief**!
Tu n'es rien d'autre qu'un voleur !

⊙ **a thief** = **un voleur** ou **une voleuse**

The **thieves** still haven't been caught.
On n'a toujours pas attrapé les voleurs.

⊙ Le pluriel de **thief** est **thieves**.

There's a lot of **theft** in this shop.
Il y a beaucoup de vol dans ce magasin.

⊙ **theft** = **le vol** (le fait de voler des choses)

think (think about, think of)

I **thought about** Sam this morning.
I **thought of** Sam this morning.
J'ai pensé à Sam ce matin.

⊙ On dit **think about** ou **think of** (pas **think to*) pour « penser à... ».

We're **thinking about** buying a house.
We're **thinking of** buying a house.
Nous pensons acheter une maison.

⊙ On dit **think about** ou **think of** + **-ing** (pas **think to*) pour « penser + infinitif ».

Ne dites jamais **think to* !

think so (I think so, I don't think so)

Has he arrived? – Yes, I **think so**.
Il est arrivé ? Oui, je pense.

Is his mother French? – I **don't think
so**.
Sa mère est française ? – Je ne pense pas.

⊙ En français, on peut répondre à une
question avec « Je pense/Je ne pense
pas ». En anglais il est **incorrect** de
répondre à une question avec
*I think/*I don't think. Il faut dire
I think so/I don't think so.

☞ VOIR : so

thirsty

I'm really **thirsty**, can I have some
orange juice?
*J'ai vraiment soif, je peux avoir du jus
d'orange ?*

⊙ **be thirsty** = avoir soif

⊙ Autres expressions où on emploie
avoir en français et **be** en anglais :
be **afraid** (avoir peur), be **cold** (avoir
froid), be **hot** (avoir chaud), be **right**
(avoir raison), be **sleepy** (avoir
sommeil), be **hungry** (avoir faim), be
wrong (avoir tort).

this, that, these, those (sans nom)

This is a great film!
C'est un film génial !

Ugh, **this** is disgusting!
Beurk, c'est dégoûtant !

That's a great film!
C'est un film génial !

That's disgusting!
C'est dégoûtant !

It's cheap. – Yes, **that**'s true.
Ce n'est pas cher. – Oui, c'est vrai.

That was very interesting.
C'était très intéressant.

⊙ **this** désigne quelque chose qui est
présent ou proche, ou qui se
déroule **en ce moment**. On dit **this
is a great film** pendant qu'on
regarde le film ; on dit **that is a great
film** en désignant l'affiche du film. On
dit **this is disgusting** en mangeant ;
that is disgusting fait référence à
quelque chose de plus éloigné (une
image qu'on voit à la télé, par
exemple).

⊙ Pour quelque chose qui **vient d'être
dit**, employez toujours **that**.

⊙ Avec le passé, employez toujours
that.

These are Alice's shoes.
Ce sont les chaussures d'Alice.

Those are Martin's shoes.
Ce sont les chaussures de Martin.

⊙ **these** et **those** fonctionnent comme **this** et **that**, mais pour le pluriel.

this, that, these, those + nom

This book is quite interesting.
Ce livre est assez intéressant.

That dog is really noisy.
Ce chien est vraiment bruyant.

⊙ **this** et **that** + nom s'emploient pour **désigner** quelque chose et se traduisent tous les deux par « ce/cette ».
this s'emploie quand ce dont on parle est relativement proche de celui qui parle.
that s'emploie quand ce dont on parle est plus éloigné.

⊙ Cette distance peut être spatiale (**this book** est plus proche de moi que **that book**).
Elle peut être temporelle (**this election**, c'est l'élection qui se déroule maintenant ; **that election**, c'est une élection plus ancienne).
Elle peut aussi être affective (**this** a souvent une connotation plus positive que **that**).

These books are quite interesting.
Ces livres sont assez intéressants.

Those dogs are really noisy.
Ces chiens sont vraiment bruyants.

⊙ **these** et **those** fonctionnent comme **this** et **that**, mais pour le pluriel.

⊙ Le rapport entre **this/these** et **that/those** est le même que celui qui existe entre **here** (= ici) et **there** (= là-bas).

those

☞ **VOIR :** this

though (= bien que)

Though it might seem expensive, it's very good quality.

⊙ **though = bien que**

Suite page suivante

Bien qu'il puisse sembler cher, il est de très bonne qualité.

Though it is small, this computer has a very large memory.
Although it is small, this computer has a very large memory.
Bien qu'il soit petit, cet ordinateur a une très grosse mémoire.

⊙ **though** et **although** ont le même sens.

thousand, thousands

The TV costs **a thousand** euros.
Le téléviseur coûte mille euros.

⊙ **a thousand = mille** (1000)

⊙ N'oubliez pas le mot « **a** ».

Three **thousand** people came to the concert.
Trois mille personnes sont venues au concert.

⊙ On dit **two thousand, three thousand, four thousand**, etc. (**sans « s »**).

She died in two **thousand** and two.
Elle est morte en 2002.

⊙ On dit **two thousand and one** (2001), **two thousand and two** (2002), etc.

Thousands of trees were burnt.
Des milliers d'arbres ont brûlé.

⊙ **thousands = des milliers**

through ou across ?

☞ **VOIR : across**

throw at ou throw to ?

They **threw** some bread **to** the ducks.
Ils ont jeté du pain aux canards.

⊙ **throw (threw, thrown) (to) = jeter (à).**

They **threw** some stones **at** the soldiers.
Ils ont jeté des cailloux sur les militaires.

⊙ Pour traduire **jeter + sur,** on emploie **throw + at** quand il y a une intention de faire mal, sinon on emploie **throw + to.**

tights, tight

What's that? – It's a pair of **tights**.
Qu'est-ce que c'est ? – C'est un collant.

I'm going to put my **tights** on.
Je vais mettre mon collant.

I need some new **tights**.
J'ai besoin d'un nouveau collant.

These jeans are really **tight**.
Ce jean est vraiment serré.

☉ En anglais **tights** (= un collant) est
toujours au pluriel.

On **ne dit pas** *a tight* ! On dit
(**some**) **tights** ou **a pair of
tights**.

☛ VOIR : **jeans, pants, pyjamas,
shorts, trousers**

☉ L'adjectif **tight** signifie **serré**.

till

☛ VOIR : **until**

time, hour, o'clock (temps, heure)

He wrote a book about **time** and space.
Il a écrit un livre sur le temps et l'espace.

We don't have much **time**.
Nous n'avons pas beaucoup de temps.

It depends on **the time**.
Cela dépend de l'heure.

Can you tell me **the time**?
Vous pouvez me dire l'heure ?

What time is it?
Quelle heure est-il ?

What time do you leave?
À quelle heure partez-vous ?

I spent three **hours** with Jake.
J'ai passé trois heures avec Jake.

It's three **o'clock**.
Il est trois heures.

☉ **time** (sans article) = **le temps**

☉ **the time = l'heure**

☉ **what time?** = (**à**) **quelle heure ?**

Attention ! Ne dites pas *at what
time?*

☉ **hour = heure** (= 60 minutes)

☉ Pour dire **l'heure** « pile », on emploie
o'clock.

time (the first time + perfect)

This is **the first time I've eaten** oysters.
C'est la première fois que je mange des huîtres.

⊙ En français, « c'est la ixième fois que... » est suivi d'un verbe au **présent** (c'est la première fois que je **mange**, que je **vois**...) ».

This is **the fifth time I've seen** her.
C'est la cinquième fois que je la vois.

⊙ En anglais, « this is the Xth time... » est suivi d'un verbe au **present perfect** (This is the first time I **have eaten**, I **have seen**...).

tired ou tiring ?

I'm a bit **tired**.
Je suis un peu fatigué.

⊙ **tired = fatigué**

That was a very **tiring** journey.
C'était un voyage très fatigant.

⊙ **tiring = fatigant**

Ne les confondez pas !

to (déplacement)

Fred goes **to** school in Oxford.
Fred va à l'école à Oxford.

⊙ **to** s'emploie avec les verbes qui indiquent un **déplacement**, qui expriment l'idée d'**aller quelque part**.

I'm going **to** Sam's place.
Je vais chez Sam.

Let's cycle **to** York.
Allons à York en vélo.

Dad drives **to** work.
Papa va au travail en voiture.

> I want to go **home** now.
Je veux rentrer (chez moi) maintenant.

> We cycled **home**.
Nous sommes rentrés à la maison en vélo.

Attention ! On **ne dit pas** *to home*. **home** suit directement le verbe de « déplacement ».

to (infinitif)

☛ VOIR : **fiche 03**

toast

Would you like **some toast?**
Tu veux des toasts ?
Tu veux du pain grillé ?

⊙ Le mot anglais **toast** (= pain grillé) est **indénombrable**. On **ne dit pas** **a toast*, et le mot **toast** ne se met pas au pluriel.

I dropped a **piece of toast** on the floor.
J'ai fait tomber un toast par terre.

⊙ Pour dire **un toast**, on emploie l'expression **a piece of toast**. Pour dire **des toasts**, on emploie **some toast**.

toboggan ou slide ?

It's snowing, I can go out with my **toboggan**.
Il neige, je peux sortir avec ma luge.

⊙ **a toboggan = une luge**

> The children were playing on the **slide**.
*Les enfants faisaient du **toboggan**.*

> **un toboggan = a slide**

Ne les confondez pas !

tongue ou language ?

What **languages** does he speak?
Quelles langues parle-t-il ?

⊙ Le mot anglais **tongue** désigne généralement la langue au sens de « partie de la bouche ». Il a aussi le sens de « langue qu'on parle », mais ce sens est rare et littéraire.

Ouch! I've burnt my **tongue!**
Aïe ! Je me suis brûlé la langue !

N'employez pas **tongue** pour la langue qu'on parle !

tonight ou last night ?

There's a good film on TV **tonight**.
Il y a un bon film à la télé ce soir.

⊙ **tonight** = ce soir

They say it's going to rain **tonight**.
Ils disent qu'il va pleuvoir cette nuit.

⊙ On peut parfois traduire **tonight** par **cette nuit**, mais il a toujours le sens de « ce soir », « la nuit qui vient ».

It rained a lot **last night**.
Il a beaucoup plu cette nuit.

⊙ Quand « cette nuit » signifie « la nuit dernière », on traduit par **last night**.

Ne confondez pas les deux !

too

I'm **too** tired to go out.
Je suis trop fatigué pour sortir.

⊙ Suivi d'un adjectif, **too** signifie **trop**.

I'm tired **too**.
Je suis fatigué aussi.
Moi aussi je suis fatigué.

⊙ En fin de phrase, **too** signifie **aussi** (au sens de « également »).

I ate **too much** last night.
J'ai trop mangé hier soir.

Ne confondez pas **too** et **too much**. On **ne dit pas** *I ate too pour « j'ai trop mangé » !

tooth

I think I've broken a **tooth**.
Je crois que je me suis cassé une dent.

⊙ Le pluriel de **tooth** (= dent) est **teeth**.

Don't forget to brush your **teeth**.
N'oublie pas de te brosser les dents.

Crocodiles have sharp **teeth**.
Les crocodiles ont des dents acérées.

tortoise ou turtle ?

Daniel has got a **tortoise** that lives in the garden.
Daniel a une tortue qui habite dans le jardin.

The divers saw two **turtles**.
Les plongeurs ont vu deux tortues.

⊙ Attention ! En anglais il y a des mots différents pour la tortue terrestre (**tortoise**) et la tortue marine (**turtle**).

translate

Can you **translate** this **into** English, please?
Tu peux traduire ça en anglais s'il te plaît ?

⊙ **translate = traduire**

On dit **translate into**, pas *translate in* !

travel (nom)

He writes about **travel** in the local newspaper.
Il écrit sur les voyages dans le journal local.

Train **travel** is easy in France.
Voyager en train est facile en France.

⊙ le nom **travel** est employé pour parler du **fait de voyager**, des **voyages** (en général). Il ne se met généralement pas au pluriel, et ne s'emploie jamais avec l'article **a**.

> The **trip** lasted two days.
The **journey** lasted two days.
Le voyage a duré deux jours.

> I go on a lot of business **trips**.
Je fais beaucoup de voyages d'affaires.

> Quand vous parlez d'**un voyage** en particulier, employez **trip** ou **journey**, pas *travel*.

Ne dites jamais *a travel* !

trousers

What's that? – It's a pair of **trousers**.
Qu'est-ce que c'est ? – C'est un pantalon.

I'm going to put my **trousers** on.
Je vais mettre mon pantalon.

⊙ **trousers** est toujours au pluriel.

Suite page suivante

I need some new **trousers**.
J'ai besoin d'un nouveau pantalon.

 On **ne dit pas** *a trouser*! On dit (some) **trousers** ou **a pair of trousers**.

☛ VOIR : **jeans, pants, pyjamas, shorts, tights**

truant

Henry played **truant** yesterday.
Henry a fait l'école buissonnière hier.

⊙ Le mot anglais **truant** ne s'emploie que dans l'expression **play truant** qui signifie **faire l'école buissonnière**.

> Jason's uncle is a **crook**.
L'oncle de Jason est un truand.

> **un truand** = **a crook**

Ne confondez pas l'anglais **truant** et le français **truand**!

tube

I need a **tube** of toothpaste.
Il me faut un tube de dentifrice.

⊙ **a tube** = **un tube** (de peinture, de dentifrice...)

We'll go to Covent Garden on the **Tube**.
On ira à Covent Garden en métro.

⊙ **the Tube** (T majuscule) = **le métro de Londres**

> This is one of the **hits** from last summer.
C'est un des tubes de l'été dernier.

> **un tube** (= une chanson à succès) = **a hit**

twice

I've seen this programme **twice**.
J'ai vu cette émission deux fois.

⊙ **twice** = **deux fois**

We go to the cinema **twice a** month.
Nous allons au cinéma deux fois par mois.

⊙ **twice a...** = **deux fois par...**

I've been skiing once or twice.
Je suis allé faire du ski une ou deux fois.

 On dit **once** (une fois), **twice** (deux fois), mais à partir de trois, on emploie le mot **times** (three **times**, ten **times**, a hundred **times**...).

My watch was **twice as** expensive **as** yours.
Ma montre était deux fois plus chère que la tienne.

⊙ **twice as... as... = deux fois plus... que...**

☛ **VOIR : once**

unique ou only ?

This vase is **unique**.
Ce vase est unique (au monde).

⊙ Le mot anglais **unique** signifie **unique au monde**.

This is the **only** book on the subject.
C'est l'unique livre qui traite de ce sujet.

⊙ Quand vous voulez traduire **l'unique** + nom, employez **the only** + nom.

United States

The **United States** is one of the world's largest countries.
Les États-Unis sont un des plus grands pays du monde.

⊙ Notez que le verbe qui suit **The United States** est au **singulier**.

unless

We'll take the train, **unless** you prefer to fly.
On prendra le train, à moins que tu ne préfères prendre l'avion.

⊙ **unless** = **à moins que...** ou **sauf si...**

I'll come this evening, **unless** I have to work late.
Je viendrai ce soir, sauf si je dois travailler tard.

until et up to

I'm here **until** Friday.
Je suis là jusqu'à vendredi.
The plane can carry **up to** 300 passengers.
L'avion peut transporter jusqu'à 300 passagers.

⊙ **until** = **jusqu'à**, mais seulement dans le **temps**

⊙ **up to** = **jusqu'à** (pour exprimer un maximum, avec un chiffre)

It can take **up to** four hours.
Cela peut prendre jusqu'à quatre heures.

 Ne confondez pas **until** et **up to** !

I'll wait **until** four o'clock.
J'attendrai jusqu'à quatre heures.

> I went with him **to** his car.
Je l'ai accompagné jusqu'à sa voiture.

> We walked **to** the lighthouse.
We walked **as far as** the lighthouse.
On a marché jusqu'au phare.

> Quand **jusqu'à** exprime un déplacement, il se traduit généralement par **to** ou **as far as**.

N'employez pas **until** dans ce cas !

us

We're going to the cinema, do you want to come with **us**?
Nous allons au cinéma, tu veux venir avec nous?

⊙ **us** = **nous** (complément d'objet)

☛ VOIR : **we**

used to (1) (be used to, get used to)

The horse was scared because it wasn't **used to** the traffic.
Le cheval avait peur parce qu'il n'était pas habitué à la circulation.

⊙ **be used to** = **être habitué à**

We're **used to** the cold.
Nous sommes habitués au froid.

I'm **used to** it!
J'ai l'habitude!
Je suis habitué!

You'll **get used to** it.
Tu t'y habitueras.

⊙ **get used to** = **s'habituer à, prendre l'habitude de**

You'll **get used to** driving on the left.
Tu prendras l'habitude de conduire à gauche.

⊙ Notez l'emploi de la forme en **-ing** après **be/get used to**.

used to (2) (I used to, he used to...)

Ben **used to** live in Paris.
Avant, Ben vivait à Paris.

People **used to** think the Earth was flat.
Autrefois, les gens pensaient que la Terre était plate.

⊙ **used to** est une expression qu'on emploie pour parler de ce qui était vrai **avant** ou **autrefois**, mais plus maintenant.

Suite page suivante

I **used to** like mushrooms, but now
I hate them.
*Avant j'aimais les champignons, mais
maintenant je les déteste.*

Where **did** your mother **use to** live?
Où est-ce que ta mère habitait, avant ?

⊙ Pour poser une question, on emploie
did... use to?

I **didn't use to** like reggae.
Avant, je n'aimais pas le reggae.

⊙ À la forme négative, on emploie
didn't use to.

> He **travelled** for two years.
Il a voyagé pendant deux ans.

> Quand on précise la durée, **used to**
est impossible.

Attention ! **used to** ne s'emploie
que pour parler du **passé** : on **ne
dit pas** **I use to* !

very much, very well (position)

I like reading **very much**.
J'aime beaucoup lire.

⊙ Notez que **very much** et **very well**
ne se mettent jamais entre un verbe
et son complément (on **ne dit pas**
*I like very much reading, ni **they know
very well this area* !).

They know this area **very well**.
Ils connaissent très bien cette région.

wait (for) et expect (attendre)

Wait here, please.
Attendez ici, s'il vous plaît.

⊙ Quand **attendre** est intransitif, il se traduit toujours par **wait**.

Wait for me here, please.
Attendez-moi ici, s'il vous plaît.

What are you **waiting for**?
I'm **waiting for** a bus.
Qu'attendez-vous ?
J'attends le bus.

⊙ **attendre quelque chose/quelqu'un** se traduit par **wait for something/someone** quand on l'attend **pendant un moment** (regardez la note à la fin de cet article).

I'm **expecting** a delivery at five o'clock.
J'attends une livraison à dix-sept heures.

⊙ Quand **attendre quelque chose** a le sens de « compter sur le fait que quelque chose va arriver », il se traduit par **expect**, pas *wait for*.

She's **expecting** a baby.
Elle attend un bébé.

⊙ Attention! **attendre un bébé = be expecting a baby**

I'm **expecting** him to call later.
Je m'attends à ce qu'il appelle plus tard.

Did you **expect** me to pay?
Tu t'attendais à ce que je règle ?

⊙ **expect somebody to do something = s'attendre à ce que quelqu'un fasse quelque chose**

La différence entre **wait for** et **expect** n'est pas facile à saisir. Avec **wait for**, il y a l'idée qu'on **attend** et que le **temps passe**. Avec **expect**, il y a l'idée qu'on **compte sur** le fait que quelque chose va arriver, qu'on **s'y attend**.

wake, wake up, awake

What time do you usually **wake (up)**?
À quelle heure te réveilles-tu d'habitude ?

⊙ **wake (up)** (sans complément) est un verbe **intransitif** qui signifie **se réveiller**.

Wake up! It's time to go!
Réveille-toi, c'est l'heure de partir !

⊙ **wake up** est beaucoup plus courant que **wake** tout seul.

Can you **wake** me **(up)** tomorrow morning?
Tu peux me réveiller demain matin ?

⊙ **wake** somebody **(up)** signifie **réveiller** quelqu'un.

Suite page suivante

Andrew **woke** his mother **up**.
Andrew **woke up** his mother.
Andrew a réveillé sa mère.

⊙ Le complément d'objet (ici, **his mother**) peut être placé soit entre **wake** et **up**, soit après **wake up**...

I didn't want to **wake** him **up**.
Je ne voulais pas le réveiller.

⊙ ... **sauf** quand il s'agit d'un pronom personnel (**me, you, him, her, it, us, them**).

Hey! Are you **awake**?
Hé ! Tu es réveillé ?

⊙ **awake** peut être un **adjectif** qui signifie **réveillé(e)**.

We **awoke** early.
Nous nous sommes réveillés de bonne heure.

⊙ **awake** (**awoke, awoken**) est aussi un **verbe** qui signifie **se réveiller**. Ce verbe est d'un registre soutenu : apprenez à le reconnaître, mais ne l'employez pas.

We **woke** early.
We **woke up** early.
Nous nous sommes réveillés de bonne heure.

⊙ Le verbe **wake** (**up**) signifie la même chose, et est beaucoup plus courant que le verbe **awake**.

walkie-talkie

The soldiers had **walkie-talkies**.
Les soldats avaient des talkie-walkies.

⊙ En anglais, un talkie-walkie se dit **a walkie-talkie**.

want

We're going to the cinema, do you **want** to come with us?
Nous allons au cinéma, tu veux venir avec nous ?

⊙ **want = vouloir**

No, I don't **want to**.
Non, je ne veux pas.

⊙ Quand on répond à une question en disant qu'on « ne veut pas », on n'emploie jamais seul le mot **want** : il est toujours suivi de **to**. Répondre **I don't want* (sans « to ») est **incorrect**.

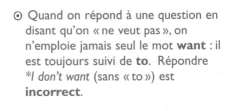

> Do you **want** an ice cream? **Yes, please.**
> *Tu veux une glace ? Oui, je veux bien.*

> **I'd like** to speak to David, please.
> *Je voudrais parler à David, s'il te plaît.*

> N'employez jamais *want* pour traduire « vouloir bien ». On **ne dit pas** *yes I want* !

> On dit **would like**, pas *would want*.

want somebody **to...**

I **want** George **to write** to Kate.
Je veux que George écrive à Kate.

Do you **want** me **to drive**?
Tu veux que je conduise ?

Why can't they come? – Because I don't **want** them **to**.
Pourquoi ne peuvent-ils pas venir ? – Parce que je ne veux pas.

⊙ **want somebody to** + base verbale
= **vouloir que quelqu'un fasse quelque chose**

 Attention ! Ne dites **jamais** *want that...* pour « vouloir que... ».

⊙ Quand on répond à une question en disant qu'on « ne veut pas », on n'emploie jamais le mot **want** tout seul : il est toujours suivi de **to**. *I don't want* (sans « to ») est **incorrect**.

watch ou **look ?**

☞ VOIR : **look**

way avec **in**

In a **way**...
D'une certaine manière...

In this **way**...
De cette manière...

⊙ Notez l'emploi de **in** avec **way**.

we

We live in New York.
Nous habitons à New York.

We're going to the cinema this evening.
On va au cinéma ce soir.

⊙ **we** = **nous** (sujet)

☞ VOIR : **us**

⊙ Notez que **we** correspond aussi à **on** (emploi familier = nous).

weather

We had good **weather** in Scotland.
Nous avons eu beau temps en Écosse.

What was the **weather** like?
Quel temps faisait-il ?

What's the **weather** like where you are?
Quel temps fait-il là où vous êtes ?

⊙ Notez qu'on ne dit jamais **a weather*.

⊙ Notez comment on pose une question sur le temps qu'il fait/qu'il faisait.

well et good

Andy paints very **well**.
Andy peint très bien.

He's not **well**.
Il ne va pas bien.

I don't feel very **well**.
Je ne me sens pas très bien.

That's **good**!
C'est bien !

It's a really **good** film.
C'est très bien comme film.
C'est un très bon film.

I think this song is very **good**.
Je trouve cette chanson très bien.

That guy is really **good-looking**.
That guy is really **cute**.
Ce mec est vraiment bien.

⊙ **well** est le plus souvent un **adverbe** qui signifie **bien**, mais attention ! **bien** ne se traduit pas toujours par **well** !

⊙ **be well = aller bien, être en bonne santé**

Attention ! **well** est seulement employé comme adjectif pour parler de la **santé**. Ne traduisez jamais **bien** par **well** quand vous ne parlez pas de la santé de quelqu'un !

⊙ Quand **bien** est employé comme **adjectif**, il se traduit le plus souvent par **good**.

⊙ Quand **bien** signifie « beau, belle », il se traduit par **good-looking** ou (plus familièrement) **cute**.

what (emplois non interrogatifs)

What he told me was wrong.
Ce qu'il m'a dit était faux.

Do **what** you like!
Fais ce que tu veux !

Let's watch **what** happens.
Regardons ce qui se passe.

⊙ Quand il n'est pas suivi d'un nom,
what = ce que, ce qui

> I agree with **everything** you say.
Je suis d'accord avec tout ce que tu dis.

Attention ! On **ne dit pas**
*all what (pour « tout ce que/tout ce qui ») mais **everything** (that) !

> We saw **everything** that happened.
Nous avons vu tout ce qui s'est passé.

> Dave accepted, **which** was really stupid.
Dave a accepté, ce qui était vraiment stupide.

⊙ Quand « ce qui... » commente la première partie d'une phrase séparée par une virgule (regardez bien l'exemple à gauche), il se traduit par **which**, pas par *what.

He told me **what** kind of car he wanted.
Il m'a dit quel genre de voiture il voulait.

⊙ **what + nom** (what kind, what colour, what year, what time...) = **quel, quelle, quelles**

I can't decide **what** colour I want.
Je n'arrive pas à décider quelle couleur je veux.

what? (dans des questions)

What is happening?
Qu'est-ce qui se passe ?

What are you doing?
Qu'est-ce que tu fais ?
Tu fais quoi ?

⊙ Quand il n'est pas suivi d'un nom,
what? = qu'est-ce que ?, qu'est-ce qui ?

Suite page suivante

267

What do parrots eat?
Que mangent les perroquets ?
Qu'est-ce qu'ils mangent, les perroquets ?
Ils mangent quoi, les perroquets ?

⊙ Notez que les questions commençant par **what** peuvent être traduites de plusieurs façons différentes.

What sort of jewellery do you like?
Tu aimes quel genre de bijoux ?

What colour is her hair?
De quelle couleur sont ses cheveux ?

⊙ **what?** + **nom** (what kind?, what colour?, what year?...) = **quel ?, quelle ?, quelles ?**

What time do they arrive?
À quelle heure arrivent-ils ?

⊙ On **ne dit pas** *at what time?*, mais **what time?**

What is your address?
Quelle est ton adresse ?

⊙ **what is...?** = **quel(le) est... ?**

what? sujet ou complément

What made that hole?
Qu'est-ce qui a fait ce trou ?

What runs faster than a horse?
Qu'est-ce qui court plus vite qu'un cheval ?

⊙ Dans les deux exemples à gauche, **what** est **sujet** (on demande ce qui a fait quelque chose). Quand **what** est sujet, on n'emploie pas l'auxiliaire **do** dans la question. *What did make...?* et *What does run...?* sont **incorrects**.

What did you **make** for dinner?
Qu'est-ce que tu as fait pour le dîner ?

What have you written?
Qu'est-ce que tu as écrit ?

⊙ Dans ces exemples, **what** est **complément** (on demande **ce que quelqu'un a fait**). Quand **what** est complément, on forme la question en appliquant la règle habituelle : à la suite de **what**, on inverse **do/have/be/modal** et le sujet.

☞ VOIR : **fiche 18**

what + préposition (what in, what with, etc.)

What is she cleaning the bath **with**?
Avec quoi elle nettoie la baignoire ?

⊙ **what with?** = **avec quoi ?**

What shall I put those flowers **in**?
Dans quoi je mets ces fleurs ?

⊙ **what in?** = **dans quoi ?**

What was he sitting **on**?
Sur quoi était-il assis ?

⊙ **what on?** = **sur quoi ?**

Notez comment dans toutes ces questions, la préposition est renvoyée à la **fin de la phrase**.

what about...?

What about going to the cinema?
Si on allait au cinéma ?

⊙ **what about + -ing** est employé pour **lancer une idée**, pour **proposer une activité**. Il peut souvent être traduit par **et si... ?**

What about selling the car?
Et si on vendait la voiture ?

What about Mark?
Et Marc dans tout ça ?

⊙ **what about** + nom correspond à l'emploi particulier de **et...** qu'on trouve dans les exemples à gauche.

What about the dog?
Et le chien ?

What about you?
Et toi ?

what... about, what... for

☞ VOIR : **about, for**

when

When do you want me to come?
Quand veux-tu que je vienne ?

⊙ **when** = **quand, à quel moment**

When did Laura arrive?
Quand est-ce que Laura est arrivée ?

Suite page suivante

When will it be finished?
Quand est-ce que ce sera terminé ?

I don't know **when** it will be finished.
Je ne sais pas quand ce sera terminé.

Phone me **when** you **arrive**.
Appelle-moi quand tu arriveras.

You'll understand **when** you **are** older.
Tu comprendras quand tu seras plus vieux.

Attention : quand le mot **quand** signifie « dès que, une fois que », il est suivi du **futur** en français (« quand ce **sera** prêt »). Son équivalent anglais **when** est suivi du **présent** (« when it **is** ready »).

You can go out **when** the rain **stops**.
Tu pourras sortir quand la pluie s'arrêtera.

N'employez pas *will dans ce cas (regardez bien les exemples à gauche).

where

Where does your father live?
Où habite ton père ?

Tell me **where** you've hidden the money.
Dis-moi où tu as caché l'argent.

⊙ **where = où, à quel endroit**

whether

I don't know **whether** he's right.
I don't know **if** he's right.
Je ne sais pas s'il a raison.

⊙ **whether = si** (dans le discours indirect)

Àsk him **whether** it's true.
Ask him **if** it's true.
Demande-lui si c'est vrai.

⊙ **whether** a le même sens que **if** dans ce contexte.

> **If** you agree, say yes.
Si tu es d'accord, dis oui.

> Quand « si » introduit une condition, seul **if** est possible en anglais.

Whether he likes it **or** not, he's coming with us.
Que ça lui plaise ou non, il vient avec nous.

⊙ Notez l'expression **whether... or not** (que... ou non).

which (relatif)

⊙ **which** = **que, qui** (pronoms relatifs) quand on parle d'une **chose** (pas une personne).

I saw a sign **which** said « no entry ».
I saw a sign **that** said « no entry ».
J'ai vu un panneau qui disait « défense d'entrer ».

⊙ Ici, **which** est sujet. Il se rapporte à une **chose** (ici, un panneau), pas à une personne.
Notez que **which** et **that** sont équivalents dans ce cas.

This is the book **which** I was reading.
This is the book **that** I was reading.
This is the book I was reading.
Voici le livre que je lisais.

⊙ Ici, **which** est complément. Encore une fois, on voit qu'il renvoie à une **chose** (ici, un livre), et qu'il s'emploie comme **that**. En anglais courant, **which/that** sont omis lorsqu'ils sont compléments (comme dans la troisième phrase à gauche).

☞ **VOIR : who**
☞ **VOIR : fiche 79**

which? (questions)

Which city do you prefer, Rome or London?
Quelle ville tu préfères, Rome ou Londres ?

⊙ **which?** + **nom** = **quel/quelle/quels/quelles ?**

Which way is the quickest?
Quel est le chemin le plus rapide ?

Which teacher should I talk to?
À quel prof devrais-je parler ?

Which is cheaper, the train or the bus?
Lequel est le moins cher, le train ou le bus ?

⊙ Quand il n'est pas suivi d'un nom, **which?** = **lequel, laquelle, lesquels, lesquelles ?**

Which one do you like?
Lequel tu aimes ?

⊙ **which one?** = **lequel, laquelle ?**

Which ones did you buy?
Lesquels tu as achetés ?

⊙ **which ones?** = **lesquels, lesquelles ?**

who (relatif)

There's the woman **who** gave me the letter.
Voilà la femme qui m'a donné la lettre.

⊙ **who** = **que, qui** (pronoms relatifs) quand on parle d'une **personne**.

⊙ Dans la première phrase à gauche, **who** est sujet.

The people **who** I met were very nice.
The people I met were very nice.
Les gens que j'ai rencontrés étaient très sympas.

⊙ Ici, **who** est complément. En anglais courant, **who** est omis, mais sous-entendu.

⊙ Autrefois, le complément « correct » était **whom**, mais aujourd'hui ce mot a pratiquement disparu en anglais courant.

☞ VOIR : **which**
☞ VOIR : **fiche 79**

who? (questions)

Who gave you those flowers?
Qui t'a donné ces fleurs ?

⊙ **who?** = **qui ?**

Who won the race?
Qui a gagné la course ?

Who are those flowers for?
Pour qui sont ces fleurs ?

⊙ **who for?** = **pour qui ?**

Who were you talking to?
À qui parlais-tu ?

⊙ **who to?** = **à qui ?**

Who was she with?
Avec qui était-elle ?

⊙ **who with?** = **avec qui ?**

Notez comment dans ces questions, la préposition est renvoyée à la **fin de la phrase**.

who? sujet ou complément

Who saw you?
Qui t'a vu ?

⊙ Dans l'exemple à gauche, **who** est **sujet** (on demande qui a fait quelque chose). Quand **who** est sujet, on n'emploie pas l'auxiliaire **do** dans la question. *Who did see you? est **incorrect**.

Who did you **see?**
Qui est-ce que tu as vu ?

⊙ Dans cet exemple, **who** est **complément** (on demande ce que quelqu'un a vu). Quand **who** est complément, on emploie l'auxiliaire **do** dans la question (sauf avec **be** et les modaux).

whole et all

The dog's eaten **all the** chicken and **all the** sausages!
The dog's eaten **all of the** chicken and **all of the** sausages!
Le chien a mangé tout le poulet et toutes les saucisses !

⊙ **all (of) the** + nom indénombrable = **tout le...**, **toute la...**

⊙ **all (of) the** + pluriel = **tous les...**, **toutes les...**

Dad ate **the whole** chicken!
Papa a mangé le poulet tout entier !

⊙ **whole** = (tout) **entier**

Can you eat **a whole** pizza?
Peux-tu manger une pizza entière ?

The bomb destroyed **a whole** building.
La bombe a détruit un immeuble tout entier.
La bombe a détruit tout un immeuble.

⊙ Notez comment **a whole...** peut se traduire par « tout un(e) ».

Ne dites **jamais** *all a !

I didn't see **the whole of** the film.
I didn't see **all of** the film.
Je n'ai pas vu tout le film.

⊙ **the whole of** something = **tout** quelque chose (= son intégralité). **all of** signifie la même chose.

☞ VOIR : **all**

whom

☞ VOIR : who (relatif)

whose (possessif) et who's?

Whose car is that?
Whose is that car?
À qui est cette voiture ?

Look at those cases. **Whose** are they?
Regarde ces valises. À qui sont-elles ?

⊙ **whose?** pose la question « à qui ? ».
C'est un mot qu'on emploie pour
demander **à qui** appartient quelque
chose.

Who's the woman in the red hat?
Qui est la femme au chapeau rouge ?

Who's read this book?
Qui a lu ce livre ?

⊙ **who's?** est la contraction de **who
is**...? (premier exemple à gauche) ou
de **who has**...? (deuxième exemple).

whose (relatif)

☞ VOIR : fiche 81

wife, woman, lady

David's **wife** is a lawyer.
La femme de David est avocate.

⊙ **wife** (pluriel **wives**) = **femme** (au
sens d'épouse)

A **woman** called earlier.
Une femme a appelé tout à l'heure.

⊙ **woman** (pluriel **women**) = **femme**
(au sens de « personne de sexe féminin »)

I met **Lady** Diana in 1986.
J'ai rencontré Lady Diana en 1986.

⊙ Le mot **lady** (pluriel **ladies**) peut
désigner une **lady** (une femme qui
appartient à la noblesse).

Say hello to the **lady**!
Dis bonjour à la dame !

⊙ En anglais moderne, le mot **lady** est
employé pour parler d'une femme
devant un jeune enfant. Dans ce cas, il
correspond au mot **dame**.

Can you tell me where the **ladies** is please?
Pouvez-vous m'indiquer les toilettes s'il vous plaît ?

⊙ **the ladies** signifie « les toilettes (pour femmes) ». Notez qu'il est suivi d'un verbe au **singulier**.

⊙ En dehors des cas cités ici, le mot **lady** est très peu employé en anglais moderne. On préfère le mot **woman**.

will, won't (futur)

Next week we **will** be in Rome.
La semaine prochaine nous serons à Rome.

Where **will** you put the couch?
Où mettrez-vous le canapé ?

I'm sure she **won't** be angry.
Je suis sûr qu'elle ne sera pas fâchée.

What time **will** you arrive?
À quelle heure arriverez-vous ?

I'**ll** help you later.
Je t'aiderai plus tard.

⊙ Une des fonctions du modal **will** est l'expression du **futur**. Le temps futur en français (**j'irai, tu seras**...) est le plus souvent traduit par **will + base verbale** (**I will go, you will be**...)

⊙ Le négatif, **will not**, est souvent contracté en **won't**.

 Attention! **will** n'est pas la seule façon de parler du futur en anglais.

Ne confondez pas **will do** (futur : je **ferai**) et **would do** (conditionnel : je **ferais**).

☞ VOIR : **fiche 50**

will, won't (I will : volonté, menaces et promesses)

If you like, I'**ll** make some tea.
Si tu veux, je fais du thé.

There's someone at the door. – I'**ll** go!
Il y a quelqu'un à la porte. – J'y vais !

I'**ll** call you this afternoon.
Je t'appelle cet après-midi.

⊙ Employé à la première personne (**I will**, contracté en **I'll**), **will** peut exprimer la **volonté** de celui qui parle. Notez l'emploi du **présent** en français pour exprimer la même chose.

Attention ! *I go et *I make seraient **incorrects** dans les exemples à gauche.

⊙ Cette volonté peut prendre la forme d'une promesse...

Suite page suivante

If he tells her **I'll** kill him!
S'il le lui dit, je le tue !

OK, **I'll** do it.
D'accord, je veux bien le faire.

The dog **won't** obey me.
Le chien ne veut pas m'obéir.

This stain **won't** come out.
Cette tache ne veut pas partir.

⊙ ... ou celle d'une menace.

⊙ Notez qu'on peut aussi traduire
I will par « je veux bien... ».

⊙ **won't** peut exprimer le **refus**.

will you...? (pour demander de l'aide ou un service)

Will you help me, please?
Tu veux bien m'aider, s'il te plaît ?

Will you drive? I'm tired.
Would you drive? I'm tired.
Tu veux bien conduire ? Je suis fatigué.

⊙ **will you**? peut être employé pour
demander si quelqu'un **veut bien**
faire quelque chose.

⊙ **would you**? a le même sens, mais
c'est plus poli.

wish

He **wishes** he was thinner.
Il aimerait tellement être plus mince.

I **wish** I had a bigger flat.
*J'aimerais tellement avoir un plus grand
appartement.*
*Si seulement j'avais un plus grand
appartement.*

I **wish** you would be quiet!
Je voudrais bien que tu te taises !

I **wish** it would stop raining!
Je voudrais bien qu'il arrête de pleuvoir !

⊙ Le verbe **wish** exprime ce qu'on
aimerait tellement faire ou avoir.
Il **n'est pas** l'équivalent exact du
verbe « souhaiter ».

⊙ **I wish**... + **prétérit** peut parfois être
traduit par **si seulement**...

⊙ **I wish + would** exprime l'irritation
ou l'impatience devant une situation.

Évitez de traduire **souhaiter** par
wish ! En général, **je souhaite**...
= **I'd like**...

I **wished** Helen a Happy Birthday.
J'ai souhaité un joyeux anniversaire à Helen.

David **wished** his parents a Happy
Christmas.
David a souhaité Joyeux Noël à ses parents.

... sauf avec les **vœux**
(d'anniversaire, de Noël, etc.).

with (après what, which, who)

Which pen should I write **with**?
Avec quel stylo est-ce que je dois écrire ?

What did you clean the bath **with**?
Avec quoi as-tu nettoyé la baignoire ?

Who is she going out **with**?
Avec qui sort-elle ?

⊙ Notez l'ordre des mots dans la
question **who/what/which**...
with? (avec qui/quoi/quel... ?)

without + -ing

He did it **without telling** me.
Il l'a fait sans me le dire.

You can't survive **without drinking**
water.
On ne peut pas survivre sans boire de l'eau.

⊙ **without** + **-ing** = **sans** + infinitif

Attention ! On **ne dit pas**
without to... !

wolf

Do you know the story of Peter and the
wolf?
Tu connais l'histoire de Pierre et le loup ?

We saw some **wolves** at the zoo.
On a vu des loups au zoo.

⊙ Le pluriel de **wolf** (= loup) est
wolves.

woman

A **woman** phoned this morning.
Une femme a téléphoné ce matin.

Not many **women** play rugby.
Peu de femmes jouent au rugby.

☞ VOIR : **wife**

⊙ Le pluriel de **woman** (= femme) est
women.

won't

☞ VOIR : will

work (dénombrable et indénombrable)

Tell me about your **work**.
Parle-moi de ton travail.

This is interesting **work**.
C'est un travail intéressant.

The **work** is finished.
Le travail est terminé.
Les travaux sont terminés.

⊙ Au sens de « travail », **work** est
indénombrable : il **ne se met pas**
au pluriel, et on **ne dit pas** *a work.

> It's a very well-paid **job**.
C'est un travail très bien payé.

> **un travail** (= un métier) = a **job**

Attention ! On **ne dit pas** *a work
dans ce cas !

This is a **work** by Picasso.
C'est une œuvre de Picasso.

I've read several of his **works**.
J'ai lu plusieurs de ses ouvrages.

⊙ Quand **work** est **dénombrable**
(quand on dit **a work** ou **works**), il
signifie **œuvre** ou **ouvrage**, pas
*travail.

worse, worst

It's **worse** than I thought.
C'est pire que je ne l'imaginais.

⊙ **worse** est le comparatif de **bad**. Il
signifie **pire**, **plus mauvais**.

These are the **worst** storms we've had
for years.
*Ce sont les pires orages que nous ayons eus
depuis des années.*

⊙ **worst** est le superlatif de **bad**. **the
worst** signifie **le pire**, **le plus
mauvais**.

would, wouldn't (conditionnel)

It **would be** great if it stopped raining.
Ce serait génial s'il arrêtait de pleuvoir.

⊙ Une des fonctions du modal **would**
est d'exprimer le **conditionnel
présent** (en français, je **ferais**, il
ferait, etc.).

Do you think he**'d** come?
Tu penses qu'il viendrait ?

⊙ **would** est souvent contracté en **'d**.

I **wouldn't** lie to you.
Je ne te mentirais pas.

⊙ Regardez les articles suivants pour d'autres emplois de **would**.

would like to/love to/prefer to

I **would like** to go to Spain.
J'aimerais aller en Espagne.

I **would love** to see you this weekend.
J'aimerais beaucoup te voir ce week-end.

I **would prefer** to pay by cheque.
J'aimerais mieux payer par chèque.

⊙ Notez que **would like/would love/would prefer** sont suivis de l'infinitif avec **to**, jamais de la forme en -ing. On **ne dit pas** *I would prefer paying...* ni *I would prefer pay* !

wouldn't (refus)

The car **wouldn't** start this morning.
La voiture n'a pas voulu démarrer ce matin.

She **wouldn't** speak to me.
Elle a refusé de me parler.

⊙ **wouldn't** peut exprimer le refus dans le passé. Comparez **won't** (regardez l'entrée **will**).

would rather

I **would rather** watch the football.
Je préférerais regarder le foot.
J'aimerais mieux regarder le foot.

Would she **rather** stay here?
Elle préfère rester ici ?

Would your mother **rather** go to Paris?
Est-ce que ta mère préférerait aller à Paris ?

⊙ **would rather** + base verbale exprime une **préférence** : ce qu'on **aimerait mieux** faire.

⊙ Pour poser une question : **would** + sujet + **rather**.

would you...? (pour demander de l'aide ou un service)

Would you help me, please?
Voulez-vous bien m'aider, s'il vous plaît ?

Would you drive? I'm tired.
Tu veux bien conduire ? Je suis fatigué.

⊙ **would you**? peut être employé pour demander si quelqu'un **veut bien** faire quelque chose. C'est plus poli que **will you**?

write somebody a letter, etc.

Why don't you **write** a letter to David?
Why don't you **write** David a letter?
Pourquoi tu n'écris pas une lettre à David ?

⊙ On dit **write a letter/a note/a postcard to somebody** ou **write somebody a letter/a note/a postcard**.

☛ VOIR : **fiche 15**

wrong (be wrong)

I thought he spoke English, but I was **wrong**.
Je pensais qu'il parlait anglais, mais j'avais tort.

I could be **wrong**, but I think I know him.
J'ai peut-être tort, mais je pense le connaître.

⊙ **be wrong** = avoir tort, se tromper

⊙ Autres expressions où on emploie **avoir** en français et **be** en anglais : be **afraid** (avoir peur), be **cold** (avoir froid), be **hot** (avoir chaud), be **hungry** (avoir faim), be **right** (avoir raison), be **sleepy** (avoir sommeil), be **thirsty** (avoir soif).

yesterday

The furniture was delivered **yesterday**.
Les meubles ont été livrés hier.

Laura left **the day before yesterday**.
Laura est partie avant-hier.

⊙ **yesterday** = hier

⊙ **the day before yesterday** = **avant-hier**

Notez bien comment on dit **avant-hier** en anglais !

yet

Harry isn't ready **yet**.
Harry n'est pas encore prêt.

⊙ **yet** n'a pas d'équivalent exact en français. Il s'emploie principalement dans l'expression **not... yet** et dans des questions. Il s'emploie souvent avec le **present perfect** (☛ VOIR : **fiche 33**).

I have**n't** finished **yet**.
Je n'ai pas encore terminé.

⊙ **not yet = pas encore**

Has it stopped raining **yet**?
Est-ce qu'il a cessé de pleuvoir?

Have you read that book **yet**?
Est-ce que tu as lu ce livre?

Are the shops open **yet**?
Est-ce que les magasins sont ouverts?

⊙ Dans les **questions, yet** exprime souvent une **attente** ou une **impatience** chez celui qui parle. Il n'a pas vraiment d'équivalent en français.

 Ne confondez pas **yet** avec **still**.

you

You look tired.
Tu as l'air fatigué.

You really must see this film!
Vous devez vraiment voir ce film!

In France, **you** drive on the right.
En France, on conduit à droite.

⊙ **you** peut correspondre à **tu, vous** (une seule personne que l'on vouvoie ou plusieurs personnes) et **on**.

your

Your shoelaces are undone.
Tes lacets sont défaits.

Your mother is waiting outside.
Votre mère attend dehors.

Your dogs are in my garden!
Vos chiens sont dans mon jardin!

⊙ **your = ton/ta/tes, votre/vos**

 Attention! Ne soyez pas tenté d'ajouter un **s** à **your**! *yours dogs* est **incorrect**! (Regardez aussi l'entrée suivante.)

yours

1

I'll show you my photos if you show me **yours**.
Je te montre mes photos si tu me montres les tiennes.

⊙ **yours = le/la vôtre, le tien/la tienne, les tiens/les tiennes**

2

Is this bike **yours**?
Est-ce que ce vélo est à toi?

⊙ **yours = à toi/à vous**

Suite page suivante

> It's **up to you** to call them!
C'est à toi de les appeler !

> Quand « c'est à toi » signifie « c'est toi qui devrais le faire », cela se traduit par **it's up to you.**

yourself

I

I'm sure you said you would do the job **yourself.**
Je suis sûr que tu m'as dit que tu ferais le travail toi-même.
Je suis sûr que vous m'avez dit que vous feriez le travail vous-même.

⊙ **yourself** = **toi-même** ou **vous-même** (singulier)

2

Look at **yourself!** You're covered in mud!
Regarde-toi ! Tu es couvert de boue !
Regardez-vous ! Vous êtes couvert de boue !

⊙ **yourself** correspond au **toi** et au **vous** du verbe pronominal.

☛ VOIR : **herself, himself, itself, myself, ourselves, yourselves, themselves**

3

You were sitting **by yourself.**
Tu étais assis tout seul.
Vous étiez assis tout seul.

⊙ **by yourself** = **tout(e) seul(e)**

yourselves

I

You said you would do the job **yourselves.**
Vous avez dit que vous feriez le travail vous-mêmes.

⊙ **yourselves** = **vous-mêmes** (pluriel)

2

Look at **yourselves** in the mirror!
Regardez-vous dans la glace !

⊙ **yourselves** correspond au **vous** du verbe pronominal.

3

Never go out at night **by yourselves.**
Ne sortez jamais seuls la nuit.

⊙ **by yourselves** = **seul(e)s**

la grammaire par l'exemple

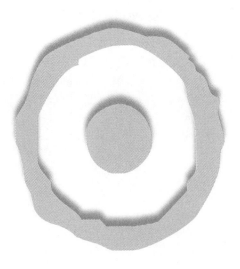

01 ⟩ les verbes réguliers et irréguliers

→ En français, les mots **nager**, **finir**, **lire**, **aller** sont des verbes.

→ En anglais, les mots **swim**, **finish**, **read**, **go** sont des verbes.

→ En anglais comme en français, il y a des verbes **réguliers** et des verbes **irréguliers**.

→ Un verbe régulier, c'est un verbe dont la forme change de manière totalement prévisible, selon des règles strictes. En anglais, un verbe régulier, c'est généralement un verbe dont le prétérit et le participe passé se terminent tout simplement en **-ed**. Le verbe **want** devient **wanted** au prétérit (☞ VOIR : fiche **39**), et son participe passé est également **wanted**.

Voici quelques verbes réguliers :

base verbale	walk	live	play	ask
3ᵉ personne du sg	walks	lives	plays	asks
prétérit	walked	lived	played	asked
participe passé	walked	lived	played	asked

→ Un verbe irrégulier, c'est un verbe dont la forme peut complètement changer lorsqu'il se conjugue.
  ⊙ Le verbe **go**, par exemple, devient **went** au prétérit, et son participe passé est **gone**.
  ⊙ Le verbe **be** a des formes diverses : **be, am, is, are, was, were, been**.

Voici quelques verbes irréguliers :

base verbale	go	have	sing	buy
3ᵉ personne du sg	goes	has	sings	buys
prétérit	went	had	sang	bought
participe passé	gone	had	sung	bought

Vous trouverez les principaux verbes irréguliers anglais, avec toutes leurs formes, à la page **542**.

01 ⟩ SUITE / les verbes réguliers et irréguliers

AUTO-ÉVALUATION   VERBES RÉGULIERS ET IRRÉGULIERS

01 Quelle est la terminaison des verbes réguliers anglais au prétérit ?

02 Quelle est la terminaison du participe passé des verbes réguliers anglais ?

03 Le verbe **go** est-il régulier ?

04 Le verbe **buy** est-il régulier ?

05 Quelles sont les différentes formes du verbe **be** ?

06 Quelle base verbale correspond à la forme irrégulière **sung** ?

07 Quelle base verbale correspond à la forme régulière **walked** ?

08 Comment devez-vous faire pour vérifier les formes d'un verbe irrégulier en anglais ?

EXERCICES

01 **Repérez le(s) verbe(s) dans chaque phrase. Donnez la base verbale, et dites si le verbe est régulier ou irrégulier :**

a. Paul sat at the edge of the lake.

....

b. You've made a lot of mistakes in this essay.

....

c. We hoped it would rain.

....

d. Kenny's dog died on Tuesday.

....

e. All the people at the party were friends of his.

....

f. They cooked a wonderful meal for us.

....

02 **Mettez les verbes entre parenthèses dans la forme qui convient (prétérit, participe passé ou base verbale) :**

a. What did he (speak) to you about?

....

b. Everybody (enjoy) the meal you (cook) last night.

....

01 SUITE / les verbes réguliers et irréguliers

c. Somebody has (steal) my watch!

....

d. The cheese didn't (smell) very nice.

....

e. You've (eat) all the chocolates!

....

f. How many people (be) at the last meeting?

....

g. I (feel) sick yesterday and I (have) to (go) home.

....

h. I've never (be) to Italy before.

....

i. I've (forget) my sports kit.

....

j. That horse seems to have (hurt) its leg.

....

k. They (leave) for their holidays last Saturday.

....

03 **Corrigez le verbe dans les phrases suivantes :**

a. We *choosed a nice restaurant.

....

b. James has *breaked his leg.

....

c. They *knowed all the answers.

....

d. My parents *meeted in London.

....

e. I *sayed I was hungry.

....

04 **Vrai ou faux ?**

a. Le prétérit et le participe passé des verbes irréguliers anglais sont toujours différents l'un de l'autre.

....

b. Il existe des verbes anglais dont la base verbale, le participe passé et le prétérit ont la même forme.

....

c. Il y a beaucoup plus de formes verbales à apprendre en anglais qu'en français.

....

02) « s » à la fin du verbe

→ Il est très important de vous souvenir d'une règle très simple en anglais :
Au présent simple, quand on emploie la troisième personne du singulier, le verbe ou l'auxiliaire (sauf les modaux : can, must, etc.) prend un « s ».

⊙ La troisième personne du singulier en français au présent, c'est par exemple **il** mange, **elle** lit, **ça** sent mauvais, **la maison** est jolie, **le chien** aboie, **ma sœur** rit beaucoup.

⊙ La troisième personne du singulier en anglais au présent simple, c'est par exemple **he** eat**s**, **she** read**s**, **it** smell**s**, **the house** is beautiful, **the dog** bark**s**, **my sister** laugh**s** a lot.

→ On voit dans ces exemples que le verbe se termine **toujours** en **s** quand on emploie la troisième personne du singulier au présent.

*(Pour le verbe **be**, qui est un verbe irrégulier, la forme de la troisième personne du singulier est **is** : encore une fois, c'est un mot qui se termine en **s** !).*

He **likes** cats.   My sister **hates** coffee.
Il aime les chats.   *Ma sœur déteste le café.*

→ Aux formes **négative** et **interrogative**, le **s** s'ajoute à l'auxiliaire **do** qui sert à construire ces formes. **do** devient ainsi **does** :

He **doesn't** like cats.   **Does** he like cats?
Il n'aime pas les chats.   *Est-ce qu'il aime les chats ?*

> → **Attention** ! Ne soyez pas tenté d'ajouter deux fois le **s** de la troisième personne ! **does he likes cats?* est incorrect !

→ Le **s** se voit aussi à la fin des auxiliaires **have** et **be** qui servent à construire les temps composés :

Have devient **has** :   **Be** devient **is** :
Kevin **has** broken his arm.   My Dad **is** reading the paper.
Kevin s'est cassé le bras.   *Mon père lit le journal.*

→ Souvenez-vous : à la troisième personne du singulier, au présent, il doit **toujours** y avoir un **s** à la fin du verbe ou de l'auxiliaire (sauf les modaux) !

02 > SUITE / « s » à la fin du verbe

AUTO-ÉVALUATION   «S» À LA TROISIÈME PERSONNE DU SINGULIER

01 Donnez quelques exemples de la troisième personne du singulier au présent en français.

02 Donnez quelques exemples de la troisième personne du singulier au présent en anglais.

03 Quelle est la forme de **be** à la troisième personne du singulier, au présent ?

04 Quelle est la forme de **do** à la troisième personne du singulier, au présent ?

05 Quelle est la forme de **have** à la troisième personne du singulier, au présent ?

06 Transformez la phrase **he likes cats** en une question.

07 Dites le contraire de **he likes cats.**

08 Comment dit-on « Kevin s'est cassé le bras » en anglais ?

EXERCICES

01 **Dans les phrases suivantes, repérez les verbes/auxiliaires à la troisième personne du singulier (attention, dans deux des phrases, il n'y en a aucun !) :**

a. Andrew always takes the bus when he comes to see us.

. . . .

b. Food prices have increased this year.

. . . .

c. It never snows here.

. . . .

d. Does Paul know that Eve isn't coming?

. . . .

e. This book is about a boy who travels to India.

. . . .

f. Jonathan's friends all play basketball.

. . . .

Suite page suivante

02 SUITE / « s » à la fin du verbe

02 Conjuguez les verbes proposés au présent simple. Attention à bien employer l'auxiliaire do dans deux des phrases :

a. What this word (mean)?

. . . .

b. Mark always (have) lunch at the canteen.

. . . .

c. Nobody (understand) what he (say).

. . . .

d. Sarah (look) really happy in that photo.

. . . .

e. (be) your sister older than you?

. . . .

f. How Ben (travel) to school?

. . . .

03 Dites la même chose en anglais :

a. Mon oncle habite à Londres.

. . . .

b. Est-ce que David t'écrit souvent ?

. . . .

c. Il ne boit jamais de vin.

. . . .

d. Qui achète ce genre de chose ?

. . . .

e. Anne n'aime pas danser.

. . . .

f. Il a l'air fatigué. (avoir l'air : *look*)

. . . .

03 〉 comment traduire « verbe + infinitif » en anglais

→ L'infinitif français ne se traduit pas toujours de la même façon en anglais. Voici **trois règles d'or** qui vous aideront à éviter les erreurs.

1. On emploie **OBLIGATOIREMENT** la **base verbale** (la forme « dépouillée » du verbe, par exemple « watch », « see », « wait »)...

⊙ après les **modaux**	I can **see** you.	*Je te vois.*
⊙ après **let**	He let me **come**.	*Il m'a laissé venir.*
⊙ après **make**	He made me **stay**.	*Il m'a obligé à rester.*

2. On emploie **OBLIGATOIREMENT BV + -ing** après les verbes suivants (il y en a d'autres, mais voici les plus courants) :

avoid	do**ing**	(= éviter de faire)
enjoy	do**ing**	(*exprime l'idée qu'on prend du plaisir à faire quelque chose*)
finish	do**ing**	(= terminer de faire)
imagine	do**ing**	(= imaginer faire)
mind	do**ing**	(*exprime l'idée que ça nous ennuie – ou pas, si forme négative – de faire quelque chose*)
practise	do**ing**	(= s'entraîner à faire)
risk	do**ing**	(= prendre le risque de faire)
suggest	do**ing**	(= proposer de faire)
stop	do**ing**	(= arrêter de faire)

> → **Note : stop + to + base verbale** existe, mais avec un sens particulier :
> He stopped smoking.   *Il a arrêté de fumer.*
> He stopped to smoke.   *Il s'est arrêté pour fumer.*

3. Avec **begin**, **start** et **continue**, vous pouvez employer soit « **to** + BV », soit « **-ing** », sauf après la forme en **be + -ing** (toujours suivie de **to** + BV) :

begin	It began raining.	Il a commencé à
	It began to rain.	pleuvoir.

Suite page suivante

start	She started crying/She started to cry.	Elle a commencé à pleurer.
	It's starting to snow.	Il commence à neiger.
continue	He continued talking/He continued to talk.	Il a continué à parler.
	The problem is continuing to evolve.	Le problème continue d'évoluer.

Avec les verbes suivants, les deux formes sont possibles mais la forme en BV + **-ing** est plus courante.

like	I like to shop/ I like shopping.	J'aime faire les courses.
love	I love to sing/ I love singing.	J'adore chanter.
hate	I hate to dance/I hate dancing.	Je déteste danser.

➔ **Attention :** quand **like**, **love** et **hate** sont employés avec **would**, seule la forme **to** + BV est possible.

I'd like to go.	J'aimerais y aller.
I'd love to see you.	J'aimerais beaucoup te voir.
I'd hate to disturb him.	Je n'aimerais vraiment pas le déranger.

03 〉 SUITE / comment traduire « verbe + infinitif » en anglais

AUTO-ÉVALUATION · VERBE + INFINITIF

01 Est-ce que l'infinitif français se traduit toujours de la même façon en anglais ?

02 Quelle forme du verbe emploie-t-on après les modaux ?

03 Quelle forme du verbe emploie-t-on après *let* et *make* ?

04 Quelle forme emploie-t-on après *avoid, enjoy, finish* ?

05 Comment dit-on « imaginer faire quelque chose » en anglais ?

06 Comment dit-on « s'entraîner à faire quelque chose » en anglais ?

07 Comment dit-on « proposer de faire quelque chose » en anglais ?

08 Que signifie *he stopped to smoke* ? Que signifie *he stopped smoking* ?

09 Comment dit-on « il a commencé à pleuvoir » en anglais (deux possibilités) ?

10 Comment dit-on « il commence à neiger » en anglais ?

EXERCICES

01 **Mettez to + base verbale ou base verbale seule :**

a. I must (go) shopping tomorrow morning.
b. Let your sister (use) the computer.
c. You can't (make) me tell you.
d. My parents allowed me (come).
e. We can't (understand) why they refused.
f. Everybody must (listen) very carefully.

02 **Mettez to + base verbale ou verbe en -ing :**

a. Avoid (stay) in the sun for more than an hour.
b. It's stopped (rain). Il a arrêté de pleuvoir.
c. We can't risk (be) late.
d. Do you mind (look after) the children?
e. I've really enjoyed (meet) you.
f. I can't imagine (do) this alone.
g. When you've finished (clean) the car, you can help me in the kitchen.
h. This afternoon you can practise (play) this video game.
i. They suggested (go) for a picnic.

04 ⟩ have, do et be : trois mots à double personnalité

➜ Avant toute chose, apprenez bien les **formes** de **have**, **do** et **be**.

Have	*au présent*	I/we/you/they **have**	he/she/it **has**
	au prétérit	I/he/she/it/we/you/they **had**	
	participe passé	**had**	

Do	*au présent*	I/we/you/they **do**	he/she/it **does**
	au prétérit	I/he/she/it/we/you/they **did**	
	participe passé	**done**	

Be	*au présent*	I **am** he/she/it **is**	we/you/they **are**
	au prétérit	I/he/she/it **was**	we/you/they **were**
	participe passé	**been**	

➜ **have, do** et **be** ont une « double personnalité » :

⊙ ils peuvent être des verbes « ordinaires », avec des sens bien particuliers (**have = avoir, do = faire, be = être**). Dans ce cas on les appelle des « verbes lexicaux ».

⊙ ils peuvent être des « outils » qui nous aident à construire les phrases.

➜ **do** sert à construire les formes **interrogative** (les questions) et **négative** (l'équivalent de **ne... pas**).

➜ **have** et **be** nous permettent de construire certains **temps composés** (comme « avoir » en français, qui nous permet de construire le passé composé **j'ai marché, il a bu...**).

➜ Quand ce sont des « outils », **do**, **have** et **be** s'appellent aussi des **auxiliaires**. Le mot « auxiliaire » signifie que ces mots nous **aident** à exprimer certaines choses. Ils n'ont pas de sens tout seuls, mais en se combinant avec d'autres mots, ils donnent un sens particulier à la phrase.

➜ Un auxiliaire (A) peut s'associer à **n'importe quel verbe** (V) :

Do[(A)] you like[(V)] tea?
Est-ce que tu aimes le thé ?

It has[(A)] stopped[(V)] raining.
Il a arrêté de pleuvoir.

I am[(A)] reading[(V)].
Je suis en train de lire.

04 〉 SUITE / **have, do** et **be : trois mots à double personnalité**

→ Les *auxiliaires* **do** et **have** peuvent s'associer avec les *verbes* **do** et **have** (tout comme en français l'auxiliaire **avoir** peut s'associer avec le verbe **avoir** : j'ai[A] eu[V] peur).

Voici quelques exemples :

What do[A] you do[V] for a living?
Que faites-vous dans la vie ?

Have[A] you had[V] your dinner?
As-tu dîné ? (littéralement, as-tu eu ton dîner ?)

I don't[A] do[V] very much on Saturdays.
Je ne fais pas grand-chose le samedi.

Anne has[A] had[V] an accident.
Anne a eu un accident.

*Voici des exemples où **do** auxiliaire s'associe avec **have** verbe lexical, et vice versa.*

Do[A] birds have[V] ears?
Est-ce que les oiseaux ont des oreilles ?

Have[A] you done[V] your homework?
As-tu fait tes devoirs ?

→ L'*auxiliaire* **be** peut s'associer avec le *verbe* **be** :

be + **being** *s'emploie pour décrire l'état ou l'attitude de quelqu'un à un moment donné :*

Alison is[A] being[V] very patient.
Alison fait preuve d'une grande patience en ce moment.

Now you're[A] being[V] selfish!
Là, tu es égoïste !

be + **being** *s'emploie pour former le passif, afin de parler de quelque chose qui est en train d'être fait :*

The car **is being** repaired.
La voiture est en train d'être réparée.

The towers **are being** demolished.
Les tours sont en train d'être démolies.

04 〉 SUITE / have, do et be : trois mots à double personnalité

AUTO-ÉVALUATION   HAVE, DO, BE

01 Quelles sont les formes de « have » au présent ? au prétérit ?

02 Quel est le participe passé de « have » ?

03 Quelles sont les formes de « do » au présent ? au prétérit ?

04 Quel est le participe passé de « do » ?

05 Quelles sont les formes de « be » au présent ? au prétérit ?

06 Quel est le participe passé de « be » ?

07 Pourquoi peut-on dire que « have », « do » et « be » ont une double personnalité ?

08 Le(s)quel(s) des trois a) ser(ven)t à construire les formes interrogative et négative b) permettent de construire certains temps composés ?

09 Comment dit-on : « Est-ce que tu aimes le thé ? » ?

10 Comment dit-on : « Que faites-vous dans la vie ? » ?

11 Comment dit-on : « Je ne fais pas grand-chose le samedi » ?

12 Comment dit-on : « As-tu dîné ? » ?

13 Peut-on construire des énoncés où « do (outil) » soit associé à have ?

14 Comment dit-on : « Est-ce que les oiseaux ont des oreilles ? » ?

15 Peut-on construire des énoncés où « have (outil) » soit associé à une forme de « do » ?

16 Comment dit-on : « As-tu fait tes devoirs ? » ?

17 Peut-on associer l'auxiliaire « be » au verbe « be » ?

18 Comment dit-on : « La voiture est en train d'être réparée » ?

EXERCICES

01 Complétez par has/have/is/ are/was/were/ does/do/done :

a. My cat. . . . .beautiful eyes.
b. . . . . .your brother speak English?
c. He said that he. . . . .hungry.

04 › SUITE / have, do et be : trois mots à double personnalité

d. Paul and Maria. . . . .bought a boat.

e. What. . . . .you doing?

f. They. . . . . .frightened of the dogs.

g. I've.. . . . . .my homework.

h. . . . . . your children like horror films?

02 Dans les phrases suivantes, est-ce que **have**, **do** et **be** sont des verbes lexicaux (= des verbes « ordinaires ») ou des auxiliaires (= des outils grammaticaux) ?

a. What time **do** you **have** dinner?

. . . .

b. **Have** you **done** the garden?

. . . .

c. **Do**n't **do** that!

. . . .

d. Let's **do** something nice this evening.

. . . .

e. We **had** something to eat on the train.

. . . .

f. **Be** careful!

. . . .

g. My brother **is** taking his exams.

. . . .

h. Now you**'re being** stupid!

. . . .

03 Dites la même chose en anglais en remettant les mots dans le bon ordre :

a. Tu as pris une douche ?. . . . .
had have you shower a?. . . . .

b. Ne fais rien avant de me consulter. . . . .
anything do don't consulting before me.. . . . .

c. Cette voiture n'a pas de radio. . . . .
car this doesn't radio a have.. . . . .

d. Est-ce que tu fais le ménage le samedi ?. . . . .
housework the you do do Saturday on?. . . . .

05 〉 be conjugué : am/is/are/was/were

➜ **am, is, are, was** et **were** sont les formes du verbe **be** (= être).
On parle parfois de ces formes en employant le terme « **be conjugué** ».

présent
I **am** at home.
He/she/it/William **is** late.
You/we/they/my parents **are** happy.

prétérit
I/he/she/it/Laurie **was** at home.
You/we/they/my parents **were** happy.

➜ **be** ne se comporte pas tout à fait comme les autres verbes :

⊙ *À la forme négative il est simplement suivi de **not** :*
David **is not** French.   *David n'est pas français.*

⊙ *À la forme interrogative (= pour poser une question), **be** se met avant le sujet (le sujet est indiqué ici par « S ») :*

Is David(S) French?   *Est-ce que David est français ?*
   Il est français, David ?
   David est-il français ?
   David est français ?

Who **was** that(S)?   *Qui était-ce ?*
   Qui c'était ?
   C'était qui ?

Am I(S) late?   *Je suis en retard ?*
   Suis-je en retard ?
   Est-ce que je suis en retard ?

➜ **Notez** *les différentes positions que le sujet peut occuper dans une question posée en français ; il n'y a qu'**une seule façon** de poser une question en anglais (l'ordre des mots est précis).*

05 ⟩ SUITE / **be conjugué : am/is/are/was/were**

EXERCICES

01 **Mettez be au présent simple :**

a. I (be) hungry. . . . .
b. (be) you Tom's sister? . . . .
c. I think we (be) late . . . .
d. David (be) taller than me. . . . .
e. (be) it already three o'clock? . . . .
f. My jeans (be) covered in mud. . . . .

02 **Mettez be au prétérit :**

a. I (be) not at the party. I (be) at home. . . . .
b. (be) you in bed when I phoned?. . . . .
c. What time (be) it when you met David? . . . .
d. I think George and Amy (be) angry with me. . . . .
e. How (be) your trip to Paris? . . . .
f. That (be) delicious, thank you! . . . .

03 **Dites la même chose en français. Amusez-vous à formuler la même question de deux façons différentes à chaque fois :**

exemple :
Who is David Copperfield?   *Qui est David Copperfield ?*
                                          C'est qui, David Copperfield ?

a. Who are those people? . . . .
b. Were you cold? . . . .
c. What time are you leaving? . . . .
d. Was your grandfather Greek? . . . .
e. Am I early?. . . . .
f. In what year was the telephone invented? . . . .

04 **Dites la même chose en anglais :**

a. Tu as froid ? . . . .
b. Ce n'est pas vrai. . . . .
c. Personne n'est parfait. . . . .
d. Mes lunettes sont neuves. . . . .
e. Qui est l'homme assis sous l'arbre ? . . . .
f. Ton pantalon est tout sale. . . . .

06 〉 do/does (auxiliaire) – pour « insister »

➜ Le verbe **do** a deux fonctions importantes en anglais.

➜ D'une part, il peut avoir le sens de « faire » (I **do** the cooking = Je **fais** la cuisine). Dans ce cas, on dit que c'est un « verbe lexical ».

➜ D'autre part, il peut être un « outil » : un **auxiliaire** (☞ **VOIR** : fiche 11).

➜ L'auxiliaire **do** joue plusieurs rôles dans la construction d'une phrase :

⊙ Il peut nous permettre de **poser des questions**.
⊙ Il peut nous permettre de former le **négatif**.
⊙ Il peut nous permettre d'**insister** sur ce qu'on dit.

➜ Cette troisième fonction de **do** nous permet de mieux comprendre la relation de **do** avec les autres mots.

➜ Dans le tableau qui suit, le sens des phrases dans les deux colonnes est presque le même, sauf que dans la deuxième colonne on « insiste » sur ce qu'on dit. Notez les différentes traductions possibles de la nuance apportée par **do** :

Regardez :

I **like** pancakes.	I **do like** pancakes!
J'aime les crêpes.	*J'aime vraiment les crêpes !*
David **loves** you.	David **does love** you!
David t'aime.	*David t'aime vraiment !*
Anna **walks** fast.	Anna **does walk** fast!
Anna marche vite.	*Décidément, Anna marche vite !*
It **snows** a lot here.	It **does snow** a lot here.
Il neige beaucoup ici.	*Il est vrai qu'il neige beaucoup ici.*
We **see** what you mean.	But we **do see** what you mean!
Nous voyons ce que tu veux dire.	*Mais si, nous voyons ce que tu veux dire !*
You **wear** beautiful clothes.	You **do wear** beautiful clothes!
Tu portes de beaux vêtements.	*Tu portes vraiment de beaux vêtements !*
They **know** a lot.	They **do know** a lot!
Il savent beaucoup de choses.	*Ils savent vraiment beaucoup de choses !*
Come in!	**Do come** in!
Entrez !	*Entrez ! Je vous en prie !*

---

*Notez qu'à chaque fois, **do/does** est suivi de la **base verbale** (BV) : on dit "he does love" et non pas *he does loves, "it does snow" et non pas *it does snows.*

06 ❭ SUITE / do/does (auxiliaire) – pour « insister »

Rappel : La « base verbale », c'est le verbe tel qu'on le trouve dans le dictionnaire : **love** est la base verbale, alors que **loves**, **loved** et **loving** sont des formes du verbe **love**.

➜ **Important :** l'auxiliaire **do** peut très bien s'employer avec le verbe lexical **do** : on applique la même règle (**do/does** + base verbale **do**).

Exemples :

You do a lot of cooking.	You **do do** a lot of cooking!
Tu fais beaucoup de cuisine.	*Tu fais vraiment beaucoup de cuisine !*

AUTO-ÉVALUATION « DO POUR INSISTER »

01 Quelles sont les deux fonctions importantes de « *do* » en anglais ?

02 Quel est le sens de « *do* » dans : « *I do the cooking* » ?

03 À quoi peut servir l'auxiliaire « *do* » (3 rôles) ?

04 Quelle nuance apporte « *do* » dans « *I do like pancakes* » par rapport à « *I like pancakes* » ?

05 Comment dit-on : « David t'aime », « David t'aime vraiment » ?

06 Comment dit-on : « Anna marche vite », « Décidément, Anna marche vite ! » ?

07 Doit-on dire : « *It does snows* » ou « *It does snow* » ?

08 Pourquoi ?

09 L'énoncé suivant est-il correct ? « *You do do a lot of cooking!* »

10 Si oui, que signifie-t-il ?

EXERCICES

01 **Employez do pour « insister » dans les phrases suivantes :**

a. You seem tired.

. . . .

06 ⟩ SUITE / **do/does (auxiliaire) – pour « insister »**

b. Daniel talks too fast.

. . . .

c. People say stupid things.

. . . .

d. I hope you won't be annoyed.

. . . .

e. It costs a lot.

. . . .

f. Stop talking.

. . . .

02 Les phrases suivantes sont incorrectes. Corrigez-les, en laissant **do** pour insister :

a. *Stephen does talks quietly.

. . . .

b. *Paul and Fred does get on well.   (get on = *s'entendre*)

. . . .

c. *That dog do smells!

. . . .

d. *You does look tired.

. . . .

e. *My mother do work hard.

. . . .

f. *Our house do has a big garden.

. . . .

g. *Does shut up!   (shut up = *se taire*)

. . . .

03 Dites la même chose en anglais en employant **do** pour insister :

a. Décidément, Sarah s'habille très bien !

. . . .

b. Il est vrai que le voyage dure longtemps.   (durer longtemps : *take a long time*)

. . . .

c. J'aime vraiment les pêches !

. . . .

d. Mais si, je suis d'accord avec toi !   (**attention** : *agree*)

. . . .

e. Ces chiens mangent vraiment beaucoup.

. . . .

07 ⟩ **do et have** (verbes lexicaux) : **questions et forme négative**

→ **do** et **have** peuvent être soit des verbes « ordinaires » (lexicaux), soit des auxiliaires (des « outils » : ☛ VOIR : fiche 11).

→ Savoir faire la différence nous permet d'éviter de faire beaucoup d'erreurs, notamment quand on **pose des questions** et quand on emploie la **forme négative**.

→ Quand **do** n'est pas un auxiliaire (A) mais un verbe « ordinaire » (V) qui signifie
« faire », on emploie l'auxiliaire **do** dans les questions et à la forme négative, au présent simple et au prétérit, comme avec n'importe quel autre verbe :

Paul does$^{(V)}$ the cooking.
Paul fait la cuisine.

Question :

Does$^{(A)}$ Paul do$^{(V)}$ the cooking?
Est-ce que Paul fait la cuisine ?
*Does Paul the cooking? est **incorrect** !

Forme négative :

Paul doesn't$^{(A)}$ do$^{(V)}$ the cooking.
Paul ne fait pas la cuisine.
* Paul doesn't the cooking est **incorrect** !

→ **don't** + BV est la forme négative de l'impératif : autrement dit, il nous permet
de dire à quelqu'un de **ne pas faire quelque chose**. Il s'emploie aussi bien avec **do**
verbe lexical qu'avec n'importe quel autre verbe :

Don't do that!
Ne fais pas ça !

→ Quand **have** n'est pas un auxiliaire (A) mais un verbe « ordinaire » (V) qui signifie « avoir » ou « prendre » ou « manger » ou « boire », on doit aussi employer l'auxiliaire **do** dans les questions et à la forme négative, au présent simple et au prétérit :

Paul has$^{(V)}$ a bath every night.
Paul prend un bain tous les soirs.

07 ⟩ SUITE / do et have (verbes lexicaux) questions et forme négative

Question :

Does(A) **Paul have**(V) **a bath every night?**
Est-ce que Paul prend un bain tous les soirs ?
*Has Paul a bath? est **incorrect** !

Forme négative :

Paul doesn't(A) **have**(V) **a bath every night**.
Paul ne prend pas un bain tous les soirs.
* Paul hasn't a bath est **incorrect** !

AUTO-ÉVALUATION ⟩ DO ET HAVE (VERBES LEXICAUX) :
QUESTIONS ET FORME NÉGATIVE

01 Pourquoi peut-on dire que « *do* » et « *have* » ont une « double identité » ?

02 Dans quels cas a-t-on besoin de l'auxiliaire « *do* » ?

03 Que signifie le verbe « *do* » ?

04 Comment dit-on : « Paul fait la cuisine » ?

05 L'énoncé suivant est-il correct ? S'il ne l'est pas, rectifiez.
« *Does Paul the cooking?* »

06 Dites le contraire de « *Paul does the cooking* » en employant la forme négative.

07 Comment se forme l'impératif à la forme négative ?

08 Comment dit-on : « Ne fais pas ça ! » ?

09 Quels sont les différents sens possibles de « *have* » verbe « lexical » ?

10 Comment dit-on : « Paul prend un bain tous les soirs » ?

11 Comment dit-on : « Est-ce que Paul prend un bain tous les soirs ? » ?

12 L'énoncé suivant est-il correct ? S'il ne l'est pas, rectifiez. « *Paul hasn't a bath every night.* »

07) SUITE / do et have (verbes lexicaux) questions et forme négative

EXERCICES

01 Dans les phrases suivantes, écrivez (A) pour auxiliaire ou (V) pour verbe lexical après **do** :

a. What **do** ( ) you think of the new library?
b. Who **does** ( ) the cooking in your house?
c. What **do** ( ) they **do** ( ) when it rains?
d. Does ( ) Karen know anything about computers?
e. Don't ( ) **do** ( ) your homework in front of the television!
f. We **didn't** ( ) catch any fish.
g. Don't ( ) Alison and Jason **do** ( ) karate any more?
h. Did ( ) he **do** ( ) the housework?

02 Dans les phrases suivantes, écrivez (A) pour auxiliaire ou (V) pour verbe lexical après **have** :

a. Have ( ) you ever seen a ghost?
b. Where does he usually **have** ( ) lunch?
c. Come on, **have** ( ) a drink with us!
d. I **have** ( ) two brothers.
d. He **has** ( ) just **had** ( ) a shower.
e. He **had** ( ) a shower this morning.
f. Have ( ) you **had** ( ) your breakfast?
g. You **haven't** ( ) seen him, **have** ( ) you?
h. Did your baggage **have** ( ) a label?

03 Dites la même chose en anglais, en remettant les mots dans l'ordre :

a. À quelle heure prenez-vous le thé?
time what have you do tea? ....
b. Que fait-il quand tu n'es pas là ?
does do he when you're there not what? ....
c. Ne fais pas la cuisine maintenant !
cooking do the don't now! ....
d. Ils n'ont pas beaucoup d'argent.
money much don't have they ....
e. Est-ce que vous avez un rendez-vous ?
have do you appointment an? ....
f. Ne faites rien.
anything do don't ....
g. Ils font des pâtes mais ils ne font pas de pizzas.
they pasta but do do don't they pizzas. ....

08 ⟩ have got/has got

→ En anglais, le verbe qui correspond généralement à « avoir » au sens de « posséder » est **have**.

I/you/we/they **have** something.
He/she/it **has** something.

→ Très souvent, le verbe **have**, quand il signifie « avoir, posséder », est suivi du mot **got**, surtout en anglais parlé.

I/you/we/they **have got** something.
He/she/it **has got** something.

→ **have got** est souvent contracté en **'ve got**, et **has got** en **'s got** :

I've got a new bike.
J'ai un nouveau vélo.

You've got sauce on your shirt.
Tu as de la sauce sur ta chemise.

Émilie's got three dogs.
Émilie a trois chiens.

It's (= it is) a big house, but **it's got** (= it has got) a small garden.
C'est une grande maison, mais elle a un petit jardin.

→ Dans ces exemples, le mot **got** n'a pas de sens particulier. Les paires de phrases suivantes ont **exactement le même sens** :

I have a headache / I've got a headache.
The car has four doors / The car's got four doors.
You have three minutes / You've got three minutes.

→ **Attention :** quand « have » ne signifie pas « avoir, posséder », il n'est jamais suivi de « got » :

They **have** lunch at school.   I **have** a shower every morning.
Ils déjeunent au collège.   *Je prends une douche tous les matins.*

→ Voir aussi **have to/have got to**.

→ Voir aussi **got** dans la partie alphabétique.

08 ▷ SUITE / **have got/has got**

01 Quel est le verbe anglais qui correspond généralement à « avoir » au sens de posséder ?

02 Complétez par *« have »* conjugué au présent :
I…You…He…She…It…We…You…They…

03 Quelle est la forme contractée de *« have got »* ?

04 Quelle est la forme contractée de *« has got »* ?

05 Comment dit-on : « J'ai un nouveau vélo » ?

06 Comment dit-on : «Tu as de la sauce sur ta chemise » ?

07 Comment dit-on : « Émilie a trois chiens » ?

08 Dites la même chose en ajoutant un mot : *« I have a headache »*, *« The car has four doors »*, *« You have three minutes »*.

09 Que signifie : *« They have lunch at school »* ?

10 Peut-on faire suivre *« have »* de *« got »* dans l'énoncé numéro 9 ?

11 Comment dit-on : « Je prends une douche tous les matins » ?

12 Peut-on faire suivre *« have »* de *« got »* dans la réponse au numéro 11 ?

EXERCICES

01 **Lesquelles de ces phrases contiennent le verbe have au sens de « avoir, posséder » ?**

a. Have another banana if you like.   ☐
b. Crocodiles have sharp teeth.   ☐
c. I have never heard of him.   ☐
d. Have you seen my trainers?   ☐
e. The house has a large garden.   ☐
f. Nobody in my family has a car.   ☐
g. Shall we have a sandwich?   ☐
h. Do you think we have time?   ☐

02 Lisez les phrases suivantes, puis dites la même chose en employant **have got/ has got :**

a. My Dad has lots of fishing equipment.

. . . .

b. I have no idea what you're talking about.

. . . .

c. We have enough time, don't worry.

. . . .

d. Andrew and Elaine have a nice flat.

. . . .

e. It's a big car and it has air conditioning.

. . . .

f. I have a bad cold.

. . . .

g. Do you think the hotel has a restaurant?

. . . .

03 Dites la même chose en anglais en employant **have got/ has got :**

a. J'ai trois chats.

. . . .

b. L'immeuble a un grand parking.

. . . .

c. On a assez de temps.   (*enough time*)

. . . .

d. Daniela a une jolie montre.

. . . .

e. Tu as une tache sur ton pantalon.   (une tache = *a stain*)

. . . .

f. J'ai la grippe.   (la grippe = *flu*)

. . . .

09) have got/has got : formes négative et interrogative

→ Regardez la fiche **08** pour vous rappeler comment fonctionne **have got/has got**.

→ Pour la forme négative, il suffit d'ajouter **not** entre **have/has** et **got** : have <u>not</u> got ; has <u>not</u> got.

have not got est généralement contracté en **haven't got**.
has not got est généralement contracté en **hasn't got**.

He's got a skateboard, but he **hasn't got** a bike.
Il a un skateboard, mais il n'a pas de vélo.

Léa's parents **haven't got** a car.
Les parents de Léa n'ont pas de voiture.

My computer **hasn't got** a CD burner.
Mon ordinateur n'a pas de graveur de CD.

→ **Attention** : Les phrases suivantes ont **exactement le même sens** :

Spiders **don't have** wings = Spiders **haven't got** wings.
Les araignées n'ont pas d'ailes.

I **don't have** a job = I **haven't got** a job.
Je n'ai pas de travail.

Janet **doesn't have** any brothers and sisters = Janet **hasn't got** any brothers and sisters.
Janet n'a ni frères ni sœurs.

I **don't have** time to make a phone call = I **haven't got** time to make a phone call.
Je n'ai pas le temps de téléphoner.

→ Pour poser une question avec **have got**, on inverse le sujet et **have** :

Has he **got** a bike? (***Does** he **have** a bike?* a le même sens).
A-t-il un vélo ?

Have Léa's parents **got** a car? (***Do** Léa's parents **have** a car?* a le même sens).
Est-ce que les parents de Léa ont une voiture ?

Has your computer **got** a CD burner? (***Does** your computer **have** a CD burner?* a le même sens).
Est-ce que ton ordinateur a un graveur de CD ?

09 ⟩ SUITE / **have got/has got : formes négative et interrogative**

→ **Attention :** quand « have » ne signifie pas « posséder », il n'est pas suivi de « got », et à la forme négative on emploie **do** :

They don't have lunch at school. **(seule possibilité)**
Ils ne déjeunent pas au collège.

I don't have a shower every morning. **(seule possibilité)**
Je ne prends pas une douche tous les matins.

forme interrogative :

Do they **have** lunch at school?
Est-ce qu'ils déjeunent au collège ?

Does he **have** a shower every morning?
Est-ce qu'il prend une douche tous les matins ?

AUTO-ÉVALUATION HAVE GOT / HAS GOT :
FORMES NÉGATIVE ET INTERROGATIVE

01 Comment construit-on la forme négative de **have got/has got** ?

02 Comment dit-on *Les parents de Léa n'ont pas de voiture* ?

03 Y a-t-il une différence entre *I haven't got a job* et *I don't have a job* ?

04 Quelle est la forme contractée de *has got* ? Et celle de *have got* ?

05 Comment pose-t-on une question avec **have got/has got** ?

06 Comment dit-on : *Est-ce que les parents de Léa ont une voiture* en employant **have got** ?

07 Peut-on dire la même chose en employant **do + have** ?

08 Quand **have** ne signifie pas **avoir, posséder,** peut-on y ajouter **got** ?

09 Que signifie : *They don't have lunch at school* ?

10 Comment dit-on : *Est-ce qu'il prend une douche tous les matins* ?

09 › SUITE / have got/has got : formes négative et interrogative

EXERCICES

01 Lisez les phrases suivantes, puis dites la même chose en employant haven't got/ hasn't got :

a. We don't have much time.

....

b. The building where I live doesn't have a car park.

....

c. No, I don't have a cold.

....

d. Jonathan doesn't have any pets.

....

e. My computer doesn't have a flat screen.

....

f. Our neighbours don't have much patience.

....

g. Don't you have a computer?

....

h. Doesn't Daniel have any brothers and sisters?

....

02 Lisez les phrases suivantes, puis posez les mêmes questions en employant **have/has... got ?**

a. Do you have the correct time, please?

....

b. Who has the ball?

....

c. Do Paul's aunt and uncle have a car?

....

d. Does she have a chance of winning?

....

e. Do antelopes have horns?

....

f. Does anyone have an idea?

....

g. What do you have in your bag?

....

h. How many brothers and sisters do you have?

....

09 ⟩ SUITE / **have got/has got : formes négative et interrogative**

03 **Dites la même chose en français :**

a. We've got a bath and a shower.

. . . .

b. I have a bath once a week and a shower every morning.

. . . .

c. I have sandwiches for lunch.

. . . .

d. I've got some sandwiches.

. . . .

e. They always have champagne at Christmas.

. . . .

f. They've always got champagne in their fridge.

. . . .

g. We sometimes have chocolates with our coffee.

. . . .

h. We've got some really nice chocolates.

. . . .

10 〉 les modaux

➜ Un **modal** est un mot qui joue un rôle particulier dans la phrase anglaise. C'est un **outil** qui nous permet d'exprimer certaines choses.

➜ Les modaux sont **can, could, may, might, must, shall, should, will, would.**

*Note : pour **ought to**, qui n'est pas un modal mais qui a un rôle similaire, regardez la partie alphabétique.*

➜ Pour comprendre le rôle des modaux, il faut éviter de penser que ce sont des mots qui ont un ou plusieurs « sens ». Il est plus utile de considérer que chaque modal a une ou plusieurs **fonctions**. Par exemple, au lieu de se dire « Que veut dire **can** ? », il est plus utile de se demander « À quoi sert **can** ? Qu'est-ce que **can** nous permet d'exprimer ? ».

➜ En fait, chaque modal a **plusieurs fonctions différentes** : il faut éviter de penser, par exemple, que « *can, c'est pouvoir » ou que « *will, c'est le futur ». Ces mots ont bien d'autres emplois, bien d'autres fonctions. En se combinant avec d'autres mots, ils nous aident à exprimer différentes choses.

➜ Vous trouverez des informations précises sur les différentes fonctions de chacun des modaux dans la **partie alphabétique** de ce livre.

➜ Ici, nous vous montrons ce que tous les modaux ont en commun, c'est-à-dire leur manière de se comporter dans la phrase.

1. Tous les modaux sont suivis de la base verbale (BV).

> **Attention** ! Ne faites pas l'erreur d'ajouter **to** après un modal !

David **must** leave now.	You **can** phone me later.
David doit partir maintenant.	*Tu peux m'appeler plus tard.*

2. Dans les phrases affirmatives, le modal se met entre le sujet et le verbe :

I **will** see you tomorrow.	Maria **could** see the car from her window.
Je te verrai demain.	*Maria voyait la voiture de sa fenêtre.*

10 > SUITE / **les modaux**

3. Dans les phrases négatives, le modal est suivi de not :

I will **not** see you tomorrow.   Maria could **not** see the car from her window.
Je ne te verrai pas demain.   *Maria ne voyait pas la voiture de sa fenêtre.*

Une contraction se fait souvent entre le modal et **not** :

can	→	can't	
could	→	couldn't	
might	→	mightn't	
must	→	mustn't	
shall	→	shan't	(Attention, pas *shalln't* !)
should	→	shouldn't	
will	→	won't	(Attention, pas *willn't* !)
would	→	wouldn't	

> **Notez :**
> ⊙ la forme **cannot** (en un mot) s'emploie surtout à l'écrit.
> ⊙ on ne fait pas la contraction de **may not**.

4. Dans les questions, l'ordre sujet + modal est simplement inversé.

Will I see you tomorrow?
Est-ce que je te verrai demain ?

Could Maria see the car from her window?
Est-ce que Maria voyait la voiture de sa fenêtre ?

Might it rain tomorrow, do you think?
Il est possible qu'il pleuve demain, à ton avis ?

Would anyone like some more cheesecake?
Quelqu'un voudrait-il encore du cheesecake ?

10 ⟩ **SUITE / les modaux**

AUTO-ÉVALUATION　　LES MODAUX

01 Quels modaux connaissez-vous ?

02 Quelle question nous aide le plus : Que veut dire « *can* » ? ou Qu'est-ce que « *can* » nous permet d'exprimer ?

03 Tous les modaux sont suivis de la base verbale : vrai ou faux ?

04 Un modal peut être suivi de « *to* » : vrai ou faux ?

05 Où se place le modal dans les phrases affirmatives ?

06 Comment dit-on : « David doit partir maintenant » ?

07 Quel est le mot qui suit le modal dans les phrases négatives ?

08 Comment dit-on : « Je ne te verrai pas demain » ?

09 Donnez la forme négative contractée pour les modaux énumérés à la question 1.

10 On emploie souvent « *shalln't* » et « *willn't* » : vrai ou faux ?

11 Comment construit-on les questions (ordre des mots) ?

12 Comment dit-on : « Est-ce que je te verrai demain » ?

EXERCICES

01 **Repérez les modaux parmi les mots suivants :**

a. go **b.** may **c.** won't **d.** too **e.** would **f.** mustn't **g.** me

02 **Reliez chaque modal à une ou plusieurs fonctions (reportez-vous à la partie alphabétique) :**

Modaux	Fonctions
a. must	• exprime la possibilité
b. can	• forme le conditionnel
c. shall	• exprime la volonté
d. will	• exprime le futur
e. would	• exprime une obligation forte
f. might	• permet de proposer une activité
	• employé avec **like**, permet d'exprimer désirs et souhaits
	• exprime la quasi-certitude
	• permet de donner son autorisation

11 ⟩ une famille de mots-outils : be/have/do et les modaux

→ Il est utile de considérer comme une « famille » les auxiliaires **be/have/do** et les modaux (**can, could, may, might, must, shall, should, will, would**). Ces mots sont tous des « outils » avec lesquels on peut construire des phrases.

→ Ils ont des fonctions très différentes, mais ils se comportent tous de la même façon dans la phrase. Ils obéissent aux mêmes règles de construction de la forme négative (ajout de **not**) et interrogative (simple **inversion** avec le sujet).

→ Bien maîtriser les points suivants est une des clés de construction correcte de la phrase anglaise.

I. Dans les phrases affirmatives, l'ordre est sujet (S) + outil (O) + verbe (V)

Les « outils » se mettent entre le sujet et le verbe (même **do**, mais il est généralement « caché » et ne « sort » qu'aux formes interrogative et négative, ou pour « insister », ☞ **voir** : fiche **06**).

L'ordre est toujours « S-O-V » :
⊙ *conjugaison de* **have** : *présent* **have/has** ; *prétérit* **had**
We   have   finished our homework.
(S)   (O)   (V)
Nous avons terminé nos devoirs.

⊙ *conjugaison de* **be** : *présent* **am/is/are** ; *prétérit* **was/were**
Ben   is   reading a magazine.
(S)   (O)   (V)
Ben lit une revue.

⊙ *conjugaison de* **do** : *présent* **do/does** ; *prétérit* **did**
I   (do « caché »)   like   ice cream.
(S)   (O)   (V)
J'aime les glaces.

Dan like<u>s</u> (= doe<u>s</u> « caché » like) boxing.
(S)   (O)   (V)
Dan aime la boxe.

Danny walke<u>d</u> (= di<u>d</u> « caché » walk) to the house.
(S)   (O)   (V)
Danny a marché jusqu'à la maison.

⊙ *modaux*

I	will	see you tomorrow.
(S)	(O)	(V)

Je te verrai demain.

Sam	can	speak Italian
(S)	(O)	(V)

Sam parle italien.

2. Dans les phrases **négatives**, on ajoute **not** entre l'outil et le verbe. L'ordre est « S-O-not-V » :

⊙ *auxiliaire* **have**

We	haven't	finished our homework.
(S)	(O + not)	(V)

Nous n'avons pas terminé nos devoirs.

⊙ *auxiliaire* **be**

Ben	isn't	reading a magazine.
(S)	(O + not)	(V)

Ben ne lit pas une revue.

⊙ *auxiliaire* **do**

I	don't	like ice cream.
(S)	(O + not)	(V)

Je n'aime pas les glaces.

Dan	doesn't	like boxing.
(S)	(O + not)	(V)

Dan n'aime pas la boxe.

Danny	didn't	walk to the house.
(S)	(O + not)	(V)

Danny n'est pas allé à la maison à pied.

⊙ *modaux*

I	won't	(= will not)	see	you tomorrow.
(S)	(O)		(V)	

Je ne te verrai pas demain.

Sam	can't	speak	Italian.
(S)	(O)	(V)	

Sam ne parle pas italien.

3. Dans les questions, l'ordre sujet + outil est simplement inversé

⊙ *auxiliaire* **have**

Have you finished your homework?
(O)   (S)
Avez-vous terminé vos devoirs ?

⊙ *auxiliaire* **be**

Is   Ben reading a magazine?
(O)   (S)
Est-ce que Ben lit une revue ?

⊙ *auxiliaire* **do**

Do   you like ice cream?
(O)   (S)
Est-ce que tu aimes les glaces ?

Does Dan like boxing?
(O)   (S)
Est-ce que Dan aime la boxe ?

Did Danny walk to the house?
(O)   (S)
Est-ce que Danny est allé à pied jusqu'à la maison ?

⊙ **modaux**

Will I   see you tomorrow?
(O)   (S)
Est-ce que je te verrai demain ?

Can Sam speak Italian?
(O)   (S)
Est-ce que Sam parle italien ?

11 › SUITE / une famille de mots-outils : be/have/do et les modaux

AUTO-ÉVALUATION   LES MOTS OUTILS

01 Quels « mots-outils » connaissez-vous ?

02 Où se placent les « mots-outils » à la forme affirmative ?

03 Quel est le « mot-outil » qui est souvent caché à la forme affirmative ?

04 Dans quel cas n'est-il pas caché ?

05 Comment dit-on : « Nous avons terminé nos devoirs » ?

06 Comment dit-on : « Ben lit une revue » ?

07 Dit-on exactement la même chose dans les deux énoncés suivants : « *a) Dan likes boxing b) Dan does like boxing* » ?

08 Comment dit-on : « Je te verrai demain » ?

09 Quel est l'ordre des mots à la forme négative ?

10 Dites le contraire en employant la forme négative : *a) We have finished our homework. b) Ben is reading a magazine. c) I like ice cream. d) Dan likes ice cream. e) Tom walked to the house. f) I will see you tomorrow. g) Sam can speak Italian.*

11 Quel est l'ordre des mots dans les questions ?

12 Comment dit-on : a) Avez-vous terminé vos devoirs ? b) Est-ce que Ben lit une revue ? c) Est-ce que tu aimes les glaces ? d) Est-ce que Dan aime la boxe ? e) Est-ce que Danny a marché jusqu'à la maison ? f) Est-ce que je te verrai demain ? g) Est-ce que Sam parle italien ?

EXERCICES

01 Repérez « l'outil » (le modal ou l'auxiliaire) dans ces phrases :

a. I can see you. . . . .

b. We will come to the party. . . . .

c. I'm looking for my glasses . . . .

d. Nobody understands what you're talking about. . . . .

e. I have met him before. . . . .

f. You must show me your photos. . . . .

g. Somebody's stolen my bag! . . . .

h. It would be a shame if you couldn't come. . . . .

> **I I** 〉 SUITE / une famille de mots-outils : be/have/do et les modaux

02 Mettez les mots dans l'ordre :

a. and Andrew have Paul arrived. . . . .
b. and Andrew have Paul arrived? . . . .
c. jacket my that is . . . .
d. jacket my that is?. . . . .
e. Spanish he speak can. . . . .
f. Spanish he speak can?. . . . .
g. out were when called I they . . . .
h. out were when called I they?. . . . .

03 Dites la même chose en anglais :

a. Daniel est en bas.   (*downstairs*)
. . . .

b. Daniel est-il en bas ?
. . . .

c. Il a acheté un chien.   (*has bought*)
. . . .

d. Est-ce qu'il a acheté un chien ?
. . . .

e. Il pleuvra demain.   (*will rain*)
. . . .

f. Est-ce qu'il pleuvra demain ?
. . . .

12 〉 verbes à particule (« phrasal verbs ») (1)

→ En anglais, il existe une famille de verbes qui sont constitués de deux (parfois trois) mots. On les appelle souvent les **verbes à particule** ou **phrasal verbs**.

→ Regardons d'abord quelques exemples :

David **put** his bags **down** near the door.
David a posé ses bagages près de la porte.
(***put down*** *est ici un verbe transitif qui signifie* ***poser*** *quelque chose*)

If you don't know what the word means, **look** it **up** in a dictionary.
Si tu ne sais pas ce que signifie le mot, cherche-le dans un dictionnaire.
(***look up*** *est ici un verbe transitif qui signifie* ***chercher*** *quelque chose dans un diction- naire, une encyclopédie, etc.*)

Shut up! I'm trying to work!
Tais-toi ! J'essaie de travailler !
(***shut up*** *est ici un verbe intransitif qui signifie* ***se taire***)

What time do we have to **check in**?
À quelle heure faut-il enregistrer ?
(***check in*** *est un verbe intransitif qui signifie ici* ***enregistrer****, dans un aéroport*)

→ Dans ces exemples, on voit clairement que le sens du verbe à particule ne peut pas être deviné en le « décomposant ». Il doit être compris **dans sa totalité**. Dans le dernier exemple, **check in** est composé du mot **check** (contrôler) et **in** (qui exprime normalement un mouvement vers l'intérieur). Mais **check in** signifie ici **enregistrer** (dans un aéroport).

→ Il est important de comprendre que le verbe à particule peut avoir un sens très différent de celui auquel on pourrait s'attendre en regardant les mots qui le consti- tuent. Voici quelques exemples :

give out	*peut signifier*	**distribuer**
get down	*peut signifier*	**sortir de table**
pull out	*peut signifier*	**abandonner la course**
pull over	*peut signifier*	**garer sa voiture sur le côté**

12 ⟩ SUITE / **verbes à particule (« phrasal verbs ») (1)**

→ Il y a un très grand nombre de verbes à particule, et beaucoup d'entre eux ont plusieurs sens différents. Par conséquent, ils sont difficiles à maîtriser pour un étranger. Il y a trois objectifs en ce qui concerne l'apprentissage de ces verbes :

⊙ apprendre à les **reconnaître** en prenant conscience du fait qu'un verbe peut être suivi d'un autre élément qui en détermine le sens ou qui le modifie.

⊙ constituer progressivement un **répertoire** de verbes à particule en les apprenant comme des « mots » à part entière.

⊙ apprendre à les **employer correctement** (pour leur comportement dans la phrase, regardez les fiches suivantes).

Un **test d'auto-évaluation** se trouve à la fin de la fiche **13**.

13 〉 verbes à particule (2)

→ Dans la fiche précédente nous avons présenté une famille de verbes qui s'appellent les **verbes à particule**.

→ Il existe des verbes à particule qui sont **intransitifs** (= qui s'emploient sans complément d'objet), et d'autres qui sont **transitifs** (= qui s'emploient avec un complément d'objet).

→ Voici deux exemples de verbes à particule **intransitifs** :

get up = *se lever*
   I **got up** early this morning.
   Je me suis levé tôt ce matin.

take off = *décoller* *(en parlant d'un avion)*
   We're going to **take off** in five minutes.
   On va décoller dans cinq minutes.

→ Quand on emploie un verbe à particule **transitif**, le complément d'objet peut souvent (mais pas toujours) se placer entre le verbe et le deuxième élément :

   The firemen **put** the fire **out**.
   The firemen **put out** the fire.
   Les pompiers ont éteint l'incendie.

(**put out** est un **verbe à particule** qui signifie **éteindre**. Ici, le complément d'objet est **the fire**)

→ Quand le complément d'objet est un **pronom** (**me, him, her, it, us, you, them**), il doit **toujours** être interposé entre le verbe et le deuxième élément :

   The firemen **put** it **out**. (**The firemen put out it* est **incorrect** !)
   Les pompiers l'ont éteint.

→ Voici deux autres exemples :

put away = *ranger*
   Have you **put** your things **away**?
   Have you **put away** your things?
   Have you **put** them **away**?
   As-tu rangé tes affaires ?
   Les as-tu rangées ?

13 SUITE / **verbes à particule (2)**

look up = **chercher** *(un mot dans un dictionnaire)*
   Look the word **up** in your dictionary.
   Look up the word in your dictionary.
   Look it **up** in your dictionary.
   Cherche le mot dans ton dictionnaire.
   Cherche-le dans ton dictionnaire.

➜ Dans les dictionnaires et les manuels, un verbe à particule qui peut être « séparé » par un complément d'objet est souvent dit **séparable** (souvent abrégé en *sép* dans les dictionnaires).

➜ Quand aucun complément ne peut se mettre entre le verbe et la particule, le verbe est dit **inséparable** (souvent abrégé en *insép* dans les dictionnaires).
Dans certains dictionnaires, les verbes à particule inséparables sont signalés par l'abréviation *fus*, du mot anglais **fused** qui signifie « fusionné ».

➜ Comparez avec le **verbe prépositionnel**, qui est toujours associé à un complément d'objet, mais qui ne peut **jamais** être séparé par celui-ci (fiche suivante).

13 〉 SUITE / verbes à particule (2)

AUTO-ÉVALUATION LES VERBES À PARTICULE

01 Comment appelle-t-on les « verbes à particule » en anglais ?

02 Qu'est-ce qu'un verbe à particule ?

03 Que signifie « *shut* » ? Qu'exprime normalement « *up* » ? Que signifie « *shut up* » ?

04 Peut-on deviner le sens d'un verbe à particule en le décomposant ?

05 Y a-t-il un grand nombre de verbes à particule en anglais ?

06 Comment dit-on en anglais : distribuer, sortir de table, abandonner la course, enregistrer (dans un aéroport) ?

07 Les verbes à particule ont-ils parfois plusieurs sens ?

08 Quels sont les 3 objectifs que doit se fixer quelqu'un qui apprend l'anglais concernant les verbes à particule ?

09 Que signifie « un verbe à particule intransitif » ?

10 Comment dit-on : « On va décoller dans cinq minutes » ?

11 Que signifie « un verbe à particule transitif » ?

12 Que savez-vous sur la place du complément d'objet d'un verbe à particule transitif ?

13 Comment dit-on : « Les pompiers ont éteint le feu » ? (2 possibilités)

14 Où se place obligatoirement le complément d'objet d'un verbe à particule transitif lorsqu'il s'agit d'un pronom personnel ?

15 Comment dit-on : « Les pompiers l'ont éteint » ?

16 Comment dit-on : « As-tu rangé tes affaires ? » ?

17 Comment dit-on : « Les as-tu rangées ? » ?

18 Que signifient les abréviations « sép » et « insép » souvent employées dans les dictionnaires et les méthodes ?

19 Que signifie l'abréviation « fus » employée dans certains dictionnaires ?

14 ⟩ verbes prépositionnels

→ Dans les fiches précédentes, nous avons découvert les **verbes à particule**.

→ Il existe une autre catégorie de verbes en anglais qui s'appelle les **verbes prépositionnels** (ou « verbes à préposition »).

→ Regardons d'abord quelques exemples :

look after = s'occuper de
   Who is **looking after** your cats?
   Who is **looking after** them?
   Qui s'occupe de tes chats ?
   Qui s'en occupe ?

pay for = payer, régler
   Have you **paid for** the drinks?
   Have you **paid for** them?
   Tu as réglé les consommations ?
   Les as-tu réglées ?

stand for = tolérer
   I won't **stand for** this behaviour!
   I won't **stand for** it!
   Je ne tolérerai pas ce comportement !
   Je ne le tolérerai pas !

bump into = croiser
   I **bumped into** Jerry at the arcade.
   I **bumped into** him at the arcade.
   J'ai croisé Jerry à la salle de jeux.
   Je l'ai croisé à la salle de jeux.

⊙ Comme les verbes à particule, les verbes prépositionnels sont constitués de plusieurs éléments (deux, en général).

⊙ Comme les verbes à particule, on peut rarement deviner leur sens à partir des mots qui les constituent.

⊙ À la différence des verbes à particule, les verbes prépositionnels sont **toujours** associés à un complément d'objet.

⊙ Ce complément d'objet ne peut **jamais** se mettre entre le verbe et sa préposition. On **ne peut pas dire** *I looked the cats after*, ni *I bumped Jerry into*.

14 〉 SUITE / verbes prépositionnels

AUTO-ÉVALUATION **LES VERBES PRÉPOSITIONNELS**

01 Comment dit-on « Qui s'occupe de tes chats ? » ?

02 Comment dit-on : « Qui s'en occupe ? » ?

03 Comment dit-on : « Tu as réglé les consommations ? » ?

04 Comment dit-on : « Les as-tu réglées ? » ?

05 Comment dit-on : « Je ne tolérerai pas ce comportement ! » ?

06 Comment dit-on : « Je ne le tolérerai pas » ?

07 Comment dit-on : « J'ai croisé Jerry à la salle de jeux » ?

08 Comment dit-on : « Je l'ai croisé à la salle de jeux » ?

09 Trouvez deux caractéristiques communes aux verbes à particule et aux verbes prépositionnels.

10 Trouvez deux caractéristiques différentes à ces deux catégories de verbes.

15 ⟩ verbes à double complément

➜ Regardez d'abord cet exemple pour le verbe **give** :

I gave	a present	to my sister.
J'ai donné	*un cadeau*	*à ma sœur.*

➜ Il y a **deux compléments d'objet** dans cette phrase (**a present** et **my sister**). La phrase a exactement la même structure qu'en français.

➜ Mais en anglais il existe une autre façon de dire la même chose :

I gave	my sister	a present.

➜ Cette fois-ci, la structure n'est pas la même qu'en français. La préposition **to** est omise, et l'ordre des compléments n'est pas le même. Comparez :

Give	the dog	a bone.
(Donne un os au chien)		
Give	the dog	to Henry.
Give	Henry	the dog.
(Donne le chien à Henry)		

➜ Voici d'autres exemples de « verbes à double complément » :

bring

I brought	a newspaper	to my father.
I brought	my father	a newspaper.
J'ai apporté un journal à mon père.		

buy

George often buys	presents	for his sisters.
George often buys	his sisters	presents.
George achète souvent des cadeaux pour ses sœurs.		

*(Ici, c'est la préposition **for** qui est omise)*

lend

Can you lend	some money	to Alison?
Can you lend	Alison	some money?
Tu peux prêter de l'argent à Alison ?		

➜ Pour d'autres exemples encore, regardez les mots suivants dans la partie alphabétique :
offer, owe, pass, promise, send, show, take, teach, tell, write.

15 ⟩ SUITE / verbes à double complément

→ Attention ! Les verbes **explain, recommend, suggest** et **describe** ne sont jamais suivis immédiatement d'un complément personnel (me, him, her, us, you, them) :

Can you **explain** the situation (to me)?
Tu peux m'expliquer la situation ?
(On **ne dit pas** *explain me the situation !*)

They **recommended** a good restaurant (to us).
Ils nous ont recommandé un bon restaurant.
(On **ne dit pas** *They recommended us a good restaurant !*)

Dave **suggested** an interesting solution (to me).
Dave m'a suggéré une solution intéressante.
(On **ne dit pas** *Dave suggested me... !*)

Can you **describe** the man (to us)?
Pouvez-vous nous décrire cet homme ?
(On **ne dit pas** *Can you describe us... !*)

Notez qu'avec ces verbes, 'to me', 'to us', etc., sont le plus souvent omis.

AUTO-ÉVALUATION ⟩ LES VERBES À DOUBLE COMPLÉMENT

01 En anglais, quelles sont les deux façons de dire « J'ai donné un cadeau à ma sœur » ?

02 En anglais, quelles sont les deux façons de dire « J'ai apporté un journal à mon père » ?

03 En anglais, quelles sont les deux façons de dire « George achète souvent des cadeaux pour ses sœurs » ?

04 En anglais, quelles sont les deux façons de dire « Tu peux prêter de l'argent à Alison ? » ?

05 Quels autres verbes à double complément pouvez-vous citer ?

06 Comment dit-on : « Tu peux m'expliquer la situation ? » ?
Y a-t-il deux possibilités ou une seule ?

15 ⟩ SUITE / **verbes à double complément**

EXERCICES

01 Dites la même chose d'une autre façon :

exemple :
Angela gave the documents to her sister.
Angela gave her sister the documents.

a. Give four cards to each player.
....

b. I owe ten euros to my cousin.
....

c. Hassan taught some funny songs to his friends.
....

d. Have you shown your holiday photos to anyone?
....

e. Take this letter to William, please.
....

f. I'm writing a note to my teacher.
....

02 Dites la même chose en anglais :

a. Tu peux m'expliquer les règles ?
....

b. Ils nous ont recommandé une très bonne boulangerie.   (*bakery*)
....

c. Essayez de me décrire votre agresseur.   (*attacker*)
....

16 〉 les questions : comment poser une question en anglais ?

➜ La structure suivante est à la base de beaucoup de phrases simples en anglais :

sujet + **« outil »** + **verbe** **...**

Bob	can	swim	very well.

Bob sait très bien nager

I	have	eaten	enough.

J'ai assez mangé.

> **Rappel :** *les « outils » sont les auxiliaires* **be, do, have** *et les modaux* **can**, **will**, **must**, *etc.* (☛ VOIR : fiche 10).

➜ Pour la forme interrogative (pour poser une question), on inverse l'outil et le verbe :

Can	Bob	swim?

Bob sait-il nager ?

Have	you	eaten	enough?

Tu as assez mangé ?

➜ On inverse **be** conjugué et le sujet :

She	is	happy.

Elle est heureuse.

Is	she	happy?

Est-elle heureuse ?

Why	are	you	crying?

Pourquoi pleures-tu ?

➜ **Attention !** quand **have** est **auxiliaire**, on inverse **have** et le sujet pour poser la question :

You have finished.	→	Have you finished?
Tu as terminé.		*Est-ce que tu as terminé ?*

They've left.	→	Have they left?
Ils sont partis.		*Sont-ils partis ?*

16 ❯ SUITE / **les questions** : comment poser une question en anglais ?

Avec **have/has got**, c'est exactement le même principe :

He's got (= he has got) flu.	→	Has he got flu?
Il a la grippe.		*Est-ce qu'il a la grippe ?*

Roy and Sonia have got a new car.	→	Have Roy and Sonia got a new car?
Roy et Sonia ont une nouvelle voiture.		*Est-ce que Roy et Sonia ont une nouvelle voiture ?*

→ Mais quand **have** est un **verbe lexical**, on emploie **do/does** pour poser la question :

They **have** three dogs.	→	How many dogs **do** they **have**?
Ils ont trois chiens.		*Combien de chiens ont-ils ?*

AUTO-ÉVALUATION ❯ **LA FORME INTERROGATIVE**

01 Quel est l'ordre habituel du verbe, du sujet et de l'outil en anglais ?

02 Que fait-on lorsqu'on veut poser une question ?

03 Dites en anglais « Bob sait nager ». Comment pose-t-on la question « Bob sait-il nager ? » ?

04 Que fait-on lorsque le verbe employé est **be** ?

05 Comment dit-on « Est-ce qu'elle est heureuse ? » ?

06 Que fait-on lorsque la phrase contient l'auxiliaire **have** ?

07 Comment dit-on « Est-ce que tu as terminé ? » ?

08 Comment forme-t-on une question avec **have got** ?

09 Comment dit-on « Est-ce qu'il a la grippe ? » en employant **have got** ?

10 Que fait-on lorsque la phrase contient le verbe lexical **have** ?

11 Comment dit-on « Combien de chiens ont-ils ? » ?

16 ⟩ SUITE / **les questions** : comment poser une question en anglais ?

EXERCICES

01 Repérez « l'outil » (le modal ou l'auxiliaire) dans ces phrases :

a. I must clean the car. . . . .
b. Nobody will see the difference. . . . .
c. David is having a shower. . . . .
d. Stan can see the sea from his bedroom. . . . .
e. I have never seen that film before. . . . .
f. You should leave before ten. . . . .
g. Somebody's eaten my sandwiches! . . . .
h. They said they could help me . . . .

02 Transformez en questions :

a. David and Harry have finished. . . . .
b. That car is Mrs. Jackson's. . . . .
c. We'll be late. . . . .
d. She can speak Japanese . . . .
e. The books were expensive . . . .
f. I should leave immediately. . . . .

03 Dites la même chose en anglais :

a. Sarah est dans le jardin.

. . . .

b. Est-ce que Sarah est dans le jardin ?

. . . .

c. Elle est en train de tondre le gazon.   *(mow the lawn)*

. . . .

d. Est-ce qu'elle est en train de tondre le gazon ?

. . . .

e. Il neigera la semaine prochaine.

. . . .

f. Est-ce qu'il neigera la semaine prochaine ?

. . . .

17 › les questions : rôle de « do »

> **Rappel :** *pour poser une question en anglais on* **inverse l'auxiliaire ou le modal** *(be, have, do, will, could...)* **et le sujet** *(he, it, my father, the car...).*
>
> My parents have arrived.   →   Have my parents arrived?
> It will be too late.   →   Will it be too late?

→ Mais que faire quand il n'y a ni auxiliaire ni modal dans la phrase ?

→ En réalité, on peut imaginer que le verbe anglais est **toujours** accompagné d'un auxiliaire ou d'un modal, et que si on ne le voit pas, il doit simplement se « cacher ».

→ Et on peut imaginer que devant **tous** les verbes anglais, l'auxiliaire **do/does** peut se « cacher ».

go   = **do/does** « caché » + **go**
eat = **do/does** « caché » + **eat**

→ Généralement, l'auxiliaire **do/does** se cache parce qu'on n'a pas besoin de lui. Mais quand on **pose une question**, **do/does** a soudain un rôle à jouer et il réapparaît :

They (do « caché ») **go to the cinema every Saturday.**
Ils vont au cinéma tous les samedis.

→ Pour poser une question, on inverse l'auxiliaire (ici, **do** caché) et le sujet (ici, **they**).

→ **Do they go to the cinema every Saturday?**
   Est-ce qu'ils vont au cinéma tous les samedis ?
   Vont-ils au cinéma tous les samedis ?

Rabbits (do) **eat carrots.**
Les lapins mangent des carottes.

→ **Do rabbits eat carrots**?
   Les lapins mangent-ils des carottes ?
   Est-ce que les lapins mangent des carottes ?

→ À la troisième personne du singulier, **do** devient **does**. **Does** se cache aussi derrière le verbe, mais il se cache moins bien : on « voit sa queue » – le **« s »**.

John like_s watching TV.
*(C'est **like** qui se termine en **s** parce que **does** se cache !)*
John like_s (= does + like) watching TV.
John aime regarder la télé.

→ Pour poser une question, on inverse comme d'habitude l'auxiliaire (ici, **does** « caché ») et le sujet (ici, **John**).

→ **Does John like watching TV?**
Est-ce que John aime regarder la télé ?

Autres exemples :
Martin **knows** (= does caché + know) the truth.
Martin sait la vérité.

→ **Does** Martin **know** the truth?
Est-ce que Martin sait la vérité ?

The train **arrives** (= does caché + arrive) at 3 pm.
Le train arrive à 15 h.

→ When **does** the train **arrive**?
À quelle heure arrive le train ?

My father **works** (= does caché + work) in Paris.
Mon père travaille à Paris.

→ Where **does** your father **work**?
Où est-ce que ton père travaille ?

→ Au **prétérit**, **do/does** devient **did** :
The train **arrived** (= did caché + arrive) at 3 pm.
Le train est arrivé à 15 h.

→ When **did** the train **arrive**?
À quelle heure le train est-il arrivé ?

My father **worked** (= did caché + work) in Paris.
Mon père travaillait à Paris.

→ Where **did** your father **work**?
Où est-ce que ton père travaillait ?

Avec les verbes irréguliers, « did » se cache encore mieux !
Martin **knew** (= did caché + know) the truth
Martin savait la vérité.

→ **Did** Martin **know** the truth?
Martin savait-il la vérité ?

17 SUITE / les questions : rôle de « do »

AUTO-ÉVALUATION LE RÔLE DE DO DANS LES QUESTIONS

01 Peut-on dire qu'il y a toujours un auxiliaire ou un modal dans la phrase anglaise ?

02 Quel mot peut se « cacher » lorsqu'on emploie un verbe à la forme affirmative en anglais ?

03 Comment forme-t-on une question avec l'auxiliaire **do** ?

04 Comment dit-on : « Est-ce qu'ils vont au cinéma tous les samedis » ?

05 Comment dit-on : « Est-ce que les lapins mangent des carottes » ?

06 Sous quelle forme l'auxiliaire **do** se cache-t-il quand le verbe est à la troisième personne du singulier, au présent ? Pourquoi peut-on dire qu'on « voit sa queue » ?

07 Comment dit-on « Est-ce que John aime regarder la télé ? » ?

08 Sous quelle forme l'auxiliaire **do** se cache-t-il quand le verbe est au prétérit ?

09 Comment dit-on « À quelle heure le train est-il arrivé ? » ?

10 Comment dit-on « Est-ce que Martin savait la vérité ? » ?

EXERCICES

01 **Posez la question à laquelle chaque phrase constitue la réponse :**

a. Yes, Andy and Cathy like travelling.

. . . .

b. Yes, this sauce has garlic in it.

. . . .

c. Yes, we believe his story.

. . . .

d. Yes, he does a lot of work. (*attention ! auxiliaire* do + *verbe lexical* do !)

. . . .

e. Yes, elephants drink a lot of water.

. . . .

f. Yes, my parents like you.

. . . .

17 ⟩ SUITE / les questions : rôle de « do »

g. Yes, I went to Greece.

. . . .

h. Yes, I had a nice time.

. . . .

02 **Dites la même chose en anglais en employant l'auxiliaire do (do/does/did) :**

a. Tu veux venir au cinéma avec nous ?

. . . .

b. Est-ce que le bus s'arrête devant le cinéma ?

. . . .

c. Tu as quitté la maison à quelle heure ? . . . .
(What time...? + prétérit)

. . . .

d. Le film t'a plu?   (*employez* **like** *ou* **enjoy**)

e. Est-ce que tu téléphones souvent à ta mère ?

. . . .

f. Travaille-t-elle toujours dans une banque ? (ici, toujours = **still**)

. . . .

g. Est-ce qu'elle t'a remercié pour les fleurs ?

. . . .

18) les questions : « mots interrogatifs »

➜ En anglais il y a une famille de mots qui commencent (sauf **how**) par les lettres **wh-**. Ce sont les **mots interrogatifs** :

who, what, why, where, when, which + nom et **how**

➜ Quand une question commence par un de ces mots, l'ordre de la phrase est :

wh-	« outil » (auxiliaire/modal)	sujet	verbe
What	are	you	doing?
When	do	they	arrive?
How	can	people	believe that?
Who	does	Tom	live with?
Which key	did	they	use?

➜ Quand **who?**, **what?** ou **which** + nom **?** constituent le **sujet** de la phrase, on n'emploie pas **do** pour former les questions. Comparez :

Who did you see?   (*you* est **sujet** ici)
Qui as-tu vu ?

Who saw you?   (*who* est **sujet** ici)
Qui t'a vu ?

What did you do?   (*you* est **sujet** ici)
Qu'as-tu fait ?

What happened?   (*what* est **sujet** ici)
Que s'est-il passé ?

Which book do you prefer?   (*you* est **sujet** ici)
Quel livre préfères-tu ?

Which book belongs to you? (*which book* est **sujet** ici)
Quel livre est à toi ?

➜ Pour plus d'informations sur les mots interrogatifs, cherchez-les dans la partie alphabétique.

18 › SUITE / les questions : « mots interrogatifs »

AUTO-ÉVALUATION   LES MOTS INTERROGATIFS

01 Quels sont les « mots interrogatifs » en anglais ?

02 Quel est l'ordre des mots dans la phrase quand une question commence par un de ces mots ?

03 Est-ce qu'on emploie **do** pour poser une question quand **who, what** ou **which + nom** sont sujets ?

04 Dans la phrase «Who did you see? », quel mot est sujet ?

05 Dans la phrase «Who saw you? », quel mot est sujet ?

06 Comment dit-on « Quel livre préfères-tu ? » ?

07 Comment dit-on « Quel livre est à toi ? » ?

08 Où pouvez-vous trouver d'autres informations sur l'emploi des mots interrogatifs ?

EXERCICES

01 Posez la question correspondante, en employant les mots interrogatifs en italique :

a. The bus leaves at three o'clock. *what time?*

....

b. Paul walks slowly because he's hurt his leg. *why?*

....

c. Kevin said it was too late. *what?*

....

d. They lived in Devon. *where?*

....

e. He disappeared in 1990. *when?*

....

f. They live with their mother. *who... with?*

....

Suite page suivante

18 ⟩ SUITE / les questions : « mots interrogatifs »

02 who, what, which sont-ils sujet ou complément dans les phrases suivantes ?

a. Which dress do you like?

. . . .

b. Which phone works?

. . . .

c. Who told you I was coming?

. . . .

d. Who did you tell?

. . . .

e. What comes next?

. . . .

f. What did you come here for?

. . . .

03 Dites la même chose en anglais :

a. Qu'as-tu fait le week-end dernier ?

. . . .

b. Tu es allé à l'anniversaire de Nicolas ?   (*Nicolas' birthday party*)

. . . .

c. Qui a conduit la voiture ?

. . . .

d. Tu as vu qui à la fête ?

. . . .

e. Qui a fait le gâteau ?

. . . .

f. Qui lui a téléphoné pour lui souhaiter un bon anniversaire ?

. . . .

g. As-tu eu le temps de lui acheter une carte ?

. . . .

19 > les questions : remarque importante

→ En français, il existe au moins **trois façons** de poser la même question :

Ton frère fume-t-il ?
Est-ce que ton frère fume ?
Il fume, ton frère ?

Est-ce que les autruches peuvent voler ?
Les autruches peuvent-elles voler ?
Elles peuvent voler, les autruches ?

As-tu froid ?
Tu as froid ?
Est-ce que tu as froid ?

→ En anglais, c'est beaucoup plus simple. Les questions se posent **toujours de la même façon**, avec l'outil, le sujet et le verbe dans le même ordre.

→ Quand vous devez traduire une question en anglais, ne vous préoccupez pas de la manière dont la question est posée en français, ni de l'ordre des mots en français. Il suffit de se dire « c'est une question », et de se rappeler comment on pose une question en anglais :

outil	sujet	verbe
Does	your brother	smoke?
Can	ostriches	fly?
Are	you	waiting?
Have	they	forgotten?

Pour poser une question avec le verbe lexical **be,** on inverse **be** et le sujet :

Is	Paul	cold?
Are	spiders	insects?

19 ⟩⟩ SUITE / **les questions : remarque importante**

EXERCICES

01 **Posez les mêmes questions en français, de deux façons différentes :**

Exemple :
Do your parents know you're here?
Est-ce que tes parents savent que tu es là ?
Ils savent que tu es là, tes parents ?

a. Does Jenny smoke?

....

b. Have the Davidsons got a car?

....

c. Are you thirsty?

....

d. Is your brother older than you?

....

e. What time is it?

....

f. Where's your mother?

....

02 **Dites la même chose en anglais :**

a. Elle habite ici, Kenza ?

....

b. Ta copine est là ?

....

c. Il travaille où, Boris ?

....

d. Elle était en retard, Zoé ?

....

e. Ils ont des plumes, les manchots ?   (plumes = *feathers* ; manchots = *penguins*)

....

f. Tu as faim ?

....

20 〉 la négation : comment dire « ne...pas... » en anglais

➙ La structure suivante est à la base de beaucoup de phrases simples en anglais :

<u>sujet</u>	<u>« outil »</u>	<u>verbe</u>	...
Bob	can	swim	very well.

Bob sait très bien nager.

I	have	eaten	enough.

J'ai assez mangé.

> **Rappel :** *les « outils » sont les auxiliaires* **be, do, have** *et les modaux* **can, will, must,** *etc.*

➙ Pour mettre une telle phrase à la forme négative (là où en français on emploierait **ne... pas...**), on met simplement **not** entre l'outil et le verbe :

Bob	can't (= can + not)	swim	very well.

Bob ne sait pas très bien nager.

I	haven't (= have + not)	eaten	enough.

Je n'ai pas assez mangé.

> **Notez :** *l'outil et* **not** *sont très souvent contractés (* **can + not = can't ; have + not = haven't** *...)*

➙ On met **not** après **be** conjugué :

We	are	very happy.
Nous	*sommes*	*très heureux.*

We	aren't	very happy.
Nous	*ne sommes*	*pas très heureux.*

➙ Quand l'outil est **do** (généralement « caché » à la forme affirmative, à la forme négative on emploie **do/does/did** + **not** + base verbale :

Harry	likes	football.
Harry	*aime*	*le football.*

Harry	doesn't like	football.
Harry	*n'aime pas*	*le football.*

Regardez maintenant la fiche suivante.

21 / la négation : rôle de « do »

➜ Dans la fiche précédente, on a vu que la négation s'exprime en anglais en mettant **not** entre l'outil et le verbe :

Bob   can't   swim   very well.
Bob ne sait pas très bien nager.
I   haven't   eaten   enough.
Je n'ai pas assez mangé.

➜ Quand l'outil est **do**, à la forme négative on emploie **do/does/did** + **not** + base verbale :

Harry   likes   (= does « caché » + like) football.
Harry aime le football.

Harry   doesn't like   football.
Harry n'aime pas le football.

➜ En réalité, on peut imaginer que le verbe anglais est **toujours** accompagné d'un auxiliaire ou d'un modal, et que si on ne le voit pas, il doit simplement se « cacher ».

➜ Et on peut imaginer que devant **tous** les verbes anglais, l'auxiliaire **do** peut se « cacher ».

go   = do « caché » + **go**
eat   = do « caché » + **eat**
do (verbe lexical)   = do « caché » + **do**

➜ Généralement, l'auxiliaire **do** se cache parce qu'on n'a pas besoin de lui. Mais à la forme négative, **do** a soudain un rôle à jouer et il réapparaît :

They (do « caché ») **go** to the cinema every Saturday.
Ils vont au cinéma tous les samedis.

Pour dire le contraire, **do** réapparaît et on ajoute **not** après **do** :

They **don't go** to the cinema every Saturday.
Ils ne vont pas au cinéma tous les samedis.

Rabbits (do « caché ») **eat** carrots.
Les lapins mangent des carottes.

Rabbits **don't eat** meat.
Les lapins ne mangent pas de viande.

21 SUITE / **la négation : rôle de « do »**

→ À la troisième personne du singulier, au présent, **do** devient **does**. **does** se cache aussi derrière le verbe, mais il se cache moins bien : on « voit sa queue » – le **« s »**.

John **likes** (= doe<u>s</u> + like) watching TV.
John aime regarder la télé.

Le **s** de **likes**, *c'est le s final de* **does** *qui se cache !*

→ À la forme négative, on ajoute **not**, comme d'habitude, et **do** (ici sous la forme « does ») réapparaît :

John **doesn't like** watching TV.
John n'aime pas regarder la télé.

→ Au prétérit, on ajoute **not** à **did** :

John **didn't like** watching TV.
John n'aimait pas regarder la télé.

We **didn't do** the washing-up last night.
Nous n'avons pas fait la vaisselle hier soir.

AUTO-ÉVALUATION  **LA FORME NÉGATIVE**

01 Quelle est la position de **not** dans la phrase par rapport au mot-outil ?

02 Peut-on contracter **outil** + **not** ? Si oui, donnez deux exemples.

03 Quelle est la position de **not** par rapport à **be conjugué** ?

04 Comment dit-on « Nous ne sommes pas très heureux » ?

05 Comment forme-t-on le négatif quand l'outil est l'auxiliaire **do** ?

06 Que se passe-t-il quand le verbe est à la troisième personne du singulier, au présent ?

07 Comment dit-on « Harry n'aime pas le football » ?

08 Comment forme-t-on le négatif avec l'auxiliaire **do** au prétérit ?

09 Comment dit-on « John n'aimait pas regarder la télé » ?

21 〉 SUITE / la négation : rôle de « do »

EXERCICES

01 Dites la même chose en français :

a. I don't read much poetry.

· ·

b. My Mum doesn't work on Wednesdays.

· ·

c. George doesn't do judo.

· ·

d. We don't have enough time.

· ·

e. My parents don't like my tattoos.

· ·

02 Dites la même chose en anglais :

a. Je ne parle pas japonais mais ce n'est pas un problème.

· ·

b. Il n'aimait pas les sushis quand il était jeune mais ce n'était pas un problème.

c. William n'a pas fait ses exercices de japonais hier (*attention ! auxiliaire « do » + verbe lexical « do » !*)

· ·

g. Je n'ai pas lu « Le clan des Ottori ». (*employez le present perfect*)

· ·

h. Mon frère n'a jamais lu de mangas ! Il n'a même pas vu « Le Voyage de Chihiro » ! (*employez le present perfect*)

· ·

i. Quand j'ai dit à Kenny que j'étais allé au Japon, il ne m'a pas cru !

· ·

22 / la forme interro-négative

→ L'interro-négation, c'est le fait d'employer une forme négative dans une question. Elle prend généralement la forme suivante :

outil + not (contracté en **n't**) **+ sujet + verbe**

*Rappel : les « outils » sont les auxiliaires **be, have, do** et les modaux **can, could, will, might, must, should**.*

Why didn't you phone me?
Pourquoi ne m'as tu pas téléphoné ?

Can't you see I'm busy?
Tu ne vois pas que je suis occupé ?

→ Avec **be conjugué**, l'ordre est :

be + not (contracté) **+ sujet**

Aren't they hungry?
Ils n'ont pas faim ?

Isn't it too expensive?
Ce n'est pas trop cher ?

→ En français, la forme négative est souvent employée sous forme de question pour formuler une **demande** :

Tu ne veux pas m'emmener à la gare ?
(= emmène-moi à la gare s'il te plaît)

Vous ne voulez pas une glace ?
(= ça vous dirait, une glace ?)

→ En anglais, l'interro-négation **n'a jamais cette fonction**.

Don't you want to take me to the station?
Tu ne veux pas m'emmener à la gare ?
(= tu ne sembles pas le vouloir, et je trouve ça choquant)

Don't you want an ice cream?
Vous ne voulez pas de glace ?
(= vous ne semblez pas en vouloir, et je trouve ça surprenant)

22 ❯ SUITE / **la forme interro-négative**

---

01 Qu'est-ce que « l'interro-négation » ?

02 Sous quelle forme la rencontre-t-on en anglais ?

03 Comment dit-on « Tu ne vois pas que je suis occupé ? » ?

04 Comment se forme l'interro-négation avec le verbe **be** ?

05 Dites en anglais « Ce n'est pas trop cher ? ».

06 En anglais, est-ce que la forme interro-négative a les mêmes emplois qu'en français ?

07 Quand je dis à quelqu'un « Don't you want an ice cream ? », est-ce que je suis en train de lui proposer une glace ? Ou est-ce que je m'étonne parce qu'il ne semble pas en vouloir une ?

▌EXERCICES

01 **Dites la même chose en français :**

a. Don't you think it's too late?

. . . .

b. Can't we leave now?

. . . .

c. Wouldn't it be better to tell her?

. . . .

d. Doesn't Harry want a drink?

. . . .

e. Won't Mum be angry?

. . . .

02 **Dites la même chose en anglais :**

a. Tu n'as pas faim ? . . . .

b. Tes cousins ne sont pas chez eux ? *(at home)*

. . . .

c. Elle ne sera pas avec toi ? . . . .

d. Ce ne serait pas trop compliqué pour lui ? . . . .

e. Ton chien n'aboie pas ? . . . .

f. Ils n'avaient pas peur ? (avoir peur : *be frightened*) . . . .

23 ⟩ la forme en -ing (sens général)

→ La forme en **-ing** (**making, singing, going, being, understanding...**) a plusieurs rôles importants en anglais.

→ La forme en **-ing** désigne souvent « le fait de faire quelque chose », « l'activité de... ». Elle est souvent utilisée comme **titre de chapitre** dans des livres pratiques, ou sur des **panneaux de signalisation** (surtout sous forme d'interdiction).

→ Dans ces cas, l'équivalent de la forme en **-ing** en français est souvent **l'infinitif**. Voici quelques exemples :

Activités :

My hobbies: **reading**, **going** out with friends, **watching** TV...
Mes loisirs : lire, sortir avec des amis, regarder la télé...

Smoking causes serious diseases.
Fumer provoque des maladies graves.

Titres :

Chapter One: **Using** a microwave
Chapitre 1 : se servir d'un four à micro-ondes

Part three: **Asking** for advice in English
Troisième partie : demander des conseils en anglais

Panneaux :

NO PARKING
Interdiction de stationner

NO SMOKING
Défense de fumer

→ Quand l'activité en question est une activité très courante (un sport par exemple), la traduction française est souvent un **nom** :

Skiing is my favourite sport.
Le ski est mon sport préféré.

Running is good for your health.
La course à pied est bonne pour la santé.

23 / SUITE / la forme en -ing (sens général)

He's good at **singing.**
Il est doué pour la chanson.

I'm useless at **cooking.**
Je suis nul en cuisine.

Pour **be + -ing**, *regardez les fiches* **28-31**.

AUTO-ÉVALUATION — LA FORME EN -ING

01 Donnez trois contextes dans lesquels la forme en **-ing** est couramment employée.

02 Dites en anglais « Fumer provoque des maladies graves ».

03 Traduisez le titre de chapitre : « Troisième partie : demander des conseils en anglais ».

04 Dans quel cas la traduction française de la forme en **-ing** est-elle souvent un nom ?

05 Comment dit-on en anglais « Le ski est mon sport préféré » ?

06 Comment dit-on en anglais « Je suis nul en cuisine » ?

EXERCICES

01 Joe n'aime ni lire, ni danser, ni aller au cinéma, ni prendre le bus. Faites en anglais une liste des activités qu'il n'aime pas :

Things Joe doesn't like: ....

02 Dites en anglais « Boire trop d'alcool peut provoquer des maladies graves ».

....

03 La quatrième partie de votre exposé s'intitule « Prendre des photos avec un flash ». Comment traduiriez-vous ce titre en anglais ?

«Part Four: ....**»**

23 ⟩ SUITE / **la forme en -ing (sens général)**

04 L'équivalent du verbe **coudre** en anglais est **sew**. Comment dit-on en anglais « Je suis nul en couture » ?

. . . .

05 L'équivalent du verbe **dessiner** en anglais est **draw**. Comment dit-on en anglais « David est très doué pour le dessin » ?

. . . .

24 ⟩ la forme en -ing (verbe + verbe en -ing)

➡ Dans la fiche précédente, nous avons vu que la forme en *-ing* (**making,
singing, going, being, understanding...**) correspond parfois à **l'infinitif** français.

➡ Quand deux verbes se suivent, le deuxième verbe est à l'infinitif en français :

Évitez de **tomber**.
J'envisage de **l'acheter**.
Elle déteste **se lever** de bonne heure.

➡ En anglais, après certains verbes, la forme en **-ing** est **obligatoire**. Dans ces cas,
il faut résister à la tentation d'employer la base verbale avec « to ».

➡ Voici des exemples courants :

→ **AVOID** Avoid **talking** to the driver (et non *avoid to talk*).
Évitez de parler au chauffeur.

→ **ENJOY** I enjoyed **seeing** you (et non *enjoyed to see*).
Cela m'a fait plaisir de te voir.

→ **CONSIDER** I'm considering **leaving** Paris (et non *considering to leave*).
J'envisage de quitter Paris.

→ **BE WORTH** It's not worth **going** now (et non *not worth to go*).
Ça ne vaut pas la peine d'y aller maintenant.

→ **FINISH** They finished **painting** the gate (et non *finished to paint*).
Ils ont terminé de peindre le portail.

→ **PREVENT** They prevented him from **seeing** his daughter (et non *prevented him
to see*).
Ils l'ont empêché de voir sa fille.

→ **IMAGINE** I can't imagine **living** there (et non *imagine to live*).
Je n'arrive pas à imaginer ce que ce serait d'y habiter.

➡ Avec les verbes de perception **feel, hear, listen to, see, watch**, la forme en
-ing est employée pour désigner la perception d'une **action en cours** :

I watched him **playing** football.
Je l'ai regardé jouer au foot.

24 ⟩ SUITE / **la forme en -ing (verbe + verbe en -ing)**

We saw some planes **taking off**.
On a vu décoller des avions.

I heard the phone **ringing**.
J'ai entendu sonner le téléphone.

→ Les verbes **begin, start** et **continue** peuvent être suivis soit de la forme en
-ing, soit de **to + base verbale**, <u>sauf</u> quand ils sont eux-mêmes à la forme en **-ing** :

It started **snowing** / It started **to snow**.
Il a commencé à neiger.

They continued **talking** / They continued **to talk**.
Ils ont continué à parler.

MAIS

It's starting **to snow** (jamais *It's starting snowing*).
Il commence à neiger.

I'm beginning **to understand** (jamais *I'm beginning understanding*).
Je commence à comprendre.

→ Les verbes **hate** (détester), **like** (bien aimer) et **love** (aimer, adorer) sont généralement suivis par la forme en **-ing** :

I love **painting**.
J'adore peindre.

Harry hates **playing** rugby.
Harry déteste jouer au rugby.

Do you like **telling** stories?
Tu aimes bien raconter des histoires ?

MAIS ATTENTION : <u>would</u> like/love/hate est suivi de **to + base verbale**,
jamais de **-ing** :

I'd like **to see** you (et non *I'd like seeing you* !).
J'aimerais te voir.

24 ⟩ SUITE / la forme en -ing (verbe + verbe en -ing)

→ Le verbe **stop** a un sens différent selon qu'il est suivi de **to + verbe** ou de **-ing** :

We stopped **to talk**.
Nous nous sommes arrêtés pour parler.

We stopped **talking**.
Nous avons arrêté de parler.

Pour **be + -ing**, regardez les fiches **28-31**.
Pour **go + -ing**, regardez l'entrée **go + -ing** dans la partie alphabétique.

AUTO-ÉVALUATION / **LA FORME EN -ING**

01 Quand deux verbes se suivent en anglais, le deuxième verbe est-il toujours précédé de **to** ?

02 Donnez sept verbes anglais qui sont obligatoirement suivis de la forme en **-ing**.

03 Comment dit-on « Ils ont terminé de peindre le portail » ?

04 Comment dit-on « Ils l'ont empêché de voir sa fille » ?

05 À quoi sert la forme en **-ing** employée après un verbe de perception ?

06 Comment dit-on « On a vu décoller des avions » ?

07 Comment dit-on « J'ai entendu sonner le téléphone » ?

08 La forme en **-ing** est-elle obligatoire après les verbes **begin, start, continue** ?

09 Quelles sont les deux façons de dire « Il a commencé à neiger » ?

10 Comment dit-on « Il commence à neiger » ?

11 Les verbes **hate, like, love** sont-ils généralement suivis d'un verbe en **-ing** ?

12 Comment dit-on « Harry déteste jouer au rugby » ?

13 Que se passe-t-il quand on emploie **would hate, would like, would love** ?

14 Comment dit-on « J'aimerais te voir » ?

15 Quelle est la différence entre « We stopped to talk » et « We stopped talking » ?

24) SUITE / la forme en -ing (verbe + verbe en -ing)

EXERCICES

01 Mettez la forme correcte et traduisez la phrase en français :

a. Would you consider......... in Spain? — to live/living

b. No, but I love......... my holidays there. — to spend/spending

c. You can't prevent me from......... my sister. — to see/seeing

d. Has the mechanic finished......... your bike? — to mend/mending

e. Do you think it's worth......... him? — to call/calling

f. We were tired, so we stopped......... lunch. — to have/having

g. I felt the rain......... on my arm. — to fall/falling

h. Can you hear the church bells.........? — to ring/ringing

02 Dites la même chose en anglais :

a. J'envisage de déménager le mois prochain.   *(I'm considering...)*

b. Je déteste faire la cuisine.

c. Nous l'avons entendu crier.   *(employez le verbe shout)*

d. Il commence à pleuvoir.

e. Tu aimes danser ?

f. Je voudrais sortir, s'il vous plaît.

g. Arrête de mentir !

25 ⟩ le présent simple : introduction

→ *Comparez :*

On ne peut pas sortir parce qu'il **pleut**.
Il **pleut** souvent en Irlande.

→ Le verbe *pleuvoir* a la même forme *(pleut)* dans ces deux exemples. Mais voyez-vous une différence dans la manière dont il est employé ? Dans le premier exemple, on ne peut pas sortir parce qu'il pleut **en ce moment, au moment où on parle**. Dans le deuxième exemple, on parle de ce qui se passe **habituellement** : il ne *pleut* pas nécessairement en ce moment en Irlande, mais on dit qu'il y *pleut* souvent.

→ On voit qu'en français le **présent** (il pleut) peut être employé pour parler de ce qu'on observe **au moment où on parle**, et aussi pour exprimer une vérité plus **générale** qui n'est pas liée à un moment particulier.

→ En anglais, il existe **deux** formes différentes pour exprimer ces deux choses, et non pas une seule comme en français.

→ Pour parler de ce qui se passe **au moment où on parle**, on utilise générale-ment la forme **be + -ing** (☞ VOIR : fiches **28-31**).

→ Pour parler de **vérités générales** ou de ce qui arrive **habituellement**, on emploie généralement le présent simple.

It often rains in Ireland (**présent simple** – ça se passe régulièrement).
Il pleut souvent en Irlande (– mais pas obligatoirement au moment où j'en parle).

We can't go out because **it's raining** (be +-ing – ça se passe au moment où je le dis).
On ne peut pas sortir parce qu'il pleut (maintenant).

→ Le présent simple, c'est « simple » : sujet + base verbale SAUF à la troisième personne, où on ajoute un **s** :

I/we/you/they	**walk**	(c'est la base verbale)
he/she/it/my mother	**walks**	(base verbale + s)

→ Le présent simple a d'autres emplois : ☞ VOIR : fiche **52**

→ La forme **be + -ing** a d'autres emplois : ☞ VOIR : fiches **28-31**

25 ❱ SUITE / **le présent simple : introduction**

AUTO-ÉVALUATION　　　**LE PRÉSENT SIMPLE**

01 Dans la phrase « Il pleut souvent en Irlande », parle-t-on de quelque chose d'habituel, ou de quelque chose qui se passe au moment où on parle ?

02 Et dans la phrase « On ne peut pas sortir parce qu'il pleut » ?

03 Quelle forme verbale emploie-t-on en anglais pour parler de ce qui se passe au moment où on parle ?

04 Quelle forme verbale emploie-t-on en anglais pour parler de vérités générales et d'actions habituelles ?

05 Comment dit-on « On ne peut pas sortir parce qu'il pleut » ?

06 Comment dit-on « Il pleut souvent en Irlande » ?

07 Est-ce que la base verbale est invariable à toutes les personnes au présent simple à la forme affirmative ?

08 Sinon, à quelle(s) personne(s) la base verbale subit-elle une modification ?

09 Lorsqu'il s'agit d'une action habituelle, comment dit-on « je marche », « tu marches », « nous marchons » en anglais ?

10 Lorsqu'il s'agit de ce qui se passe au moment où on parle, comment dit-on « il marche », « elle marche », « nous marchons » ?

EXERCICES

01 **Dans les phrases suivantes, le verbe souligné désigne-t-il une action qui a lieu au moment où on parle ou non ? Pour traduire chaque phrase, choisiriez-vous le présent simple ou le présent en be + -ing ?**

a. Nous <u>allons</u> toujours dans le Midi en vacances. . . . .

b. Ne m'embête pas ! Je <u>lis</u> le journal. . . . .

c. Je <u>cours</u> tous les matins. . . . .

d. Tu <u>vas</u> parfois à la piscine ? . . . .

e. Ce n'est pas la peine de crier, je t'<u>écoute</u> ! . . . .

f. Attends, j'<u>arrive</u> ! . . . .

g. Fred ne <u>fait</u> jamais la cuisine. . . . .

h. Tu ne m'<u>appelles</u> jamais. . . . .

25 〉 SUITE / le présent simple : introduction

02 **Dites la même chose en anglais.**

a. Regarde, David part !

....

b. Le téléphone sonne !

....

c. Je lis souvent le soir.

....

d. Vite ! Le taxi attend.

....

e. Il raconte les mêmes blagues à chaque fois.   (*every time*)

....

f. Cette voiture consomme beaucoup d'essence.   (consommer = *use*)

....

g. Les vaches mangent de l'herbe.

....

h. Je ne peux pas te parler, je mange !

....

26 〉 présent simple : négatif avec don't/doesn't

➜ En anglais, pour mettre une phrase au présent simple à la forme négative, on emploie **do/does** + **not** + base verbale :

*À toutes les personnes sauf la troisième personne du singulier, on emploie **do not** :*

   I, you, we, they   **do**   **not**   + base verbale

*À la troisième personne du singulier, on emploie **does not** :*

   He, she, it, Paul   **does**   **not**   + base verbale

➜ **do not** est souvent contracté en **don't**, et **does not** est souvent contracté en **doesn't** :

   I **work** here. ➜   I **do not** work here.
   Je travaille ici.   I **don't** work here.
                              Je ne travaille pas ici.

   Jane **likes** fish. ➜   Jane **does not** like fish.
   Jane aime le poisson.   Jane **doesn't** like fish.
                              Jane n'aime pas le poisson.

➜ Pour le rôle de **do** dans la forme négative, regardez aussi la fiche **21**.

➜ Attention aux points suivants :

⊙ À la **troisième personne du singulier** (= avec **he, she, it** ou un **nom**), employez **doesn't** :

Mrs Taylor sometimes drinks wine, but she **doesn't** smoke.
(*...she don't smoke* est **incorrect** !)
Mme Taylor boit parfois du vin, mais elle ne fume pas.

Our dog **doesn't** like cats.
(*Our dog don't like cats* est **incorrect** !)
Notre chien n'aime pas les chats.

⊙ **do/does not** sont suivis de la **base verbale** :

She smokes. ➜   She doesn't **smoke**.
(*She doesn't smokes* est **incorrect** !)
Elle fume.   *Elle ne fume pas.*

26 〉 SUITE / présent simple : négatif avec don't/doesn't

Dad has a car. → Dad doesn't **have** a car.
(*...*doesn't has*... est **incorrect** !)
Papa a une voiture. *Papa n'a pas de voiture.*

⊙ **do/does not** peuvent être employés avec le verbe lexical **do** (= faire) :

I **do** the cooking. → I **don't do** the cooking.
(***I don't the cooking** est **incorrect** !)
Je fais la cuisine. *Je ne fais pas la cuisine.*

He **does** Spanish. → He **doesn't do** Spanish.
(**He doesn't Spanish* est **incorrect** !)
Il fait de l'espagnol. *Il ne fait pas d'espagnol.*

⊙ Les mots **never** (= jamais), **nobody/no one** (= personne) et **nothing** (= rien) ne sont pas suivis de **do/does not**, car ces mots expriment **déjà** la négation :

We **never** go to the theatre.
Nous n'allons jamais au théâtre.

Nobody speaks Spanish in my family.
No one speaks Spanish in my family.
Personne ne parle espagnol dans ma famille.

Nothing happens when I push this button.
Il ne se passe rien quand j'appuie sur ce bouton.

26 SUITE / **présent simple : négatif avec don't/doesn't**

AUTO-ÉVALUATION **LE PRÉSENT SIMPLE (FORME NÉGATIVE)**

01 Comment met-on une phrase au présent simple à la forme négative en anglais ?

02 Quelle est la forme contractée de **do not** ? Et celle de **does not** ?

03 Quand emploie-t-on **does not/doesn't** ?

04 Comment dit-on « Je travaille ici » au présent simple en anglais ?

05 Comment dit-on le contraire ?

06 Comment dit-on « Jane aime le poisson » ?

07 Comment dit-on le contraire ?

08 La phrase *Our dog don't like cats* est-elle correcte ?

09 Dit-on *She doesn't smoke* ou *She doesn't smokes* ?

10 Comment dit-on « Je ne fais pas la cuisine » ? Et « Il ne fait pas d'espagnol » ?

EXERCICES

Dites le contraire :
a. My hamster eats carrots. . . . .
b. This camera works. . . . .
c. We like chocolate. . . . .
d. I understand. . . . .
e. You look very well. . . . .
f. I do Japanese at school. . . . .
g. Sam and Joe read British comics. . . . .
h. Kerry does judo. . . . .
i. Samantha always arrives late. (*Employez* **never** *pour dire le contraire*)

. . . .
j. Everybody knows the answer. (*Employez* **nobody** *pour dire le contraire*)

. . . .

27 〉 le présent simple : poser des questions

➜ En anglais, pour mettre une phrase au *présent simple* à la forme interrogative (pour poser une question), on emploie **do/does** suivi du sujet et de la base verbale :

do	I/you/we/they/John and Susan…	+ base verbale	?
does	he/she/it/John/the house	+ base verbale	?

➜ Pour le rôle de **do** dans la forme interrogative, regardez aussi la fiche 17.

➜ Apprenez à bien employer **do** et **does** :

Do your parents **work** on Saturdays? – No, they only work during the week.
Est-ce que tes parents travaillent le samedi ? – Non, ils travaillent seulement pendant la semaine.

What **does** this word **mean**? – It means "small".
Que signifie ce mot ? – Il signifie "petit".

Does it **rain** a lot in this region? – Yes, it rains all the time!
Est-ce qu'il pleut beaucoup dans cette région ? – Oui, il pleut tout le temps !

➜ Attention aux points suivants :

⊙ À la **troisième personne du singulier**, employez **does** :

Does Marie live near you?
Est-que Marie habite près de chez toi ?

Where **does** this train stop?
Où est-ce que ce train s'arrête ?

What **does** John's Dad eat for breakfast?
Qu'est-ce que le père de John mange au petit déjeuner ?

("Marie", "this train", et "John's Dad" = troisième personne du singulier)

⊙ **do/does** sont employés avec la **base verbale** dans les questions :

I know he likes coffee, but **does** he **like** tea?
(*Does he likes est **incorrect !**)
Je sais qu'il aime le café, mais est-ce qu'il aime le thé ?

27 ⟩ SUITE / le présent simple : poser des questions

⊙ L'auxiliaire **do/does** peut être employé avec le verbe lexical **do** (= faire) :
Do you do judo?
Est-ce que tu fais du judo ?

When **does Harry do** his homework?
Quand est-ce que Harry fait ses devoirs ?

What **do Jane and Guy do** in the evening?
Que font Jane et Guy le soir ?

⊙ Pour les questions où **what, who** et **which + nom** sont sujets, regardez ces
mots dans la partie alphabétique et reportez-vous à la fiche **79**.

AUTO-ÉVALUATION   LE PRÉSENT SIMPLE (FORME INTERROGATIVE)

01 Comment met-on une phrase au présent simple à la forme interrogative
en anglais ?

02 Demandez à quelqu'un (en anglais) si ses parents travaillent le samedi.

03 Demandez à quelqu'un s'il pleut beaucoup dans cette région.

04 La phrase *What means this word?* est-elle correcte ? Sinon, corrigez-la.

05 La phrase *Does he like coffee?* est-elle correcte ? Sinon, corrigez-la.

06 Demandez à quelqu'un (en anglais) s'il fait du judo.

07 Demandez quand Harry fait ses devoirs.

08 Demandez ce que font Jane et Guy le soir.

Exercices page suivante

27 〉 SUITE / le présent simple : poser des questions

EXERCICES

01 **Dites la même chose en anglais en remettant les mots dans l'ordre :**

a. Tu vas beaucoup au cinema ?
cinema go you to do lot a the? . . . .

b. Est-ce que tu aimes la bière ?
like you do beer? . . . .

c. Qu'est-ce qu'il mange, ton lapin ?
does rabbit your what eat? . . . .

d. Cet ordinateur fonctionne-t-il ?
work computer this does? . . . .

e. Tu m'aimes bien ?
me like you do? . . . .

f. Qu'est-ce qu'elle veut dire ?
what mean she does? . . . .

02 **Dites la même chose en français :**

a. Who does that house belong to?
. . . .

b. Do your parents always drink tea?
. . . .

c. Does anyone know why this happened?
. . . .

d. Does your arm hurt?
. . . .

e. Does that mean you don't want to come?
. . . .

f. Which one do you want?
. . . .

28 ⟩ le présent en be + -ing : introduction

→ La grammaire anglaise fait une différence très nette entre ce qui se passe **régulièrement** et ce qui se passe **en ce moment** :

« What **happens** regularly... and what **is happening** now ».

→ La fiche **25** vous explique l'emploi du **présent simple** (I **go**, Paul **walks**) pour parler de choses qui se passent **régulièrement**.

→ La forme **be + -ing** (I **am going**, Paul **is walking**) s'emploie quand on observe quelque chose qui se déroule **au moment où on parle**. C'est un peu comme si on disait « en ce moment... » au début de la phrase :

| | **Je lis tout le temps.** | I read all the time. |
| (en ce moment) | **Je lis des poèmes.** | I'm reading some poems. |

→ Il est très important de faire la différence entre le présent simple et le présent en **be + -ing**. Le sens est totalement différent dans les deux cas :

présent simple

What **do you do**?
Qu'est-ce que tu fais (dans la vie), quelle est ta profession ?

present en be + -ing

What **are you doing**?
Qu'est-ce que tu fais ? (là, au moment où je te pose la question)

→ Avec certains verbes, on n'emploie pas **be + -ing**. Regardez la fiche **31**.

→ **be + -ing** est également employé pour parler du **futur** et de ce qui est prévu (☞ VOIR : fiche **52**).

→ Pour les règles d'orthographe avec **-ing**, regardez la page **533**.

→ Pour **be + always + -ing**, regardez la fiche **29**.

→ Pour **be + -ing** employé avec **when/every time**, regardez la fiche **29**.

28 ⟩ SUITE / le présent en be + -ing : introduction

AUTO-ÉVALUATION   LE PRÉSENT EN BE **+ -ING**

01 Le présent en **be + -ing** est-il couramment employé pour parler d'actions habituelles ?

02 Le présent en **be + -ing** est-il couramment employé pour parler de choses qui se passent au moment où on parle ?

03 Quelle est la différence entre « What do you do? » et « What are you doing? » ?

04 Peut-on employer **be + -ing** avec tous les verbes ?

05 **be + -ing** a-t-il d'autres emplois que celui d'exprimer le présent ?

EXERCICES

01 **Dans les phrases suivantes, le verbe souligné désigne-t-il une action qui a lieu <u>au moment où on parle</u> ou non ? Pour traduire chaque phrase, choisiriez-vous le présent simple ou le présent en be + -ing ?**

a. Freddy <u>boit</u> beaucoup de café.. . . . .
b. Arrête ! J'<u>essaie</u> de me concentrer !. . . . .
c. Kate <u>prend</u> le métro pour se rendre à son travail. . . . .
d. Qu'est-ce que tu <u>écoutes</u>, là ? . . . .
e. Je <u>tonds</u> le gazon tous les week-ends en été. . . . .
f. Elle <u>fait</u> beaucoup de fautes quand elle <u>écrit</u>. . . . .
g. Écoute, le téléphone <u>sonne</u> !. . . . .

02 **Dites la même chose en anglais.**

a. Regarde, il neige ! . . . .
b. Qu'est-ce qui se passe ?. . . . .
c. En ce moment je lis un très bon roman. . . . .
d. La planète se réchauffe.   *(get warmer)*
. . . .
e. Non, je ne t'écoute pas ! . . . .
f. Attention ! L'eau bout !   *(boil)*
. . . .
g. Qui s'occupe de vos chats en ce moment ?   *(look after)*
. . . .

29 ❭ le présent en be + -ing (« actions en cours »)

➜ Nous l'avons vu dans les fiches précédentes, la forme **be + -ing** (I **am working**, Paul **is reading**) s'emploie généralement quand on observe quelque chose qui se déroule **au moment où on parle**.

➜ Mais si c'est le cas, que fait-on des phrases suivantes, toutes deux correctes ?

Every time I **see** Alison, she**'s smiling.**

Every time I **see** Alison, she **smiles.**

➜ Ici, l'expression **every time** indique **l'habitude**. Alors quel est le rôle de la forme en **-ing** dans le premier exemple ?

➜ La réponse est simple. Ici, la forme en **-ing** est employée pour parler d'une **action en cours** :

Every time I **see** Alison, she**'s smiling.**
Chaque fois que je vois Alison, elle est en train de sourire.
(Elle sourit déjà avant que je n'arrive. Quand je la vois, j'observe un sourire **déjà en cours** !)

Every time I **see** Alison, she **smiles.**
Chaque fois que je vois Alison, elle sourit.
(Avant mon arrivée, elle ne sourit pas. Mais dès mon arrivée elle **se met à sourire** !)

➜ Encore une fois, on voit que la forme en **-ing** s'emploie pour parler de quelque chose qui **est en cours** à un **moment donné**. Le présent simple, lui, s'emploie pour parler de quelque chose qui **se produit habituellement**.

➜ Voici d'autres exemples :

When I **wake up** in the morning, the birds **are** always sing**ing.**
Quand je me réveille le matin, les oiseaux sont toujours en train de chanter.
(Les oiseaux ne se mettent pas à chanter quand je me réveille !)

When he **has** a shower, David always **sings.**
Quand il prend sa douche, David chante toujours.
(Il se met à chanter quand il se met sous la douche !)

Every time I **phone** you, you**'re listening** to the radio.
Chaque fois que je t'appelle, tu es en train d'écouter la radio.
(Action **en cours** quand j'appelle)

Every time I phone you, you **say** you're busy.
Chaque fois que je t'appelle, tu dis que tu es occupé.
(Action qui **se produit** quand j'appelle)

→ Quand il est associé au mot **always**, **be + -ing** peut avoir une nuance affective (généralement un sentiment d'**agacement** ou de **reproche**) :

Andrew**'s** always **telling** stupid jokes.
Andrew est toujours en train de raconter des blagues stupides.
Andrew n'arrête pas de raconter des blagues stupides.

You**'re** always **yawning**!
Tu es toujours en train de bâiller !
Tu n'arrêtes pas de bâiller !

AUTO-ÉVALUATION   LE PRÉSENT SIMPLE EN BE + -ING

01 Quel est le rôle du **présent en be + -ing** dans la phrase « Every time I see Alison, she's smiling » ?

02 Quelle nuance introduit-on en disant « Every time I see Alison, she smiles » ?

03 Est-il correct de dire « Every time I phone you, you're saying you're busy » ? Sinon, pourquoi pas ?

04 Est-il correct de dire « Every time I wake up, the birds are singing » ? Sinon, pourquoi pas ?

05 Quelle attitude exprime-t-on en employant le **présent en be + -ing** avec le mot **always** ?

EXERCICES

Dites la même chose en anglais :
1. Chaque fois que je te vois, tu es en train de téléphoner à quelqu'un. (téléphoner à quelqu'un = *phone someone*) . . . .
2. Quand je me couche, j'écoute la radio. (se coucher = *go to bed*)
. . . .
3. Elle m'énerve, elle est toujours en train de mentir ! (elle m'énerve = *she gets on my nerves* ; mentir = *lie*) . . . .
4. Paul n'arrête pas de perdre ses lunettes.

. . . .

30 ⟩ le présent en be + -ing (« activités de longue durée »)

➜ **be + -ing** a une nuance particulière quand il est employé avec des verbes qui parlent d'**activités de longue durée** comme **live** (vivre, habiter), **work** (travailler), et **teach** (enseigner).

➜ Avec ces verbes, l'emploi de **be + -ing** laisse penser que la situation dont on parle **peut changer**, qu'elle est peut-être **temporaire**. C'est comme si on disait à chaque fois « **en ce moment**... ».

➜ « Kate works here » et « Kate is working here » se traduisent par « Kate travaille ici », mais la deuxième phrase donne l'impression que Kate travaille ici **en ce moment**, de manière **temporaire**, qu'elle va certainement partir un jour.

« Marc is living in Paris » laisse penser que Marc vit à Paris **en ce moment**, mais qu'il va sans doute déménager un jour.

« Mr Peterson is teaching English » laisse supposer que M. Peterson enseigne l'anglais **en ce moment**, mais qu'il va peut-être enseigner une autre matière à l'avenir... ou changer de métier.

> ➜ **Attention** : on emploie presque toujours **be + -ing** avec le verbe **learn** au présent : on dit
> « He's learning English »
> et *jamais*
> « He learns English ».

AUTO-ÉVALUATION   **LE PRÉSENT SIMPLE EN BE + -ING**

01 Donnez trois exemples de verbes qui expriment une « activité de longue durée ».

02 Quelle est la différence entre « Kate works here » et « Kate is working here » ?

03 Les deux phrases de la question 2 se traduisent-elles de la même façon en français ?

04 Quand on dit « Marc is living in Paris », laisse-t-on supposer que Marc s'est installé définitivement à Paris ?

05 Est-il naturel de dire « He learns English » ?

31 le présent en be + -ing : restrictions d'emploi

→ **N'employez pas be + -ing** avec les verbes suivants :

⊙ **have** *au sens de « avoir, posséder »*

Sarah **has (got)** a really nice boyfriend.
Sarah a un copain très sympa.

⊙ **hate, like, love** quand on exprime ses goûts personnels

I **hate** spaghetti, but I **like** rice and I **love** mashed potatoes.
Je déteste les spaghettis, mais j'aime bien le riz et j'adore la purée.

⊙ **need, prefer, want**

I **need** some help.
J'ai besoin d'aide.

Do you **prefer** fresh or frozen peas?
Tu préfères les petits pois frais ou congelés ?

Alison **wants** a new bike.
Alison veut un nouveau vélo.

⊙ **believe, know, understand**

I **believe** you.	I **know** the answer!	Yes, I **understand**.
Je te crois.	*Je connais la réponse !*	*Oui, je comprends.*

⊙ **see** (= voir, apercevoir), **hear** (= entendre), **feel** (= sentir avec la peau), **taste** (= sentir avec la langue), **smell** (= sentir avec le nez ou sentir bon/mauvais)

I can **see** you!	Can you **taste** the garlic?	It **smells** bad!
Je te vois !	*Tu sens l'ail ?*	*Ça sent mauvais !*

⊙ **look like, seem**

That jacket **looks like** mine!
Ce blouson ressemble au mien !

That **seems** unlikely!
Cela semble improbable !

31 ⟩ SUITE / **présent en be + -ing : restrictions d'emploi**

⊙ Avec le verbe **be**, la forme **be + -ing** s'emploie dans deux cas bien particuliers :

1. Au passif (regardez les **fiches 46** à **49**) :

The car **is being** cleaned.
La voiture est en train d'être nettoyée.
On nettoie la voiture.

We**'re being** filmed!
On nous filme !

2. Suivi d'un adjectif, pour parler du **comportement actuel de quelqu'un** :

Now you**'re being** stupid!
Là, tu dis des bêtises !

They**'re being** very patient.
Ils font preuve de beaucoup de patience.

En dehors de ces deux cas, **am/is/are/was/were being** n'est pas employé :

It **was** cold when we arrived in London.
Il faisait froid quand on est arrivé à Londres.
(**It was being cold* est **incorrect**.)

32 〉 comment décrire une scène en anglais : rôle de « be »

➜ Pour **décrire une scène** en anglais (par exemple, en regardant une image, en regardant autour de soi, ou en regardant par la fenêtre), le verbe **be** a un rôle fondamental.

➜ **be** peut jouer le même rôle que **être** en français :

It's a picture of a castle.
C'est une image qui représente un château.

➜ **there is/ there are** correspondent à **il y a** :

There is a flag on the roof. **There are** guards in front.
Il y a un drapeau sur le toit. Il y a des gardes devant.

*(Regardez aussi **there is, there are** dans la partie alphabétique)*

➜ **be + -ing** nous permet de dire **ce qui se passe** dans la scène qu'on regarde :

It **is raining**. The king **is arriving**. The gate **is opening**.
Il pleut. Le roi arrive. Le portail s'ouvre.

➜ **Attention** : le présent simple (☛ **VOIR** : fiche **25**) n'est **pratiquement jamais employé pour décrire une scène qu'on est en train d'observer***.

Exceptions : le verbe **be**, le verbe **have** quand il signifie « avoir, posséder », et les verbes **look** (sembler, avoir l'air) et **seem** (sembler) :

The castle **has** four towers. Each tower **has** eight windows.
Le château a quatre tours. Chaque tour a huit fenêtres.

The king **looks** very young. He **seems** very happy.
Le roi a l'air très jeune. Il semble très heureux.

Les Anglais, comme les Français, emploient parfois le présent simple pour **raconter des blagues et dans les **commentaires sportifs en direct**, mais ce sont des emplois très particuliers que vous n'avez pas besoin de maîtriser à ce stade.*

32 ⟩ SUITE / **comment décrire une scène en anglais** : rôle de « be »

AUTO-ÉVALUATION ⟩ **COMMENT DÉCRIRE UNE SCÈNE EN ANGLAIS**

01 Comment dit-on en anglais « C'est une image qui représente... » ?

02 Comment dit-on « il y a » en anglais dans une description ?
(*Attention, deux réponses nécessaires*).

03 Comment dit-on « Il y a un drapeau sur le toit » ?

04 Comment dit-on « Il y a des gardes devant » ?

05 Quel est le rôle de la structure **be + -ing** dans une description ?

06 Comment dit-on, dans la description d'une scène, « Il pleut. Le roi arrive.
Le portail s'ouvre » ?

07 Donnez quatre verbes avec lesquels **be + -ing** est normalement
impossible dans une description.

08 Comment dit-on « Le roi a l'air très jeune. Il semble très heureux » ?

EXERCICES

**Vous avez acheté une affiche qui représente une scène dans un film de
science-fiction. Décrivez l'affiche à un ami anglais au téléphone, à partir
des éléments fournis ici :**

a. L'image représente l'intérieur d'un vaisseau spatial. (*spaceship*)

. . . .

b. Il y a un immense écran d'ordinateur au milieu.

. . . .

c. Il y a deux robots devant l'écran.

. . . .

d. Une lumière rouge clignote. (clignoter = *flash*)

. . . .

e. Le capitaine regarde l'écran.

. . . .

f. Il parle à son équipage. (*crew*)

. . . .

g. Il a l'air inquiet. (*worried*)

. . . .

33 ⟩ le present perfect : le présent lié au passé

→ Le *present perfect* (auxiliaire *have* + participe passé) n'a pas d'équivalent exact en français. Il **ressemble** au passé composé, mais c'est un **piège** car il n'a pas les mêmes fonctions. Le *present perfect* nous permet de **lier le passé et le présent**, et de parler des **répercussions du passé dans le présent**.

→ Quand on dit

J'ai perdu ma bague hier

la perte de la bague est située clairement dans le **passé** : le mot *hier* souligne ce fait. En anglais, pour parler du passé, on emploie le **prétérit** :

I **lost** my ring yesterday.

→ Mais quand on dit

Oh non ! **J'ai perdu** ma bague !

il y a un rapport évident avec le **présent** : vous vous rendez compte **maintenant** qu'elle est perdue. En anglais, il faut employer le **present perfect** dans ce cas :

Oh no! **I've lost** my ring!

→ Même si l'événement n'est pas tout récent, le **present perfect** s'impose dès lors que vous parlez d'un **état présent**, dès qu'il s'agit d'un **constat** :

I'm sad because **I've lost** my ring.
Je suis triste parce que j'ai perdu ma bague.

We can't go to the island because the boat **has left.**
On ne peut pas aller dans l'île parce que le bateau est parti.

The cat**'s eaten** all the chicken!
Le chat a mangé tout le poulet !

I**'ve finished** my homework.
J'ai terminé mes devoirs.

33 ❯ SUITE / **le present perfect : le présent lié au passé**

AUTO-ÉVALUATION   LE PRESENT PERFECT :
                            LE PRÉSENT LIÉ AU PASSÉ

01 Le passé composé et le present perfect se ressemblent-ils ?

02 Ont-ils les mêmes fonctions ?

03 Dans la phrase « J'ai perdu ma bague hier », l'action se situe-t-elle clairement dans le passé ? Ou existe-t-il un lien entre le passé et le présent ? Comment dites-vous cela en anglais ?

04 Dans la phrase « Oh, non ! J'ai perdu ma bague ! », existe-t-il un lien entre le présent et le passé ?

05 Comment dit-on en anglais « Je suis triste parce que j'ai perdu ma bague » ?

06 Comment dit-on « On ne peut pas aller dans l'île parce que le bateau est parti » ?

EXERCICES

01 **Parmi ces phrases, lesquelles situent une action dans le passé (A) ? Lesquelles expriment un lien entre passé et présent (B) ?**

a. Le président **est allé** à Londres la semaine dernière.   ❏ (A) ❏ (B)
b. Mince ! Je me **suis cassé** un ongle !   ❏ (A) ❏ (B)
c. Tu ne peux pas les voir, ils **sont partis**.   ❏ (A) ❏ (B)
d. **J'ai appelé** David il y a cinq minutes.   ❏ (A) ❏ (B)
e. Allô ? Oui, c'est moi. C'est juste pour te dire que je **suis arrivé**.   ❏ (A) ❏ (B)

02 **Dites la même chose en anglais. Employez le verbe entre parenthèses soit au prétérit, soit au present perfect.**

a. Il pleuvait, alors j'ai fermé la fenêtre.
It was raining, so I . . . . (close)
b. Regarde, ma montre s'est arrêtée.
Look, my watch . . . . (stop)
c. Tout le monde a applaudi quand il a fini son discours.
Everybody . . . . when he . . . . his speech . . . . (clap, finish)
d. Voilà ! J'ai fini mon livre !
There! I . . . . (finish)
e. Va voir s'ils sont arrivés.
Go and see if . . . . (arrive)

34 〉 le present perfect : « parler de son expérience de la vie »

➔ *Comparez :*

J'ai entendu cette chanson pour la première fois quand j'avais douze ans.
J'ai déjà **entendu** plusieurs versions de cette chanson**.**

➔ Dans ces deux phrases, on emploie la même forme – le passé composé – du verbe **entendre**. Mais le sens de ce « j'ai entendu » n'est pas tout à fait le même dans les deux cas.

➔ Dans la première phrase, vous vous souvenez de quelque chose de précis qui est arrivé à un moment donné **dans le passé**. Vous n'avez plus douze ans, c'est le **passé**.

➔ Dans la deuxième phrase, vous ne parlez pas d'un moment précis dans le passé, mais de votre **expérience en général**. L'accent est mis sur le **fait** que vous avez entendu la chanson, et non pas sur le **moment** où vous l'avez entendue.

➔ Dans la première phrase, vous auriez pu remplacer « j'ai entendu » par le passé simple « j'entendis ». Dans la deuxième, le passé simple est impossible parce que tout en vous rappelant vos souvenirs, vous ne les situez pas de manière précise dans le passé. Vous parlez, en quelque sorte, de votre **expérience de la vie**, mais sans entrer dans le détail.

➔ Cette différence est très importante en anglais parce qu'elle nous conduit à employer deux formes différentes du verbe. Pour parler du passé, on emploie le **prétérit**. Pour parler de « l'expérience sans entrer dans le détail », on emploie le **present perfect.**

I **heard** that song for the first time when I was twelve.
J'ai entendu cette chanson pour la première fois quand j'avais douze ans.

I **have** already **heard** several versions of that song.
J'ai déjà entendu plusieurs versions de cette chanson.

> ➔ Attention : **Dès que vous introduisez un mot ou une expression qui situe les choses de façon précise dans le passé, vous devez** <u>toujours</u> **employer le prétérit et** <u>jamais</u> **le present perfect.**
>
> **Exemples de mots et expressions qui marquent le passé (« marqueurs temporels ») :** yesterday, last year, when I was younger, last night, in the 1990s, first of all, earlier today...

34 ⟩ SUITE / **le present perfect** : « parler de son expérience de la vie »

AUTO-ÉVALUATION   LE PRESENT PERFECT :
                       PARLER DE SON EXPÉRIENCE DE LA VIE

01 Dans la phrase « **J'ai entendu** cette chanson pour la première fois quand
j'avais douze ans », l'action se situe-t-elle clairement dans le passé ou
y a-t-il un lien entre le passé et le présent ?

02 Dans la phrase « **J'ai** déjà **entendu** plusieurs versions de cette chanson »,
est-ce que l'accent est mis sur le **fait** que vous les avez entendues, ou sur
le **moment** où vous les avez entendues ?

03 Quelle forme emploie-t-on en anglais pour situer les événements dans le
passé ?

04 Quelle forme emploie-t-on pour parler de son expérience, sans entrer
dans le détail ?

05 Donnez quelques exemples de marqueurs temporels qui situent l'action
clairement dans le passé.

06 Lorsque vous employez un de ces marqueurs, quel temps grammatical
devez-vous employer en anglais ?

EXERCICES

**Parmi ces phrases, lesquelles situent une action dans le passé (A) ?
Lesquelles parlent de l'expérience sans entrer dans le détail (B) ?
Traduisez chaque phrase en anglais.**

a. Nous sommes allés à Londres la semaine dernière.   ❏ (A) ❏ (B)

. . . .

b. Nous sommes allés à Londres, mais jamais à Glasgow.   ❏ (A) ❏ (B)

. . . .

c. J'ai lu beaucoup de livres dans ma vie.   ❏ (A) ❏ (B)

. . . .

d. J'ai lu ce livre il y a quelques années.   ❏ (A) ❏ (B)

. . . .

e. Je suis sûr que tu as vu ce film.   ❏ (A) ❏ (B)

. . . .

f. Tu as vu ce film en 2002, je m'en souviens.   ❏ (A) ❏ (B)

. . . .

35 > le present perfect : « c'est comme ça depuis un moment »

→ *Comparez :*

Je **suis** à Paris en ce moment.
Je **suis** à Paris depuis trois jours/depuis lundi.

→ Dans ces deux exemples, on emploie la même forme – le présent simple – du verbe **être**. Mais le sens de ce « je suis » n'est pas tout à fait le même dans les deux cas.

→ Dans la première phrase, vous donnez simplement une information sur le lieu où vous vous trouvez actuellement.

→ Dans la deuxième phrase, vous parlez non seulement du fait que vous vous trouvez quelque part actuellement, mais du fait que vous y êtes **depuis un certain temps**. Vous exprimez, d'une certaine façon, un **lien avec le passé** (puisque vous évoquez le temps écoulé entre le moment de votre arrivée à Paris et aujourd'hui).

→ Cette différence est très importante en anglais parce qu'elle nous conduit à employer deux formes différentes du verbe. Pour parler du présent sans précision de durée antérieure, on emploie le **présent simple** (comme en français) : **I am** in Paris.

→ Mais dès que vous introduisez un lien avec le passé en précisant un laps de temps, vous devez employer le **present perfect** en anglais : **I have been** in Paris for/since...

I am in Paris at the moment.
Je suis à Paris en ce moment.

I have been **in Paris for three days/since Monday.**
Je suis à Paris depuis trois jours/depuis lundi.

(Pour la différence entre **for** et **since**, regardez ces mots dans la partie alphabétique).

→ **Autres exemples :**

I have lived in France since 1990.
J'habite en France depuis 1990.
(**I live in France since 1990* est **incorrect** !)

Jenny **has known** George since she was three.
Jenny connaît George depuis qu'elle a trois ans.
(**Jenny knows George since she was three* est **incorrect** !)

35 ❭   SUITE / **le present perfect** : « c'est comme ça depuis un moment »

We **have been** friends for many years.
Nous sommes amis depuis de nombreuses années.
(*We *are friends for many years* est **incorrect** !)

I **have known** your father for a long time.
Je connais ton père depuis longtemps.
(*I *know your father for a long time* est **incorrect** !)

> ➔ Souvenez-vous :
>
> présent français + depuis = present perfect + since *ou* for !
>
> ➔ Mais attention : **cela ne signifie pas qu'on doit employer le present perfect à chaque fois qu'il y a le mot « for » dans un énoncé !**

AUTO-ÉVALUATION   **LE PRESENT PERFECT :**
C'EST COMME ÇA DEPUIS UN MOMENT

01   Dans la phrase « Je suis à Paris en ce moment », exprime-t-on un lien entre le passé et le présent ?

02   Et dans la phrase « Je suis à Paris depuis trois jours » ?

03   En anglais, quelle forme du verbe emploie-t-on pour parler du présent sans indication de durée antérieure ?

04   Quelle forme emploie-t-on quand on exprime un lien entre le passé et le présent en précisant un laps de temps ?

05   Comment dit-on « J'habite en France » ?

06   Comment dit-on « J'habite en France depuis 1990 » ?

07   Comment dit-on « Je connais ton père » ?

08   Comment dit-on « Je connais ton père depuis longtemps » ?

EXERCICES

01 Parmi les phrases suivantes, lesquelles situent simplement une action ou une situation dans le présent **(A)** ? Lesquelles évoquent un lien entre le passé et le présent en parlant d'un temps écoulé **(B)** ?

a. Je suis dans le jardin. ❏ (A) ❏ (B)

....

b. Je suis dans le jardin depuis une heure. ❏ (A) ❏ (B)

....

c. Je connais cet homme. ❏ (A) ❏ (B)

....

d. Je connais cet homme depuis la guerre. ❏ (A) ❏ (B)

....

e. Les magasins sont fermés. ❏ (A) ❏ (B)

....

f. Les magasins sont fermés depuis quelques minutes. ❏ (A) ❏ (B)

....

02 Dites la même chose en anglais, en choisissant parmi les deux options entre parenthèses :

a. Ma mère est dans la voiture. (*is* ou *has been* ?)

....

b. Le parc est fermé depuis ce matin. (*is* ou *has been* ?)

....

c. Nous sommes mariés. (*are* ou *have been* ?)

....

d. Nous sommes mariés depuis dix ans. (*are* ou *have been* ?)

....

e. J'ai la grippe. (*have* ou *have had* ?)

....

f. J'ai la grippe depuis quatre jours. (*have* ou *have had* ?)

....

36 〉 le present perfect : « jusqu'à présent »

➜ *Comparez :*

Hier, je **suis allé** chez le coiffeur.
Je **suis allé** chez le coiffeur trois fois cette année.

➜ Dans ces deux phrases, on emploie la même forme – le passé composé – du verbe **aller**. Mais le sens de ce « je suis allé » n'est pas tout à fait le même dans les deux cas.

➜ Dans la première phrase, vous vous souvenez de quelque chose de précis qui est arrivé à un moment donné **dans le passé**. Le mot « hier » est un *marqueur temporel* qui signale clairement le passé.

➜ Dans la deuxième phrase, vous dites combien de fois quelque chose est arrivé **jusqu'à présent**. L'expression « cette année » vous situe dans le **présent**, parce que l'année n'est pas terminée.

➜ Dans la première phrase, vous auriez pu remplacer « je suis allé » par le passé simple « j'allai ». Dans la deuxième, le passé simple est impossible parce que vous êtes en train de dire ce qui est vrai « à présent ».

➜ D'une certaine façon, la deuxième phrase parle du **présent**, mais en évoquant des choses qui sont arrivées dans le passé.

➜ Cette différence est très importante en anglais parce qu'elle nous conduit à employer deux formes différentes du verbe. Pour parler du passé, on emploie le **prétérit**. Pour parler du « présent en évoquant le passé », on emploie le **present perfect**.

Yesterday, I **went** to the hairdressers.
*Hier, je **suis allé** chez le coiffeur.*   (= complètement achevé [hier]: c'est le <u>passé</u>)

I've been to the hairdressers three times this year.
*Je **suis allé** chez le coiffeur trois fois cette année.* (= jusqu'à présent, ça fait trois fois, cependant l'année n'est pas terminée)

MAIS
I went to the hairdressers three times last year.
*Je **suis allé** chez le coiffeur trois fois l'année dernière. (l'année dernière, c'est fini, c'est le <u>passé</u>)*

36 ⟩ SUITE / le present perfect : « jusqu'à présent »

01 La phrase « Je suis allé chez le coiffeur hier » renvoie-t-elle à un événement du passé, ou alors établit-elle un lien entre le passé et le présent ?

02 Et la phrase « Je suis allé chez le coiffeur trois fois cette année » ?

03 En anglais, lorsqu'un marqueur temporel situe l'action dans le passé, quelle forme du verbe doit-on employer ?

04 Quelle forme emploie-t-on quand on exprime un « lien entre le passé et le présent » ?

05 Comment dit-on en anglais « Je suis allé chez le coiffeur hier » ?

06 Comment dit-on « Je suis allé chez le coiffeur trois fois cette année » ?

07 Comment dit-on « Je suis allé chez le coiffeur trois fois l'année dernière » ?

08 Dans les questions 6 et 7, « je suis allé » se traduit différemment. Pourquoi ?

EXERCICES

01 **Parmi ces phrases, lesquelles parlent simplement du passé ? Lesquelles ont le sens de « jusqu'à présent.... » ?**

a. J'ai vu Samir trois fois cette semaine.   ❏ (A)   ❏ (B)
b. La semaine dernière, je ne suis pas allé au cinéma.   ❏ (A)   ❏ (B)
c. Paul a pris l'avion des dizaines de fois l'année dernière.   ❏ (A)   ❏ (B)
d. J'ai pris l'avion des dizaines de fois cette année.   ❏ (A)   ❏ (B)
e. Je n'ai jamais fumé.   ❏ (A)   ❏ (B)
f. Aurélie n'a pas fumé hier.   ❏ (A)   ❏ (B)

02 **Dites la même chose en anglais, en choisissant parmi les deux options entre parenthèses :**

a. Je l'ai appelé deux fois hier. . . . . (*called* ou *have called* ?)
b. Je l'ai appelé deux fois aujourd'hui. . . . . (*called* ou *have called* ?)
c. Paul est souvent allé à Londres. . . . . (*often went* ou *has often been* ?)
d. Paul est allé à Londres il y a deux jours. . . . . (*went* ou *has been* ?)
e. J'ai eu la grippe la semaine dernière. . . . . (*had* ou *have had* ?)
f. J'ai souvent eu la grippe. . . . . (*often had* ou *have often had* ?)

37 ⟩ **le present perfect : trucs et astuces**

➜ **Voici quelques indications qui peuvent vous aider à faire moins d'erreurs avec le present perfect.**

01 Le present perfect **ressemble** au passé composé français (j'ai mangé/I have eaten), mais c'est un piège ! Il ne fonctionne pas toujours de la même façon. **Évitez à tout prix** de traduire systématiquement le passé composé par le present perfect.

02 Le present perfect – comme son nom l'indique – **parle du présent**. Dès qu'il y a un mot dans la phrase qui indique le **passé** (comme "yesterday", "last week", "in 1990"), vous devez utiliser le **prétérit** (**sauf** avec <u>since</u> + marqueur temporel : since yesterday, since last week...).

03 **présent + depuis = present perfect + for ou since :**

I've been here **since** yesterday.
Je suis là depuis hier.

He's worked **here** for **three months**.
Il travaille ici depuis trois mois.

04 Pour l'emploi de **already**, **before**, **just**, **yet**, **ever** et **never** avec le present perfect, regardez ces mots dans la partie alphabétique de ce livre.

38 › le present perfect en be + -ing

➜ Le present perfect établit un **lien entre le présent et le passé** (voir les fiches précédentes).

➜ Le **present perfect en be + -ing** a deux emplois importants.

1. Il permet de parler d'une activité qui est **terminée** mais dont on **perçoit encore les traces** (ce sont ces « traces » qui constituent le lien présent/passé) :

You**'ve been smoking**, haven't you?
Tu as fumé, non ?
(Je sens la fumée ; j'en déduis que tu étais en train de fumer à l'instant)

Who's **been using** my computer?
Qui a utilisé mon ordinateur ?
(Je vois qu'il est mal éteint ; j'en déduis que quelqu'un s'en est servi tout récemment)

Look! It's **been snowing**!
Regardez ! Il a neigé !
(C'est tout blanc dehors ; j'en déduis qu'il a neigé)

She looks as if she**'s been crying**.
On dirait qu'elle a pleuré.
(Elle a les yeux tout rouges ; j'en déduis qu'elle a pleuré tout récemment)

*Notez que dans ce cas on emploie le **passé composé** en français. C'est un des rares cas où le passé composé et le present perfect sont équivalents !*

2. Associé à un **marqueur de durée** comme *for, since, a long time, all day...*, ou avec la question *how long...?*, le **present perfect en be + -ing** permet de parler de la **durée** (jusqu'au moment présent) d'une activité qui est **toujours en cours** :

He's **been sitting** there since this morning.
Il est assis là depuis ce matin.

It**'s been snowing** for three hours.
Cela fait trois heures qu'il neige.
Il neige depuis trois heures.
Il y a trois heures qu'il neige.

I**'ve been trying** to reach you all week!
J'essaie de te joindre depuis le début de la semaine !

38 〉 SUITE / le present perfect en be + -ing

How long **have you been waiting**?
Vous attendez depuis combien de temps ?
Il y a combien de temps que tu attends ?
Ça fait combien de temps que tu attends ?

*Notez que dans ce cas on emploie le **présent** en français.*
Notez aussi les différentes façons de dire la même chose en français.

➜ Le **present perfect simple** met l'accent sur le **résultat** d'une action qui est **accomplie** ; le **present perfect en be + -ing** met l'accent sur **l'activité** elle-même (**encore en cours** ou **toute récente**).

Cette nuance est difficile à rendre en français :

I've cleaned my room.
J'ai nettoyé ma chambre.
(**Résultat** : *c'est fini ; la chambre est propre*)

I've been cleaning my room.
J'ai nettoyé ma chambre.
(**Activité** : *J'ai fait du rangement, mais ce n'est pas nécessairement terminé ; l'activité est soit encore en cours, soit toute récente*)

Martin has written a letter.
Martin a écrit une lettre.
(**Résultat** : *c'est fini ; la lettre est prête à être envoyée*)

Martin has been writing a letter.
Martin a écrit une lettre.
(**Activité** : *la lettre n'est pas nécessairement terminée ; peut-être Martin fait-il une pause avant de s'y remettre...*)

➜ La forme en **-ing** n'est pas compatible avec certains verbes (☞ **voir** : fiche **31**). Ne l'employez pas avec le verbe *know*, par exemple :

I've known Josh for eight years.
Je connais Josh depuis huit ans.
(**I've been knowing est impossible !*)

38 / SUITE / **le present perfect en be + -ing**

01 Le present perfect établit un lien entre le passé et le présent. VRAI/FAUX

02 La phrase « You've been smoking, haven't you? » évoque le fait que tu as fumé il y a un bon moment. VRAI/FAUX

03 Quand je pose la question « Who's been using my computer? », je soupçonne quelqu'un de s'être servi de mon ordinateur tout récemment. VRAI/FAUX

04 Le present perfect simple met davantage l'accent sur le résultat d'une action que sur l'action elle-même. VRAI/FAUX

05 Le present perfect en **be + -ing** met davantage l'accent sur la personne qui accomplit l'activité. VRAI/FAUX

06 La forme **be + -ing** peut s'employer avec tous les verbes. VRAI/FAUX

07 Comment dit-on en anglais « Regarde ! Il a neigé ! » ?

08 Comment dit-on en anglais « Il neige depuis trois heures » ?

09 Traduisez la phrase « How long have you been waiting? » de trois façons différentes.

10 Quelle est la différence entre « I've cleaned my room » et « I've been cleaning my room » ? Cette différence est-elle facile à rendre en français ?

11 Comment dit-on « Je connais Josh depuis huit ans » ?

EXERCICES

01 **Parmi ces phrases, lesquelles parlent simplement du passé révolu (A) ? Lesquelles évoquent une activité toute récente dont on perçoit encore les traces (B) ?**

a. J'ai beaucoup ri quand il a raconté cette histoire. ❑ (A) ❑ (B)
b. Il a bu, ça se sent ! ❑ (A) ❑ (B)
c. On voit qu'il a plu, le trottoir est mouillé. ❑ (A) ❑ (B)
d. Ils pleurent ; je parie qu'ils se sont disputés. ❑ (A) ❑ (B)
e. Ils se sont disputés hier. ❑ (A) ❑ (B)
f. Je sais que vous avez mangé du chocolat, j'ai trouvé l'emballage ! ❑ (A) ❑ (B)
g. Qui a joué avec mon téléphone portable ? ❑ (A) ❑ (B)

38 ⟩ SUITE / le present perfect en be + -ing

02 Maintenant, traduisez ces mêmes phrases en anglais en employant soit le prétérit, soit le present perfect avec be + -ing.

a. . . . .

b. . . . .

c. . . . .

d. . . . .

e. . . . .

f. . . . .

g. . . . .

03 Dites la même chose en français :

a. I've been waiting for hours!

. . . .

b. It's been raining since this morning.

. . . .

c. We've been thinking about you since you left.

. . . .

d. David has been revising all week.

. . . .

e. Who's been using my mobile phone?

. . . .

f. I can see you've been sleeping.

. . . .

g. What have you been doing? You're covered in mud!

. . . .

39 le prétérit simple

➜ Le **prétérit** s'emploie pour **parler du passé**. Le prétérit est un des deux temps grammaticaux en anglais (l'autre étant le présent simple). Il se forme soit en ajoutant **-ed** à la base verbale (si le verbe est régulier), soit en transformant le verbe (s'il est irrégulier).

Présent
I **walk** to school.
Je vais à l'école à pied.

Kevin **makes** nice cakes.
Kevin fait de bons gâteaux.

Prétérit
I **walked** to school this morning.
Je suis allé à l'école à pied ce matin.

Kevin **made** some cakes yesterday.
Kevin a fait des gâteaux hier.

➜ **walked** est le prétérit de **walk** (qui est un verbe régulier) ; **made** est le prétérit de **make** (qui est un verbe irrégulier).

➜ Le **prétérit** correspond très souvent au **passé composé** français :

I **worked** yesterday.
J'ai travaillé hier.

Attention : le present perfect ressemble au passé composé dans sa formation mais il n'a pas les mêmes emplois. N'employez donc pas le **present perfect** (« I have walked... », « Kevin has made... ») à la place du prétérit. (☛ **VOIR :** fiche **33)**. Beaucoup de gens tombent dans ce piège :

Correct
I saw Dan yesterday.
J'ai vu Dan hier.

Incorrect
I have seen Dan yesterday.

➜ Pour la forme négative, employez **did + not + base verbale** :

I **didn't hear** the phone.
Je n'ai pas entendu le téléphone.

Kevin **didn't make** any cakes yesterday.
Kevin n'a pas fait de gâteaux hier.

Suite page suivante

39 ⟩ SUITE / le prétérit simple

➜ Pour la forme interrogative (= pour poser une question), employez **did + sujet + base verbale** :

Did you hear the phone?
Tu as entendu le téléphone ?

Did Kevin make any progress yesterday?
Est-ce que Kevin a fait des progrès hier ?

➜ Notez que **did** (= l'auxiliaire **do** au prétérit) est suivi de la **base verbale** :

Did I **make** a mistake?
Est-ce que j'ai fait une erreur ?
(Et non *Did I made a mistake?*)

➜ Notez aussi l'emploi de **did** (= l'auxiliaire **do** au prétérit) avec le verbe lexical **do** (= faire) :

What **did** you **do** in Paris?
Qu'est-ce que vous avez fait à Paris ?
Qu'avez-vous fait à Paris ?
(Et non *What did you in Paris!*)

➜ Pour l'emploi du verbe **be** au prétérit, voir la fiche suivante.

➜ Pour les modaux **could** et **would**, regardez ces mots dans la partie alphabétique.

39 〉 SUITE / **le prétérit simple**

AUTO-ÉVALUATION   LE PRÉTÉRIT SIMPLE

01 Combien y a-t-il de temps grammaticaux en anglais ?

02 Comment se forme le prétérit d'un verbe régulier ?

03 Quel est le prétérit du verbe « *make* » ? Est-ce un verbe régulier ?

04 Dans la phrase « J'ai vu Dan hier », à quel temps est le verbe ?

05 Quel temps doit-on employer en anglais lorsque l'on veut traduire cet énoncé ?

06 Comment dites-vous « J'ai vu Dan hier » ?

07 Quel opérateur (mot-outil) doit-on employer aux formes interrogative et négative au prétérit ?

08 Quel est le contraire de « Kevin made a cake yesterday » ?

09 Quel est le mot interrogatif anglais qui signifie « qu'est-ce que » ?

10 Quel verbe emploie-t-on pour demander ce que quelqu'un a fait ?

11 Comment dites vous « Qu'avez-vous fait à Paris ? » ?

12 Le mot « what » signifie-t-il « est-ce que » ?

13 Comment dites-vous « Est-ce que j'ai fait une erreur ? » ?

EXERCICES

01 Dites la même chose en anglais :

a. Je lui ai montré mes dessins.
I .... him my drawings.
b. Les magasins ont fermé tôt hier.
The shops........... early yesterday.
c. Il a neigé pendant la nuit.
It........... during the night.

d. Je n'ai pas aimé le film.

I............................the film.

e. Tu as mangé dans un restaurant indien à Londres ?

.... eat in an Indian restaurant in London?

f. Tu lui as dit la vérité ?

.... him the truth?

g. Ils n'ont pas compris ce que je leur ai dit.

They.................. what I...................... them.

h. Qu'ont-elles fait pour t'aider ?

What........... they........... to help you?

i. Mon frère t'a dit que j'étais là ?

.... my brother........... you that I........... here?

j. On a gagné le match hier !

We.................................!

02 **Complétez les phrases suivantes par des verbes au prétérit.
Puis, chassez l'intrus :**

Tim .... up at seven o'clock. He .... a shower. He .... breakfast.
He .... to the news on the radio. He .... dressed. He .... his hair.
It .... very expensive. He .... to the bus stop. He .... at his office
at 8.30.

(Employez les verbes suivants : be, arrive, get, comb, run, have, listen)

40 〉 le prétérit simple : « be »

→ Le prétérit du verbe **be** est
I/he/she/it/Paul **was**
We/you/they/my parents **were**

> **Attention :** le present perfect ressemble au passé composé dans sa formation mais il n'a pas les mêmes emplois. N'employez donc pas le **present perfect** (« I have been... ») à la place du **prétérit** (☞ VOIR : fiche **33**). Beaucoup de gens tombent dans ce piège :
>
> **Correct**
> I **was** ill last week.
> J'ai été malade la semaine dernière.
> ou
> J'étais malade la semaine dernière.
>
> **Incorrect**
> *I have been ill last week.

→ Pour la forme négative, employez **was not/were not**, souvent contractés en **wasn't/weren't**.

I **wasn't** late.
Je n'ai pas été en retard.
Je n'étais pas en retard.

We **weren't** very warm.
On n'a pas eu très chaud.
On n'avait pas très chaud.

→ Pour la forme interrogative (= pour poser une question), employez **was/were +
sujet**.

Were Mr and Mrs Anderson at the party?
M. et Mme Anderson étaient-ils à la fête ?
Est-ce que M. et Mme Anderson étaient à la fête ?
Ils étaient à la fête, M. et Mme Anderson ?

Was my phone switched on?
Mon téléphone était-il allumé ?
Est-ce que mon téléphone était allumé ?
Il était allumé, mon téléphone ?

→ Notez qu'il y a toujours plusieurs façons en français de poser la même question, alors qu'en anglais il n'en existe qu'une seule (☞ VOIR : fiche **19**).

40)   **SUITE / le prétérit simple : « be »**

AUTO-ÉVALUATION   LE PRÉTÉRIT SIMPLE « BE »

01 Quel est le prétérit de **be** lorsque le sujet est **I, he, she,** ou **it** ?

02 Quel est le prétérit de **be** lorsque le sujet est **you, we, they** ?

03 Comment dit-on **J'ai été malade la semaine dernière** ?

04 Est-il correct de dire **I have been ill last week** ? Sinon, pourquoi pas ?

05 Quelles sont les formes négatives du prétérit de **be** ? (deux réponses).

06 Comment fait-on la contraction de ces formes ?

07 Comment dit-on **Je n'étais pas en retard** ? Et **Nous n'avions pas très chaud** ?

08 Comment forme-t-on une question au prétérit avec le verbe **be** ?

9 Comment dit-on **Mon téléphone était-il allumé ?** Comment dit-on **Il était allumé, mon téléphone ?** Comment dit-on **Est-ce que mon téléphone était allumé ?**

10 Quelle différence importante entre le français et l'anglais peut-on observer à partir des réponses à la question 9 ?

41 ⟩ le prétérit en be + -ing

➜ Le prétérit en **be + -ing** (I was reading, they were waiting…) a plusieurs fonctions.

1. Il s'emploie pour parler de quelque chose qui **était en cours** à un moment donné :

> I went into the room. Harry **was sitting** near the window and his sister **was reading** a book.
> *Je suis entré dans la pièce. Harry était assis près de la fenêtre et sa sœur lisait un livre.*

➜ Dans cet exemple, Harry **était assis** et sa sœur lisait quand je suis entré, on voit que **be + -ing** au prétérit est très utile pour **décrire une scène au passé**, quand on raconte une histoire par exemple.

2. Il s'emploie pour parler d'une action qui **était en cours** (I was working : prétérit en **be + -ing**) quand quelque chose s'est passé (I **heard** a noise) :

> I **was working** on my computer when suddenly I **heard** a noise.
> *Je travaillais sur mon ordinateur quand soudain j'ai entendu un bruit.*

3. Il s'emploie pour parler de quelque chose qui **devait se passer**, qui **était prévu** : une sorte de « projet dans le passé » :

> I thought Jerry **was arriving** this morning. He said he **was taking** the 9 o'clock train.
> *Je pensais que Jerry arrivait ce matin. Il a dit qu'il prenait le train de 9 heures.*
> (Jerry **devait arriver** ce matin et il **était prévu** qu'il prenne le train de 9 heures).

➜ On voit dans tous ces exemples que la forme **prétérit en be + -ing** se traduit par **l'imparfait** en français. Mais attention ! L'imparfait se traduit **uniquement** par le **prétérit en be + -ing** quand il s'agit d'une action qui **était en cours** ou d'une action qui **était prévue** (regardez la fiche **43**).

➜ Avec certains verbes, on n'emploie pas **be + -ing**. Reportez-vous à la fiche **31**.

➜ Comparez le prétérit en **be + -ing** au présent en **be + -ing** (fiche **28**).

41 **SUITE / le prétérit en be + -ing**

AUTO-ÉVALUATION **LE PRÉTÉRIT EN BE + -ING**

01 Comment dit-on : « Je suis entré dans la pièce. Harry était assis près de la fenêtre et sa sœur lisait un livre » ?

02 Pouvez-vous commenter l'emploi de la forme « be + -ing » au prétérit dans l'énoncé 1 (sit / read) ?

03 Comment dit-on : « Je travaillais sur mon ordinateur quand soudain j'ai entendu un bruit » ?

04 Dans l'énoncé 3, quelle est l'action qui était en cours lorsque quelque chose s'est passé ?

05 Comment dit-on : « Je pensais que Jerry arrivait ce matin. Il a dit qu'il prenait le train de 9 heures » ?

06 Pouvez-vous commenter l'emploi de la forme « be + -ing » au prétérit dans l'énoncé 5 (arrive / take) ?

07 La forme « be + -ing » au prétérit se traduit-elle par l'imparfait en français dans tous les exemples ci-dessus ?

08 L'imparfait se traduit-il toujours par « be + -ing » au prétérit ?

09 Pourquoi dans les exemples ci-dessus l'imparfait est-il traduit par « be + -ing » au prétérit ?

10 Peut-on employer « be + -ing » avec tous les verbes ?

EXERCICES

01 Lesquelles des phrases suivantes parlent d'une action qui était en cours à un moment donné ?

a. J'ai déjà lu ce livre. ❑

b. Je regardais la télévision quand elle est arrivée. ❑

c. Il faisait beau, les oiseaux chantaient. ❑

d. Il a éteint la radio alors que j'écoutais une émission intéressante. ❑

e. Que faisiez-vous à ce moment-là ? ❑

41 〉 SUITE / le prétérit en be + -ing

02 Lesquelles des phrases suivantes parlent de quelque chose qui était prévu ?

a. Alex m'a dit qu'il **partait**.
b. Je ne savais pas qu'elle **savait chanter**.
c. Je ne savais pas qu'elle **chantait** ce soir-là.
d. Si j'avais su que tu **venais**, j'aurais préparé quelque chose à manger.
e. Paul nous **mentait**.

03 Dites la même chose en anglais.

a. Je dormais quand tu es arrivé.
....
b. Que faisais-tu à quinze heures hier ?
....
c. Tu m'as dit qu'il venait ? Je ne m'en souviens pas.
....
d. Il pleuvait, le vent soufflait, nous avions froid.
....
e. Quand je suis entré, tout le monde riait.
....

42 › comment traduire le passé composé en anglais ?

➜ **Attention :** il ne faut pas systématiquement traduire le passé composé par le present perfect !

➜ Cette erreur très fréquente peut être évitée si on considère que le passé composé a **deux valeurs** :

1. Il sert à **raconter** des événements qui ont eu lieu dans le passé :

J'ai vu un très bon film hier.
*(Ici, je « raconte une histoire ». Le marqueur temporel **hier** situe l'action clairement dans le passé.)*

2. Il sert à **faire le bilan** présent d'événements passés :

J'ai vu ce film trois fois.
(Ici, je « fais le bilan ».)

➜ Pour « **raconter le passé** » en anglais, on emploie le **prétérit** (☞ **VOIR :** fiche **39**) :

I saw a very good film yesterday.
J'ai vu un très bon film hier.

➜ Pour « **faire le bilan** » en anglais, on emploie le **present perfect** (☞ **VOIR :** fiche **34**) :

I've seen this film three times.
J'ai vu ce film trois fois.

AUTO-ÉVALUATION   LE PASSÉ COMPOSÉ

01 Traduit-on systématiquement le passé composé par le present perfect ?

02 Quelles sont les « deux valeurs » du passé composé ?

03 L'expression « J'ai vu... » a-t-elle toujours la même « valeur » ?

04 Dans la phrase « J'ai vu ce film trois fois », fait-on un « bilan », ou raconte-t-on des événements passés ?

05 Et dans la phrase « J'ai vu un très bon film hier » ?

EXERCICES

Dites la même chose en anglais, en choisissant le prétérit ou le present perfect :

a. J'ai déjà lu ce livre.

....

b. Ils sont partis à trois heures.

....

c. Tom n'est pas venu à ma fête.

....

d. Il a éteint la télé, j'étais furieux !

....

e. Hélène a vu David trois fois cette semaine.

....

f. Nous avons discuté pendant une heure. *(talk)*

....

g. Ton père a été très gentil avec nous ce matin.

....

h. Je t'ai dit mille fois que je n'aime pas les carottes !

....

i. Quand j'ai vu son visage, j'ai su qu'il était innocent.

....

43 ⟩ comment traduire l'imparfait en anglais

➜ L'imparfait se traduit souvent par le **prétérit simple** (☛ **VOIR** : fiche **39**) :

I **loved** him.
Je l'aimais.

We **didn't have** much money.
Nous n'avions pas beaucoup d'argent.

➜ La forme *used to + base verbale* est parfois possible (regardez **used to** dans la partie alphabétique). Elle s'emploie quand quelque chose était **autrefois** le cas, mais **plus maintenant** :

He **used to drink** a lot.
Avant, il buvait beaucoup.

We **used to live** in Canada.
Nous habitions au Canada avant.

➜ L'imparfait se traduit par le *prétérit en be + -ing* (I was reading, Paul was driving... ☛ **VOIR** : fiche **41**) quand il signale **quelque chose qui était en cours** ou **quelque chose qui était prévu** :

Action en cours

We couldn't go out because it **was raining**.
On n'a pas pu sortir parce qu'il pleuvait.

I **was washing** my hair when the phone rang.
Je me lavais les cheveux quand le téléphone a sonné.

Action prévue

He said he **was coming**.
Il a dit qu'il venait.
Il a dit qu'il devait venir.

I thought John **was lending** us his car.
Je pensais que John nous prêtait sa voiture.
Je pensais que John devait nous prêter sa voiture.

Notez l'emploi du verbe **devoir** en français dans ce dernier cas.

43 › SUITE / comment traduire l'imparfait en anglais

→ **imparfait + depuis = past perfect + for** ou **since** (☞ VOIR : fiche **44**) :

We **had lived** in Paris for three years/since 1998.
Nous habitions à Paris depuis trois ans/depuis 1998.

It **had rained** for seven days.
Il pleuvait depuis sept jours.

Notez : le **past perfect en be + -ing** est souvent préférable ici (☞ VOIR : fiche **45**) :

It **had been raining** for seven days.
Il pleuvait depuis sept jours.

AUTO-ÉVALUATION › L'ÉQUIVALENT DE L'IMPARFAIT EN ANGLAIS

01 L'imparfait peut-il se traduire par le prétérit simple ?

02 Comment dit-on « Nous n'avions pas beaucoup d'argent » ?

03 Quand peut-on employer l'expression **used to** ?

04 Comment dit-on « Avant, il buvait beaucoup » en employant **used to** ?

05 Dans quels cas emploie-t-on le **prétérit en be + -ing** ?

06 Comment dit-on « Je me lavais les cheveux quand le téléphone a sonné » ?

07 Comment dit-on « Il a dit qu'il devait venir » ?

08 Quel est l'équivalent de la structure **imparfait + depuis** en anglais ?

09 Comment dit-on « Nous habitions à Paris depuis trois ans » ?

43 ❯ SUITE / comment traduire l'imparfait en anglais

EXERCICES

Dites la même chose en anglais :

a. Daniel m'écrivait souvent. (*employez le prétérit*)

. . . .

b. Ils habitaient ensemble, mais maintenant ils sont séparés. (*employez **used to***)

. . . .

c. Tom n'avait pas de vélo quand il était jeune.

. . . .

d. Je voulais une glace, mais mon copain voulait du chocolat.

. . . .

e. Jasmine lisait le journal tous les matins.

. . . .

f. Il pleuvait quand on est arrivé.

. . . .

g. Je pensais qu'il ne venait pas.

. . . .

h. Ils m'ont appelé pour me dire qu'ils devaient partir à midi.

. . . .

44 〉 le past perfect simple

➔ Le **present perfect** (☞ VOIR : fiches **33 - 37**) exprime un lien entre le **présent** et le **passé**. Le **past perfect** exprime le même type de lien, mais entre un **moment passé** et un autre moment, **encore antérieur**.

➔ Le **past perfect** (qui s'appelle aussi le **pluperfect**) correspond le plus souvent au **plus-que-parfait** français (j'**avais vu**..., Sarah **avait compris**...).

➔ Il se forme avec l'auxiliaire **have** au prétérit (**had**), suivi du verbe au participe passé (**walked, gone, said, made**...) :

Dad **had told** us not to be late.
Papa nous avait dit de ne pas être en retard.

Somebody **had left** the door open.
Quelqu'un avait laissé la porte ouverte.

➔ **imparfait + depuis = past perfect + for** ou **since** :

We **had lived** in Paris for three years/since 1998.
Nous habitions à Paris depuis trois ans/depuis 1998.

It **had rained** for seven days.
Il pleuvait depuis sept jours.

Notez : le **past perfect en be + -ing** est souvent préférable ici (☞ VOIR : fiche **45**) :

We **had been living** in Paris for three years/since 1998.
Nous habitions à Paris depuis trois ans/depuis 1998.

It **had been raining** for seven days.
Il pleuvait depuis sept jours.

➔ Le past perfect est employé au **discours indirect** (☞ VOIR : fiche **84**) pour rapporter ce qui a été dit au **present perfect** :

Direct
« I **have seen** this DVD before! », said Mark.
« J'ai déjà vu ce DVD ! », dit Mark.

Indirect
Mark said that he **had seen** the DVD before.
Mark a dit qu'il avait déjà vu le DVD.

44 ⟩ **SUITE le past perfect simple**

→ Le past perfect s'emploie avec **if**, **wish**, et **would rather** :

If you **hadn't been** so lazy, you'd have finished now.
Si tu n'avais pas été si paresseux, tu aurais terminé maintenant.

I wish my parents **had attended** the ceremony.
Si seulement mes parents avaient assisté à la cérémonie.

I'd rather they **hadn't come**.
J'aurais préféré qu'ils ne viennent pas.

AUTO-ÉVALUATION   **LE PAST PERFECT SIMPLE**

01 Quel « lien » le past perfect simple exprime-t-il ?

02 Le past perfect simple a-t-il un autre nom en anglais ?

03 Quel est le temps grammatical en français qui correspond le plus souvent au past perfect simple ?

04 Comment le past perfect simple se forme-t-il ?

05 Comment dit-on « Quelqu'un avait laissé la porte ouverte » ?

06 Quelle structure emploie-t-on en anglais pour traduire **imparfait** + **depuis** ?

07 Comment dit-on « Il pleuvait depuis trois jours » ? (*deux possibilités*)

08 Quelle est la fonction du past perfect lorsqu'il est employé dans le discours indirect ?

09 Comment dit-on « Marc a dit qu'il avait déjà vu le DVD » ?

10 Que signifie « If you hadn't been so lazy, you'd have finished now » ?

11 Comment dit-on « Si seulement mes parents avaient assisté à la cérémonie » ?

12 Comment dit-on « J'aurais préféré qu'ils ne viennent pas » ?

EXERCICES

01 Dites la même chose en anglais :

a. La maison avait été vendue.

. . . .

b. Nous avions appris à être prudents.

. . . .

c. Ken avait toujours habité seul.

. . . .

d. Je m'étais plainte plusieurs fois. (se plaindre = *complain*)

. . . .

e. Jasmine avait laissé toutes les fenêtres ouvertes.

. . . .

f. Il avait neigé quand nous sommes arrivés.

. . . .

g. Personne n'avait entendu l'alarme.

. . . .

02 Mettez au discours indirect :

a. « I've seen this film already »
He said that he.. . . . .

b. « Fred has drunk all the orange juice! »
He said that Fred.. . . . .

c. « We've finished! »
They said that they. . . . .

03 Dites la même chose en anglais :

a. Si seulement je les avais écoutés !
I wish. . . . . !
b. J'aurais préféré que tu me dises la vérité.
I'd rather.. . . . .
c. Si tu m'avais prévenu, je serais venu.
If. . . . .

45 〉 le past perfect en be + -ing

➜ Le **past perfect en be + -ing** exprime une **activité en cours** ou qui **venait tout juste de s'achever** à un moment donné du passé :

> I **had been reading** for half an hour when the phone rang.
> *Je lisais depuis une demi-heure quand le téléphone a sonné.*

> I don't know what they **had been talking** about when I arrived.
> *Je ne sais pas ce dont ils avaient parlé quand je suis arrivé.*

> I wasn't sure if he **had been drinking**.
> *Je n'étais pas certain qu'il avait bu.*

➜ Le **past perfect en be + -ing** met l'accent sur **l'activité** qui **était en cours** ou qui **venait tout juste de s'achever**, alors que le **past perfect simple** met l'accent sur le **résultat** d'une activité qui **était terminée** :

Past perfect simple
> The children **had eaten** all the sandwiches.
> *Les enfants avaient mangé tous les sandwichs.*
> (Action terminée. Résultat : plus de sandwichs !)

*Past perfect en **be + -ing***
> The children **had been eating** for almost an hour.
> *Les enfants mangeaient depuis presque une heure.*
> (Action en cours : ils mangeaient encore)

Past perfect simple
> He **had spoken** to his Mum on the phone that morning.
> *Il avait parlé à sa mère au téléphone ce matin-là.*
> (Action terminée. Résultat : la conversation avait eu lieu)

*Past perfect en **be + -ing***
> When I arrived, he **had been speaking** to his mother.
> *Quand je suis arrivé, il venait de parler à sa mère.*
> (Action **tout juste** terminée : il venait tout juste de raccrocher)

➜ Le **past perfect en be + -ing** est employé au **discours indirect** (☞ VOIR : fiche **84**) pour rapporter ce qui a été dit au **present perfect** avec be + -ing :

Direct
> « **Have** you **been smoking?** », asked Anna.
> *« Vous avez fumé ? », demanda Anna.*

45 **SUITE / le past perfect en be + -ing**

Indirect

Anna asked if we **had been smoking**.
Anna demanda si on avait fumé.

➜ Le **past perfect** en **be + -ing** s'emploie avec **if** :

If it **hadn't been** raining, we would have sat in the garden.
S'il n'avait pas plu, on se serait installé dans le jardin.

If you**'d been listening**, you might have learned something!
Si vous aviez écouté, vous auriez peut-être appris quelque chose !

AUTO-ÉVALUATION   **LE PAST PERFECT SIMPLE**

01 Qu'exprime généralement le **past perfect en be + -ing** ?

02 Comment dit-on « Je lisais depuis une demi-heure quand le téléphone a sonné » ?

03 Comment dit-on « Je n'étais pas certain qu'il avait bu » ?

04 Le past perfect simple met-il l'accent sur le **résultat** d'une activité terminée ou sur **l'activité en cours** ?

05 Pour parler d'une activité qui venait **tout juste** de s'achever, emploie-t-on le **past perfect simple** ou le **past perfect en be + -ing** ?

06 Commentez l'emploi des deux formes du past perfect dans les deux énoncés suivants :
The children **had eaten** all the sandwiches.
The children **had been eating** for almost an hour.

07 Dans quel cas emploie-t-on le **past perfect en be + -ing** dans le discours indirect ?

08 Comment dit-on « Anna demanda si on avait fumé » ?

09 Que signifie « **If** it **hadn't been** raining, we would have sat in the garden » ?

10 Comment dit-on « Si vous aviez écouté, vous auriez peut-être appris quelque chose ! » ?

45 SUITE / le past perfect : le past perfect en be + -ing

EXERCICES

01 **Dites la même chose en anglais en employant le past perfect avec be + -ing :**

a. Quand je suis arrivé, il pleuvait depuis une heure.

....

b. J'ai vu que Laura avait pleuré.

....

c. On dansait depuis deux heures, on était fatigués !

....

d. Apparemment, ils venaient de parler de moi.

....

e. Ils avaient marché toute la nuit.

....

02 **Mettez au discours indirect :**

a. "I've been working all morning."
He said that ....
b. "It's been raining."
She said that ....
c. "We've been learning about British politics."
They said that ....

46) comment traduire le conditionnel en anglais

→ Le conditionnel présent en **français** s'exprime par une **forme verbale** (le conditionnel de **faire** est **je ferais**, **il ferait**, **nous ferions**, etc.).

→ En anglais, le conditionnel présent se forme avec le modal **would** suivi de la **base verbale** :

He **would be** so happy if we invited him.
Il serait tellement content si on l'invitait.

What **would** you **do** if you lost your job?
Que ferais-tu si tu perdais ton travail ?

I'm sure he **wouldn't agree**.
Je suis sûr qu'il ne serait pas d'accord.

He told me he **would phone** later.
Il m'a dit qu'il appellerait plus tard.

→ Le conditionnel passé en français se forme avec **avoir/être** au conditionnel + **participe passé** (il **aurait été** content, nous **aurions pris** le train, il **serait** venu...). En anglais, le conditionnel passé se forme avec le modal **would + have + participe passé** :

Ben **would have liked** this film.
Ben aurait aimé ce film.

What **would** you **have done**?
Qu'est-ce que tu aurais fait ?

It **wouldn't have been** fair.
Cela n'aurait pas été juste.

I **would have come** if I had known.
Je serais venu si j'avais su.

→ Attention ! **would** a d'autres emplois importants. Reportez-vous à **would** dans la partie alphabétique de ce livre.

46 〉 SUITE / comment traduire le conditionnel en anglais

AUTO-ÉVALUATION   LE CONDITIONNEL

01 Comment se forme le conditionnel présent en anglais ?

02 Comment dit-on : « Il serait tellement content si on l'invitait » ?

03 Comment dit-on : « Que ferais-tu si tu perdais ton travail ? » ?

04 Comment dit-on : « Je suis sûr qu'il ne serait pas d'accord » ?

05 Comment se forme le conditionnel passé en anglais ?

06 Comment dit-on : « Ben aurait aimé ce film » ?

07 Comment dit-on : « Qu'est-ce que tu aurais fait ? » ?

08 Comment dit-on : « Cela n'aurait pas été juste » ?

09 Comment dit-on « Je serais venu » ?

10 **Would** a-t-il d'autres emplois ?

EXERCICES

Dites la même chose en anglais :

a. Si j'avais le temps je t'aiderais.
. . . .

b. Qu'est-ce que tu ferais si tu gagnais ?
. . . .

c. Et si on avait un chien, qui s'en occuperait ?
. . . .

d. J'aurais aimé venir avec vous.
. . . .

e. Cela aurait été très sympa. *(nice)*
. . . .

f. Je serais venu te voir si j'avais su.
. . . .

g. Qu'aurais-tu fait dans la même situation ?
. . . .

47 > le passif (notions de base)

→ La voix passive se forme avec **be** conjugué suivi du **participe passé** d'un verbe :

Passports **are checked** at the border.
Les passeports sont contrôlés à la frontière.

This house **was built** by my uncle.
Cette maison a été construite par mon oncle.

→ Regardez dans chaque exemple les deux façons de dire la même chose :

I. Somebody   cleans the office   every evening   *« voix active »*
  Quelqu'un   *nettoie le bureau*   *tous les soirs*

  The office   is cleaned   every evening   *« voix passive »*
  Le bureau   *est nettoyé*   *tous les soirs*

> **Attention :** le mot *voix* est ici un terme de grammaire. Il n'a rien à voir avec
> « la voix » de quelqu'un qui parle !

→ Ici, on a employé le **passif** au **présent simple** pour parler d'une action sans mentionner qui l'accomplit.

2. My Dad   made   this table   *« voix active »*
  Mon père   *a fabriqué*   *cette table*

  This table   was made   by my Dad   *« voix passive »*
  Cette table   *a été fabriquée*   *par mon père*

→ Le **passif** s'emploie pour changer la « focalisation » de la phrase :

• avec la voix passive, on se focalise sur **la table** et on dit ensuite qui l'a fabriquée,

• avec la voix active, on se focalise sur **mon père** et on dit ensuite ce qu'il a fabriqué.

47 > SUITE / le passif (notions de base)

AUTO-ÉVALUATION — LE PASSIF (NOTIONS DE BASE)

01 Comment se forme la voix passive en anglais ?

02 L'énoncé « Quelqu'un nettoie le bureau tous les soirs » est-il à la voix passive ?

03 Et l'énoncé « Le bureau est nettoyé tous les soirs » ?

04 Traduisez ces deux énoncés en anglais.

05 Se focalise-t-on sur « la table » ou sur « mon père » lorsque l'on dit : « *This table was made by my Dad* » ?

06 Se focalise-t-on sur « la table » ou sur « mon père » lorsque l'on dit : « *My Dad made this table* » ?

Les exercices d'entraînement sur la voix passive sont regroupés à la fin de la fiche **49.**

48 ❭ le passif (be + being + participe passé)

➔ Regardez dans chaque exemple les deux façons de dire la même chose :

I. Someone   is cleaning   the office   *« voix active »*
  Quelqu'un   *nettoie*   *le bureau*

  The office   is being cleaned   *« voix passive »*
  Le bureau   *est en train d'être nettoyé*

(On pourrait aussi traduire par *on est en train de nettoyer le bureau*)

➔ Cet exemple montre l'emploi du **passif** avec **be + being**. Ici, il sert à parler d'une action en cours (le nettoyage d'un bureau) sans mentionner qui l'accomplit.

2. A mechanic   is repairing   my car   *« voix active »*
  Un mécanicien *répare*   *ma voiture*

  My car   is being repaired   by a mechanic   *« voix passive »*
  Ma voiture   *est en train d'être réparée* *par un mécanicien*

➔ Ici, le passif s'emploie pour changer la « focalisation » dans l'énoncé :

• avec la voix active, on se focalise sur **le mécanicien** et on dit ensuite ce qu'il répare (= la voiture)

• avec la voix passive, on se focalise sur **la voiture** et on dit ensuite qui la répare (= le mécanicien). Ici, **a mechanic** est ce qu'on appelle un **complément d'agent** introduit par le mot **by**.

➔ Le complément d'agent est parfois sous-entendu :

  The house **is being renovated**.   (...by a building firm)
  La maison est en train d'être rénovée.   (...par une entreprise de bâtiment)

➔ Autres exemples :

  My suit **is being cleaned**.
  Mon costume est au nettoyage. (littéralement, « ...est en train d'être nettoyé »)

  Innocent people **are being killed**.
  On tue des innocents. (littéralement, « des innocents sont en train d'être tués »)

48 SUITE / le passif (be + being + participe passé)

→ La voix passive est beaucoup plus couramment employée en anglais qu'en français. Le mot **on** est souvent employé en français pour exprimer la même chose :

A school **is being built** here.
On construit une école ici.

A lot of money **is being spent**.
On dépense beaucoup d'argent.

A large banquet **is being prepared**.
On prépare un grand banquet.

AUTO-ÉVALUATION   LE PASSIF

01 *« Someone is cleaning the office ».* Transformez cet énoncé à la voix passive.

02 Le complément d'agent figure-t-il toujours dans les énoncés à la voix passive en anglais ?

03 La voix passive est-elle plus fréquemment employée en anglais ou en français ?

04 Peut-on utiliser la voix passive pour traduire « on » ?

05 Comment dit-on : « On construit une école ici » ?

06 Comment dit-on « Mon costume est au nettoyage » ?

*Les exercices d'entraînement sur la voix passive sont regroupés à la fin de la fiche **49**.*

49 〉 le passif : temps et modes

➜ Pour bien comprendre le fonctionnement de la voix passive, concentrez-vous d'abord sur ses emplois au **présent simple** et au **prétérit simple**. Approfondissez ensuite en regardant comment il fonctionne avec les autres temps et modes.

1. le passif avec le présent simple :
(forme : **am/is/are + participe passé**)

This game **is played** by children all over the world.
Ce jeu est joué par des enfants partout dans le monde.

I**'m paid** every month.
Je suis payé chaque mois.
On me paie chaque mois.

2. le passif avec le prétérit simple :
(forme : **was/were + participe passé**)

Her dress **was made** by a top designer.
Sa robe a été faite par un grand couturier.

These earrings **were given** to me by my grandmother.
Ces boucles d'oreilles m'ont été offertes par ma grand-mère.

3. le passif avec le present perfect :
(forme : **has/have been + participe passé**)

The building **has been demolished**.
L'immeuble a été démoli.
On a démoli l'immeuble.

We**'ve been** robbed!
On nous a volés !

4. le passif avec be + -ing (présent) :
(forme : **am/are being + participe passé**)

My passport **is being renewed**.
Mon passeport est en train d'être renouvelé.

The animals **are being fed**.
On donne à manger aux animaux.
Les animaux sont en train d'être nourris.

49 ⟩ SUITE / le passif : temps et modes

5. le passif avec **be + -ing** (prétérit) :
(forme : **was/were being + participe passé**)

My car **was being cleaned.**
Ma voiture était en train d'être nettoyée.
Ma voiture était au nettoyage.

Several houses **were being repainted.**
Plusieurs maisons étaient en train d'être repeintes.
On repeignait plusieurs maisons.

AUTO-ÉVALUATION **LE PASSIF**

01 Comment dit-on « On me paie chaque mois » ?

02 Comment dit-on « Ces boucles d'oreilles m'ont été offertes par ma grand-mère » ?

03 Comment dit-on « On a démoli l'immeuble » en employant le present perfect ?

04 Comment dit-on « On donne à manger aux animaux » en employant **be + -ing** ?

05 Comment dit-on « On repeignait plusieurs maisons » ?

EXERCICES

01 **Dites la même chose en français, puis en anglais, à la voix passive :**

a. Quelqu'un a repeint la porte. (repeindre : *repaint*)
....
b. On va prendre des mesures. (mesures : *steps*)
....
c. On n'a rien fait.
....
d. Quelqu'un avait tout rangé. (ranger : *put away*)
....

e. Des scientifiques ont fait des études qui montrent que…

. . . .

f. C'est Marc qui a préparé le repas.

. . . .

g. On a fait des erreurs.

. . . .

02 **Dites la même chose en anglais à la voix passive :**

a. Somebody has stolen my bike.
My bike. . . . .
b. My grandfather painted that picture.
That picture . . . .
c. Beginners can do these exercises.
These exercises can . . . .
d. A dog attacked him.
He . . . .
e. A journalist interviewed her.
She . . . .
f. Bees make honey.
Honey . . . .

03 *Complétez les phrases suivantes en utilisant les verbes proposés au passif et trouvez la fin de chaque phrase :* **write / discover / compose / destroy / paint / assassinate :**

a. « Death on the Nile » …………….... by A………….. C……………..
b. Mona Lisa ……………… by L……………. Da V…………….
c. Most of the city of London………………….by the Great Fire in ……………...
d. « Imagine » ………………………. by J………... L…………….
e. J.F. Kennedy …………………….. by Lee Harvey O…………….
f. « The Tempest » …………………… by W…………… S……………………..
g. America ……………………… by C………………..C……………………..
h. The Twin Towers of the World Trade Center in New York …………………. on September ….th ……….

50 〉 parler de l'avenir : emploi de « will »

→ Il n'y a pas de temps grammatical « futur » en anglais, mais il existe plusieurs façons différentes de parler de l'avenir. Le modal **will** en est une, mais il est faux de dire que « will, c'est le futur » :

• Il y a d'autres façons de parler de l'avenir qu'avec **will**

• **will** n'exprime pas toujours l'avenir

→ **will** est très souvent employé pour parler d'un avenir dont on est **quasiment certain**. **Will** est souvent contracté en **'ll** après un pronom (**I'll, you'll, he'll, it'll**...).

I'**ll be** sixteen next week.
J'aurai seize ans la semaine prochaine.

David **will tell** you how to get to the party.
David t'expliquera comment aller à la fête.

How many glasses **will** we **need**?
On aura besoin de combien de verres ?

Will Mark and Jason **take** the train?
Mark et Jason prendront-ils le train ?

→ **will** est un **modal** (☞ VOIR : fiche 10). La forme négative est **will not**, souvent contracté en **won't** :

Sorry, that **won't** be possible.
Désolé, ce ne sera pas possible.

→ **will** est aussi employé à la première personne (**I will, we will**) quand on **décide sur-le-champ** de faire quelque chose, ou quand on **exprime sa volonté** de faire quelque chose. Notez qu'ici on ne prédit pas vraiment l'avenir (en français, d'ailleurs, il est possible d'employer le **présent** pour dire la même chose) :

I'll help you if you like.
Je t'aiderai si tu veux.
Je t'aide si tu veux.

(j'exprime ma volonté de t'aider)
Note : **I help you* serait **incorrect** ici.

I'll have a salad and a steak.
Je prendrai une salade et un steak.
Je prends une salade et un steak.

(je décide ce que je vais prendre)
Note : **I have* serait **incorrect** ici.

→ En règle générale, on n'emploie pas **will** pour des choses qu'on a **déjà décidé** de faire (regardez la fiche suivante).

→ Pour d'autres emplois de **will,** regardez **will** dans la partie alphabétique de ce livre.

> → Note importante : Ne confondez pas le **conditionnel** et le **futur** en français !
>
> **Futur**
> Je viendr**ai**   I **will** come
>
> **Conditionnel**
> Je viendr**ais**   I **would** come

AUTO-ÉVALUATION — WILL/FUTUR

01 Existe-t-il un temps du futur en anglais ?

02 Y a-t-il une seule manière d'exprimer le futur en anglais ?

03 Comment dit-on « J'aurai seize ans la semaine prochaine » ?

04 Demandez en anglais si Mark et Jason prendront le train.

05 Quelle est la contraction de **will not** ?

06 Comment dit-on « Désolé, ce ne sera pas possible » ?

07 Comment dit-on « Je t'aide si tu veux » ?

08 Comment dit-on « Je prendrai une salade et un steak » ?

09 Emploie-t-on **will** pour des choses qu'on décide de faire sur-le-champ ?

10 Et pour des choses qu'on a déjà décidé de faire ?

50 ⟩ SUITE / **parler de l'avenir : emploi de « will »**

EXERCICES

01 **Dites la même chose en français :**

a. It'll be cold in London, so take a warm jacket.

. . . .

b. Do you think we'll need to change our euros before we go?

. . . .

c. Will there be a restaurant on the train?

. . . .

d. I'll send you a postcard!

. . . .

e. We'll be back on Sunday.

. . . .

f. I'll carry that bag for you.

. . . .

02 **Dites la même chose en anglais :**

a. Je ferai la vaisselle.

. . . .

b. On regardera un DVD ce soir, si tu veux.

. . . .

c. Jerry aura treize ans demain.

. . . .

d. J'aurai besoin de ton aide ce week-end.

. . . .

e. Personne ne saura la réponse.

. . . .

f. Au revoir ! Je t'appelle, d'accord ? (d'accord = « *OK* », ici)

. . . .

51 > parler de l'avenir : be going to + BV

➜ **be going to** + base verbale est employé quand on a **décidé** de faire quelque chose, quand la décision de faire quelque chose est **déjà prise** :

I'm going to have my hair cut this afternoon.
Je vais me faire couper les cheveux cet après-midi.

George is going to sell his house.
George va vendre sa maison.

Are you going to tell me what happened?
Tu vas me dire ce qui s'est passé ?

➜ Tout en « prédisant » l'avenir, ces phrases parlent d'une **décision déjà prise** (tu vas me dire = « tu as l'intention de me dire » ; je vais me faire couper les cheveux = « j'ai décidé de me les faire couper »).

➜ Notez que **I am going to...** est plus courant que **I will...** quand je **raconte ce que je vais faire** :

Tomorrow I'm going to write to my girlfriend.
Demain je vais écrire à ma copine.

➜ **be going to** + base verbale est aussi employé quand on prédit ce qui va se passer à partir **d'indices au moment présent**. Il s'agit le plus souvent d'un **avenir immédiat**.

It's cloudy : I think it's going to rain.
Il y a des nuages : je crois qu'il va pleuvoir.
    (indice)   (prédiction)

Look! That boy is going to dive into the pool!
Regarde ! Ce garçon va plonger dans la piscine !
(indice)   (prédiction)

(« **will** » serait impossible dans ces deux phrases ; pour un **avenir immédiat** prédit à partir d'**indices présents, going to** s'impose.)

51 ❯ SUITE / **parler de l'avenir : be going to + BV**

AUTO-ÉVALUATION   EMPLOI DE BE GOING TO + **BV**

01 Est-ce qu'on emploie **be going to** + **BV** quand on a déjà pris la décision de faire quelque chose ?

02 Quand je raconte ce que je vais faire en anglais, est-ce que je dois employer **be going to** ou **will** ?

03 Comment dit-on « Demain, je vais écrire à ma copine » ?

04 Quand je prédis un avenir immédiat à partir d'indices présents, est-ce que je dois employer **be going to** ou **will** ?

05 Comment dit-on « Il y a des nuages : je crois qu'il va pleuvoir » ?

EXERCICES

01 **Parmi les phrases suivantes, lesquelles expriment une décision prise sur-le-champ (A) ? Lesquelles montrent que la décision est déjà prise (B) ?**

a. D'accord, d'accord, **j'irai** demain je te le promets.   ❏ (A)   ❏ (B)
b. **Je vais** le faire, je te l'ai déjà dit !   ❏ (A)   ❏ (B)
c. J'ai pris un crédit parce que **je vais acheter** une voiture.   ❏ (A)   ❏ (B)
d. Tu aimes cette bague ? Alors **je vais** te l'**acheter** !   ❏ (A)   ❏ (B)

02 **Parmi les phrases suivantes, lesquelles expriment un avenir immédiat prédit à partir d'indices ?**

a. Attention, tu **vas tomber** !   ❏
b. Je pense qu'il **va chanter**.   ❏
c. Je **m'en occuperai** la semaine prochaine.   ❏
d. Tu as vu le ciel ? Il **va neiger**.   ❏

Suite page suivante

51   SUITE / parler de l'avenir : be going to + BV

03 Dites la même chose en anglais en choisissant will ou be going to :

a. D'accord, d'accord, **j'irai** demain je te le promets.
OK, OK, ... tomorrow I promise.

b. Je **vais** le **faire**, je te l'ai déjà dit !
.............................., I've already told you!

c. J'ai pris un crédit parce que **je vais acheter** une voiture.
I've taken out a loan because ....

d. Tu aimes cette bague ? Alors **je vais** te l'**acheter** !
Do you like that ring? Then..

e. Attention, tu **vas tomber** !
Careful,..

f. Je pense qu'il **va chanter**.
I think ....

g. Je **le ferai** la semaine prochaine.
.. next week.

h. Tu as vu le ciel ? Il **va neiger**.
Have you seen the sky?...

52 ⟩ l'avenir : présent simple et be + -ing

➜ Le **présent simple** est parfois employé (comme en français) pour parler d'un **avenir programmé**, le plus souvent dans le cadre d'**horaires** ou de **programmes officiels**. On **donne une information** :

The President **arrives** in New York tomorrow morning.
Le président arrive à New York demain matin.

The train **leaves** in ten minutes.
Le train part dans dix minutes.

The film **begins** at eight.
Le film commence à vingt heures.

➜ Le présent simple met l'accent sur le fait que ce dont on parle est **officiellement prévu**.

➜ **be + -ing** est également employé pour parler d'un avenir programmé, mais cette fois-ci il s'agit d'un programme **non officiel** ou **personnel** :

I'm seeing Jennifer tomorrow.
Je vois Jennifer demain.

What **are you doing** this evening?
Que fais-tu ce soir ?

David **isn't coming** to the concert with us.
David ne vient pas au concert avec nous.

AUTO-ÉVALUATION   LE PRÉSENT SIMPLE ET BE + -ING

01 Est-ce qu'on emploie parfois le présent en français pour parler de l'avenir ?

02 Si oui, donnez un exemple.

03 En anglais, le présent simple a-t-il une fonction similaire ?

04 Comment dit-on « Le film commence à vingt heures » en anglais ?

05 Quelle est la différence principale entre le présent simple et le présent en **be + -ing** lorsqu'ils sont employés pour parler d'un avenir programmé ?

06 Comment dit-on « Que fais-tu ce soir ? » ?

EXERCICES

01 Parmi les phrases suivantes, lesquelles expriment un avenir programmé « officiel » (A) ? Lesquelles expriment un programme plus « personnel » (B) ?

a. L'avion décolle dans une heure.   ❏ (A)   ❏ (B)
b. Je vois Harry demain matin.   ❏ (A)   ❏ (B)
c. Le stage commence dans trois jours.   ❏ (A)   ❏ (B)
d. À quelle heure commence la cérémonie ?   ❏ (A)   ❏ (B)
e. Toufik vient avec nous.   ❏ (A)   ❏ (B)
f. Le magasin ferme dans une heure.   ❏ (A)   ❏ (B)
g. Je pars bientôt.   ❏ (A)   ❏ (B)

02 Traduisez les phrases de la question I en anglais.

a. . . . .
b. . . . .
c. . . . .
d. . . . .
e. . . . .
f. . . . .
g. . . . .

03 Dites la même chose en anglais en employant soit le présent simple, soit be + -ing :

a. Le car part à midi.
. . . .
b. Tous mes frères viennent à ma fête.
. . . .
c. La reine arrive en France demain.
. . . .
d. À quelle heure commence la pièce ?
. . . .
e. Bien sûr, je viens avec vous.
. . . .

53 ⟩ prédiction, décision, programme

➔ Dans les fiches précédentes, nous avons vu que l'on peut parler de l'avenir en anglais de plusieurs façons différentes : **will, be going to, présent simple, be + -ing**. Il est difficile de rattacher un seul sens à chacune de ces expressions, car leur emploi n'est pas « figé ». Il dépend de la **situation d'énonciation** (qui parle à qui ? comment ? et pourquoi ?).

➔ Quand on parle de l'avenir en anglais, il y a trois situations d'énonciation importantes qui déterminent le choix de l'expression :

• la « **prédiction** »
• la « **décision** »
• le « **programme** »

➔ La **prédiction**, c'est quand on fait une simple hypothèse sur l'avenir, ou quand on est vraiment sûr de ce qui va se passer. Dans ce cas on emploie soit **will** (sans nuance particulière) soit **be going to** (surtout si la prédiction porte sur un **avenir proche** à partir d'**indices présents** ☞ VOIR : fiche 51) :

Sally **will be** very angry when she reads that note.
Sally **is going to be** very angry when she reads that note.
Sally sera très fâchée quand elle lira ce mot.
(Sally sera fâchée, j'en suis certain)

Oh no, I think that tree **is going to** fall over!
Oh non, je pense que cet arbre va tomber !
(J'observe la scène et je dis ce qui va se passer maintenant)

➔ Le moment de la **décision** détermine également le choix entre **will** et **be going to**, surtout à la première personne (☞ VOIR : fiches 50 et 51) :

I**'ll help** you find your ring, Grandma!
Je vais t'aider à trouver ta bague, Grand-mère !
(**I will** : décision prise **sur-le-champ** ; proposition d'aide spontanée)

I'm **going to help** Grandma find her ring.
Je vais aider Grand-mère à trouver sa bague.
(**I'm going to** : je parle d'une décision **déjà prise**)

53 〉 SUITE / prédiction, décision, programme

➜ La notion de **programme** nous conduit à employer soit le présent simple, soit **be + -ing** (☞ VOIR : fiche **52**) :

The plane **leaves** at eleven o'clock.
L'avion part à 11 h.
(*présent simple : horaire/programme officiel*)

I'm seeing my cousin tomorrow.
Je vois ma cousine demain.
(**be + -ing** : *programme personnel, justification donnée par celui qui parle*).

AUTO-ÉVALUATION   LE FUTUR

01 Quelle est la principale différence entre **will** et **be going to** employés pour parler de l'avenir ?

02 Sont-ils parfois interchangeables ?

03 Comment dit-on « Oh non, je pense que cet arbre va tomber ! » ?

04 Est-il possible d'employer **will** dans une proposition d'aide spontanée ?

05 Proposez à votre grand-mère de l'aider à trouver sa bague.

06 Dites à quelqu'un que vous allez aider votre grand-mère à trouver sa bague.

07 La notion de « programme » nous aide à choisir entre quelles solutions pour parler de l'avenir ?

08 Comment dit-on « L'avion part à 11 h » ?

09 Comment dit-on « Je vois ma cousine demain » ?

53 ⟩ SUITE / prédiction, décision, programme

EXERCICES

01 *will* ou *be going to* ? Repérez les énoncés où la décision est prise sur-le-champ. Repérez les énoncés où on prédit un avenir proche à partir d'indices présents. Traduisez.

a. Oh non ! Regarde tous ces nuages ! Je pense qu'il va pleuvoir ! Je vais te conduire au bureau.

. . . .

b. Quelle tempête ! Oh non, je pense que cet arbre va tomber sur la voiture ! Je vais appeler les pompiers !

. . . .

c. Il n'y a plus rien dans le frigo ! Je vais acheter une pizza et des hamburgers au supermarché.

. . . .

d. J'ai une meilleure idée, je vais t'inviter au restaurant. *(take you to a restaurant)*

. . . .

02 *be + -ing* ou présent simple ? Complétez :

a. What time. . . . . . your plane *(leave)*?
b. It . . . . . . *(leave)* at ten o'clock.
c. . . . . . . you *(see)* your friends this afternoon?
d. No, I . . . . . . *(see)* them tomorrow.
e. Your train . . . . . . *(arrive)* at eight o'clock?
f. No, it . . . . . . *(arrive)* at nine.
g. What . . . . . . you . . . . . . *(do)* tonight?
h. I. . . . . . to the cinema.
i. What time. . . . . . the film *(begin)*?
j. It. . . . . . *(begin)* at nine.

03 Présent simple ou *will* ? Faites des phrases à partir des éléments fournis :

a. When / you *(buy)* a car?. . . . .
b. I *(buy)* one as soon as I *(have)* my driving licence. . . . .
c. When / your sister *(go)* to Japan?. . . . .
d. She *(go)* to Japan when she *(can)* speak Japanese. . . . .
e. What / you *(do)* when you are eighteen?. . . . .
f. I *(get)* married. . . . . . :. . . . .

54 〉 be to + BV et be (just) about to + BV

I. be to + BV

➜ Cette expression, surtout employée en anglais écrit, s'emploie quand quelque chose est **officiellement programmé**. Son sens est ainsi très proche du **présent simple** employé pour parler de l'avenir (fiche **52**). Elle se traduit souvent en français par le verbe **devoir**, qui exprime ici « ce qui est prévu » :

The President **is to make** a speech this afternoon.
Le Président doit faire un discours cet après-midi.

The French **are to vote** on Sunday.
Les Français doivent voter dimanche.

2. be (just) **about to +** BV

➜ Cette expression est employée pour parler de quelque chose qui va arriver de façon imminente, qui est **sur le point d'arriver** :

I'm **about to** leave.
Je vais partir (tout de suite).

The doors **are about to** close! Hurry up!
Les portes vont fermer ! Dépêche-toi !

Le mot **just** permet d'insister sur le caractère imminent :

We**'re** just **about to** have dinner.
On va dîner (tout de suite).

Be quiet! He**'s** just **about to** speak.
Taisez-vous ! Il va parler (d'un instant à l'autre).

54) **SUITE / be to + BV et be (just) about to + BV**

AUTO-ÉVALUATION   « BE TO », « BE (JUST) ABOUT TO »

01 L'expression **be to** + BV s'emploie-t-elle davantage en anglais parlé ou en anglais écrit ?

02 Qu'exprime-t-elle ? Quel verbe emploie-t-on souvent en français pour exprimer la même chose ?

03 Comment dit-on « Les Français doivent voter dimanche » en employant **be to** ?

04 À quoi sert l'expression **be about to** + BV ?

05 Que signifie « I'm about to leave » ?

06 Quelle nuance est introduite par l'ajout du mot **just** ?

07 Traduisez « On va dîner » en employant **be just about to**.

EXERCICES

Dites la même chose en anglais en employant *be to* ou *be (just) about to* :

a. La reine doit visiter un hôpital demain.

. . . .

b. Regarde ! Le bateau va partir !

. . . .

c. Le nouveau musée doit ouvrir la semaine prochaine.

. . . .

d. Ma sœur doit recevoir un prix.

. . . .

e. On va manger, tu peux appeler un peu plus tard ?

. . . .

f. Tu es arrivé au bon moment, on va regarder un DVD !   *(at the right time)*

. . . .

55 〉 l'impératif

I. L'impératif à la deuxième personne (mange ! mangez !)

➜ Pour dire à quelqu'un de faire quelque chose, on emploie généralement **l'impératif**. En français, l'impératif de **jouer** à la deuxième personne est **joue/jouez**, l'impératif de **manger** est **mange/mangez**, et l'impératif de **dire** est **dis/dites** :

Joue avec ta sœur !
Mange tes haricots !
Dites-moi à quelle heure vous voulez partir.

➜ En anglais, l'impératif est toujours identique à la **base verbale** : pour **play**, l'impératif est **play** ; pour **eat**, l'impératif est **eat** ; pour **say**, l'impératif est **say** :

Play tennis with me on Saturday!
Joue au tennis avec moi samedi !
Jouez au tennis avec moi samedi !

Eat your carrots!
Mange tes carottes !
Mangez vos carottes !

Say what you want!
Dis ce que tu veux !
Dites ce que vous voulez !

Enjoy your meal!
Bon appétit !

Have a nice holiday!
Bonnes vacances !

➜ Pour dire à quelqu'un de **ne pas faire** quelque chose, on emploie **do not** + base verbale. **Do not** est souvent contracté en **don't** :

Don't play with your food!
Ne joue pas avec ta nourriture ! / Ne jouez pas avec votre nourriture !

Don't eat that!
Ne mange/mangez pas ça !

Don't say that word!
Ne dis/dites pas ce mot !

Don't be late!
Ne sois/soyez pas en retard !

Don't do that!
Ne fais/faites pas ça !

2. L'impératif à la première personne (mangeons ! partons !)

➜ L'impératif à la première personne sert à **proposer de faire quelque chose**.

Allons-y !
Soyons réalistes !
Arrêtons-nous là.

➜ En anglais, on emploie **let's** + base verbale :

Let's leave early!
Partons de bonne heure !

Let's go to the cinema!
Allons au cinéma !

Let's be early for once!
Soyons en avance pour une fois !

➜ La forme négative est **let's not** + base verbale :

Let's not worry too much.
Ne nous inquiétons pas trop.

Let's not tell him the truth.
Ne lui disons pas la vérité.

Let's not be too impatient.
Ne soyons pas trop impatients.

AUTO-ÉVALUATION   L'IMPÉRATIF

01 Dans quel cas emploie-t-on généralement l'impératif ?

02 Comment dit-on « Joue ! / Jouez ! » en anglais ?

03 Comment dit-on : « Dis ce que tu veux ! / Dites ce que vous voulez ! » ?

04 Quel est le contraire de : « Eat that! » ?

05 Comment dit-on : « Ne sois pas en retard ! / Ne soyez pas en retard ! » ?

06 Comment dit-on : « Ne fais pas ça ! / Ne faites pas ça ! » ?

07 Comment se forme l'impératif à la première personne à la forme affirmative ?

08 Comment dit-on : « Allons au cinéma ! » ?

09 Comment se forme l'impératif à la première personne à la forme négative ?

10 Comment dit-on : « Ne nous inquiétons pas trop ! » ?

Exercices page suivante

EXERCICES

Dites la même chose en anglais :

a. Enlevez vos manteaux.

. . . .

b. Asseyez-vous.

. . . .

c. Sortez vos dictionnaires. (ici, sortir quelque chose = **get** *something* **out**)

. . . .

d. Venez jeter votre chewing-gum à la poubelle.

. . . .

e. Écrivez au stylo bleu. (au stylo bleu = **in** *blue pen*)

. . . .

f. Soulignez la date en rouge.

. . . .

g. Sautez une ligne.

. . . .

h. Éteignez vos portables.

. . . .

i. Corrigez les exercices en vert.

. . . .

j. N'écrivez pas dans la marge.

. . . .

k. Levez la main pour répondre. (ici, lever = **put up**)

. . . .

l. Faites deux colonnes.

. . . .

m. Regardons une vidéo aujourd'hui.

. . . .

n. N'allons pas trop vite.

. . . .

o. Soyons attentifs. (être attentif = **pay attention**)

. . . .

56 〉 les « tags » et les réponses courtes (1)

➜ En français, pour exprimer notre étonnement ou notre intérêt quand quelqu'un nous dit quelque chose, nous employons des expressions comme « Ah bon ? » ; « C'est vrai ? » ; « Vraiment ? ».

En anglais, il y a deux façons d'exprimer la même chose. On peut soit employer l'adverbe **really ?** (= vraiment ?), soit répondre de la façon suivante :

Alison :	I've seen this film before.	*J'ai déjà vu ce film.*
David :	**Have you?**	*Ah bon ?*
Alison :	I'm cold!	*J'ai froid !*
David :	**Are you?** I'm hot!	*Ah bon ? Moi, j'ai chaud !*
Alison :	I don't like cauliflower.	*Je n'aime pas le chou-fleur.*
David :	**Don't you?** I love it!	*Ah bon ? Moi, je l'adore !*

➜ On voit comment **l'auxiliaire** de la première phrase (**have, be, do**) est **repris** dans la réponse.

➜ Même fonctionnement avec les modaux, surtout **can/can't** et **will/won't** :

Alison :	I can't swim.	*Je ne sais pas nager.*
David :	**Can't you?**	*Ah bon ?*
Alison :	Harry will be sixteen tomorrow.	*Harry aura 16 ans demain.*
David :	**Will he?**	*Ah bon ?*

➜ Quand il n'y a ni auxiliaire ni modal dans la première phrase, on « reprend » l'auxiliaire **do** qui est comme « caché » dans le verbe (☛ **VOIR :** fiche 17) :

Alison :	I travel a lot.	*Je voyage beaucoup.*
David :	**Do you?**	*Ah bon ?*
Alison :	Dad thinks you're funny.	*Papa te trouve drôle.*
David :	**Does he?**	*Ah bon ?*
Alison :	It rains all the time here.	*Il pleut tout le temps ici.*
David :	**Does it?**	*Ah bon ?*

56 ▸ SUITE / les « tags » et les réponses courtes (1)

→ Au passé, c'est la même chose mais avec **did** :

Alison :	Phil called earlier.	*Phil a appelé tout à l'heure.*
David :	**Did he?**	*Ah bon ?*

Alison :	I bought a car yesterday.	*J'ai acheté une voiture hier.*
David :	**Did you?**	*Ah bon ?*

AUTO-ÉVALUATION   **LES TAGS (1)**

01 Indiquez trois façons en français d'exprimer son étonnement devant les propos de quelqu'un.

02 Quel adverbe anglais exprime la même chose ?

03 Quand on exprime son étonnement avec une « question courte », quel élément de la phrase initiale retrouve-t-on dans la réplique ?

04 Un ami vous dit les choses suivantes. Exprimez votre étonnement devant ce qu'il dit :
- I'm cold.
- I can't swim.
- Harry will be sixteen tomorrow.
- It rains all the time here.
- Phil called earlier.

EXERCICES

Quelqu'un vous dit les phrases suivantes. Répondez avec une « question courte » (outil + pronom) qui a le sens de « ah bon ? » :

a. Dragons and unicorns don't exist. . . . .

b. Carnegie Hall is the largest concert hall in New York. . . . .

c. I think it would be a good idea for pupils to wear uniforms in France. . . . .

d. I didn't like any of my birthday presents. . . . .

e. I don't want to go to Australia with you. . . . .

f. My teacher goes to San Francisco every year. . . . .

g. My son is learning Japanese. . . . .

h. He's not finding it too difficult. . . . .

i. Jack the Ripper lived in this part of London. . . . .

57 〉les « tags » et les réponses courtes (2)

→ En français, quand on parle à quelqu'un, on termine parfois la phrase par un mot ou une expression dont la fonction est de **provoquer une réponse** :

Elle est belle, **non** ? C'est super, **tu ne trouves pas** ?
Tu ne fumes pas, toi, **hein** ? Il fait beau aujourd'hui, **n'est-ce pas** ?

→ En anglais, pour exprimer la même chose, on emploie ce qu'on appelle les **question tags**. Ce sont des petites questions qu'on ajoute à la fin de la phrase, dans lesquelles on « reprend » l'auxiliaire ou le modal de la première partie de la phrase (**be, can, will...**), suivi d'un pronom personnel (**I, you, he...**) :

⊙ *À la fin d'une phrase « positive », on emploie un « tag négatif » :*

You **can** swim, **can't you**?
Tu sais nager, non ?

He**'s** Andrew's father, **isn't he**?
C'est le père d'Andrew, non ?

⊙ *À la fin d'une phrase « négative », on emploie un « tag positif » :*

You can't swim, **can you**?
Tu ne sais pas nager, hein ?

He isn't Andrew's father, **is he**?
Ce n'est pas le père d'Andrew, je crois ?

⊙ *Quand il n'y a ni auxiliaire ni modal dans la première partie de la phrase, on « reprend » l'auxiliaire <u>do</u> qui est comme « caché » dans le verbe :*

You like sweet things, **don't you**?
Tu aimes les sucreries, n'est-ce pas ?

It smells nice, **doesn't it**?
Ça sent bon, non ?

The French played well, **didn't they**?
Les Français ont bien joué, tu ne trouves pas ?

→ Notez que ces « tags » ne sont employés qu'à l'oral, dans le cadre d'un dialogue (car ils sont là pour provoquer une réponse). Leur emploi est assez difficile à maîtriser pour un étranger, mais il faut les apprendre pour parler anglais correctement.

57   SUITE / les « tags » et les réponses courtes (2)

AUTO-ÉVALUATION   **LES TAGS (2)**

01 Donnez quatre façons en français de « provoquer une réponse » en ajoutant une petite question (mot ou expression) à la fin d'une phrase.

02 Comment se forme un « question tag » en anglais ?

03 Le « tag » qui se met après une phrase «négative» est-il « positif » ou « négatif » ?

04 Comment dit-on « Tu sais nager, non ? » ?

05 Comment dit-on « C'est le père d'Andrew, n'est-ce pas » ?

06 Comment dit-on « Tu ne sais pas nager, hein ? » ?

07 Comment dit-on « Ce n'est pas le père d'Andrew, je crois ? » ?

08 Que se passe-t-il quand il n'y a ni auxiliaire ni modal dans la phrase ?

09 Comment dit-on « Tu aimes les sucreries, n'est-ce pas » ?

10 Comment dit-on « Les Français ont bien joué, tu ne trouves pas ? » ?

Exercices page suivante

57 SUITE / les « tags » et les réponses courtes (2)

EXERCICES

01 Choisissez la *question tag* qui va avec chaque phrase : Choisissez parmi les tags suivants : does it? – will you? – isn't it? – haven't you? – wasn't it? – doesn't she? – can you? – aren't you? – do they? – did they? – don't you?

a. You're Andrew's sister, ... ?
b. They don't speak Spanish, ... ?
c. You won't be late, ... ?
d. You can't see anything, ... ?
e. It was a beautiful day, ... ?
f. Anne and David didn't come to the party, ... ?
g. Christine smokes a lot, ... ?
h. You know who I am, ... ?
i. The TV doesn't work, ... ?
j. Rome is the capital of Italy, ... ?
k. You've got a cold, ... ?

02 Complétez par une *question tag* :

a. Prince William was born in 1982, ... ?
b. Prince William can ride a horse, ... ?
c. Queen Elizabeth II had four children, ... ?
d. Prince Harry is younger than Prince William, ... ?
e. Princess Anne wasn't Queen Elizabeth's first child, ... ?
f. William and Harry's mother died in Paris, ... ?
g. Edward isn't older than Andrew, ... ,
h. Prince Harry and Prince William admired their mother. . . . . ?

58 ⟩ les « tags » et les réponses courtes (3)

→ En anglais, quand on répond **yes** ou **no** à une question, on ajoute souvent un **tag**. Comme d'habitude (voir les fiches précédentes), le « tag » reprend le modal ou l'auxiliaire de l'énoncé initial :

Can you swim?	– Yes, **I can**. /No, **I can't**.
Tu sais nager ?	*– Oui. / Non.*
He's Andrew's father, **isn't he**?	– Yes, **he is**. / No, **he isn't**.
C'est le père d'Andrew, non ?	*– Oui. / Non.*
Are you tired?	– Yes, **I am**. / No, **I'm not**.
Tu es fatigué ?	*– Oui. / Non.*
The French played well, **didn't they**?	– Yes, **they did**. / No, **they didn't**.
Les Français ont bien joué, n'est-ce pas ?	*– Oui. / Non.*
Do you like watching TV?	– Yes, **I do**. / No, **I don't**.
Tu aimes regarder la télé ?	*– Oui. / Non.*

EXERCICES

Répondez « Yes » ou « No » en employant le « tag » qui convient :

a. Is your name Billy?........................
b. Do you speak French? ....
c. You're learning English, aren't you?........................
d. Can you speak English with a Scottish accent?........................
e. Have you ever been to England?........................
f. Would you like to live there?........................
g. This was an easy exercise, wasn't it?........................

59 › les noms : singulier et pluriel

Rappel : quand on parle d'un **nom** *en grammaire, on parle de mots comme* **table, arbre, faute, déception, riz.** *Un* **nom propre** *est le nom d'une personne (***Marc, Chirac***) ou d'un lieu (***Marseille, Bretagne***).*

➜ En anglais, comme en français, on forme généralement le pluriel d'un **nom** en y ajoutant un **-s** :

I've got a dog and three **cats**.
J'ai un chien et trois chats.

(Pour les règles d'orthographe, regardez la page **534**)

➜ Certains noms ont un **pluriel irrégulier** (comme **cheval** en français qui devient **chevaux**). Les plus courants sont :

a **child** *(un enfant)*	some **children** *(des enfants)*
a **foot** *(un pied)*	two **feet** *(deux pieds)*
a **goose** *(une oie)*	lots of **geese** *(plein d'oies)*
a **man** *(un homme)*	several **men** *(plusieurs hommes)*
a **mouse** *(une souris)*	hundreds of **mice** *(des centaines de souris)*
a **tooth** *(une dent)*	my **teeth** *(mes dents)*
a **woman** *(une femme)*	ten **women** *(dix femmes)*

➜ Certains noms ont un **pluriel invariable** (= identique au singulier) :

an **aircraft** *(un avion)*	two **aircraft** *(deux avions)*
a **fish** *(un poisson)*	eight **fish** *(huit poissons)*
a **sheep** *(un mouton)*	a flock of **sheep** *(un troupeau de moutons)*
a **series** *(une série)*	different **series** *(des séries différentes)*
a **species** *(une espèce)*	many **species** *(beaucoup d'espèces)*

➜ Les **noms de famille** prennent un **-s** au pluriel, à la différence du français :

The **Harrisons** are coming to visit us tomorrow.
Les Harrison viennent nous voir demain.

➜ Les noms qui désignent des objets « doubles » (ciseaux, lunettes) et des vêtements à deux jambes (culotte, jean, pantalon, short, pyjama...) sont **toujours au pluriel en anglais**. Pour dire « un jean », « un pantalon », etc., on emploie **a pair of** ou parfois **some** :

These **shorts** are too small.
Ce short est trop petit.

They make really nice **shorts.**
Ils font de très jolis shorts.

I need a new **pair of jeans**.
I need **some** new **jeans**.
J'ai besoin d'un nouveau jean.

→ Le pluriel **persons** est très rarement employé. Il faut toujours employer **people** comme pluriel de **person** :

Two **people** said they recognized her.
Deux personnes ont dit qu'elles l'avaient reconnue.

AUTO-ÉVALUATION **SINGULIER ET PLURIEL DES NOMS**

01 En anglais, comme en français, comment forme-t-on généralement le pluriel d'un nom ?

02 Que se passe-t-il pour les mots « *child / tooth / foot* » ?

03 Quels autres noms pouvez-vous ajouter à la liste précédente pour la compléter ?

04 Que se passe-t-il pour les mots comme « *fish / species* » ?

05 Quels autres noms pouvez-vous ajouter à la liste précédente pour la compléter ?

06 Pour quel type de noms est-on obligé d'employer « *a pair of* » au singulier ?

07 Quel est le pluriel de « *a person* » le plus fréquemment employé ?

59 › SUITE / les noms : singulier et pluriel

EXERCICES

01 Mettez le mot entre parenthèses au pluriel :

a. Andrew has got two (sister) . . . .
b. There were eighty (person) at the party. . . . .
c. The (Smith) have got a house in the country . . . .
d. Those (policeman) want to talk to you. . . . .
e. We've got (mouse) in our garage . . . .
f. We saw many different (species) of fish . . . .
g. How many (child) have they got? . . . .
h. We had to stop the car because there were some (sheep) on the road . . . . . .

02 Dites la même chose en anglais :

a. Je vais acheter un jean, un short et un pyjama . . . .
. . . .
b. Ton pantalon est très sale ! . . . .
. . . .
c. Les enfants pleurent . . . .
. . . .
d. Ce magasin vend des vêtements pour hommes et pour femmes . . . .
. . . .
e. Andrew a des grands pieds. . . . .
. . . .
f. Mes deux frères sont agents de police . . . .
. . . .

60 > **les noms : dénombrables et indénombrables**

→ Un nom **dénombrable** en anglais :
- ⊙ peut être précédé de l'article **a/an** ou d'un **chiffre**
- ⊙ peut se mettre au pluriel.

exemples :
door *(a door, five doors)*
woman *(a woman, two women)*
mistake *(a mistake, too many mistakes)*

→ Un nom **indénombrable** désigne quelque chose qu'on ne compte pas normalement (le sang, l'intelligence...).

Un nom indénombrable en anglais :
- ⊙ **ne peut pas** être précédé de l'article **a/an**
- ⊙ **ne peut pas** être précédé d'un **chiffre**
- ⊙ **ne peut pas** se mettre au pluriel.

exemples :

advice/le conseil *(a piece of advice, some advice,* **jamais** **an advice/*advices)*

courage/le courage *(some courage,* **jamais** **a courage)*

information/l'information *(a piece of information, some information,* **jamais** **an information/*informations)*

luggage/les bagages *(a piece of luggage, some luggage,* **jamais** **a luggage/*luggages)*

news/les nouvelles *(a piece of news, some news,* **jamais** **a news)*

progress/le progrès *(some progress,* **jamais** **a progress)*

travel/les voyages *(***jamais** **a travel : un voyage = a* **trip***)*

work/le travail *(***jamais** **a work : un travail = a* **job***)*

money/l'argent *(***jamais** **a money, ni *moneys : on compte* **l'argent***, mais le* **mot** *« argent » ne se met pas au pluriel !)*

Suite page suivante

443

➔ Autres points importants :

⊙ Les noms de langues sont **indénombrables** en anglais (English, Japanese, Portuguese, French...). On **ne dit pas** *he speaks a perfect English mais **he speaks perfect English**.

⊙ Attention avec les noms abstraits : en français on peut parler d'un courage, d'une tristesse, d'un bonheur. En anglais les mots abstraits sont généralement **indénombrables** :

Il a fait preuve d'un grand courage.
He showed great courage.

⊙ Les noms de maladies sont généralement **indénombrables** en anglais :

Il a une hépatite.
He's got hepatitis.

➔ Certains noms peuvent être soit dénombrables, soit indénombrables, mais avec des nuances de sens :

dénombrables	indénombrables
a lamb, a chicken, a turkey *un agneau, un poulet, une dinde*	lamb, chicken and turkey *de l'agneau, du poulet et de la dinde*
a business *une affaire/une entreprise*	business *les affaires*
a coffee, a tea *un café, un thé*	coffee, tea *du café, du thé*
a stone *une pierre*	stone *la pierre (= la matière)*
a hair *un poil, un cheveu*	hair *les cheveux (de quelqu'un)*

60 › SUITE / les noms : dénombrables et indénombrables

AUTO-ÉVALUATION   DÉNOMBRABLES ET INDÉNOMBRABLES

01 Quelles sont les deux caractéristiques principales d'un nom dénombrable ?

02 Donnez trois exemples de noms dénombrables.

03 Quelles sont les trois caractéristiques principales d'un nom indénombrable ?

04 Donnez neuf exemples de noms indénombrables.

05 On peut compter l'argent ; est-ce que le mot **money** est dénombrable ou indénombrable ?

06 En anglais, les noms de langues sont-ils dénombrables ou indénombrables ?

07 Comment dit-on « Il parle un anglais parfait » ?

08 Les noms abstraits sont-ils généralement dénombrables en anglais ?

09 Comment dit-on « Il a fait preuve d'un grand courage » ?

10 Les noms de maladies sont-ils dénombrables en anglais ?

11 Comment dit-on « Il a une hépatite » ?

12 Donnez trois exemples de noms qui peuvent être soit dénombrables, soit indénombrables. Ont-ils le même sens dans les deux cas ?

EXERCICES

01 **Parmi les noms suivants, lesquels sont *indénombrables* ?**

rice ❏ mouse ❏ advice ❏ news ❏ answer ❏ luggage ❏ garage ❏ honey ❏ information ❏ carrot ❏

02 **Choisissez la bonne traduction :**

a. *C'est une bonne nouvelle.*   ❏ It's a good news.
                                       ❏ It's good news.

b. *La nouvelle est excellente.*
- ❏ The new is excellent.
- ❏ The news are excellent.
- ❏ The news is excellent.

c. *Il m'a donné un conseil.*
- ❏ He gave me an advice.
- ❏ He gave me some advices.
- ❏ He gave me a piece of advice.

d. *N'oublie pas tes bagages.*
- ❏ Don't forget your luggage.
- ❏ Don't forget your luggages.

e. *Je n'ai qu'un seul bagage.*
- ❏ I've only got one luggage.
- ❏ I've only got one piece of luggage.

f. *C'est un gros travail.*
- ❏ It's a big work.
- ❏ It's a big job.

g. *Il parle un français impeccable.*
- ❏ He speaks an impeccable French.
- ❏ He speaks impeccable French.

h. *J'ai une bronchite.*
- ❏ I've got a bronchitis.
- ❏ I've got bronchitis.

61 〉 les articles : l'article zéro

➜ Regardez ces deux phrases en français :

⊙ Je déteste **les chats**.
⊙ Voilà **les chats** dont je te parlais.

Dans la première phrase, **les chats** signifie « tous les chats ». Dans la deuxième, **les chats** désigne quelques chats en particulier (ceux dont je parlais).

En anglais, il est très important de saisir cette différence, parce que l'article **the** ne s'emploie pas tout à fait comme l'article **le/la/l'/les** :

Je déteste **les chats**.
*I hate **cats**.*

Voilà **les chats** dont je te parlais.
*There are **the cats** I told you about.*

➜ On parle de « l'article zéro » (ou « article Ø ») quand un nom n'est pas précédé de **the**, **a** ou **an**. En principe, pour parler de quelque chose **en général**, on emploie « l'article zéro » :

I hate **dogs**.
Je déteste les chiens.   (tous les chiens, les chiens en général)

Love is wonderful.   (l'amour en général)
L'amour est merveilleux.

The forces of **Nature**.   (la Nature en général)
Les forces de la Nature.

Children usually dislike **cabbage**.
En règle générale, les enfants n'aiment pas le chou.

People have to learn to live in **society**.
Les gens doivent apprendre à vivre en société.

➜ L'article zéro est aussi employé quand on s'adresse à un groupe de la façon suivante :

Come in, **children**!   Hi, **girls**!
Entrez, les enfants !   *Salut les filles !*

➜ Regardez maintenant la fiche suivante pour d'autres emplois de l'article zéro.

61 ⟩ SUITE / les articles : l'article zéro

AUTO-ÉVALUATION   L'ARTICLE ZÉRO

01 Lorsque l'on dit « Je déteste les chats » : s'agit-il de quelques chats en particulier ou de tous les chats en général ?

02 Lorsque l'on dit « Voilà les chats dont je te parlais » : s'agit-il de quelques chats en particulier ou de tous les chats en général ?

03 En anglais, l'emploi de **the** est-il calqué sur l'emploi de « le, la, les, l' » en français ?

04 En anglais, est-il indispensable de déterminer si l'on parle de quelque chose « en général » ou « en particulier » pour savoir si l'on doit employer **the** ?

05 Comment dit-on « Je déteste les chiens » ?

06 Comment dit-on « Les gens doivent apprendre à vivre en société » ?

07 Lorsque l'on s'adresse à un groupe, emploie-t-on **the** ou Ø » ?

08 Comment dit-on « Entrez, les enfants ! » » ?

EXERCICES

01 **Dans chacune des phrases suivantes, parle-t-on de quelque chose « en général » (A) ou de quelque chose « en particulier » (B) ?**

a. Je suis allergique au **fromage**.   ❑ (A)   ❑ (B)
b. **Le fromage** qu'on a mangé hier n'était pas bon.   ❑ (A)   ❑ (B)
c. **Les chiens** sont des animaux très intelligents.   ❑ (A)   ❑ (B)
d. **Les chiens** dorment dans le jardin.   ❑ (A)   ❑ (B)
e. **Le riz** est l'aliment de base en Chine.   ❑ (A)   ❑ (B)
f. Le repas était bon, mais **le riz** était trop cuit. ❑ (A)   ❑ (B)

61 / **SUITE** / **les articles : l'article zéro**

02 **Dites la même chose en anglais :**

a. C'est un film pour les enfants.

....

b. Les enfants ont été très sages. (sage = *good*)

....

c. Les singes aiment les bananes.

....

d. J'aime regarder les singes au zoo.

....

e. Le pain est tout sec !

....

f. Le pain n'est pas pareil en Angleterre. (pareil = *the same*)

....

g. Tu aimes la musique classique ?

....

h. La musique est trop forte ! (ici, fort = *loud*)

....

03 **Complétez par « the » ou par « Ø » :**

a. I collect ...... stamps and...... postcards.
b. I like...... classical music but I don't like...... rock'n'roll.
c. I loved...... CD I listened to at my friend's yesterday.
d. I'm good at...... English but I'm not very good at...... maths.
e. ...... maths teacher is absent today.
f. I hate...... geography but I'm interested in...... history.
g. Cindy, come to...... blackboard! Andy, switch on...... light, please!
h. Did you do...... grammar exercises the French teacher gave us yesterday?
i. No, you know I hate doing ...... grammar exercises!
j. What do you think of...... new headmaster?
k. I didn't know...... old headmaster had retired.
l. Mr Stevens teaches...... French.
m. ....dictionaries are often very expensive but........dictionary we bought yesterday was quite cheap.

62 ⟩ les articles : exemples importants de l'article zéro

→ Les **noms de repas** s'emploient généralement sans l'article **the** :

Dinner's ready!
Le dîner est prêt !

Lunch will be served in the garden.
Le déjeuner sera servi dans le jardin.

→ Attention au mot **bed** (lit) : quand on parle du meuble, le mot **bed** peut être précédé d'un article (**the bed** is made : le lit est fait). Mais quand on parle d'aller se coucher, le mot **bed** ne prend pas d'article (I'm going to **bed** : je vais me coucher ; he's in **bed** : il est au lit).

→ Attention aux mots **church** (église), **college** (université), **hospital** (hôpital), **jail** (prison), **prison** (prison), **school** (école, collège, lycée), **university** (université). Avec l'article zéro, on met l'accent sur la **fonction** pour laquelle l'endroit est conçu. L'emploi de **the** signifie qu'on parle plutôt du **bâtiment** :

Do you like **school**?
Tu aimes l'école ?   (c'est-à-dire, les cours)

Do you like **the school**?
Tu aimes l'école ?   (c'est-à-dire, le bâtiment, l'établissement)

⊙ **be at school/at college/at university** signifient « être à l'école/à l'université » pour y faire ses études. **be at the school/at the college/at the university** signifie simplement « être dans l'enceinte de l'établissement ».

⊙ **go to hospital** signifie « aller à l'hôpital » parce qu'on est malade. **go to the hospital** signifie y aller pour une autre raison (pour y travailler, pour rendre visite à quelqu'un...).

→ Quand on parle de son poste ou de l'endroit où on travaille, on dit **work**, jamais *the work*. Quand **work** signifie simplement « choses à faire », on peut employer l'article **the**.

comparez :

Look at all **the work** I have to do this morning!
Regarde tout le travail que je dois faire ce matin !

62 | SUITE / les articles : exemples importants de l'article zéro

Is **the work** finished?
Est-ce que le travail est terminé ?

et

I'm late for **work**.
Je suis en retard pour le travail.

Sam goes to **work** by bus.
Sam va au travail en bus.

I need a new shirt for **work**.
J'ai besoin d'une nouvelle chemise pour le travail.

AUTO-ÉVALUATION | **L'ARTICLE ZÉRO**

01 Que se passe-t-il généralement devant les noms de repas en anglais ?

02 Comment dit-on « Le dîner est prêt » ?

03 Dans la question *« Do you like the school ? »* parle-t-on « des cours » ou « du bâtiment » ?

04 Dans la question *« Do you like Ø school ? »* parle-t-on « des cours » ou « du bâtiment » ?

05 Dit-on plutôt *« work »* ou *« the work »* quand on parle du travail qu'on a à faire ?

06 Dit-on plutôt *« work »* ou *« the work »* quand on parle du poste qu'on occupe ?

07 Lorsque l'on est dans un établissement pour y faire des études *(school, college, university…)* emploie-t-on **the** ou **Ø** ?

08 Quelle différence de sens y a-t-il entre *« go to hospital »* et *« go to the hospital »* ?

62 ❯ SUITE / les articles : exemples importants de l'article zéro

EXERCICES

01 **Dites la même chose en anglais :**

a. Le petit déjeuner est à quelle heure ?
What time....?
b. Elle est encore au lit.
She's still ....
c. Il est en fac, il fait des études d'anglais.
He's at ....
d. Il est à la fac, il revient tout à l'heure.
He's at ....
e. Joe est à l'hôpital, il est malade.
Joe is in ....
f. Des centaines de personnes travaillent à l'hôpital.
Hundreds of people work in ....

02 **Répondez aux questions suivantes :**

a. Si je vous dis « Alison has gone to the church », comprenez-vous qu'Alison va à la messe, ou qu'elle se rend à l'église pour une autre raison ? ....
b. Si je vous dis « Jason is in prison », comprenez-vous que Jason est incarcéré, ou qu'il s'est rendu à la prison pour une autre raison ? ....

63 ⟩ a/an, some, article zéro

➡ Le choix de **a** ou **an** dépend du **son qui suit** (on dit **an apple** mais **a big apple** ; **a boy** mais **an English boy**) : regardez **a, an** dans la partie alphabétique.

➡ **a** et **an** correspondent généralement à l'article français **un(e)** (mais ne pensez surtout pas que *a* = un et *an* = une !)

➡ Après **be** et **become**, les **noms de métiers** sont précédés de l'article **a/an** *sauf* quand il s'agit d'un poste important occupé par une seule personne :

She wants to become **a nurse**.
Elle veut devenir infirmière.

My Dad is **a farmer**.
Mon père est agriculteur.

Jerry is **chairman** of a large company.
Jerry est président d'une grosse entreprise.

➡ Quand **du/de la** signifie **« une certaine quantité de »**, il se traduit généralement par **some**, mais l'article zéro est aussi possible :

They gave us (some) water.   I need (some) more time.
Ils nous ont donné de l'eau.   *Il me faut plus de temps.*

➡ Quand l'article **du/de la** ne signifie pas **« une certaine quantité de »**, il se traduit par **l'article zéro** :

Cette tache ? Je pense que c'est du vin.
That stain? I think it's wine.   (*jamais *some wine*)

C'est de la nourriture anglaise.
It's English food.   (*jamais *some food*)

➡ Quand l'article **des** signifie **quelques**, il se traduit généralement par **some** :

Shall we buy your mother **some flowers**?
On achète des fleurs pour ta mère ?   (« quelques fleurs »)

Some people came to the house.
Des gens sont venus à la maison.   (« quelques personnes »)

63 ❭ SUITE / a/an, some, article zéro

→ Quand **des** ne signifie pas **quelques**, il se traduit le plus souvent par **l'article zéro**. Comparez :

Those flowers are **roses**.
Ces fleurs sont des roses.

I'm going to buy **some roses**.   (« quelques roses »)
Je vais acheter des roses.

→ Regardez aussi **some** dans la partie alphabétique.

AUTO-ÉVALUATION   A, AN, SOME ET L'ARTICLE ZÉRO

01 Qu'est-ce qui détermine le choix entre **a** et **an** ?

02 Que se passe-t-il avec les noms de métiers employés avec **be** et **become** ?

03 Comment dit-on « Elle veut devenir infirmière » ?

04 Comment dit-on « Mon père est agriculteur » ?

05 L'article zéro s'emploie-t-il lorsqu'on traduit **du/de la** au sens de « une certaine quantité de... » ?

06 Comment dit-on « Ils nous ont donné de l'eau » ?

07 Quand l'article **du/de la** ne signifie pas **« une certaine quantité de »**, se traduit-il par **some** ?

08 Comment dit-on « C'est de la nourriture anglaise » ?

09 Dans quel cas l'article **des** se traduit-il par **some** ?

10 Comment dit-on « Des gens sont venus à la maison » ?

11 Comment dit-on « Ces fleurs sont des roses » ?

63 ⟩ SUITE /a/an, some, article zéro

EXERCICES

01 **Complétez par « a » ou « an » :**

a. Can I have .... ice cream, please?
b. They've got .... enormous car.
c. We've been here for over ..... hour.
d. I've got .... Danish friend.
e. We went to see ...... old film.
f. He seems like .... honest man. *(attention, c'est un piège...)*

02 **Dites la même chose en anglais :**

a. George est chauffeur de taxi. *(taxi driver)*
....
b. Je suis étudiant.
....
c. Elle veut devenir pilote.
....
d. Il est chef d'une petite entreprise. (chef = *head*)
....

03 **Complétez par « some », ou laissez sans article :**

a. They are....... very nice children.
b........ friends bought me a present.
c. Here are....... books for you to read.
d. She writes....... children's stories.

04 **Complétez par « a » ou par « an » :**

a. Britney Spears is....... singer.
b. Tom Cruise is...... actor.
c. Zidane is...... football player.
d. Julia Roberts is...... actress.
e. Celine Dion is....... singer.
f. Sean Connery is...... actor.
g. Are you....... film maker?

64 〉 la relation « **X** de **Y** »

→ En français l'une des fonctions du mot **de** est de montrer une **relation** entre deux personnes, entre une personne et un objet, entre deux objets, etc. Cette relation est parfois une relation d'**appartenance** (*la voiture de Pierre* est la voiture qui appartient à Pierre), mais pas toujours :

les musées de France   les romans de Balzac   un vélo d'enfant

→ En anglais le mot **of** remplit la même fonction, mais avec certaines catégories de noms, le **génitif** s'impose. Le génitif se forme de la manière suivante :

→ Pour un **nom singulier** ou pour un **nom pluriel** ne se terminant pas en **-s**, on ajoute **'s**.

nom singulier (« Paul »)
Paul's bike.
Le vélo de Paul.

nom pluriel ne se terminant pas en -s (« children »)
The children's bikes.
Les vélos des enfants.

→ Pour un **nom dont le pluriel se termine en -s,** on ajoute l'apostrophe **'**
My sisters' school.
L'école de mes sœurs.

→ Quand un nom propre se termine en **-s** au singulier, on peut employer soit **'s**, soit l'apostrophe **'** tout seul :

Jesus's disciples *ou* Jesus' disciples.
Les disciples de Jésus.

Mrs Andress's daughter *ou* Mrs Andress' daughter.
La fille de Mme Andress.

→ Le génitif s'emploie surtout avec les noms qui désignent des **personnes ou des animaux** :

Bob's clothes.   (**jamais** *the clothes of Bob*)
my mother's hair.   (**jamais** *the hair of my mother*)
the Smiths' house.   (**jamais** *the house of the Smiths*)
the dog's bone.   (**jamais** *the bone of the dog*)

➜ Avec les **objets**, le génitif s'emploie parfois, mais il est préférable de l'**éviter** :

The price **of** the house *(Le prix de la maison)*.
The colour **of** the rocks *(La couleur des rochers)*.
The sound **of** the sea *(Le bruit de la mer)*.
The speed **of** light *(La vitesse de la lumière)*.

➜ Avec les mots qui désignent les différentes « zones » d'un objet (le haut, le bas, le milieu, etc.), on emploie généralement **of** :

The top **of** the wardrobe.
Le haut de l'armoire.

The bottom **of** the sea.
Le fond de la mer.

The middle **of** the book.
Le milieu du livre.

➜ Avec les noms formés à partir d'adjectifs comme **the British, the French, the English, the poor**, le génitif n'est **jamais employé** :

The attitude of the British.   (**jamais** *the British's attitude*)
The situation of the poor.   (**jamais** *the poor's situation*)

➜ Quand un nom désignant une personne est suivi d'autres informations, le génitif est souvent impossible :

The woman's name.
Le nom de la femme.

mais

The name of the woman who babysits.
Le nom de la femme qui fait du baby-sitting.

➜ Pour d'autres manières d'exprimer la relation « X de Y » en anglais, regardez la fiche suivante.

➜ Les exercices sur le complément du nom se trouvent à la fin de la fiche suivante.

65 〉 la relation « **X** de **Y** » (autres solutions)

→ Dans la fiche précédente, nous avons vu que l'expression « X **of** Y » s'emploie plutôt que le génitif (**'s**) lorsque le nom Y ne désigne pas une personne :

The windows of the building.
Les fenêtres de l'immeuble.

Animals of the African desert.
Les animaux du désert africain.

→ Dans certains cas, la relation « X de Y » est exprimée en anglais au moyen d'un **nom composé** (= un nom suivi d'un autre nom). Ne cherchez pas quelles catégories de noms sont employées de cette façon ; il faut apprendre progressivement les noms composés, comme n'importe quel autre élément de vocabulaire :

The **car keys**.
Les clés de la voiture.

The **bedroom carpet**.
La moquette de la chambre.

River fish.
Les poissons de rivière.

A **skin disease**.
Une maladie de la peau.

> **Attention !** ne soyez pas tenté de mettre le premier nom au pluriel !

A <u>car</u> salesman.
Un marchand de <u>voitures</u>.

A <u>shoe</u> shop.
Un magasin de <u>chaussures</u>.
(mais on dit **a clothes shop** parce que **clothes** est <u>toujours</u> au pluriel !)

De même, quand un **chiffre** est employé dans un nom composé, le premier nom n'est jamais au pluriel :

A twenty-**<u>kilometre</u>** race.
Une course de vingt <u>kilomètres</u>.

A two-**hour** flight.
Un vol de deux heures.

A fifty-**euro** note.
Un billet de cinquante euros.

→ Parfois, on peut employer soit « X of Y » soit un nom composé, mais cela en modifie le sens :

A cup **of** tea.   a **teacup**.
Une tasse de thé   .   *une tasse à thé.*

A glass **of** wine.   a **wineglass**.
Un verre de vin.   *un verre à vin.*

AUTO-ÉVALUATION   **LE GÉNITIF**

01 Lorsque l'on dit « la voiture de Pierre », quel type de relation est indiquée par le mot « de » ?

02 De quelle(s) façon(s) se forme le génitif en anglais? (plusieurs possibilités)

03 Comment dit-on « les vêtements de Bob » ?

04 Comment dit-on « les cheveux de ma mère » ?

05 Comment dit-on « la maison des Smith » ?

06 Comment dit-on « l'os du chien » ?

07 Comment dit-on « le prix de la maison » ?

08 Emploie-t-on fréquemment le génitif quand dans la relation « X de Y », « Y » est un objet ?

09 Comment dit-on « le haut de l'armoire » ? Pourquoi ?

10 Comment dit-on « les clés de la voiture » ? « un magasin de chaussures » ? « un vol de deux heures » ?

EXERCICES

01 Dites la même chose en anglais :

a. C'est la voiture de ma cousine.

. . . .

b. La chambre de mes parents est en haut. (en haut = *upstairs*)

. . . .

c. Les yeux de ce chat sont magnifiques. *(beautiful)*

. . . .

d. La santé de mes enfants est très importante.

. . . .

e. La sœur de Bobby est infirmière. *(a nurse)*

. . . .

f. Tu as vu le prix de ces fraises ?

. . . .

g. La réaction des Français est intéressante.

. . . .

h. C'était la fin de la guerre.

. . . .

02 Les expressions suivantes sont traduites en anglais par des noms composés (nom + nom). Trouvez la traduction :

a. La porte de l'armoire.

. . . .

b. La fenêtre de la chambre.

. . . .

c. Un écran d'ordinateur.

. . . .

d. Un rideau de douche.

. . . .

e. Une chanson d'amour.

. . . .

f. Un magasin de fleurs.

. . . .

g. Une pièce de dix cents. (une pièce = *a coin*)

. . . .

h. Une marche de quatre jours. (une marche = *a walk*)

. . . .

03 Quelle est la différence entre :

a. a matchbox et a box of matches ?

. . . .

b. a beer glass et a glass of beer ?

. . . .

c. a bowl of cereal et a cereal bowl ?

. . . .

d. a champagne bottle et a bottle of champagne ?

. . . .

66 〉 adjectifs épithètes

➜ Les adjectifs en anglais ne prennent **jamais** la marque du pluriel. N'ajoutez **jamais** de **s** à la fin d'un adjectif anglais.

those **poor** farmers
ces pauvres agriculteurs

some **other** people
d'autres personnes

different solutions
différentes solutions

➜ Un adjectif **épithète** est un adjectif qui est directement relié au nom. La plupart des adjectifs épithètes se mettent **avant le nom** en anglais :

a **big** house
une grande maison

What **lovely** roses!
Quelles roses magnifiques !

➜ Quand il y a plusieurs épithètes qui se succèdent, il faut suivre un ordre assez précis :

jugement	**taille/valeur/âge**	**forme/couleur/nationalité/ matière/fonction**
a **lovely**	tall	thin Spanish man
un Espagnol grand, mince et très sympa		
a **very**	nice big	round wooden bowl
un grand bol en bois rond très joli		
two **horrible**	old	red folding chairs
deux horribles vieilles chaises pliantes rouges		

66 ⟩ SUITE / adjectifs épithètes

AUTO-ÉVALUATION   ADJECTIFS ÉPITHÈTES

01 Les adjectifs qualificatifs peuvent-ils prendre la marque du pluriel en anglais ?

02 Comment dit-on : « ces pauvres agriculteurs » ?

03 Un adjectif épithète est-il directement relié au nom qu'il qualifie ?

04 Comment dit-on « une grande maison » ?

05 Comment dit-on : « Quelles roses magnifiques ! » ?

06 Lorsqu'il y a plusieurs adjectifs épithètes, peut-on les mettre dans n'importe quel ordre ?

07 Un adjectif épithète (parmi d'autres) qui reflète le « jugement » de l'énonciateur sur une personne ou sur une chose doit-il se placer en premier ou en dernier ?

08 Comment dit-on « un Espagnol grand, mince et très sympa » ?

09 Comment dit-on « un grand bol en bois rond très joli » ?

10 Quel est l'ordre à suivre lorsque plusieurs adjectifs se succèdent ?

EXERCICES

Dites la même chose en anglais :

a. C'est un problème très grave. (grave = *serious*)

....

b. Harry a raconté des histoires drôles. (drôle = *funny*)

....

c. Les autres enfants sont restés.

....

d. Joe aime les livres anciens.

....

e. Rachid a de grands yeux verts.

....

f. Maria habite dans une belle petite maison en bois.

....

67 ❭ adjectifs attributs

→ On dit qu'un adjectif est **attribut** quand il est relié au nom au moyen d'un verbe. Les verbes « liens » les plus fréquents sont **appear, be, become, feel, look** et **seem. Smell, sound** et **taste** sont également des verbes liens courants.

I am **tired**.
Je suis fatigué.   verbe « lien » = **be**

You look **ill**.
Tu as l'air malade.   verbe « lien » = **look**

The sea appeared very **calm**.
La mer semblait très calme.   verbe « lien » = **appear**

→ Certains adjectifs anglais ne sont qu'attributs (c'est-à-dire qu'ils **doivent être liés au nom au moyen d'un verbe**). Notez que la plupart commencent par la lettre **a-** :

seulement attribut	*épithète équivalente*
I am **afraid**. J'ai peur.	A **frightened** animal. Un animal qui a peur.
He's **alive**! Il est vivant !	**Live** animals. Des animaux vivants.
	Living things. Des choses vivantes.
Are you **alone**? Tu es seul ?	A **single** person. Une seule personne/Une personne seule.
A **lonely** man. Un homme qui se sent seul.	
I feel **ashamed.** J'ai honte.	**Shameful** words. Des paroles honteuses.
The baby is **asleep.** Le bébé dort.	A **sleeping** baby. Un bébé qui dort.
They're **awake.** Ils sont réveillés.	(pas d'équivalent)

67 SUITE / **adjectifs attributs**

I'm **glad** to see you!   **Happy** people.
I'm **pleased** to see you!   *Des gens heureux.*
Je suis heureux de te voir.

→ Notez comment les adjectifs **afraid** et **ashamed** correspondent à des **noms** en français (avoir peur = be afraid ; avoir honte = be ashamed).

→ **Attention !** Les adjectifs de la colonne de gauche ne précédent **jamais** le nom.

On **ne dit pas** *an alive thing* mais **a living thing** (une chose vivante).
On **ne dit pas** *an asleep baby* mais **a sleeping baby** (un bébé qui dort).
On **ne dit pas** *afraid animals* mais **frightened animals** (des animaux qui ont peur).

AUTO-ÉVALUATION   **ADJECTIFS ATTRIBUTS**

01 Les adjectifs qualificatifs peuvent-ils prendre la marque du pluriel en anglais ?

02 Dans quel cas dit-on qu'un adjectif est attribut ?

03 Quels sont les verbes « liens » les plus fréquents ?

04 Comment dit-on : « La mer semblait très calme » ?

05 Comment dit-on : « Tu as l'air malade » ?

06 Est-il vrai que certains adjectifs ne peuvent être qu'attributs ?

07 Comment dit-on : « Il est vivant », « des animaux vivants » ?

08 Comment dit-on : « J'ai honte », « des paroles honteuses » ?

09 Comment dit-on : « Tu es seul ? », « une personne seule » ?

10 Par quelle lettre commencent la plupart des adjectifs qui ne sont qu'attributs ?

EXERCICES

Dites la même chose en anglais :

a. Ils vendent des poissons vivants.

....

b. Est-ce qu'il est vivant ?

....

c. Je me sens seule.

....

d. Tu as l'air à moitié endormi. (à moitié = *half*)

....

e. Ils semblent heureux.

....

f. C'est une fille heureuse.

....

68 ⟩ adjectifs et prépositions

➜ Certains adjectifs (A), en anglais comme en français, peuvent (ou doivent) être suivis d'une préposition (P) et d'un complément (C) :

Il est très gentil (A) **avec** (P) **nous** (C)
Ils n'étaient pas conscients (A) **du** (P) **danger** (C)

➜ En anglais, la préposition qui suit un adjectif n'est pas toujours celle qu'attend un francophone (par exemple, être responsable **de** quelque chose = be responsible **for** something). Le tableau ci-dessous vous montre quelle préposition employer en fonction de l'adjectif :

ADJECTIFS	PRÉPOSITIONS
afraid, frightened, scared, terrified *pour dire qu'on a peur de quelque chose*	**OF** something
amazed, astonished, surprised *pour dire qu'on est surpris/étonné par quelque chose*	**AT, BY** something
worried, sorry *pour dire qu'on est inquiet (worried), désolé (sorry) à cause de quelque chose*	**ABOUT** something
angry, annoyed, furious *pour dire qu'on est en colère (angry, furious), agacé (annoyed) à propos de quelque chose*	**ABOUT** something
kind, nice, rude *gentil (kind, nice), impoli (rude) avec quelqu'un*	**TO** somebody
angry, annoyed, furious *pour dire qu'on est en colère contre quelqu'un (angry, furious), agacé (annoyed) par quelqu'un*	**WITH** somebody
delighted, happy, pleased, satisfied *pour exprimer sa satisfaction, son bonheur à propos de quelque chose*	**WITH** something
bored, disappointed *pour exprimer son ennui (bored), sa déception (disappointed) à propos de quelque chose*	**WITH** something
aware, conscious *pour dire qu'on est conscient de quelque chose*	**OF** something
bad, brilliant, good, terrible, useless *pour dire qu'on est doué (brilliant, good), pas doué (bad, terrible, useless) pour quelque chose*	**AT** something
different *différent de quelque chose*	**FROM** something
interested *pour exprimer son intérêt en quelque chose*	**IN** something
responsible *responsable de quelque chose*	**FOR** something

01 Lorsqu'un adjectif anglais est suivi d'une préposition, est-ce toujours évident pour un Français de trouver la préposition à utiliser ?

02 Quels sont les adjectifs et la préposition employés pour dire qu'on a peur de quelque chose ?

03 Quels sont les adjectifs et la préposition employés pour dire qu'on est surpris par quelque chose ?

04 Quels sont les adjectifs et la préposition employés pour dire qu'on est doué ou non pour quelque chose ?

05 Quels sont les adjectifs et la préposition employés pour dire qu'on s'intéresse à quelque chose ?

06 Quels sont les adjectifs et la préposition employés pour dire qu'on est responsable de quelque chose ?

07 Quels sont les adjectifs et la préposition employés pour dire qu'on est conscient de quelque chose ?

08 Quels sont les adjectifs et la préposition employés pour exprimer son ennui ou sa déception à propos de quelque chose ?

09 Quels sont les adjectifs et la préposition employés pour exprimer sa satisfaction à propos de quelque chose ?

10 Quels sont les adjectifs et la préposition employés pour exprimer sa colère à propos de quelque chose ?

Exercices page suivante

68 > SUITE / adjectifs et prépositions

EXERCICES

Dites la même chose en anglais, en employant à chaque fois un adjectif avec la préposition qui convient :

a. J'ai peur des souris.

....

b. J'étais étonné par sa réponse.

....

c. Je suis furieux à propos de cette lettre.

....

d. Je suis très en colère contre toi.

....

e. Paula était ravie de ses cadeaux.

....

f. Mes parents sont très gentils avec moi.

....

g. Je suis nul en maths.

....

h. Mon nouvel ordinateur est très différent de l'ancien.

....

i. Ils étaient très déçus du résultat.

....

j. Je suis parfaitement conscient du problème.

....

k. Je m'intéresse à l'astronomie.

....

69 adjectifs substantivés

→ Un **adjectif substantivé** est un adjectif qui **s'emploie comme un nom**.

→ Les adjectifs substantivés en anglais désignent généralement des **groupes** ou des **catégories** de **personnes** ; par conséquent ils se comportent comme des **pluriels**, même s'ils ne portent pas la marque **s** du pluriel :

the **poor**/the **rich**	(les pauvres/les riches)
the **unemployed**	(les chômeurs)
the **blind**	(les aveugles)
the **deaf**	(les sourds)
the **disabled**	(les handicapés)
the **old**	(les personnes âgées)
the **English**/the **French**	(les Anglais/les Français : *voir aussi la fiche suivante*)

→ Notez que **les jeunes** peut parfois être traduit par **the young**, mais que l'expression **young people** est beaucoup plus courante.

> → **Attention !** On ne dit **jamais** *the youngs, *the poors, etc. !

→ Le verbe associé à un adjectif substantivé doit être au **pluriel** :

The poor in India **are** too poor to pay taxes.
Les pauvres en Inde sont trop pauvres pour payer des impôts.

The old **have** a lot of problems in winter.
Les personnes âgées ont beaucoup de problèmes en hiver.

→ Pour parler d'un ou de plusieurs individus membres du groupe ou de la catégorie, on emploie l'adjectif + **man/woman/boy/girl/person**... (au pluriel, **men/women/boys/girls/people**...) Notez bien la traduction proposée entre parenthèses :

a **poor person**	(un pauvre)
an **unemployed girl**	(une jeune chômeuse)
a **disabled woman**	(une handicapée)
two **deaf boys**	(deux jeunes sourds)
three **blind people**	(trois aveugles)

→ Comme en français, certaines notions abstraites peuvent également être désignées par un adjectif substantivé : the **sublime** (le sublime) ; the **unexpected** (l'inattendu).

69 **SUITE / adjectifs substantivés**

01 Qu'appelle-t-on des « adjectifs substantivés » ?

02 Que désignent-ils ?

03 Portent-ils la marque « s » du pluriel ?

04 Comment dit-on : « les pauvres, les riches, les chômeurs, les Anglais, les Français » ?

05 Les adjectifs substantivés se comportent-ils comme des pluriels ou comme des singuliers ?

06 Comment dit-on : « Les pauvres en Inde sont trop pauvres pour payer des impôts » ?

07 Comment dit-on : « Les personnes âgées ont beaucoup de problèmes en hiver » ?

08 Quelles sont les deux possibilités pour traduire « les jeunes » ? Quelle est la plus courante ?

09 Qu'ajoute-t-on à l'adjectif pour parler d'un ou de plusieurs individu(s) membre(s) d'un groupe ou d'une catégorie ?

10 Comment dit-on : « un pauvre », « deux jeunes sourds », « trois aveugles » ?

69 ⟩ SUITE / adjectifs substantivés

01 Dites la même chose en anglais en employant un adjectif substantivé :

a. Cette association aide les personnes âgées.
....

b. Il y a une rampe d'accès pour les handicapés. *(access ramp)*
....

c. Les Anglais aiment voyager en France.
....

d. Nous essayons d'aider les pauvres.
....

e. Il y a des réductions pour les chômeurs et les étudiants.
....

02 Comment dit-on en anglais :

a. Un Anglais et un Français ont été arrêtés. *(arrested)*
....

b. Trois Anglais et une jeune Française nous ont écrit.
....

c. Un handicapé a porté plainte. (porter plainte : *complain*)
....

d. Une jeune aveugle a participé à l'émission (participer à : *take part in*)
....

e. Il y a davantage de pauvres chaque année.
....

f. 3 000 chômeurs ont participé à la manifestation. (manifestion : *demonstration*)
....

70 adjectifs et substantifs de nationalité

→ **Tous** les adjectifs et substantifs de nationalité en anglais s'écrivent **toujours** avec une majuscule (écrire *english, *italian, *chinese est **toujours** une erreur).

→ Les adjectifs et substantifs de nationalité en anglais forment quatre grandes catégories. Il faut les apprendre pour ne pas vous tromper.

comment dire « un(e)... » ou « plusieurs... »	comment dire « les... »

1. Adjectifs en **-sh** ou **-ch**

British	a **British** person/man/woman... two **British** boys/girls/people...	The **British**
English	an **Englishman**, an **Englishwoman** an **English person** two **English** boys/girls/people...	The **English**
French	a **Frenchman**, a **Frenchwoman** a **French person** two **French** boys/girls/people...	The **French**
Dutch	a **Dutchman**, a **Dutch woman** a **Dutch person** two **Dutch** boys/girls/people... (*Attention* ! **Dutch = néerlandais**)	The **Dutch**
Irish	an **Irishman**, an **Irishwoman** an **Irish person** two **Irish** boys/girls/people...	The **Irish**
Welsh	a **Welshman**, a **Welshwoman** a **Welsh person** two **Welsh** boys/girls/people...	The **Welsh**

→ **Attention !** On ne dit **jamais** *an English, *a French, *three British !

2. Adjectifs en **-ese** (+ « Swiss »)

Chinese	a **Chinese** person/man/woman... two **Chinese** boys/girls/people...	The **Chinese**

Japanese	a **Japanese** person/man/woman... two **Japanese** boys/girls/people...	The **Japanese**
Portuguese	a **Portuguese** person/man/woman... two **Portuguese** boys/girls/people...	The **Portuguese**
Vietnamese	a **Vietnamese** person/man/woman... two **Vietnamese** boys/girls/people...	The **Vietnamese**
Swiss	a **Swiss** person/man/woman... two **Swiss** boys/girls/people...	The **Swiss**

Note : pour dire 'un ou plusieurs' il est également possible d'employer le substantif seul (a **Chinese**, *three* **Swiss**..., *mais il est préférable de ne pas le faire).*

3. Adjectifs en **-an** et autres

African	an **African**, two **Africans**	The **Africans**
American	an **American**, two **Americans**	The **Americans**
Australian	an **Australian**, two **Australians**	The **Australians**
Belgian	a **Belgian**, two **Belgians**	The **Belgians**
Canadian	a **Canadian**, two **Canadians**	The **Canadians**
European	a **European**, two **Europeans**	The **Europeans**
German	a **German**, two **Germans**	The **Germans**
Italian	an **Italian**, two **Italians**	The **Italians**
Thai	a **Thai**, two **Thais**	The **Thais**
Finn	a **Finn**, two **Finns**	The **Finns**
Pakistani	a **Pakistani**, two **Pakistanis**	The **Pakistanis**

Pour préciser qu'il s'agit d'une femme/une fille : a **German woman**, *a* **Thai girl**, *a* **Belgian lady**, *etc.*

4. Cinq cas où l'adjectif et le substantif sont différents :

Arabic/Arab	an **Arab**, two **Arabs**	The **Arabs**
Danish	a **Dane**, two **Danes**	The **Danes**
Polish	a **Pole**, two **Poles**	The **Poles**
Scottish	a **Scot**, two **Scots**	The **Scots**
Spanish	a **Spaniard**, two **Spaniards**	The **Spanish**

Pour préciser qu'il s'agit d'une femme/une fille : an **Arab woman**, *a* **Scottish girl**, *a* **Spanish lady**, *etc.*

70 / SUITE / **adjectifs et substantifs de nationalité**

→ Notez les formes à employer pour **Jewish** (= juif), **black**, **white** et **mixed-race** (= métis) :

Jewish	a **Jew**, two **Jews**	The **Jews**
	a **Jewish boy/girlwoman**, etc.	
black	a **black** ou a **black man/woman/person**, etc.	**black people**
	two **blacks** ou two **black men/women/people**, etc.	
white	a **white** ou a **white man/woman/person**, etc.	**white people**
	two **whites** ou two **white men/women/people**, etc.	
mixed-race	a **mixed-race boy/girl/man/woman/person**	**people of**
	two **people of mixed race**	**mixed race**

Note : « Je suis/il est/elle est métis(se) » = « I am/he is/she is of mixed race ».

AUTO-ÉVALUATION　　　　　ADJECTIFS ET SUBSTANTIFS
　　　　　　　　　　　　　　　DE NATIONALITÉ

01 Est-il parfois possible d'écrire un adjectif ou un substantif de nationalité sans majuscule en anglais ?

02 Comment dit-on :
– un Anglais, un Danois et une Canadienne
– trois jeunes Français et un jeune Japonais
– deux Néerlandaises et une Pakistanaise

03 Comment dit-on :
– Il est britannique – Elles sont polonaises
– Elle est irlandaise – Elle est juive
– Ils sont polonais

04 Comment dit-on :
– Les Portugais, les Vietnamiens et les Suisses
– Les Britanniques, les Néerlandais et les Belges
– Les Arabes et les Juifs
– Les blancs, les noirs et les métis

70 SUITE / adjectifs et substantifs de nationalité

EXERCICES

Dites la même chose en anglais :

a. Deux jeunes Françaises ont gagné des médailles.

....

b. David a épousé une Irlandaise. Ils habitent en Espagne. Ils parlent espagnol.

....

c. Il y a deux Vietnamiens dans ma classe. Ils comprennent le français.

....

d. Elle sort avec un Espagnol. Il parle très bien anglais.

....

e. J'habite avec trois Allemandes.

....

f. Les Japonais ont gagné le match, les Chinois ont perdu.

....

g. Il y avait quelques Pakistanais dans l'avion.

....

h. Je connais un Écossais qui s'appelle Andy. J'adore l'Écosse !

....

i. Les Portugais produisent de bons vins. Les Français aussi !

....

j. Il y avait beaucoup de Danois à la fête. Quelques Néerlandais aussi.

....

71) adjectifs et comparatifs

→ Le **comparatif** nous permet de **comparer**, de parler de la **différence** qui existe entre des choses ou des personnes. Par exemple, le fait que je suis **plus âgé** que mon frère, le fait que les souris sont **plus petites** que les rats, le fait que tel ordinateur est **moins puissant** qu'un autre.

→ En français, les mots **plus** et **moins** servent à faire ce genre de comparaisons. En anglais, les expressions **more** et **less** ont la même fonction :

The fireworks were **more spectacular** than last year.
Le feu d'artifice était plus spectaculaire que l'année dernière.

You're **less patient** than me.
Tu es moins patient que moi.

Children used to be **more polite**.
Les enfants étaient plus polis autrefois.

→ **more** n'est pas employé avec les adjectifs qui n'ont qu'une seule syllabe. Dans ce cas, on ajoute **-er** à la fin de l'adjectif.

I'm **older** than him.
Je suis plus vieux que lui.

Can I try a **smaller** size?
Je peux essayer une plus petite taille ?

You look a lot **thinner**!
Tu as l'air beaucoup plus mince !

(Pour les règles d'orthographe, regardez la page **533**)

→ **more** est employé avec tous les adjectifs qui ont deux syllabes ou plus, **sauf** :

⊙ ceux qui se terminent par **-er** et **-y** (**cleverer, friendlier, happier, easier**)

⊙ les mots **narrow** et **simple** (**narrower, simpler**)

→ Les adjectifs **good, well** (= en bonne santé), **bad**, et **far** ont un comparatif irrégulier :

good	→ **better**	bad	→ **worse**
well	→ **better**	far	→ **farther** ou **further**

71 ⟩ SUITE / adjectifs et comparatifs

AUTO-ÉVALUATION   ADJECTIFS ET COMPARATIFS

01 En anglais, comme en français, à quoi sert le comparatif ?

02 Comment traduisez-vous « Tu es moins patient que moi » ?

03 Que signifie « more » ?

04 Comment traduisez-vous « Le feu d'artifice était plus spectaculaire que l'année dernière » ?

05 Peut-on employer « more » avec tous les adjectifs ?

06 Comment traduisez-vous « Je suis plus vieux que lui » ?

07 Que deviennent « friendly, happy, clever, easy » au comparatif de supériorité ?

08 a) Quels sont les adjectifs dont les comparatifs de supériorité sont irréguliers ?
b) Pouvez-vous les retrouver de mémoire ?

EXERCICES

01 **Dites la même chose en anglais, en employant l'adjectif indiqué :**

a. Je suis plus grande que ma sœur. *(tall)*

. . . .

b. Je trouve l'allemand plus difficile que l'anglais. *(difficult)*

. . . .

c. Mets ton vélo ici, c'est plus sûr. *(safe)*

. . . .

d. Notre équipe est meilleure que la leur. *(good)*

. . . .

e. Le vent est beaucoup plus fort maintenant. *(strong)*

. . . .

f. Cette émission est plus intéressante. *(interesting)*

. . . .

71 > SUITE / **adjectifs : adjectifs et comparatifs**

g. Ce serait plus simple de lui écrire. *(simple)*

. . . .

h. Les appartements sont plus chers à Londres. *(expensive)*

. . . .

02 **Comparez les éléments suivants en employant les adjectifs proposés :**

a. The Nile is. . . . . . . .the Mississippi.	*(long)*
b. The Thames is. . . . . . . .the Seine.	*(short)*
c. Mont Blanc is much. . . . . . . .Ben Nevis.	*(high)*
d. France is. . . . . . . .Sweden.	*(big)*
e. The weather in Florida is. . . . . . . .than in England.	*(hot)*
f. Travelling by plane is. . . . . . . .travelling by car	*(fast)*
but it is.	*(expensive)*
g. Staying at a hotel is. . . . . . . .camping.	*(comfortable)*
h. Hitch-hiking is. . . . . . . .taking a taxi but it's.	*(dangerous) (cheap)*

72 ⟩ adjectifs et superlatifs

→ Le **superlatif** en français correspond à l'expression **le plus ou le moins +
adjectif**. Il permet de dire, par exemple, que je suis la fille **la plus intelligente** de
ma classe, que la baleine est **le plus grand** mammifère qui existe...

Le superlatif permet de comparer un élément à tous les autres de la même
catégorie.

→ En anglais, il existe deux possibilités pour le superlatif de supériorité :

⊙ L'expression **the most**... :

These are **the most spectacular** fireworks I've ever seen.
C'est le feu d'artifice le plus spectaculaire que j'aie jamais vu.

He's **the most patient** teacher in the school.
C'est le prof le plus patient du collège.

(*Notez : un seul **the**, et l'ordre des mots n'est pas le même qu'en français. On **ne dit
pas** *the teacher the most patient !*)

⊙ **most** n'est pas employé avec les adjectifs qui n'ont qu'une seule syllabe. Dans ce
cas, on ajoute **-est** à la fin de l'adjectif.

He's **the oldest**.
C'est le plus âgé.

Can I try **the smallest** size?
Je peux essayer la plus petite taille ?

(Pour les règles d'orthographe, regardez la page **533**)

→ **most** est employé avec tous les adjectifs qui ont deux syllabes ou plus, **sauf** :

⊙ ceux qui se terminent par **-er** et **-y** :

clever	→ **cleverest**	**happy**	→ **happiest**
intelligent		*heureux*	
friendly	→ **friendliest**	**easy**	→ **easiest**
sympathique		*facile*	

⊙ les mots **narrow** *(étroit)* et **simple** *(simple)* (→ **narrowest**, **simplest**)

→ Les adjectifs **good** *(bon, bien)*, **bad** *(mauvais, mal)*, et **far** *(lointain, loin, éloigné)* ont un superlatif irrégulier :

good	→ **the best**
bad	→ **the worst**
far	→ **the farthest** ou **the furthest**

→ L'expression **the least** correspond au français **le moins**... On l'appelle le « superlatif d'infériorité » :

This is **the least easy** exercise.
C'est l'exercice le moins facile.

He's **the least friendly** boy in the class.
C'est le garçon le moins sympathique de la classe.

> → **Attention !** notez l'emploi de **in** après un superlatif, là où en français on emploie **de** :
>
> She's the oldest woman **in** the world.
> *C'est la femme la plus âgée du monde.*
>
> He's the shortest boy **in** the class.
> *C'est le garçon le plus petit de la classe.*

→ Notez comment on dit « Le plus simple », « Le plus important », etc. au sens de « la chose la plus simple/la plus importante » :

The **simplest thing** would be to leave the dog at home.
Le plus simple serait de laisser le chien à la maison.

The **most important thing** is to drink lots of water.
Le plus important, c'est de boire beaucoup d'eau.

The **best thing** would be to say nothing.
Le mieux serait de ne rien dire.

AUTO-ÉVALUATION — ADJECTIFS ET SUPERLATIFS

01 À quelle expression correspond le superlatif en français ?

02 Comment dit-on en anglais : « C'est le prof le plus patient du collège » ?

03 Peut-on employer « *most* » avec les adjectifs d'une seule syllabe ?

04 Comment dit-on « le plus âgé » ?

05 Peut-on employer « *most* » avec les adjectifs de deux syllabes terminés par « *-y* » ou « *-er* » ?

06 Comment dit-on « le plus heureux », « le plus facile », « le plus adroit » ?

07 Que deviennent les adjectifs « *narrow* » et « *simple* » au superlatif ?

08 Quels adjectifs ont un superlatif irrégulier ?

09 Comment dit-on « le moins » ?

10 Comment dit-on « C'est l'exercice le moins facile » ?

EXERCICES

Dites la même chose en anglais :

a. J'ai acheté le vélo le plus rapide de sa catégorie. (rapide = *fast*)

. . . .

b. C'était le vélo le plus cher du magasin. (cher = *expensive*)

. . . .

c. Fais les exercices les plus faciles d'abord.

. . . .

d. Bob est la personne la plus heureuse que je connaisse.

. . . .

e. Le plus simple serait de répondre tout de suite.

. . . .

f. La meilleure solution est la solution la moins chère !

. . . .

73 > pronoms sujets et compléments

→ En français, les pronoms personnels **sujets** sont **je**, **tu**, **il**, **elle**, **nous**, **vous**, **ils**, **elles**.

→ En anglais, les pronoms personnels **sujets** sont :

I	(je)
you	(tu, vous)
he	(il « humain »)
she	(elle « humain »)
it	(il ou elle « non humain »)
we	(nous)
they	(ils ou elles)

→ Regardez aussi ces mots dans la partie alphabétique, surtout **he**, **she** et **it**.

→ En français, les pronoms personnels **compléments** sont **moi**, **toi**, **lui**, **elle**, **nous**, **vous**, **eux**, **elles**. En anglais, les pronoms personnels **compléments** sont :

me	(moi, me)
you	(toi, te, vous)
him	(lui « humain »)
her	(elle « humain »)
it	(lui ou elle « non humain »)
us	(nous)
them	(eux ou elles)

→ Regardez aussi ces mots dans la partie alphabétique, surtout **him**, **her** et **it**.

→ Il est important de faire la différence entre un pronom **sujet** (I, he...) et un pronom **complément** (me, him...)

Le schéma suivant peut vous aider :

sujet		complément
Qui a vu David?		
Who saw David?		
I, you, he, she, it, we, they	saw	David
David a vu qui?		
Who did David see?		
David	saw	me, you, him, her, it, us, them

→ Les exercices d'entraînement sont regroupés à la fin de la fiche suivante.

73 ⟩ SUITE / **pronoms sujets et compléments**

AUTO-ÉVALUATION   PRONOMS SUJETS ET COMPLÉMENTS

01 En français, quels sont les pronoms personnels sujets ?

02 En anglais, quels sont les pronoms personnels sujets ?

03 En français, quels sont les pronoms personnels compléments ?

04 En anglais, quels sont les pronoms personnels compléments ?

05 Y a-t-il une seule façon de traduire « **you** » en français ?

06 Comment traduit-on « **le** » en anglais quand on dit « Je **le** vois » en parlant d'un homme ?

07 Comment traduit-on « **la** » en anglais quand on dit « Je **la** vois » en parlant d'une femme ?

08 Comment traduit-on « **le** » en anglais quand on dit « Je **le** vois » en parlant d'un tableau ?

09 Comment traduit-on « **la** » en anglais quand on dit « Je **la** vois » en parlant d'une photo ?

10 Comment traduit-on « **les** » en anglais quand on dit « Je **les** vois » en parlant de plusieurs personnes ?

11 Comment traduit-on « **les** » en anglais quand on dit « Je **les** vois » en parlant de plusieurs objets ?

12 Quel est le pronom personnel sujet qui signifie « **nous** » ?

13 Quel est le pronom personnel complément qui signifie « **nous** » ?

14 Comment dit-on : « **nous** sommes avec Nicolas » ?

15 Comment dit-on : « Nicolas est avec **nous** » ?

16 Quel est le pronom personnel sujet qui signifie « **ils** » ou « **elles** » ?

17 Quel est le pronom personnel complément qui signifie « **elles/eux** » ?

74 〉 déterminants et pronoms possessifs

→ En français, les **déterminants possessifs** sont :

mon/ma/mes
ton/ta/tes
son/ses
notre/nos
votre/vos
leur/leurs

→ En anglais, les **déterminants possessifs** sont :

my	(mon, ma, mes)
your	(ton/ta/tes, votre/vos)
his	(son/sa/ses, « possesseur » de sexe masculin)
her	(son/sa/ses, « possesseur » de sexe féminin)
its	(son/sa/ses, « possesseur » non humain)
our	(notre/nos)
their	(leur/leurs)

→ Attention ! Ne confondez pas **its** (déterminant possessif) et **it's** (contraction de **it is**).

→ En français, le choix entre **son** ou **sa** dépend du genre grammatical du nom (**son** parapluie parce que *parapluie* est masculin ; **sa** chambre parce que *chambre* est féminin). En anglais, le choix entre **his** et **her** dépend du **sexe du « possesseur »** :

his umbrella = son parapluie (**à lui**)
her umbrella = son parapluie (**à elle**)

its est employé quand le « possesseur » est une chose ou un animal :

The tree lost one of **its** branches in the storm.
L'arbre a perdu une de ses branches dans l'orage.

The rabbit went into **its** burrow.
Le lapin est entré dans son terrier.

→ En français, les **pronoms possessifs** sont :

le **mien**, les **miens** ; la **mienne**, les **miennes**
le **sien**, les **siens** ; la **sienne**, les **siennes**
le **tien**, les **tiens** ; la **tienne**, les **tiennes**

le/la **nôtre**, les **nôtres**
le/la **vôtre**, les **vôtres**
le/la **leur**, les **leurs**

En anglais, les **pronoms possessifs** sont :

mine	(le mien, la mienne, les miens, les miennes ; « à **moi** »)
his	(le sien, la sienne, les siens, les siennes ; « à **lui** »)
hers	(le sien, la sienne, les siens, les siennes ; « à **elle** »)
ours	(le nôtre, la nôtre, les nôtres ; « à **nous** »)
yours	(le tien, la tienne, les tiens, les tiennes, le/la vôtre, les vôtres ; « à **toi**, à **vous** »)
theirs	(le leur, la leur, les leurs ; « à **eux**, à **elles** »)

➜ Notez qu'en anglais on n'emploie pas l'article **the** pour former le pronom possessif : **le mien = mine**.

➜ **Attention !** Ne confondez pas

her, **our**, **your**, **their**
(déterminants possessifs « son/sa/ses, notre/nos, votre/vos, leur(s)... »)

avec

hers, **ours**, **yours**, **theirs**
(pronoms possessifs « le sien/la sienne/les sien(ne)s, le/la nôtre, les nôtres, le vôtre, les vôtres, le(s) leur(s)... »)

That isn't **her** car, it's **ours**!
Ce n'est pas sa voiture (à elle), c'est la nôtre !

Your flat seems smaller than **theirs**.
Ton appartement a l'air plus petit que le leur.

---

74 ⟩ SUITE / déterminants et pronoms possessifs

AUTO-ÉVALUATION   DÉTERMINANTS ET PRONOMS POSSESSIFS

01 Quels sont les déterminants possessifs en français ?

02 Quels sont les déterminants possessifs en anglais ?

03 En français, de quoi dépend le choix entre **son** et **sa** ?

04 En anglais, de quoi dépend le choix entre les déterminants possessifs **his** et **her** ?

05 Comment dit-on **son parapluie** quand le parapluie appartient à une femme ?

06 Et quand le parapluie appartient à un homme ?

07 Quand emploie-t-on le déterminant possessif **its** ?

08 Comment dit-on « Le lapin est entré dans son terrier » ?

09 Quels sont les pronoms possessifs en anglais ?

10 La traduction anglaise de « C'est le mien » est-elle différente de celle de « C'est la mienne » ?

11 Vous voyez une femme que vous ne connaissez pas monter dans votre voiture. Dites en anglais « Ce n'est pas sa voiture, c'est la nôtre ! ».

12 Comment dit-on « C'est la sienne », quand on parle d'un objet qui appartient à une femme ?

13 Comment dit-on « C'est la sienne », quand on parle d'un objet qui appartient à un homme ?

14 Comment dit-on « C'est le leur » ? Et « C'est la leur ? ».

74 〉 SUITE / déterminants et pronoms possessifs

EXERCICES

Complétez par « his » / « her » / « he » / « she » ou « him » :

01

a. ....first name is Joanne.

b. ....has got a daughter.

c. When .....lived in ......tiny flat in Scotland, ...was very poor.

d. ....wrote the <u>Harry Potter</u> series.

e. Do you know .....? ....'s Joanne K Rowling, of course!

f. Have you ever read any of .... books?

02

a. ......first name is John.

b. .....was born in 1917.

c. Jacqueline Bouvier was .....wife.

d. ....married ....in 1953.   (*deux possibilités*)

e. ......was assassinated in 1963.

f. What's .....name? John F. Kennedy, of course!

03

a. ....is a queen.

b. .....was born in 1926.

c. The Duke and Duchess of York were ..... parents.

d. ....married Lieutenant Philip Mountbatten in 1947.

e. ......father died in 1952 so ......acceded to the Throne as Her Majesty Queen Elizabeth II.

f. .... eldest son's name is Charles. .... will be king one day.

04

a . ...wrote <u>Charlie and the Chocolate Factory</u>.

b. ......first name is Roald.

c. ......lived in Wales with .....parents.

d. When ..... was seven, ... mother sent ..... to a boys' school in Llandaff.

e. ....was born in 1916 and .....died in 1990.

f. Do you know what ...... name is ? Roald Dahl, of course !

05 Remplacez les mots en gras par un pronom possessif
(mine/his/hers/ours/yours/theirs) :

a. My bike was more expensive than **her bike**.

....

b. My name's Alison. What's **your name**?

....

c. That's Dave's car, and this is **my car**.

....

d. Those aren't your sunglasses! They're **his sunglasses**!

....

e. Your house is much bigger than **our house**.

....

f. We showed Pierre and Mélanie our photos, and they showed us **their photos**.

....

75 / pronoms réfléchis

➔ En français, la structure **se + verbe** peut avoir une valeur **réfléchie** ou une valeur **réciproque** :

réfléchi
Le chat **se** léchait   (action accomplie sur soi-même)

réciproque
Les deux frères **se** regardaient   (idée de « l'un l'autre », « mutuellement »)

➔ L'anglais fait une différence très nette entre les deux :

The cat was licking **itself**.
Le chat se léchait.

The two brothers were looking at **each other**.
The two brothers were looking at **one another**.
Les deux frères se regardaient.

La **réciprocité** est exprimée par **each other** ou **one another** ; le pronom **réfléchi** est un mot qui se termine toujours par **-self** ou **-selves**.

➔ Les pronoms **réfléchis** en anglais sont (en gras ici) :

I	see	**myself**	(je **me** vois)
you *singulier*	see	**yourself**	(tu **te** vois/vous *singulier* **vous** voyez)
he	sees	**himself**	(il *(humain)* **se** voit)
she	sees	**herself**	(elle *(humain)* **se** voit)
it	sees	**itself**	(il/elle *(animal)* **se** voit)
we	see	**ourselves**	(nous **nous** voyons)
you *pluriel*	see	**yourselves**	(vous *pluriel* **vous** voyez)
they	see	**themselves**	(ils/elles **se** voient)
one	sees	**oneself**	(on **se** voit)

Le pronom réfléchi **oneself** est rarement employé dans la langue courante. Dans les dictionnaires et les manuels, il est employé pour « représenter » tous les pronoms réfléchis (oneself = myself/yourself/himself...).

➔ Tous les verbes pronominaux français ne se traduisent pas par un pronom réfléchi en anglais :

I **feel** ill   (pas *I feel myself...)
*Je **me sens** malade*

75 ❯ SUITE / **pronoms réfléchis**

Relax!   (pas *relax yourself*)
Détends-toi !

→ Les pronoms réfléchis en anglais ont également la même valeur que les pronoms
français en **-même** (moi-même, toi-même, vous-mêmes...) :

Did you repair this **yourself**?   I painted this picture **myself**.
Tu as réparé ça toi-même ?   *J'ai peint ce tableau moi-même.*

→ **by** + pronom réfléchi a le sens de **seul** (au sens de « sans la présence ou l'aide
de quelqu'un d'autre ») :

I'm **by myself**.   They live **by themselves**.
Je suis seul.   *Ils habitent seuls.*

AUTO-ÉVALUATION   **PRONOMS RÉFLÉCHIS**

01 Donnez deux exemples qui illustrent la valeur réfléchie et la valeur
réciproque du mot **se** en français.

02 En anglais, ses deux valeurs se traduisent-elles de la même façon ?

03 Comment dit-on « Le chat se léchait » ?

04 Comment dit-on « Les deux frères se regardaient » ?

05 Quels sont les neuf pronoms réfléchis en anglais ?

06 Que faut-il retenir à propos du pronom **oneself** ?

07 Peut-on toujours traduire un verbe pronominal français par un pronom
réfléchi en anglais ?

08 Comment dit-on « Je me sens malade » ?

09 Comment dit-on « J'ai peint ce tableau moi-même » ?

10 Que signifie **by myself** ? Et **by themselves** ?

75 ⟩ SUITE / pronoms réfléchis

EXERCICES

01 La valeur des phrases suivantes est-elle **réfléchie** (action sur soi-même) ou **réciproque** (idée de « l'un l'autre ») ?

d'abord en français...
a. Il s'est tué.

. . . .

b. Tu vas te faire mal !

. . . .

c. Ils se sont longuement parlé.

. . . .

d. Vous ne vous êtes pas comprises, je crois.

. . . .

e. Mes cousins se détestent.

. . . .

...et maintenant en anglais
f. The children really like each other.

. . . .

g. The directors of the company pay themselves a lot of money.

. . . .

h. Monkeys spend a lot of time cleaning each other.

. . . .

i. We gave ourselves plenty of time to finish the job.

. . . .

02 Complétez chaque phrase soit par un **pronom réfléchi**, soit par « **each other** ».

a. They've been married for 40 years and they still love. . . . .
b. I cut. . . . . .when I was peeling the potatoes.
c. We always give. . . . . .presents at Christmas.
d. Here's some money, Paul. Buy. . . . . .something nice.
e. Neighbours should help. . . . . .more.
f. When I came into the room, Andy and Dave were hitting. . . . .

76) masculin et féminin, mâle et femelle : he, she, it

➜ Le **genre** des mots est source de confusion en anglais, parce qu'il ne fonctionne pas du tout comme en français.

➜ Il est très important de faire la distinction entre le **genre grammatical du mot** et le **sexe de ce que le mot désigne**. En français, le mot **table** est féminin et le mot **sac** est masculin : on dit **une grande table** et **un grand sac**. Mais cela ne veut pas dire que les tables sont de sexe féminin et que les sacs sont de sexe masculin. Les tables et les sacs n'ont pas de sexe, mais les noms « table » et « sac » ont ce qu'on appelle un **genre grammatical**, soit masculin, soit féminin.

➜ En anglais, les noms **n'ont généralement pas de genre grammatical**. On dit **a big table** et **a big bag**.

*(Attention : le choix entre **a** et **an** n'est pas une question de genre. **an** est employé simplement quand le mot qui suit commence par une voyelle, pour faciliter la prononciation : **an apple, an elephant, an enormous table**).*

➜ Il est particulièrement important de le comprendre quand on emploie **he**, **she**, et **it**.

➜ **he** (= **il**) et **she** (= **elle**) sont employés uniquement pour une **personne**, ou pour un animal dont on **connaît le sexe** :

⊙ **he** (= **il**) pour un homme, un garçon ou un animal quand on sait que c'est un mâle.

I'm angry with my brother because **he** hit me.
Je suis fâché contre mon frère parce qu'il m'a frappé.

I don't like your dog because **he**'s too noisy.
Je n'aime pas ton chien parce qu'il est trop bruyant.

⊙ **she** (= **elle**) pour une femme, une fille ou un animal quand on sait que c'est une femelle.

Have you met Sam's mother? **She** is very nice.
Tu as rencontré la mère de Sam ? Elle est très gentille.

I like your dog because **she**'s very quiet.
J'aime bien ta chienne parce qu'elle est très calme.

⊙ **it** (= **il/elle**) est employé pour tout ce qui n'a pas de sexe (pour tout ce qui n'est ni un être humain, ni un animal), et pour un animal quand on ne sait pas si c'est un mâle ou une femelle.

76 ⟩ SUITE / masculin et féminin, mâle et femelle : he, she, it

We threw the table away because **it** was broken.
On a jeté la table parce qu'elle était cassée.

They didn't like the dog because **it** was too noisy.
Ils n'aimaient pas le chien parce qu'il était trop bruyant.

AUTO-ÉVALUATION « HE, SHE, IT »

01 En français, les noms communs ont-ils un genre grammatical ?

02 En anglais, les noms communs ont-ils un genre grammatical ?

03 Est-ce que le choix entre « *a* » et « *an* » dépend du genre du nom employé ?

04 Dans quel cas doit-on employer « *an* » et non pas « *a* » devant un nom ?

05 Peut-on remplacer « *the table* » par « *she* » dans la phrase : « <u>The table</u> is big » ?

06 Peut-on remplacer « *the bag* » par « *he* » dans la phrase « <u>The bag</u> is brown » ?

07 Pourquoi ?

08 Comment dit-on : « On a jeté la table parce qu'<u>elle</u> était cassée » ?

09 Par quel pronom personnel sujet peut-on remplacer « *Sam's mother* » dans la phrase « <u>Sam's mother</u> is very nice » ?

10 Par quel pronom personnel sujet peut-on remplacer « *my brother* » dans la phrase « <u>My brother</u> hit me » ?

11 Par quel(s) pronom(s) personnel(s) sujet(s) peut-on remplacer « *your dog* » dans la phrase « <u>Your dog</u> is too noisy » ?

12 S'il s'agit d'un chien errant, par quel pronom personnel peut-on remplacer « *the dog* » dans la phrase : « *The dog was too noisy* » ?

76 **SUITE / masculin et féminin, mâle et femelle : he, she, it**

Lisez la « mise en situation » donnée entre crochets, puis traduisez chaque phrase en anglais (mais ne pas traduire ce qui est entre crochets) :

a. [Je vois la lune et je dis]   Elle est magnifique !

....

b. [Je vois mon frère et je dis]   Il est en retard !

....

c. [Je vois un cafard et je dis]   Il est dégoûtant !

....

d. [Je vois ma chienne et je dis]   Elle est toute sale !

....

e. [Je prends du fromage et je dis]   Il sent bon !

....

f. [Je prends une rose et je dis]   Elle sent bon !

....

g. [Je me fais mordre par un rat et je dis]   Il m'a mordu !

....

h. [J'essaie d'ouvrir une porte et je dis]   Elle est fermée !

....

i. [Je vois ma sœur et je dis]   Elle rentre à la maison.

....

77 masculin et féminin, mâle et femelle : his, her, its

➜ En français, le mot **table** est un nom féminin et le mot **sac** est un nom masculin : quand on parle de la personne à qui appartient une table ou un sac, on dit **sa table** et **son sac**. Le *déterminant possessif* (on peut dire aussi l'*adjectif possessif*) est **son** pour un nom masculin et **sa** pour un nom féminin.

➜ En anglais, les noms **n'ont généralement pas de genre grammatical**, et les déterminants possessifs **his** et **her** reflètent le **sexe** de la personne (ou l'animal) **qui possède** :

his house (= sa maison – à lui)
his nose (= son nez – à lui) si c'est à un homme ou à un garçon ou à un animal mâle

her house (= sa table – à elle)
her nose (= son nez – à elle) si c'est à une femme ou à une fille ou à un animal femelle

➜ **its** est employé pour tout ce qui n'a pas de sexe (pour tout ce qui n'est ni un être humain, ni un animal), et pour un animal quand on ne sait pas si c'est un mâle ou une femelle.

I like the book but I don't like **its** cover.
J'aime bien le livre mais je n'aime pas sa couverture.

The horse broke **its** leg.
Le cheval s'est cassé la patte.

➜ Pour des personnages imaginaires comme les monstres et les fantômes, on peut employer soit **its**, soit **his/her** si on a une idée du sexe du personnage :

Le fantôme a agité ses chaînes.
The ghost shook **its** chains.
(je ne sais pas s'il s'agit d'un fantôme « homme » ou d'un fantôme « femme »)

The ghost shook **his** chains.
(je sais qu'il s'agit d'un fantôme « homme »)

The ghost shook **her** chains.
(je sais qu'il s'agit d'un fantôme « femme »)

➜ Attention : ne confondez pas **its** déterminant possessif avec **it's**, qui est la contraction de **it is**.

77   **SUITE / masculin et féminin, mâle et femelle : his, her, its**

AUTO-ÉVALUATION   **« HIS, HER, ITS »**

01 Vrai ou faux : « son nez » peut se traduire soit par « his nose », soit par « her nose » selon le contexte.

02 Vrai ou faux : « his house » et « her house » se traduisent tous les deux par « sa maison ».

03 Quand doit-on employer **its** ?

04 Comment dit-on « J'aime bien le livre mais je n'aime pas sa couverture » ?

05 Qu'est-ce qui nous permet de choisir entre **his**, **her**, et **its** quand on parle d'êtres imaginaires ?

06 Comment dit-on « Le fantôme a agité ses chaînes » quand il s'agit du fantôme d'une princesse ? Quand il s'agit du fantôme d'un chevalier ? Quand on ne sait pas si c'est le fantôme d'un homme ou d'une femme ?

EXERCICES

01 **Complétez avec *his, her, its* :**

a. My sister has broken . . . . arm. She's in hospital.
b. The bird was sitting on . . . . nest.
c. Mehdi has lost . . . . sunglasses.
d. Laurie lent . . . . mobile to Jennifer.
e. What a beautiful painting! Do you have any idea of . . . . age?
f. Tom, our cat, lost . . . . tail in a fight.
g. That's a pretty flower, do you know . . . . name?

02 **Dites la même chose en anglais :**

a. J'ai vu David au centre commercial avec son chien. *(shopping centre)*
. . . .
b. Alison a oublié ses lunettes de piscine. *(swimming goggles)*
. . . .
c. Jason était très content de son cadeau. *(pleased with)*
. . . .
d. Cet agneau cherche sa mère. *(lamb)* . . . .

78 ❭ masculin et féminin : it's his/it's hers...

→ En français, on peut indiquer la possession par l'expression **à lui** quand le possesseur est de sexe masculin, et **à elle** quand le possesseur est de sexe féminin.

→ En anglais, le pronom **his** correspond à l'expression **à lui**, et le pronom **hers** correspond à l'expression **à elle**.

This coat is **his**.
*Ce manteau est **à lui**.*
*Ce manteau est **le sien** (= il lui appartient à **lui**).*

This coat is **hers**.
*Ce manteau est **à elle**.*
*Ce manteau est **le sien** (= il lui appartient à **elle**).*

This house is **his**.
*Cette maison est **à lui**.*
*Cette maison est **la sienne**. (= elle lui appartient à **lui**).*

This house is **hers**.
*Cette maison est **à elle**.*
*Cette maison est **la sienne**. (= elle lui appartient à **elle**).*

These glasses are **his**.
*Ces lunettes sont **à lui**.*
*Ces lunettes sont **les siennes** (= elles lui appartiennent à **lui**).*

These glasses are **hers**.
*Ces lunettes sont **à elle**.*
*Ces lunettes sont **les siennes** (= elles lui appartiennent à **elle**).*

On remarque que **le sien, la sienne,** etc., ne permettent pas de savoir le sexe du posses-seur, alors que **his** et **hers** le permettent.

→ Pour les autres pronoms possessifs, regardez la fiche **74**.

78 ⟩ **SUITE / masculin et féminin :** it's his/it's hers...

---

01 Comment dit-on « Cette maison est à lui » en anglais ?

02 Comment dit-on « Cette maison est à elle » ?

03 Quelles sont les deux traductions possibles pour **le sien** ?

04 Quelles sont les deux traductions possibles pour **la sienne** ?

05 Que remarque-t-on en comparant les réponses aux questions 3 et 4 ?

06 Comment traduiriez vous « C'est le sien » en parlant d'un manteau qui est à votre frère ?

07 Comment traduiriez vous « C'est le sien » en parlant d'un manteau qui est à votre sœur?

EXERCICES

01 **Dites la même chose en français, en employant à lui/à elle, puis en employant le sien/la sienne/les siens/les siennes :**

a. My sister says the sunglasses are hers, but I don't believe her.
....

b. My brother says they are his, but they seem too small for him.
....

c. What do you think? Are they his or are they hers?
....

d. Harry can't lend you that bike because it isn't his.
....

e. Ask Laura, that bike in the corner is hers.
....

f. This bike is his, and that one is hers. Take hers!
....

(Attention : la traduction de « Take hers! » doit indiquer précisément quel vélo vous pouvez prendre !)

02 Dites la même chose en anglais :

a. Ma sœur dit que cet argent est à elle.

. . . .

b. Je ne suis pas sûr que ce soit le sien.

. . . .

c. Mon frère pense qu'il est à lui.

. . . .

d. Je pense que c'est le sien.

. . . .

e. Demande à Freddy si ces livres sont à lui.

. . . .

f. Si ce sont les siens, demande-lui si on peut les jeter.

. . . .

g. Ils sont peut-être à sa sœur. Tu crois qu'ils sont à elle ?

. . . .

h. Si ce sont les siens (à elle), on va les garder.

. . . .

03 Complétez par *his* ou *hers* :

a. Is this dress ....?
b. Is this tie ....?
c. Mum was sure that the money was ....
d. Does all this land belong to Mr Johnson?
   – Yes, it's all.........
e. Are all those dogs Alison's?
   – No, only one of them is.........
f. We needed two cars, so Kevin took......... and Kenza took.........

79 ⟩ **relatives (comment traduire « qui » et « que »)**

➜ **qui** et **que** sont des **pronoms relatifs** : ils introduisent une information relative à ce qui est dit dans la première partie de la phrase. En grammaire, la partie de la phrase qui précède le pronom relatif s'appelle **l'antécédent** :

antécédent	*proposition relative entre crochets*	
Les amis	[qui viennent ce soir]	sont sympas.
Tous les vêtements	[que j'ai achetés]	sont sur le lit.

➜ En anglais, **trois** pronoms relatifs correspondent à **qui** et **que**. Il s'agit de **who**, **that** et **which**. À ces trois pronoms s'ajoute ce qu'on appelle le **relatif zéro** (représenté parfois par le symbole **Ø**). Le terme **relatif zéro** signifie simplement que le pronom relatif **who/that/which** est omis.

➜ **that** et **which** s'emploient quand l'antécédent **n'est pas humain**. **that** est plus courant que **which** (mais regardez aussi la fiche suivante) :

The computer **that** I bought is very expensive.
The computer **which** I bought is very expensive.
L'ordinateur que j'ai acheté est très cher.

➜ **who** et **that** s'emploient quand l'antécédent est **humain** :

The woman **who** was sitting on the bus looked very old.
The woman **that** was sitting on the bus looked very old.
La femme qui était assise dans le bus avait l'air très âgée.

➜ Le pronom relatif peut être omis (« relatif zéro ») quand il est **complément** :

The computer **that** I bought is very expensive. (**that** est complément)
The computer I bought is very expensive. (relatif zéro)
L'ordinateur que j'ai acheté est très cher.

The girl who David married is my best friend. (**who** est complément)
The girl David married is my best friend. (relatif zéro)
La fille que David a épousée est ma meilleure copine.

➜ Pour savoir si un pronom relatif est sujet ou complément en anglais, regardez le mot qui vient après :

⊙ Si le mot qui suit le pronom est un **verbe** ou un **modal**, le pronom est **sujet** :

The people **who** <u>met</u> Andrew work in London. (**who** est sujet)
Les gens qui ont rencontré Andrew travaillent à Londres.

⊙ Si le mot qui le suit est un **nom ou un pronom**, le pronom est
complément :

The people **who** <u>Andrew</u> met work in London. (**who** est complément)
Les gens qu'a rencontrés Andrew travaillent à Londres.
Les gens qu'Andrew a rencontrés travaillent à Londres.
(Notez ici les deux façons de dire la même chose en français).

→ Quand **who** est complément, il peut être remplacé par **whom**, mais ce mot est
d'un usage très soutenu et n'est employé qu'à l'écrit :

The people **whom** <u>Andrew</u> met work in London.
Les gens qu'a rencontrés Andrew travaillent à Londres.

→ **Faites le test d'auto-évaluation et les exercices aux pages suivantes,
puis regardez la fiche 80.**

AUTO-ÉVALUATION   RELATIVES

01 Quels pronoms relatifs utilise-t-on en français ?

02 À quoi servent les pronoms relatifs ?

03 En grammaire, comment appelle-t-on le nom ou le groupe qui précède le pronom relatif ?

04 Que signifie le terme « relatif zéro » ? Quel est le symbole parfois utilisé pour le représenter ?

05 Quels sont les pronoms relatifs qui correspondent à « qui » et « que » en anglais ?

06 Quels pronoms relatifs peut-on employer lorsque l'antécédent est humain ?

07 Comment dit-on en anglais « La femme qui était assise dans le bus semblait très âgée » ? (2 possibilités)

08 Quels pronoms relatifs peut-on employer lorsque l'antécédent n'est pas humain ?

09 Comment dit-on en anglais « L'ordinateur que j'ai acheté est très cher » ? (3 possibilités)

10 Comment dit-on : « La fille que David a épousée » ? (2 possibilités)

11 Comment fait-on pour déterminer si le pronom relatif est sujet ou complément ?

12 Quel pronom peut être employé à la place de **who** (complément) lorsque le langage est soutenu ?

79 SUITE / relatives (comment traduire « qui » et « que »)

EXERCICES

01 Complétez avec un pronom relatif (plusieurs sont parfois possibles) :

a. That's the boy . . . . I was telling you about.
b. We stayed at a hotel . . . . had a huge swimming pool.
c. What did you do with the money . . . . I gave you?
d. I hate people . . . . spit in the street.
e. I'm looking for a shop . . . . sells garden tools.
f. We got a postcard from the people . . . . we met on holiday.
g. A hydroplane is a type of plane . . . . can land on water.
h. Is that the woman . . . . shouted at you?

02 Dans quelles phrases du premier exercice serait-il possible d'employer le « relatif zéro » ?

03 Utilisez un pronom relatif pour relier les phrases proposées :

a. The Polar Express is the story of a boy. He lives with his parents and his sister.
. . . .
b. One night he takes a train. It goes to the North Pole.
. . . .
c. On the train, he meets a lot of children. They are very friendly.
. . . .
d. The children drink chocolate. It tastes like melted chocolate bars.
. . . .
e. They travel through forests. The forests are dark and frightening.
. . . .
f. They cross a desert of ice. It is called the Great Polar Ice Cap.
. . . .
g. They meet Santa. He is pleased to see them.
. . . .
h. Santa gives the boy his first Christmas present. It is a bell.
. . . .

80 ❭ relatives (« détermination » et « apposition »)

➜ Lisez d'abord la fiche 79.

➜ Les pronoms relatifs **qui** et **que** ont deux rôles importants :

⊙ Ils peuvent introduire une **information essentielle** sur l'antécédent :

*Le garçon **qui était avec nous** est notre neveu.*

Dans ce cas, on dit que la proposition relative est **déterminative**.

⊙ Ils peuvent introduire un simple **complément d'information** :

*Le garçon, **qui était très honnête**, a fini par tout nous dire.*

Dans ce cas, on dit que la proposition relative est **appositive**. Notez comment on emploie des virgules pour souligner le caractère « complémentaire » de l'information.

➜ En anglais, seuls les pronoms **who** et **which** peuvent être employés dans des propositions **appositives** ; **that** et le « relatif zéro » sont impossibles :

Quand l'antécédent est humain on emploie who :

My brother, **who** is a pilot, will be at the party.
Mon frère, qui est pilote, sera à la fête.

Quand l'antécédent n'est pas humain on emploie which :

This car, **which** I bought in Germany, is very reliable.
Cette voiture, que j'ai achetée en Allemagne, est très fiable.

Comparez :

The young actors **who** I met at the theatre were very friendly.
The young actors **that** I met at the theatre were very friendly.
The young actors I met at the theatre were very friendly. (« relatif zéro »)
Les jeunes acteurs que j'ai rencontrés au théâtre étaient très sympas.

The young actors, **who** I met at the theatre, were very friendly.
(**apposition** : *that* et « relatif zéro » sont impossibles ici)
Les jeunes acteurs, que j'ai rencontrés au théâtre, étaient très sympas.

80 〉 SUITE / relatives (« détermination » et « apposition »)

AUTO-ÉVALUATION ⟩ RELATIVES

01 Quels sont les deux rôles importants des pronoms relatifs **qui** et **que** ?

02 Comment appelle-t-on la proposition relative dans les deux cas ?

03 Dans la phrase « Le garçon qui était avec nous est notre neveu », la proposition relative *qui était avec nous* est-elle déterminative ou appositive ?

04 Dans la phrase « Le garçon, qui était très honnête, a fini par tout nous dire », la proposition relative *qui était très honnête* est-elle déterminative ou appositive ?

05 Quel signe de ponctuation nous permet de souligner le caractère « complémentaire » de l'information dans une proposition appositive ?

06 Quels sont les deux pronoms relatifs anglais qu'on peut employer dans une proposition appositive ?

07 Qu'est-ce qui détermine le choix entre les deux ?

08 Comment dit-on « Mon frère, qui est pilote, sera à la fête » ?

09 Comment dit-on « Cette voiture, que j'ai achetée en Allemagne, est très fiable » ?

10 Dans la phrase « The young actors, who I met at the theatre, were very friendly », est-il possible de remplacer **who** par **that** ? Et par le relatif zéro ?

Exercices page suivante

80 SUITE / relatives (« détermination » et « apposition »)

01 Dans les phrases suivantes, la proposition relative est-elle déterminative (D) ou appositive (A) ?

d'abord en français...

a. La maison **qui se trouve à côté de la nôtre** est en très mauvais état.

b. Mon médecin, **que je connais depuis des années**, a déménagé.

c. Cette ville, **qui compte près de 20 000 habitants**, n'a pas de piscine municipale.

d. Les gens **qui tiennent des propos racistes** me dégoûtent.

...et maintenant en anglais

e. People **who need assistance** can call this number.

f. This museum, **which was built in 1990**, attracts thousands of visitors.

g. Many of the children **who live here** have health problems.

h. My aunt, **who lives in Derbyshire**, used to be a nurse.

02 Dites la même chose en anglais (parfois plusieurs possibilités) :

a. Mes amis, qui habitent en banlieue, vont souvent au cinéma.

. . . .

b. Le jeu vidéo que j'ai acheté hier ne marche pas.

. . . .

c. Le haggis, qui est une spécialité écossaise, est difficile à trouver en Angleterre.

. . . .

d. Le vin que nous avons bu était délicieux.

. . . .

e. La plupart des gens qui habitent ici sont contre le projet.

. . . .

f. Ta mère, que j'ai vue ce matin, m'a dit que tu étais arrivée.

. . . .

g. Ton père, qui m'a appelé ce matin, m'a invité à dîner.

. . . .

h. C'est un film que très peu de gens ont aimé.

. . . .

81 〉 relatives : comment traduire « dont »

→ Quand **dont** suivi de **le/la** + nom a un sens **possessif**, il se traduit par **whose**. À la différence de **dont**, **whose** n'est pas suivi d'un article :

Voilà le type dont le fils est champion de tennis.
There's the guy **whose** son is a tennis champion.

Ce pays, dont la population est majoritairement musulmane...
This country, **whose** population is mainly Muslim...

C'est la femme dont la voiture a été volée ?
Is that the woman **whose** car was stolen?

C'est un livre dont l'auteur est inconnu.
It's a book **whose** author is unknown.

Ces fleurs, dont j'ai oublié le nom, sentent très bon.
These flowers, **whose** name I've forgotten, smell very nice.

→ Quand **dont** renvoie à un verbe suivi de la préposition **de**, il se traduit par les pronoms relatifs **who/that** (pour les personnes), **which/that** (pour les objets), ou (le plus souvent) par le « **relatif zéro** ». La préposition anglaise, s'il y en a une, est renvoyée à **la fin de la phrase** :

Voilà le garçon dont je t'ai parlé.   **(parler de)**
There's the boy **that** I told you **about**.
There's the boy **who** I told you **about**.
There's the boy I told you **about**.

Voici la photo dont je suis la plus fière.   **(être fier de)**
This is the photo **that** I am most proud **of**.
This is the photo **which** I am most proud **of**.
This is the photo I am most proud **of**.

→ Quand **dont** est suivi d'une « quantité », il se traduit par un « quantifieur » suivi de **of whom** (pour les personnes) ou **of which** (pour les objets) :

Elle est venue avec un groupe d'amis, dont trois sont chinois.
She came with a group of friends, **three of whom** are Chinese.

L'exposition présente 50 tableaux, dont beaucoup sont d'une valeur inestimable.
The exhibition presents 50 paintings, **many of which** are priceless.
(« Quantifieurs » : *one, two, three, some, many, most, the majority*...)

81 ⟩ **SUITE / relatives : comment traduire « dont »**

→ Quand **dont + nom** a le sens de « y compris », il se traduit par **including**...

Trois femmes, dont ma mère...
Three women, **including** my mother....

Plusieurs livres, dont deux ou trois romans...
Several books, **including** two or three novels...

→ L'expression **ce dont** se traduit généralement par **what**. La préposition, quand il y en a une, est renvoyée à la fin de la phrase :

C'est ce dont je te parlais.
It's **what** I was talking to you **about**.

C'est ce dont je rêve.
It's **what** I dream **about**.

C'est ce dont tous les enfants ont besoin.
It's **what** all children need.

C'est ce dont j'ai envie.
It's **what** I would like.

→ L'expression **la manière dont**.../**la façon dont**... se traduit par **the way (that)**... :

Je n'aime pas la manière dont tu me parles.
I don't like **the way** (**that**) you talk to me.

Tout dépend de la façon dont c'est fait.
It all depends on **the way** (**that**) it's done.

AUTO-ÉVALUATION　　　RELATIVES

01 Donnez un exemple d'une phrase où **dont** suivi de **le/la** a un sens possessif.

02 Quel est l'équivalent de **dont** en anglais dans ce cas ?

03 Comment dit-on « C'est un livre dont l'auteur est inconnu » ?

04 Donnez un exemple d'une phrase où **dont** renvoie à un verbe suivi de la préposition **de**.

05 Qu'est-ce qui nous permet de choisir entre **who** et **which** pour traduire une telle phrase ?

06 Comment dit-on « Voici la photo dont je suis la plus fière » en employant le « **relatif zéro** » ?

07 Comment dit-on « ...un groupe d'amis, dont trois sont chinois » ?

08 Comment dit-on « ...plusieurs livres, dont deux ou trois romans... » ?

09 Comment traduit-on généralement **ce dont** ? Que se passe-t-il lorsqu'il y a une préposition dans la phrase anglaise ?

10 Comment dit-on « Tout dépend de la façon dont c'est fait » ?

Exercices page suivante

81 › SUITE / relatives : comment traduire « dont »

EXERCICES

Dites la même chose en anglais

01

a. Voilà la femme dont le mari est infirmier.

....

b. C'est un pays dont la population est très pauvre.

....

c. C'est la maison dont le toit s'est effondré ? (s'effondrer = *collapse*)

....

d. La menthe est une plante dont les feuilles sentent très bon.

....

02

a. Le petit chien dont je t'ai parlé est dans le jardin.

....

b. C'est quelque chose dont j'ai vraiment honte. (avoir honte de = *be ashamed of*)

....

c. Fais une liste des choses dont tu as peur. (avoir peur de = *be afraid of*)

....

d. Voici les outils dont tu auras besoin. (avoir besoin de = *need*)

....

03

a. J'ai trois ordinateurs, dont deux sont presque neufs.

....

b. Nous avons visité cinq églises, dont une était en ruine.

....

c. Cinq personnes, dont mon frère, ont signé la lettre.

....

d. Il a écrit des dizaines de chansons, dont au moins trois tubes. *(hits)*

....

e. C'est ce dont tu me parlais tout à l'heure ? *(earlier)*

....

f. J'aime la façon dont elle chante.

....

82 〉 adverbes : place dans la phrase

➔ Avec beaucoup d'adverbes anglais, l'ordre de la phrase est le même qu'en français :

I've **never** seen a rhinoceros.
Je n'ai jamais vu de rhinocéros.

I live **here**.
J'habite ici.

Do it **today**!
Fais-le aujourd'hui !

➔ **Attention !** Certains adverbes s'insèrent dans la phrase selon l'ordre suivant :

verbes *sauf be conjugué*

sujet	(+ « outil »)	+ adverbe	+ verbe
I		never	understand
Mark	will	always	help

avec be conjugué

sujet	+ be	+ adverbe	
You	are	often	late

*Rappel : les « outils » sont les auxiliaires **have** et **do**, et les modaux **can**, **may**, **might**, **must**, **should** et **will**.*

➔ Notez particulièrement les adverbes suivants :

He **really** hates cabbage.
Il déteste vraiment le chou.

I **also** play the trumpet.
Je joue aussi de la trompette.

Peter **never** smokes.
Peter ne fume jamais.

People **sometimes** call me Tommy.
Les gens m'appellent parfois Tommy.

It **always** rains in April.
Il pleut toujours en avril.

Helen **occasionally** drinks wine.
Helen boit du vin de temps en temps.

We **usually** celebrate Christmas at home.
D'habitude, nous fêtons Noël à la maison.

I **often/rarely** go to the cinema.
Je vais souvent/rarement au cinema.

My watch **still** works.
Ma montre marche encore.

They might **never** be found.
Ils ne seront peut-être jamais retrouvés.

➜ Ces mêmes adverbes suivent *be conjugué* :

Peter was **also** at the party.
Peter était aussi à la fête.

Harry is **often/sometimes/always** late.
Harry est souvent/parfois/toujours en retard.

➜ L'adverbe **well** se place généralement **après le complément d'objet** (comparez la place de **bien**) :

He imitates Chirac very **well**.
Il imite très bien Chirac.
(**He imitates very well Chirac* est **incorrect** !)

➜ **too** et **as well** (= aussi, également) se placent en **fin de phrase** :

I've got a cat, **too**.
J'ai aussi un chat

We went to Paris **as well**.
Nous sommes également allés à Paris.

→ L'adverbe **enough** se place **après** le mot qu'il modifie :

His explanation wasn't clear **enough**.
Son explication n'était pas assez claire.
(*not enough clear est **incorrect** *!)*

He didn't walk fast **enough**.
Il n'a pas marché assez vite.
(*not enough fast est **incorrect** *!)*

> → **Attention :** ne pas confondre
>
> **enough** adverbe : **good enough** *(assez bon)*
>
> et
>
> **enough** quantifieur : **enough food** *(assez de nourriture)*
>
> → Retenez ceci :
>
> **adjectif/adverbe + enough**
> mais
> **enough + nom**

82 SUITE / adverbes : place dans la phrase

AUTO-ÉVALUATION   ADVERBES

01 Lorsqu'il y a un adverbe dans une phrase, l'ordre des mots en anglais et en français est-il toujours différent ?

02 Comment dit-on « toujours, souvent, parfois, jamais, rarement » ?

03 Pouvez-vous trouver d'autres adverbes en anglais ?

04 Comment dit-on : « Je n'ai jamais vu de rhinocéros » ?

05 Comment dit-on : « J'habite ici » ?

06 Dans la phrase *« You are late »*, où doit obligatoirement se placer l'adverbe *« often »* ?

07 Dans la phrase *« He hates cabbage »*, où doit obligatoirement se placer l'adverbe *« really »* ?

08 Dans la phrase *« It rains in April »*, où doit obligatoirement se placer l'adverbe *« always »* ?

09 Dans la phrase *« We celebrate Christmas at home »*, où doit obligatoirement se placer l'adverbe *« usually »* ?

10 Comment dit-on : « Ma montre marche encore » ?

11 Où se place *« too »* et *« as well »* (= aussi, également) dans une phrase ?

12 Comment dit-on : « Il n'a pas marché assez vite » ?

13 Est-ce que le mot *« enough »* est toujours un adverbe ?

EXERCICES

Dites la même chose en anglais :

a. Il déteste vraiment le chou mais il adore les carottes.

. . . .

b. Il n'a jamais mangé de sushis.

. . . .

c. Ma sœur ne mange jamais de poisson.

. . . .

d. Faisons un gâteau au chocolat aujourd'hui !

. . . .

e. Nous ferons aussi une tarte aux pommes.

. . . .

f. Mon frère achète parfois des bonbons.

. . . .

g. D'habitude, nous buvons un verre de vin après le dîner.

. . . .

h. Je vais rarement au restaurant.

. . . .

i. Ce cheesecake n'est pas assez gros !

. . . .

j. Tu as assez mangé.

. . . .

83 ⟩ discours direct et indirect : généralités

➜ Quand on rapporte ce que dit quelqu'un en citant ses paroles entre guillemets, on appelle cela le **discours direct** :

David m'a dit : « N'y va pas ! ».
« Arrête ! », lui dit-elle.

➜ Quand on rapporte ce que quelqu'un dit sans le citer directement, on appelle cela le **discours indirect** :

David m'a dit de ne pas y aller.
Elle lui a dit d'arrêter.

➜ En anglais, le verbe le plus employé pour le discours **direct** est **say (said, said)** :

David **said** « Don't go! »
« Stop! », she **said**.

➜ Selon la manière dont la personne parle, d'autres verbes sont possibles :

whisper (chuchoter) ; **shout** (crier) ; **scream** (hurler)...

« Hurry up! », she shouted.
« Dépêche-toi ! » cria-t-elle.

« Don't move! », he whispered.
« Ne bougez pas ! » chuchota-t-il.

« Help! », he screamed.
« Au secours ! » hurla-t-il.

➜ Attention ! Le verbe **tell** n'est **jamais** employé au discours **direct**.

➜ Les verbes les plus employés au discours **indirect** sont **tell** et **say** :

David **said** that I mustn't go.   (Attention ! Jamais *said me* !)
David **told** me not to go.
David m'a dit de ne pas y aller.

She **said** that I must stop.   (Attention ! Jamais *said me* !)
She **told** me to stop.
Elle m'a dit d'arrêter.

➜ Regardez aussi **say** et **tell** dans la partie alphabétique.

➜ Pour rapporter une **question**, on emploie le plus souvent le verbe **ask** :

direct

« What are you eating? », **asked** Harry.
« Que manges-tu ? », demanda Harry.

indirect

Harry **asked** what I was eating.
Harry m'a demandé ce que j'étais en train de manger.

➜ Notez comment toutes les parties de l'énoncé doivent être modifiées quand on rapporte ce que quelqu'un dit (**what are you eating?** devient **what I was eating** dans le dernier exemple).

➜ Quand la réponse attendue est « oui ou non », **ask** est suivi de **if** ou **whether** au discours indirect :

direct

« Are you hungry? », David asked Harry.
« As-tu faim ? », demanda David à Harry.

indirect

David asked Harry **if** he was hungry.
David asked Harry **whether** he was hungry.
David a demandé à Harry s'il avait faim.

➜ Quand une question rapportée contient le verbe lexical **be**, il faut faire attention à l'ordre des mots lorsqu'on transforme la phrase :

direct

« Where's the bathroom? », asked Jason.
« Où est la salle de bain ? », demanda Jason.

indirect

Jason asked **where the bathroom was**.
Jason a demandé où était la salle de bain.
(**Jason asked where was the bathroom* est **incorrect** !)

direct
« Who is that man? », asked Tom.
« Qui est cet homme ? », demanda Tom.

indirect
Tom asked **who the man was**.
Tom a demandé qui était cet homme.

(**Tom asked who was the man* est **incorrect** !)

direct
« Where is the dog? », asked Jason.
« Où est le chien ? », demanda Jason.

indirect
Jason asked **where the dog was**.
Jason a demandé où était le chien.
(**Jason asked where was the dog* est **incorrect** !)

➜ D'autres verbes que **say/tell/ask** sont possibles au discours indirect, selon le type de situation :

admit that...	(admettre/avouer que...)
point out that...	(signaler que...)
wonder if...	(se demander si...)
order somebody **to**...	(donner l'ordre à quelqu'un de...)
warn somebody **to**...	(mettre quelqu'un en garde de...)

83 **SUITE / discours direct et indirect : généralités**

AUTO-ÉVALUATION **DISCOURS DIRECT/INDIRECT**

01 Qu'appelle-t-on le **discours direct** ?

02 Qu'appelle-t-on le **discours indirect** ?

03 Quel est le verbe le plus employé en anglais pour introduire le discours direct ?

04 Pouvez-vous citer d'autres verbes qui sont également employés pour introduire le discours direct lorsque l'on rend compte de la façon dont parle le locuteur ?

05 Le verbe **tell** peut-il introduire le discours direct ?

06 Quels sont les verbes les plus employés pour introduire le discours indirect ?

07 Quel verbe est le plus fréquemment employé pour rapporter une question au discours direct ?

08 Comment rapporterait-on *« Harry asked what I was eating »* au discours direct ?

09 Dans quel cas emploie-t-on **if** ou **whether** ?

10 Comment dit-on en anglais : « signaler que… », « admettre que… », « se demander si… », « mettre quelqu'un en garde de… » et « donner l'ordre à quelqu'un de… » ?

Exercices page suivante

EXERCICES

01 **Dites la même chose en anglais :**

a. Paul a dit « Venez avec moi ».

. . . .

b. « Taisez-vous ! », cria-t-il. (se taire = be quiet)

. . . .

c. « Ne reste pas là ! » hurla-t-elle.

. . . .

d. « Ne t'inquiète pas ! », dit Laura.

. . . .

e. « Tu as froid, Andrew ? », demanda Julie.

. . . .

02 **Rapportez les énoncés suivants au discours direct :**

a. Mum asked what we were doing.
«. . . . . ?», Mum asked.
b. Joe said that he was tired.
«. . . . . », said Joe.
c. Karl asked whether we were hungry.
«. . . . . ? », asked Karl.
d. Fred pointed out that the map was very old.
«. . . . . », said Fred.
e. Tania asked where the changing rooms were.
«. . . . . ? », asked Tania.
f. The guards ordered us to lie on the floor.
«. . . . . ! », shouted the guards.

84 〉 discours direct et indirect : temps et modes

→ Le **temps** grammatical est différent lorsqu'on **dit** quelque chose et lorsqu'on **rapporte ce qui a été dit** :

direct

« J'**ai** faim », dit-elle.   **j'ai = présent**

indirect

Elle a dit qu'elle **avait** faim.   **elle avait = imparfait**

→ En anglais, le **présent** au discours direct devient le **prétérit** au discours indirect :

« **I'm** hungry », she said.
→ She said that **she was** hungry.

→ Le **prétérit** au discours direct devient le **past perfect** au discours indirect :

« We **lost** the match », he said.
→ He said that they **had lost** the match.

→ Le **present perfect** au discours direct devient le **past perfect** au discours indirect :

« I**'ve lost** my bracelet », she said.
→ She said that she **had lost** her bracelet.

→ Le futur avec **will** devient **would** :

« Nobody **will** understand if you speak too fast, Kenny », he said.
→ He told Kenny that nobody **would** understand him if he spoke too fast.

→ L'**impératif** devient **tell... to + verbe**

« Give me the microphone, David! », she said.
→ She **told** David **to** give her the microphone.

84 ⟩ **SUITE / discours direct et indirect : temps et modes**

AUTO-ÉVALUATION　　　　**DISCOURS INDIRECT**

01 Transposez la phrase **« J'ai faim »**, **dit-elle** au discours indirect.

02 Que remarque-t-on sur le temps grammatical employé dans les deux cas ?

03 Traduisez les deux phrases (discours direct/indirect) en anglais.

04 Quand quelqu'un a dit quelque chose en employant le **présent simple**, quel temps emploie-t-on quand on rapporte ce qu'il a dit au discours indirect ?

05 Quand quelqu'un a dit quelque chose en employant le **prétérit**, quel temps emploie-t-on quand on rapporte ce qu'il a dit au discours indirect ?

06 Transposez la phrase « We lost the match, he said » au discours indirect.

07 Quand quelqu'un a dit quelque chose en employant le **present perfect**, comment fait-on pour rapporter ce qu'il a dit ?

08 Transposez la phrase « I've lost my bracelet, she said ».

09 Quand on veut rapporter ce que quelqu'un a dit en employant **will**, comment fait-on ?

10 Transposez la phrase « Nobody will understand you if you speak too fast, Kenny, he said ».

11 Quand quelqu'un a donné un ordre, comment fait-on pour rapporter ce qu'il a dit ?

12 Transposez la phrase « Give me the microphone, David!, she said ».

EXERCICES

01 **Dites la même chose en anglais :**

a. Fred a dit à sa mère qu'il avait soif.

. . . .

b. Sa mère lui a répondu qu'il n'y avait rien à boire.

. . . .

c. Il a proposé d'aller acheter du jus d'orange.

. . . .

d. Elle lui a dit que les magasins étaient fermés.

. . . .

e. Fred lui a répondu qu'il avait vu un magasin qui était ouvert.

. . . .

f. Sa mère a dit qu'elle était d'accord à condition qu'il ne prenne pas son vélo.
(à condition que... = *as long as*...)

. . . .

02 **Maintenant, transformez les phrases de l'exercice 1 en dialogue :**
Fred: . . . .
Mother:. . . . .
Fred: . . . .
Mother:. . . . .
Fred: . . . .
Mother: . . . .

03 **L'élève Têtenlair n'écoute jamais ce que dit le professeur de maths.**
Son copain le renseigne sur ce qui vient d'être demandé.
Complétez comme dans l'exemple donné :

« Take off your coats! »
He told us to take off our coats!
a. « Take your books out! »
He told . . . .
b. « You mustn't revise your lesson now! »
He told . . . .
c. « Adrienne, be quiet! »
He told . . . .
d. « Fabio, have you finished? »
He asked . . . .
e. « Sarah, don't do your French exercises during the maths lesson! »
He told . . . .
f. « I want you to do exercise number 6 for next Monday. »
He told . . . .

85 〉 discours direct et indirect : repères temporels

→ Un **repère temporel**, c'est une expression qui permet de nous situer dans le temps. Les mots et expressions suivants sont des repères temporels :

maintenant, demain, il y a deux jours, la semaine prochaine...

→ Le repère temporel est différent pour celui qui **parle** et pour celui qui **rapporte** :

direct
« La livraison sera faite **demain**? » demanda-t-il.

indirect
Il a demandé si la livraison serait faite **le lendemain**.

→ En anglais, les repères temporels sont transposés de la façon suivante :

« I'm leaving **tomorrow/next week/next month/next year** »
→ He said he was leaving **the following day/week/month/year**.

« I saw the film **last Sunday/week/month/year** »
→ She said she had seen the film **the Sunday/week/month/year before**.
She said she had seen the film **the previous Sunday/week/month/year**.

« We met two years **ago** »
→ He said they had met two years **before**.

→ Quand **now** signifie « tout de suite », il se transforme en **straight away** ou **immediately** au discours indirect :

« I'm going to phone David **now** », she said.
→ She said she was going to phone David **straight away**.
→ She said she was going to phone David **immediately**.

→ Quand **now** a le sens de « en ce moment » ou « désormais », il n'est généralement pas repris au discours indirect :

« Sarah is **now** at school. »
→ She said that Sarah was at school.

« I'm happy **now** », she said.
→ She said she was happy.

85 ⟩ SUITE / discours direct et indirect : repères temporels

AUTO-ÉVALUATION   REPÈRES TEMPORELS

01 Qu'est-ce qu'un « repère temporel » ?

02 Donnez quelques exemples de repères temporels.

03 Que devient le repère temporel quand on rapporte ce que quelqu'un a dit ?

04 Si vous transposez au discours indirect une phrase dans laquelle quelqu'un a dit le mot **tomorrow**, quelle expression devez-vous employer ?

05 Et si la phrase contient **next week** ?

06 Et si elle contient **last year** ?

07 Et si elle contient **two years ago** ?

08 Comment doit-on transposer « I'll do it now, she said » au discours indirect ?

09 Et « I'm happy now », she said » ?

EXERCICES

Transposez les phrases suivantes au discours indirect, en prenant soin de transformer les repères temporels :

a. « I'm going to phone Mark now », she said.
b. « I went to Paris three months ago », said David.
c. « I'm seeing Mark tomorrow », said Janice.
d. « Paul came to see me last Sunday », he said.
e. « There's a concert at the town hall next Saturday », she said.
f. « I bought a new computer last month », said Paula.
g. « We've decided to pay for the TV now », said Jake.

86 〉 discours direct et indirect : modaux

→ Les modaux **can**, **may** et **will** sont transposés de la façon suivante au discours indirect :

⊙ **can** devient **could**

« **Can** I leave the room? », said Alan.
« Je peux sortir ? », *demanda Alan.*
→ Alan asked if he **could** leave the room.
Alan a demandé s'il pouvait sortir.

⊙ **may** peut devenir **might** mais peut aussi ne pas se transformer

« It **may** be too late », said Anne.
« Il est peut-être trop tard », *dit Anne.*
→ Anne said it **might** be too late.
Anne said it **may** be too late.
Anne a dit qu'il était peut-être trop tard.

⊙ **will** devient **would**

« I**'ll** help you », said Daniel
« Je vous aiderai », *dit Daniel.*
→ Daniel said he **would** help us.
Daniel a dit qu'il nous aiderait.

→ Les autres modaux (**could**, **might**, **must**, **should**) ne subissent aucune transformation au discours indirect :

«They **might** be late », said Carol
« Ils auront peut-être du retard », *dit Carol.*
→ Carol said they **might** be late.
Carol a dit qu'ils auraient peut-être du retard.

86 ⟩ **SUITE / discours direct et indirect : modaux**

AUTO-ÉVALUATION ⟩ DISCOURS DIRECT ET INDIRECT : MODAUX

01 Si quelqu'un emploie le modal **can** dans une phrase, comment transposez-vous ce mot lorsque vous rapportez ses propos au discours indirect ?

02 Et le modal **will** ?

03 Et le modal **may** ?

04 Transpose-t-on **could**, **must**, **might** et **should** lorsqu'on rapporte des propos au discours indirect ?

EXERCICES

Transposez au discours indirect :

a. « I'll phone Alison later », said Joe.

. . . .

b. « I can't see the village on the map », said Selena.

. . . .

c. « Can you give me a hand, Debbie? », asked Zoe.

. . . .

d. « We may have some problems », said Paul.

. . . .

e. « The painting might be a Picasso », said Rachel.

. . . .

f. « The children must be back before nine o'clock », said David.

. . . .

87 ⟩ discours direct et indirect : autres exemples

➜ Le discours indirect nous oblige parfois à transformer complètement la phrase d'origine. Voici deux exemples en français :

direct

« Et si on partait demain ? » dit-elle.

indirect

Elle leur a proposé de partir le lendemain.

direct

« Qu'est-ce que tu peux être pessimiste ! », dit-il.

indirect

Il m'a dit que j'étais pessimiste.

Il m'a reproché d'être pessimiste.

➜ En anglais, le même type de gymnastique est parfois nécessaire quand il s'agit de rapporter ce qu'a dit quelqu'un :

« Shall we go to the cinema tomorrow? », said Alan.

➜ Alan **suggested** going to the cinema **the following day**.

« Hey, kids, don't sit on the floor! », said Anne.

➜ Anne **told** the children **not to sit** on the floor.

« No, I won't help you with your homework! », said George.

➜ George **refused** to help **us** with **our** homework.

annexes

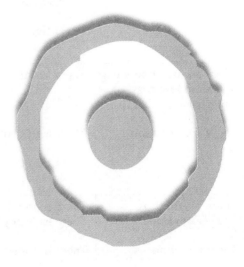

Ce tableau vous aidera à réviser les différents mots et expressions employés pour parler de la **quantité** en anglais.

dénombrable (pluriel) : *dogs, people, houses, children...*	**indénombrable :** *cheese, water, rice, love, time...*	**Sens en français**
There are **a lot of** dogs There are **lots of** dogs There are **many** dogs (moins courant : à éviter) There are **a lot** There are **lots**	There is **lots of** rice There is **a lot of** rice There is **a lot** There is **lots** **Attention !** Ne dites pas *there is much rice.*	Il y en a **BEAUCOUP**
There are **a few** dogs There are **some** dogs There are **a few** There are **some** **Attention !** Ne dites pas *there are any.*	There is **a bit of** rice There is **a little** rice There is **some** rice There is **a little** There is **some** **Attention !** Ne dites pas *there is any.* **Attention !** Ne dites pas *there is few.*	Il y en a **QUELQUES-UNS** Il y en a **UN PEU**
There are **not many** dogs There are **few** dogs (moins courant) There are **not many**	There is **not much** rice There is **not much** **Attention !** Ne dites pas *there is few.*	Il n'y en a **PAS BEAUCOUP** Il y en a **PEU**
There are **no** dogs There **aren't any** dogs There are **none**	There is **no** rice There **isn't any** rice There is **none** **Attention !** Ne dites pas *not some.*	Il n'y en a **PAS DU TOUT**

Annexe 2 — les règles d'orthographe : -e à la fin d'un mot

→ Quand un mot se termine par

voyelle + consonne + e
l'ajout de la terminaison **-er**, **-est**, **-ed**, **-ing** nous oblige à **supprimer le « e »** :

ADJECTIFS
nice   +   -er   =   nicer

This photo of you is much **nicer**.
Cette photo de toi est beaucoup plus jolie.

pale   +   -est   =   palest

Choose the **palest** colour.
Choisis la couleur la plus pâle.

VERBES
hope   +   -ing   =   hoping
(pas **hopping*, ni **hopeing* !)

I was **hoping** to see a few rabbits **hopping** around!
J'espérais voir quelques lapins en train de sautiller !

stare   +   -ed   =   stared
(pas **starred* !)

I **stared** at him: he'd **starred** in my favourite film!
Je l'ai fixé du regard : il avait joué le rôle principal dans mon film préféré !

→ Le verbe **age** (= vieillir) peut garder son **e** quand on ajoute la terminaison **-ing** : on peut écrire soit **aging**, soit **ageing**.

Annexe 3 — les règles d'orthographe : -ie et -y

→ Quand un mot se termine par **consonne + y**, l'ajout de la terminaison **-s**, **-er**, **-est**, **-ed** nous oblige à transformer le **y** en **ie** :

ADJECTIFS

sunny   +   -er   =   sunn**ie**r

This room is **sunnier**
Cette pièce est plus ensoleillée.

pretty   +   -est   =   prett**ie**st

Choose the **prettiest** colour.
Choisis la plus jolie couleur.

VERBES

copy   +   -ed   =   cop**ie**d

He **copied** me!
Il m'a copié !

bury   +   -s   =   bur**ie**s

Watch where the dog **buries** his bone.
Regarde où le chien enterre son os.

NOMS (FORMATION DU PLURIEL)

lady   +   -s   =   lad**ie**s

Ask those two **ladies** for directions.
Demande ton chemin à ces deux dames.

berry   +   -s   =   berr**ie**s

Are these **berries** poisonous?
Ces baies sont-elles toxiques ?

➜ Pour les verbes **die**, **lie** et **tie**, l'ajout de la terminaison **-ing** nous oblige à transformer le **ie** en **y** :

You're **lying**! He's not **dying**!
Tu mens ! Il ne meurt pas !

I'm incapable of **tying** knots.
Je suis incapable de faire des nœuds.

Annexe 4 ⟩ **règles d'orthographe : redoublement de la consonne**

→ Quand un mot d'une syllabe se termine par **une seule voyelle + une seule consonne**, l'ajout de la terminaison (**-er**, **-est**, **-ed**, **-ing**) nous oblige à **redoubler la consonne** :

adjectifs

big	+	-er	=	bi**gg**er
thin	+	-est	=	thi**nn**est

verbes

put	+	-ing	=	pu**tt**ing
jog	+	-ed	=	jo**gg**ed

→ Pas de redoublement quand il y a plus d'une voyelle ou plus d'une consonne :

adjectifs

mean	+	-er	=	mea**n**er *(plus d'une voyelle)*
fast	+	-est	=	fas**t**est *(plus d'une consonne)*

verbes

seat	+	-ed	=	sea**t**ed *(plus d'une voyelle)*
hunt	+	-ing	=	hun**t**ing *(plus d'une consonne)*

→ Quand le mot a plus d'une syllabe, la dernière consonne se redouble lorsque l'accent tonique tombe sur la **dernière syllabe** :

for'get	+	-ing	=	forge**tt**ing
pre'fer	+	-ed	=	prefe**rr**ed

→ Pas de redoublement quand l'accent tonique tombe sur la première syllabe...

'happen	+	-ing	=	happe**n**ing
'wonder	+	-ed	=	wonde**r**ed

→ ...**sauf** les trois verbes suivants :

'handicap (handicapped, handicapping)
'kidnap (kidnapped, kidnapping)
'worship (worshipped, worshipping)

→ La lettre **l** se redouble **toujours** en anglais britannique quand elle est précédée d'une seule voyelle :

appal	+	-ing	=	appa**ll**ing
travel	+	-ed	=	trave**ll**ed

Annexe 5 **comment dire l'heure en anglais : « o'clock »**

→ En français, on peut dire l'heure « pile » de deux façons :

On dit soit **il est deux heures de l'après-midi**
soit **il est quatorze heures**

On dit soit **il est six heures du soir**
soit **il est dix-huit heures**

→ En anglais, **on ne compte pas au-delà de douze** quand on dit l'heure :

It's two o'clock.
*Il est deux heures **ou** il est quatorze heures.*

It's six o'clock.
*il est six heures **ou** il est dix-huit heures.*

→ Pour préciser que c'est **avant midi** ou **après midi**, on emploie les expressions suivantes :

soit	**in the morning**	le matin
	in the afternoon	l'après-midi
	in the evening	le soir
	at night	la nuit
soit	**a.m.**	avant midi
	p.m.	après midi

→ Quand on emploie **a.m.** et **p.m.**, on omet généralement l'expression **o'clock** :

It's two o'clock in the morning.
It's two a.m.
Il est deux heures (du matin).

It's nine o'clock in the evening.
It's nine p.m.
Il est vingt et une heures.

Attention ! On ne combine pas « a.m./p.m. » et « o'clock » ! On ne dit pas **two p.m. o'clock* !

→ **Midi** (pile) se dit **twelve o'clock** ou (plus rarement) **noon** ou **midday**.

→ **Minuit** (pile) se dit **twelve o'clock (at night)** ou **midnight**.

Annexe 6 > comment dire l'heure en anglais : « to » et « past »

→ Les mots **to** et **past** servent à indiquer les minutes et les quarts d'heure **avant** et **après l'heure** respectivement. Ils correspondent donc aux mots « **moins** » et « **et** » en français :

It's ten **to** three.
*Il est trois heures moins dix **ou** quinze heures moins dix.*
*(Notez comment on commence par dire les **minutes** !)*

It's (a) quarter **past** five in the morning.
Il est cinq heures et quart.

Attention ! Quand on ne parle pas de l'heure « pile », on n'emploie plus l'expression « o'clock ». On **ne dit pas** *it's ten to three o'clock* !

→ L'expression **half past** sert à indiquer les demi-heures.

It's **half past** eleven at night.
Il est vingt-trois heures trente.

Attention ! L'expression *half to* n'existe pas !

→ Quand les minutes ne sont pas des multiples de cinq, il faut **toujours** ajouter le mot **minutes** :

On dit   It's **twenty-five past** eight.
Mais on dit   It's **twenty-three minutes past** eight.

→ Pour l'heure autour de minuit, on emploie **midnight** ou **twelve** :

It's a quarter to **twelve** (at night). / It's a quarter to **midnight**.
Il est minuit moins le quart.

→ Pour l'heure autour de midi, on emploie **twelve** (rarement **noon** ou **midday** quand ce n'est pas l'heure « pile ») :

It's a quarter past **twelve**.   *Il est midi et quart.*

→ On peut dire l'heure comme si on lisait une montre électronique (en lisant les chiffres les uns après les autres), **mais n'oubliez pas qu'on ne compte pas au-delà de douze** (pour le chiffre ou le nombre qui indique les **heures**) !

It's ten thirty a.m. / It's ten thirty in the morning.
Il est dix heures trente.

It's eight twenty-seven p.m. / It's eight twenty-seven in the evening.
Il est vingt heures vingt-sept.

I. Demander la date

→ Pour demander la date en anglais, on dit :

What's the date today?
ou
What's today's date?

→ Pour demander quel jour nous sommes, on dit :

What day is it today?
(**Jamais** *what day are we?*)

2. Écrire la date

On écrit généralement la date de la façon suivante en anglais :

30 June 2005
1 December 1998
19 October 1843

→ Notez que les noms de mois s'écrivent **toujours** avec une majuscule en anglais.

2. Dire la date

→ Pour exprimer la date en **français**, on emploie généralement un **nombre cardinal**. On dit « Nous sommes le **vingt-quatre** septembre », « On est le **deux** janvier », etc.

→ Pour exprimer la date en **anglais**, on emploie un **nombre ordinal** précédé du mot **the**. On dit :

It's the twenty-fourth of September
ou
It's September the twenty-fourth

It's the second of January
ou
It's January the second

→ On **ne dit pas** *We are...* mais **It's...** quand on dit la date en anglais.

Annexe 8 〉 traduire « chez » en anglais

→ Il n'y a pas d'équivalent exact du mot « chez » en anglais. Il faut apprendre « comment exprimer la même chose » dans les différents contextes où l'on emploie « chez ».

→ Prenez le temps d'apprendre ces différentes solutions : **chez** est un mot très courant et il faut savoir comment le traduire !

→ Attention ! Contrairement à ce que croient beaucoup de Français, **chez** ne se traduit **jamais** par *by* !

1. Quand « chez » est suivi du nom d'une personne ou d'un pronom personnel, et qu'on désigne simplement l'endroit où quelqu'un habite :

possessif + « place » :

This is **my place**.
Ici, c'est chez moi.

Your place is really nice.
C'est très bien chez toi.

What's **Martin's place** like?
C'est comment, chez Martin ?

Il est aussi possible de remplacer « place », qui a un sens très général, par des mots plus spécifiques comme « house », « flat », etc.

2. Quand on « situe » quelqu'un chez soi ou chez quelqu'un d'autre :

« at » + possessif + « place »

Tom is sleeping **at my place**.
Tom dort chez moi.

Alison is **at Harry's place**.
Alison est chez Harry.

I spent the night **at Dave's place**.
J'ai passé la nuit chez Dave.

*En anglais familier, il est aussi possible d'omettre le mot « place » après le nom d'une personne : **at Harry's**, **at Dave's**. On ne l'omet pas après le pronom personnel (on ne dit pas *at my* !)*

3. Quand on parle d'aller chez quelqu'un (en employant un verbe qui exprime un déplacement) :

« to » + possessif + « place »
We went **to Rachel's place** last Wednesday.
On est allé chez Rachel mercredi dernier.

Let's drive **to Kenny's place**.
Allons chez Kenny en voiture.

Do you want to come **to my place** for a coffee?
Tu veux venir chez moi prendre un café ?

4. Quand on parle d'être chez soi :

« at my place » ou « at home » :
I was **at my place** all weekend.
J'étais chez moi pendant tout le week-end.

Is Farid **at home**?
Est-ce que Farid est chez lui ?

When will you be **at home**?
Quand seras-tu chez toi ?

5. Quand on parle d'aller chez soi (en employant un verbe qui exprime un déplacement) :

verbe de déplacement + « home »
Go home, quick!
Rentre chez toi, vite !

Can you **drive** me **home**?
Tu peux me raccompagner chez moi en voiture ?

Sally **walked home**.
Sally est rentrée chez elle à pied.

6. Quand on parle d'<u>être</u> chez un commerçant, chez le médecin, etc. :

« at » + possessif
Steve is **at the dentist's**.
Steve est chez le dentiste.

I was **at the hairdresser's** when you phoned.
J'étais chez le coiffeur quand tu as appelé.

7. Quand on parle d'<u>aller</u> chez un commerçant, chez le médecin, etc. :

verbe de déplacement + « to » + possessif

You can walk **to the florist's**.
Tu peux aller chez le fleuriste à pied.

He's gone **to the doctor's**.
Il est parti chez le médecin.

8. Quand <u>chez</u> signifie « parmi » : on traduit souvent par « in » ou par among.

This illness is common **in** cats.
Cette maladie est fréquente chez les chats.

It's a problem **among** old people.
C'est un problème chez les personnes âgées.

Annexe 9 › les verbes irréguliers

VERBES	PRÉTÉRIT	PARTICIPE PASSÉ	VERBES FRANÇAIS
be	was, were	been	être
beat	beat	beaten	battre
become	became	become	devenir
begin	began	begun	commencer
bend	bent	bent	plier
bet	bet	bet	parier
bite	bit	bitten	mordre
bleed	bled	bled	saigner
blow	blew	blown	souffler
break	broke	broken	casser
bring	brought	brought	apporter
build	built	built	construire
burn	burned ou burnt	burned ou burnt	brûler
burst	burst	burst	éclater
buy	bought	bought	acheter
catch	caught	caught	attraper
choose	chose	chosen	choisir
come	came	come	venir
cost	cost	cost	coûter
creep	crept	crept	ramper
cut	cut	cut	couper
deal	dealt	dealt	deal with = s'occuper de
dig	dug	dug	creuser
do	did	done	faire
draw	drew	drawn	dessiner
dream	dreamed ou dreamt	dreamed ou dreamt	rêver
drink	drank	drunk	boire
drive	drove	driven	conduire
eat	ate	eaten	manger
fall	fell	fallen	tomber
feed	fed	fed	nourrir
feel	felt	felt	sentir
fight	fought	fought	se battre

VERBES	PRÉTÉRIT	PARTICIPE PASSÉ	VERBES FRANÇAIS
find	found	found	trouver
fly	flew	flown	voler
forbid	forbad ou forbade	forbidden	interdire
forget	forgot	forgotten	oublier
freeze	froze	frozen	geler
get	got	got	plusieurs sens dont « obtenir »
give	gave	given	donner
go	went	gone	aller
grind	ground	ground	moudre
grow	grew	grown	grandir
hang	hung	hung	accrocher
have	had	had	avoir
hear	heard	heard	entendre
hide	hid	hidden	cacher
hit	hit	hit	frapper
hold	held	held	plusieurs sens dont « tenir »
hurt	hurt	hurt	se blesser
keep	kept	kept	garder
kneel	knelt	knelt	s'agenouiller
know	knew	known	savoir
lay	laid	laid	poser
lead	led	led	mener
lean	leaned ou leant	leaned ou leant	se pencher
leap	leaped ou leapt	leaped ou leapt	sauter
learn	learned ou learnt	learned ou learnt	apprendre
leave	left	left	quitter, partir
lend	lent	lent	prêter
let	let	let	laisser
lie	lay	lain	s'allonger
light	lit	lit	allumer
lose	lost	lost	perdre
make	made	made	faire
mean	meant	meant	signifier

VERBES	PRÉTÉRIT	PARTICIPE PASSÉ	VERBES FRANÇAIS
meet	met	met	rencontrer
pay	paid	paid	payer
put	put	put	mettre
quit	quit	quit	s'en aller, partir
read	read	read	lire
ride	rode	ridden	monter à cheval, à vélo...
ring	rang	rung	téléphoner, sonner
rise	rose	risen	augmenter
run	ran	run	courir
say	said	said	dire
see	saw	seen	voir
seek	sought	sought	chercher
sell	sold	sold	vendre
send	sent	sent	envoyer
set	set	set	plusieurs sens dont « se figer »
shake	shook	shaken	secouer
shine	shone	shone	briller
shoot	shot	shot	plusieurs sens dont « tirer » (avec une arme)
show	showed	shown	montrer
shrink	shrank	shrunk	rétrécir
shut	shut	shut	fermer
sing	sang	sung	chanter
sink	sank	sunk	couler
sit	sat	sat	s'asseoir
sleep	slept	slept	dormir
slide	slid	slid	glisser
smell	smelled ou smelt	smelled ou smelt	sentir
speak	spoke	spoken	parler
speed	sped	speeded ou sped	accélérer
spell	spelled ou spelt	spelled ou spelt	épeler
spend	spent	spent	passer, dépenser
spill	spilled ou spilt	spilled ou spilt	renverser
spit	spat	spat	cracher
spoil	spoiled ou spoilt	spoiled ou spoilt	gâcher

VERBES	PRÉTÉRIT	PARTICIPE PASSÉ	VERBES FRANÇAIS
spread	spread	spread	répandre
spring	sprang	sprung	plusieurs sens dont « jaillir »
stand	stood	stood	se tenir debout
steal	stole	stolen	voler
stick	stuck	stuck	coller
sting	stung	stung	piquer
stink	stank ou stunk	stunk	puer
strike	struck	struck	frapper
swear	swore	sworn	jurer
sweep	swept	swept	balayer
swell	swelled	swollen ou swelled	enfler
swim	swam	swum	nager
swing	swung	swung	se balancer
take	took	taken	prendre
teach	taught	taught	enseigner
tear	tore	torn	déchirer
tell	told	told	dire
think	thought	thought	penser
throw	threw	thrown	jeter
wake	woke	waken	réveiller
wear	wore	worn	porter
weep	wept	wept	pleurer
win	won	won	gagner
wind	wound	wound	plusieurs sens dont « enrouler »
write	wrote	written	écrire

corrigés
des exercices

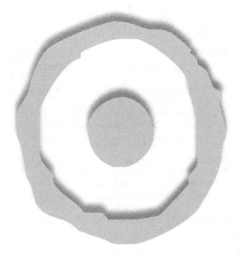

Fiche 1

01. a. sat ; BV sit ; irrégulier
b. made ; BV make ; irrégulier
c. hoped ; BV hope ; régulier
d. died ; BV die ; régulier
e. were ; BV be ; irrégulier
f. cooked ; BV cook ; régulier

02. a. What did he speak to you about?
b. Everybody enjoyed the meal you cooked last night.
c. Somebody has stolen my watch!
d. The cheese didn't smell very nice.
e. You've eaten all the chocolates!
f. How many people were at the meeting?
g. I felt sick yesterday and I had to go home.
h. I've never been to Italy before.
i. I've forgotten my sports kit.
j. That horse seems to have hurt its leg.
k. They left for their holidays last Saturday.

03. Corrigez le verbe dans les phrases suivantes :
a. We chose a nice restaurant.
b. James has broken his leg.
c. They knew all the answers.
d. My parents met in London.
e. I said I was hungry.

04. a. Le prétérit et le participe passé des verbes irréguliers anglais sont toujours différents l'un de l'autre.
FAUX : certains verbes ont la même forme au prétérit et au participe passé (buy - bought - bought).
b. Il existe des verbes anglais dont la base verbale, le participe passé et le prétérit ont la même forme.
VRAI (par exemple, put - put - put).
c. Il y a beaucoup plus de formes verbales à apprendre en anglais qu'en français.
FAUX. Il y en a beaucoup moins !

Fiche 2

01. a. Andrew always **takes** the bus when he **comes** to see us.
b. (Pas de verbe à la 3ᵉ personne)
c. It never **snows** here.
d. Does Paul know that Eve **isn't** coming?
e. This book **is** about a boy who **travels** to India.
f. (Pas de verbe à la 3ᵉ personne)

02. a. What does this word mean?
b. Mark always has lunch at the canteen.
c. Nobody understands what he says.
d. Sarah looks really happy in that photo.
e. Is your sister older than you?
f. How does Ben travel to school?

03. a. My uncle lives in London.
b Does David often write to you?
c. He never drinks wine.
d. Who buys this kind of thing?
e. Anne doesn't like dancing.
f. He looks tired.

Fiche 3

01. a. I must go shopping tomorrow morning.
b. Let your sister use the computer.
c. You can't make me tell you.
d. My parents allowed me to come.
e. We can't understand why they refused.
f. Everybody must listen very carefully.

02. a. Avoid staying in the sun for more than an hour.
b. It's stopped raining.
c. We can't risk being late.
d. Do you mind looking after the children?
e. I've really enjoyed meeting you.
f. I can't imagine doing this alone.
g. When you've finished cleaning the car, you can help me in the kitchen.
h. This afternoon you can practise playing this video game.
i. They suggested going for a picnic.

Fiche 4

01. a. My cat *has* beautiful eyes.
b. *Does* your brother speak English?
c. He said that he *was* hungry.
d. Paul and Maria *have* bought a boat.
e. What *are* you doing?
f. They *are* frightened of the dogs.
g. I've *done* my homework.
h. *Do* your children like horror films?

02. a. What time *do* (aux.) you *have* (lex.) dinner?
b. Have (aux.) you *done* (lex.) the garden?
c. Don't (aux.) *do* (lex.) that!
d. Let's *do* (lex.) something nice this evening.
e. We *had* (lex.) something to eat on the train.
f. Be (lex.) careful!
g. My brother *is* (aux.) taking his exams.
h. Now you're (aux.) **being** (lex.) stupid!

03. a. Have you had a shower?
b. Don't do anything before consulting me.
c. This car doesn't have a radio.
d. Do you do the housework on Saturday?

Fiche 5

01. a. I am hungry.
b. Are you Tom's sister?
c. I think we are late.
d. David is taller than me.
e. Is it already three o'clock?
f. My jeans are covered in mud.

02. a. I was not at the party. I was at home.
b. Were you in bed when I phoned?
c. What time was it when you met David?
d. I think George and Amy were angry with me.
e. How was your trip to Paris?
f. That was delicious, thank you!

03. a. Qui sont ces gens ?
b. Tu avais froid ?
c. À quelle heure partez-vous/pars-tu ?
d. Est-ce que ton grand-père était grec ?
e. Je suis en avance ?
f. En quelle année le téléphone a-t-il été inventé ?

04. a. Are you cold?
   b. It's not true.
   c. Nobody's perfect.
   d. My glasses are new.
   e. Who is the man sitting under the tree?
   f. Your trousers are all dirty.

Fiche 6

01. a. You do seem tired.
   b. Daniel does talk too fast.
   c. People do say stupid things.
   d. I do hope you won't be annoyed.
   e. It does cost a lot.
   f. Do stop talking.

02. a. Stephen does talk quietly.
   b. Paul and Fred do get on well.
   c. That dog does smell!
   d. You do look tired.
   e. My mother does work hard.
   f. Our house does have a big garden.
   g. Do shut up!

03. a. Sarah does dress well!
   b. The journey/the trip does take a long time.
   c. I do like peaches!
   d. But I do agree with you!
   e. These dogs do eat a lot.

Fiche 7

01. a. What **do** (**A**) you think of the new library?
   b. Who **does** (**V**) the cooking in your house?
   c. What **do** (**A**) they **do** (**V**) when it rains?
   d. Does (**A**) Karen know anything about computers?
   e. Don't (**A**) **do** (**V**) your homework in front of the television!
   f. We **didn't** (**A**) catch any fish.
   g. Don't (**A**) Alison and Jason **do** (**V**) karate any more?
   h. Did (**A**) he **do** (**V**) the housework?

02. a. Have (**A**) you ever seen a ghost?
   b. Where does he usually **have** (**V**) lunch?
   c. Come on, **have** (**V**) a drink with us!
   d. I **have** (**V**) two brothers.
   d. He **has** (**A**) just **had** (**V**) a shower.
   e. He **had** (**V**) a shower this morning.
   f. Have (**A**) you **had** (**V**) your breakfast?
   g. You **haven't** (**A**) seen him, **have** (**A**) you?
   h. Did your baggage **have** (**V**) a label?

03. a. What time do you have tea?
   b. What does he do when you're not there?
   c. Don't do the cooking now!
   d. They don't have much money.
   e. Do you have an appointment?
   f. Don't do anything.
   g. They do pasta but they don't do pizzas.

Fiche 8

01. Les phrases b, e, f, h contiennent **have** au sens de « avoir, posséder ».

02. a. My Dad's got lots of fishing equipment.
   b. I've got no idea what you're talking about.
   c. We've got enough time, don't worry.

d. Andrew and Elaine have got a nice flat.
   e. It's a big car and it's got air conditioning.
   f. I 've got a bad cold.
   g. Do you think the hotel has got a restaurant?

03. a. I've got three cats.
   b. The building has got a large car park.
   c. We've got enough time.
   d. Daniela has got a nice watch.
   e. You've got a stain on your trousers.
   f. I 've got flu.

Fiche 9

01. a. We haven't got much time.
   b. The building where I live hasn't got a car park.
   c. No, I haven't got a cold.
   d. Jonathan hasn't got any pets.
   e. My computer hasn't got a flat screen.
   f. Our neighbours haven't got much patience.
   g. Haven't you got a computer?
   h. Hasn't Daniel got any brothers and sisters?

02. a. Have you got the correct time, please?
   b. Who's got the ball?
   c. Have Paul's aunt and uncle got a car?
   d. Has she got a chance of winning?
   e. Have antelopes got horns?
   f. Has anyone got an idea?
   g. What have you got in your bag?
   h. How many brothers and sisters have you got?

03. a. Nous avons une baignoire et une douche.
   b. Je prends un bain une fois par semaine et une douche chaque matin.
   c. Je mange des sandwichs à midi.
   d. J'ai des sandwichs.
   e. Ils boivent toujours du champagne à Noël.
   f. Ils ont toujours du champagne dans leur frigo.
   g. Nous mangeons parfois des chocolats avec le café.
   h. Nous avons de très bons chocolats.

Fiche 10

01. b. may
   c. won't
   e. would
   f. mustn't

02.
• exprime la possibilité	**can, might**
• forme le conditionnel	**would**
• exprime la volonté	**will, would**
• exprime le futur	**will**
• exprime une obligation forte	**must**
• permet de proposer une activité	**shall**
• employé avec **like**, permet d'exprimer désirs et souhaits	**would**
• exprime la quasi-certitude	**must**
• permet de donner son autorisation	**can**

Fiche 11

01. a. I **can** see you.
   b. We **will** come to the party.
   c. I'**m** (I **am**) looking for my glasses.
   d. Nobody understands what you'**re** (you **are**) talking about.
   e. I **have** met him before.
   f. You **must** show me your photos.

g. Somebody's (**has**) stolen my bag!

h. It **would** be a shame if you **couldn't** come.

02. a. Paul and Andrew have arrived.

b. Have Paul and Andrew arrived?

c. That is my jacket.

d. Is that my jacket?

e. He can speak Spanish.

f. Can he speak Spanish?

g. They were out when I called.

h. Were they out when I called?

03. a. Daniel is downstairs.

b. Is Daniel downstairs?

c. He has bought a dog.

d. Has he bought a dog?

e. It will rain tomorrow.

f. Will it rain tomorrow?

Fiche 15

01. a. Give each player four cards.

b. I owe my cousin ten euros.

c. Hassan taught his friends some funny songs.

d. Have you shown anyone your holiday photos?

e. Take William this letter, please.

f. I'm writing my teacher a note.

02. a. Can you explain the rules (to me)?

b. They recommended a very good bakery (to us).

c. Try and describe your attacker (to me).

Fiche 16

01. a. must.

b. will.

c. auxiliaire be (is).

d. can.

e. have (auxiliaire).

f. should.

g. has (auxiliaire have).

h. could.

02. a. Have David and Harry finished?

b. Is that car Mrs Jackson's?

c. Will we be late?

d. Can she speak Japanese?

e. Were the books expensive?

f. Should I leave immediately?

03. a. Sarah is in the garden.

b. Is Sarah in the garden?

c. She's mowing the lawn.

d. Is she mowing the lawn?

e. It will snow next week.

f. Will it snow next week?

Fiche 17

01. a. Do Andy and Cathy like travelling?

b. Does this sauce have garlic in it?

c. Do you believe his story?

d. Does he do a lot of work?

e. Do elephants drink a lot of water?

f. Do your parents like me?

g. Did you go to Greece?

h. Did you have a nice time?

02. a. Do you want to come to the cinema with us?

b. Does the bus stop in front of the cinema?

c. What time did you leave the house?

d. Did you like/enjoy the film?

e. Do you often phone your mother?

f. Does she still work in a bank?

g. Did she thank you for the flowers?

Fiche 18

01. a. What time does the bus leave?

b. Why does Paul walk slowly?

c. What did Kevin say?

d. Where did they live?

e. When did he disappear?

f. Who did they live with?

02. a. Which (complément) dress do you like?

b. Which (sujet) phone works?

c. Who (sujet) told you I was coming?

d. Who (complément) did you tell?

e. What (sujet) comes next?

f. What (complément) did you come here for?

03. a. What did you do last weekend?

b. Did you go to Nicolas's birthday party?

c. Who drove the car?

d. Who did you see at the party?

e. Who made the cake?

f. Who phoned him to wish him a happy birthday?

g. Did you have time to buy him a card?

Fiche 19

01. a. Est-ce que Jenny fume ? Jenny fume-t-elle ? Elle fume, Jenny ?

b. Les Davidson ont-ils une voiture ? Ils ont une voiture, les Davidson ? Est-ce que les Davidson ont une voiture ?

c. Tu as soif ? As-tu soif ? Est-ce que tu as soif ?

d. Ton frère est-il plus âgé que toi ? Il est plus âgé que toi, ton frère ? Est-ce que ton frère est plus âgé que toi ?

e. Quelle heure est-il ? Il est quelle heure ?

f. Où est ta mère ? Elle est où, ta mère ?

02. a. Does Kenza live here?

b. Is your (girl)friend here?

c. Where does Boris work?

d. Was Zoe late?

e. Do penguins have feathers?

f. Are you hungry?

Fiche 21

01. a. Je ne lis pas beaucoup de poésies.

b. Ma mère ne travaille pas le mercredi.

c. George ne fait pas de judo.

d. On n'a pas assez de temps.

e. Mes parents n'aiment pas mes tatouages.

02. a. I don't speak Japanese but it's not a problem.

b. He didn't like sushi when he was young but it wasn't a problem.

c. William didn't do his Japanese exercises yesterday.

d. I haven't read « The Otori Clan ».

e. My brother has never read any mangas! He hasn't even read « Chihiro's Journey »!

f. When I told Kenny that I'd been to Japan, he didn't believe me!

i. Samantha never arrives late.

j. Nobody knows the answer.

Fiche 22

01. a. Tu ne penses pas que c'est trop tard ?
   b. On ne peut pas partir tout de suite ?
   c. Ce ne serait pas mieux de lui dire ?
   d. Harry ne veut pas quelque chose à boire ?
   e. Maman ne sera pas fâchée ?

02. a. Aren't you hungry?
   b. Aren't your cousins at home?
   c. Won't she be with you?
   d. Won't it be too complicated for him?
   e. Doesn't your dog bark?
   f. Weren't they frightened?

Fiche 23

01. Things Joe doesn't like : reading, dancing, going to the cinema, taking the bus.
02. Drinking too much alcohol can cause serious diseases.
03. « Part Four : Taking Photos With a Flash ».
04. I'm useless at sewing.
05. David is very good at drawing.

Fiche 24

01. a. Would you consider living in Spain?
   b. No, but I love spending my holidays there.
   c. You can't prevent me from seeing my sister.
   d. Has the mechanic finished mending your bike?
   e. Do you think it's worth calling him?
   f. We were tired, so we stopped to have lunch.
   g. I felt the rain falling on my arm.
   h Can you hear the church bells ringing?

02. a. I'm considering moving next month.
   b. I hate cooking.
   c. We heard him/her shouting.
   d. It's starting to rain.
   e. Do you like dancing?
   f. I'd like to go out, please.
   g. Stop lying!

Fiche 25

01. Action au moment où on parle ; present en be + -ing : phrases b, e, f.

02. a. Look, David's leaving!
   b. The phone is ringing.
   c. I often read in the evening.
   d. Quick! The taxi is waiting.
   e. He tells the same jokes every time.
   f. This car uses a lot of petrol.
   g. Cows eat grass.
   h. I can't talk to you, I'm eating!

Fiche 26

   a. My hamster doesn't eat carrots.
   b. This camera doesn't work.
   c. We don't like chocolate.
   d. I don't understand.
   e. You don't look very well.
   f. I don't do Japanese at school.
   g. Sam and Joe don't read British comics.
   h. Kerry doesn't do judo.

Fiche 27

01. a. Do you go to the cinema a lot?
   b. Do you like beer?
   c. What does your rabbit eat?
   d. Does this computer work?
   e. Do you like me?
   f. What does she mean?

02. a. À qui appartient cette maison ?
   b. Est-ce que tes parents boivent toujours du thé ?
   c. Quelqu'un sait pourquoi c'est arrivé ?
   d. Ton bras te fait mal ?
   e. Cela veut dire que tu ne veux pas venir ?
   f. Lequel (ou laquelle) veux-tu ?

Fiche 28

01. Les phrases b,d, et g expriment une action qui a lieu au moment où l'on parle. On emploierait le présent en be + -ing pour les traduire.

02. a. Look, it's snowing!
   b. What's happening?
   c. At the moment I'm reading a very good novel.
   d. The planet is getting warmer.
   e. No, I'm not listening to you!
   f. Careful! The water's boiling!
   g. Who is looking after your cats at the moment?

Fiche 29

01. Every time I see you, you're phoning someone.
02. When I go to bed I listen to the radio.
03. She gets on my nerves, she's always lying!
04. Paul is always losing his glasses.

Fiche 32

   a. It's a picture of a spaceship.
   b. There's a huge computer screen in the middle.
   c. There are two robots in front of the screen.
   d. A red light is flashing.
   e. The captain is looking at the screen.
   f. He's talking to his crew.
   g. He looks worried.

Fiche 33

01. Action dans le passé : a, d. Lien passé-présent : b, c, e
   a. It was raining so I closed the window
   b. Look, my watch has stopped.
   c. Everybody clapped when he finished his speech.
   d. There! I've finished my book!
   e. Go and see if they've arrived.

Fiche 34

Action dans le passé : a, d, f. « expérience » : b, c, e
   a. We went to London last week.
   b. We've been to London, but never to Glasgow.
   c. I've read lots of books in my life.
   d. I read this book several years ago.
   e. I'm sure that you've seen this film.
   f. You saw this film in 2002, I remember.

Fiche 35

01. Action dans le présent : a, c, e. Lien passé-présent : b, d, f

02. **a.** My mother is in the car.
 b. The park has been closed since this morning.
 c. We are married.
 d. We've been married for ten years.
 e. I have flu/I've got flu.
 f. I've had flu for four days.

Fiche 36

01. Passé : b, c, f. Lien passé-présent : a, d, e

02. **a.** I called him three times last week.
 b. I've called him twice today.
 c. Paul has often been to London.
 d. Paul went to London two days ago.
 e. I had flu last week.
 f. I've often had flu.

Fiche 38

01. Passé révolu : a, e. Activité récente : b, c, d, f, g

02. **a.** I laughed a lot when he told me that story.
 b. He's been drinking, it's obvious!
 c. You can see that it's been raining, the pavement is wet.
 d. They are crying ; I bet they've been arguing.
 e. They argued yesterday.
 f. I know you've been eating chocolate, I've found the wrapper!
 g. Who has been playing with my mobile?

03. **a.** J'attends depuis des heures !
 b. Il pleut depuis ce matin.
 c. Nous pensons à toi depuis ton départ.
 d. David révise depuis le début de la semaine/a révisé toute la semaine.
 e. Qui s'est servi de mon mobile ?
 f. Je vois que tu as dormi.
 g. Qu'avez-vous fait ? Vous êtes couverts de boue !

Fiche 39

01. **a.** I showed him my drawings
 b. The shops closed early yesterday.
 c. It snowed during the night.
 d. I didn't like the film.
 e. Did you eat in an Indian restaurant in London?
 f. Did you tell him the truth?
 g. They didn't understand what I told them.
 h. What did they do to help you?
 i. Did my brother tell you I was here?
 j. We won the match yesterday!

02. Tim got up at seven o'clock. He had a shower. He had breakfast. He listened to the news on the radio. He got dressed. He combed his hair. *It was very expensive (INTRUS)*. He ran to the bus stop. He arrived at his office at 8.30.

Fiche 41

01. Action en cours à un moment donné : b, c, d, e.

02. Phrases qui parlent de ce qui était prévu : a, c, d.

03. **a.** I was sleeping when you arrived.
 b. What were you doing at three o'clock yesterday?
 c. Did you tell me he was coming? I don't remember.
 d. It was raining, the wind was blowing, we were cold.
 e. When I went in, everyone was laughing.

Fiche 42

 a. I've already read this book.
 b. They left at three o'clock.
 c. Tom didn't come to my party.
 d. He turned off the TV, I was furious!
 e. Helen has seen David three times this week.
 f. We talked for an hour.
 g. Your father was very nice to us this morning.
 h. I've told you a thousand times I don't like carrots!
 i. When I saw his face, I knew he was innocent.

Fiche 43

 a. Daniel often wrote to me.
 b. They used to live together but now they are separated.
 c. Tom didn't have a bike when he was young.
 d. I wanted an ice cream but my friend wanted some chocolate.
 e. Jasmine read/used to read the newspaper every morning.
 f. It was raining when we arrived.
 g. I thought he wasn't coming.
 h. They called me to say that they were leaving at midday.

Fiche 44

01. **a.** The house had been sold.
 b. We had learnt to be careful.
 c. Ken had always lived alone.
 d. I had complained several times.
 e. Jasmine had left all the windows open.
 f. It had been snowing when we arrived.
 g. Nobody had heard the alarm.

02. **a.** He said that he had seen the film already.
 b. He said that Fred had drunk all the orange juice.
 c. They said that they had finished.

03. **a.** I wish I had listened to them!
 b. I'd rather you told me the truth.
 c. If you had warned me, I would have come.

Fiche 45

01. **a.** When I arrived it had been raining for an hour.
 b. I saw that Laura had been crying.
 c. We'd been dancing for two hours, we were tired!
 d. Apparently they'd just been talking about me.
 e. They'd been walking all night.

02. **a.** He said that he'd been working all morning.
 b. She said that it had been raining.
 c. They said that they'd been learning about British politics.

Fiche 46

 a. If I had time I would help you.
 b. What would you do if you won?
 c. And if we had a dog, who would look after it?
 d. I would have liked to come with you.
 e. That would have been very nice.
 f. I would have come to see you if I had known.
 g. What would you have done in the same situation?

Fiche 49

01. **a.** La porte a été repeinte/The door has been repainted.

b. Des mesures vont être prises/Steps will be taken.
c. Rien n'a été fait/Nothing has been done.
d. Tout avait été rangé/Everything had been put away.
e. Des études ont été faites par des scientifiques qui montrent que…/Studies have been made by scientists which show that…
f. Le repas a été préparé par Marc/The meal was prepared by Marc.
g. Des erreurs ont été faites/Mistakes have been made.

02. a. My bike has been stolen.
b. That picture was painted by my grandfather.
c. These exercises can be done by beginners.
d. He was attacked by a dog.
e. She was interviewed by a journalist.
f. Honey is made by bees.

03. a. « Death on the Nile » was written by Agatha Christie.
b. Mona Lisa was painted by Leonardo da Vinci.
c. Most of the city of London was destroyed by the Great Fire in 1666.
d. « Imagine » was composed by John Lennon.
e. J.F. Kennedy was assassinated by Lee Harvey Oswald.
f. « The Tempest » was written by William Shakespeare.
g. America was discovered by Christopher Columbus.
h. The Twin Towers of the World Trade Center in New York were destroyed on September 11th, 2001.

Fiche 50

01. a. Il fera froid à Londres, alors prends une veste chaude.
b. Tu penses qu'il faudra changer nos euros avant de partir ?
c. Y aura-t-il un restaurant dans le train ?
d. Je t'enverrai une carte postale !
e. Nous serons de retour dimanche.
f. Je vais porter ce sac pour toi.

02. a. I'll do the washing-up.
b. We'll watch a DVD this evening if you like.
c. Jerry will be thirteen tomorrow.
d. I'll need your help this weekend.
e. Nobody will know the answer.
f. Goodbye! I'll call you, OK?

Fiche 51

01. Décision prise sur le champ : a et d. Décision déjà prise : b et c

02. Avenir immédiat à partir d'indices : a, b et d

03. a. OK, OK, I'll go tomorrow, I promise.
b. I'm going to do it, I've already told you!
c. I've taken out a loan because I'm going to buy a car.
d. Do you like that ring? Then I'll buy it for you!
e. Careful, you're going to fall!
f. I think he's going to sing.
g. I'll do it next week.
h. Have you seen the sky? It's going to snow.

Fiche 52

01. Avenir programmé officiel : a, c, d, f. Programme personnel : b, e, g

02. a. The plane takes off in an hour.
b. I'm seeing Harry tomorrow morning.
c. The course begins/starts in three days.
d. What time does the ceremony start/begin?
e. Toufik is coming with us.
f. The shop closes in an hour.
g. I'm leaving soon.

03. a. The bus leaves at midday.
b. All my brothers are coming to my party.
c. The queen arrives in France tomorrow.
d. What time does the play start?
e. Of course I'm coming with you.

Fiche 53

01. a. Oh no! Look at all those clouds! I think it's going to rain! I'll drive you to the office.
b. What a storm! Oh no, I think that tree is going to fall on the car! I'll call the fire brigade!
c. There's nothing left in the fridge! I'll buy a pizza and some hamburgers at the supermarket.
d. I've got a better idea, I'll take you to a restaurant.

02. a. What time does your plane leave?
b. It leaves at ten o'clock.
c. Are you seeing your friends this afternoon?
d. No, I'm seeing them tomorrow.
e. Does your train arrive at eight o'clock?
f. No, it arrives at nine.
g. What are you doing tonight?
h. I'm going to the cinema.
i. What time does the film begin?
j. It begins at nine.

03. a. When will you buy a ca?
b. I'll buy one as soon as I have my driving licence.
c. When will your sister go to Japan?
d. She'll go to Japan when she can speak Japanese.
e. What will you do when you are eighteen?
f. I'll get married.

Fiche 54

a. The queen is to visit a hospital tomorrow.
b. Look ! The boat is just about to leave!
c. The new museum is to open next week.
d. My sister is to receive a prize.
e. We're just about to eat, can you phone a bit later?
f. You've arrived at the right time, we're just about to watch a DVD!

Fiche 55

a. Take off your coats.
b. Sit down.
c. Get out your dictionaries.
d. Come and throw your chewing gum in the bin.
e. Write in blue pen.
f. Underline the date in red.
g. Jump a line.
h. Turn off your mobiles.
i. Correct the exercises in green.
j. Don't write in the margin.

k. Put up your hand to answer.
l. Make two columns.
m. Let's watch a video today.
n. Let's not go too fast.
o. Let's pay attention.

Fiche 56

a. Don't they?
b. Is it?
c. Do you?
d. Didn't you?
e. Don't you?
f. Does he/she?
g. Is he?
h. Isn't he?
i. Did he?

Fiche 57

01. a. aren't you?
b. do they?
c. will you?
d. can you?
e. wasn't it?
f. did they?
g. doesn't she?
h. don't you?
i. does it?
j. isn't it?
k. haven't you?

02. a. wasn't he?
b. can't he?
c. didn't she?
d. isn't he?
e. was she?
f. didn't she?
g. is he?
h. didn't they ?

Fiche 58

a. No, it isn't.
b. Yes, I do.
c. Yes, I am.
d. No, I can't.
e. Yes, I have/No, I haven't.
f. Yes, I would/No, I wouldn't.
g. Yes, it was!

Fiche 59

01. a. sisters
b. people
c. Smiths
d. policemen
e. mice
f. species
g. children
h. sheep

02. a. I'm going to buy some jeans, some shorts and some pyjamas.
b. Your trousers are very dirty!
c. The children are crying.
d. This shop sells clothes for men and for women.
e. Andrew has got big feet.
f. My two brothers are policemen.

Fiche 60

01. rice, advice, news, luggage, honey et information sont indénombrables.

02. a. It's good news.
b. The news is excellent.
c. He gave me a piece of advice.
d. Don't forget your luggage.
e. I've only got one piece of luggage.
f. It's a big job.
g. He speaks impeccable French.
h. I've got bronchitis.

Fiche 61

01. Quelque chose en général : a, c, e. Quelque chose en particulier : b, d, f.

02. a. It's a film for children.
b. The children were very good.
c. Monkeys like bananas.
d. I like looking at the monkeys at the zoo.
e. The bread is all dry!
f. Bread isn't the same in England.
g. Do you like classical music?
h. The music is too loud.

03. a. I collect stamps and postcards.
b. I like classical music but I don't like rock'n'roll.
c. I loved the CD I listened to at my friend's yesterday.
d. I'm good at English but I'm not very good at maths.
e. The maths teacher is absent today.
f. I hate geography but I'm interested in history.
g. Cindy, come to the blackboard! Andy, switch on the light, please !
h. Did you do the grammar exercises the French teacher gave us yesterday ?
i. No, you know I hate doing grammar exercises !
j. What do you think of the new headmaster ?
k. I didn't know the old headmaster had retired.
l. Mr Stevens teaches French.
m. Dictionaries are often expensive but the dictionary we bought yesterday was quite cheap.

Fiche 62

01. a. What time is breakfast ?
b. She's still in bed.
c. He's at university, he's studying English.
d. He's at the university, he'll be back later.
e. Joe is in hospital, he's ill.
f. Hundreds of people work in the hospital.

02. a. Alison est à l'église, mais pas nécessairement pour assister à une cérémonie.
b. Jason est incarcéré.

Fiche 63

01. Article « a » : phrase d. Article « an » : phrases a, b, c, e, f

02. a. George is a taxi driver.
b. I'm a student.
c. She wants to become a pilot.

d. He's head of a small company.

03. a. They are very nice children.
b. Some friends bought me a present.
c. Here are some books for you to read.
d. She writes children's stories.

04. Article « a » : phrases a, c, e, g. Article « an » : phrases b, d, f.

Fiche 65

01. a. It's my cousin's car.
b. My parents' bedroom is upstairs.
c. This cat's eyes are beautiful.`
d. My children's health is very important.
e. Bobby's sister is a nurse.
f. Have you seen the price of those strawberries ?
g. The reaction of the French is very interesting.
h. It was the end of the war.

02. a. The wardrobe door.
b. The bedroom window.
c. A computer screen.
d. A shower curtain.
e. A love song.
f. A flower shop.
g. A ten cent coin.
h. A four day walk.

03. a. **A matchbox** est une boîte d'allumettes vide. **A box of matches** est une boîte (pleine) d'allumettes.
b. **A beer glass** est un verre à bière. **A glass of beer** est un verre de bière.
c. **A bowl of cereal** est un bol rempli de céréales. **A cereal bowl** est un bol à céréales.
d. **A champagne bottle** est une bouteille à champagne (vide). **A bottle of champagne** est une bouteille (pleine) de champagne.

Fiche 66

a. It's a very serious problem
b. Harry told some funny stories.
c. The other children stayed.
d. Joe loves old books.
e. Rachid has got big green eyes.
f. Maria lives in a beautiful little wooden house.

Fiche 67

a. They sell live fish.
b. Is he alive ?
c. I feel lonely.
d. You look half asleep.
e. They seem happy.
f. She's a happy girl.

Fiche 68

a. I'm scared of mice.
b. I was surprised by his/her answer.
c. I'm furious about that letter.
d. I'm very angry with you.
e. Paula was delighted with her presents.
f. My parents are very nice/kind to me.
g. I'm useless at maths.
h. My new computer is very different from the old one.
i. They were very disappointed with the results.

j. I'm perfectly aware of the problem.
k. I'm interested in astronomy.

Fiche 69

01. a. This association helps old people.
b. There's an access ramp for the disabled.
c. The English like travelling to France.
d. We try to help the poor.
e. There are reductions for the unemployed and students.

02. a. An Englishman and a Frenchman have been arrested.
b. Three Englishmen and a young French woman/a French girl have written to us.
c. A disabled person has complained.
d. A young blind woman/girl took part in the programme.
e. There are more poor people every year.
f. 3,000 unemployed people took part in the demonstration.

Fiche 70

a. Two young French women won medals.
b. David has married an Irish girl. They live in Spain. They speak Spanish.
c. There are two Vietnamese children in my class. They understand French.
d. She's going out with a Spanish boy. He speaks English very well.
e. I live with three German girls/women.
f. The Japanese won the match, the Chinese lost.
g. There were some Pakistanis on the plane.
h. I know a Scotsman called Andy. I love Scotland !
i. The Portuguese produce good wines. The French too !
j. There were lots of Danes/Danish people at the party. Some Dutch people too.

Fiche 71

01. a. I'm taller than my sister.
b. I find German more difficult than English.
c. Put your bike here, it's safer.
d. Our team is better than theirs.
e. The wind is much stronger now.
f. This programme is more interesting.
g. It would be simpler to write to him/her.
h. Flats are more expensive in London.

02. a. longer than
b. shorter than
c. higher than
d. bigger than
e. hotter than
f. faster than
g. more comfortable than
h. more dangerous than ; cheaper

Fiche 72

a. I've bought the fastest bike in its category.
b. It was the most expensive bike in the shop.
c. Do the easiest exercises first.
d. Bob is the happiest person I know.
e. The simplest thing would be to answer straight away.
f. The best solution is the cheapest solution!

Fiche 74

01. a. her
b. she
c. she, her, she
d. she
e. her, she
f. her

02. a. his
b. he
c. his
d. he, her (ou she, him)
e. he
f. his

03. a. she
b. she
c. her
d. she
e. her, she
f. her, he

04. a. he
b. his
c. he, his
d. he, his, him
e. he, he
f. his

05. a. hers
b. yours
c. mine
d. his
e. ours
f. theirs

Fiche 75

01. Réfléchi : phrases a, b, g, i. Réciproque : phrases c, d, e, f, h.

02. a. each other
b. myself
c. each other
d. yourself
e. each other
f. each other

Fiche 76

a. It's beautiful!
b. He's late!
c. It's disgusting!
d. She's all dirty!
e. It smells nice!
f. It smells nice!
g. It bit me!
h. It's closed!

i. She's coming home.

Fiche 77

01. a. her
b. its
c. his
d. her
e. its
f. his
g. its

02 . a. I saw David at the shopping centre with his dog.
b. Alison forgot her swimming goggles.
c. Jason was very pleased with his present.
d. That lamb is looking for its mother.

Fiche 78

01. a. Ma sœur dit que les lunettes de soleil sont à elle/les siennes, mais je ne la crois pas.
b. Mon frère dit qu'elles sont à lui/sont les siennes, mais elles semblent trop petites pour lui.
c. Qu'en penses-tu ? Elles sont à lui ou à elle ?
d. Harry ne peut pas te prêter ce vélo parce qu'il n'est pas à lui/ pas le sien.
e. Demande à Laura, ce vélo dans le coin est à elle/est le sien.
f. Ce vélo est à lui, et celui-là est à elle. Prends celui qui est à elle !

02. a. My sister says the money is hers.
b. I'm not sure it's hers.
c. My brother thinks it's his.
d. I think it's his.
e. Ask Freddy if the books are his.
f. If they are his, ask him if we can throw them away.
g. Maybe they're his sister's. Do you think they're hers?
h. If they're hers, we'll keep them.

03. a. hers
b. his
c. hers
d. his
e. hers
f. his ; hers

Fiche 79

01. a. who, that
b. which, that
c. that, which
d. who, that
e. that, which
f. who, that
g. that, which
h. who, that

02. Le relatif zéro est possible dans les phrases a, c et f.

03. a. The Polar Express is the story of a boy who lives with his parents and his sister.
b. One night he takes a train that/which goes to the North Pole.
c. On the train he meets lots of children who/that are very friendly.
d. The children drink chocolate that/which tastes like melted chocolate bars.

e. They travel through forests that/which are dark and frightening.
f. They cross a desert of ice which/that is called the Great Polar Ice Cap.
g. They meet Santa, who is pleased to see them.
h. Santa gives the boy his first Christmas present, which is a bell.

Fiche 80

01. Proposition déterminative dans les phrases a, d, e, g. Proposition appositive dans les phrases b, c, f, h.

02. **a.** My friends, who live in the suburbs, often go to the cinema.
b. The video game that/which/Ø I bought yesterday doesn't work.
c. Haggis, which is a Scottish speciality, is difficult to find in England.
d. The wine that/which/Ø we drank was delicious.
e. Most of the people that/who live here are against the project.
f. Your mother, who I saw this morning, told me you had arrived.
g. Your father, who phoned me this morning, has invited me to dinner.
h. It's a film that/which/Ø very few people liked.

Fiche 81

01. **a.** There's the woman whose husband is a nurse.
b. It's a country whose population is very poor.
c. Is that the house whose roof collapsed?
d. Mint is a plant whose leaves smell very nice.

02. **a.** The little dog I told you about is in the garden.
b. It's something I'm really ashamed of.
c. Make a list of things you are afraid of.
d. Here are the tools you will need.

03. **a.** I've got three computers, two of which are almost new.
b. We visited five churches, one of which was in ruins.
c. Five people, including my brother, signed the letter.
d. He has written dozens of songs, including at least three hits.
e. Is that what you told me about earlier?
f. I like the way she sings.

Fiche 82

a. He really hates cabbage but he loves carrots.
b. He's never eaten sushi.
c. My sister never eats fish.
d. Let's make a chocolate cake today!
e. We'll make an apple tart as well.
f. My brother sometimes buys sweets.
g. We usually drink a glass of wine after dinner.
h. I rarely go to restaurants.
i. This cheesecake isn't big enough!
j. You've eaten enough.

Fiche 83

01. **a.** Paul said « Come with me ».
b. « Be quiet! », he shouted.
c. « Don 't stay there! », she screamed.
d. « Don't worry! », said Laura.
e. « Are you cold, Andrew? », asked Julie.

02. **a.** « What are you doing? »
b. « I'm tired »
c. « Are you hungry? »
d. « The map is very old »
e. « Where are the changing rooms? »
f. « Lie on the floor! »

Fiche 84

01. **a.** Fred told his mother he was thirsty.
b. His mother replied that there was nothing to drink.
c. He offered to go and buy some orange juice.
d. She told him the shops were shut.
e. Fred replied that he had seen a shop that was open.
f. His mother said she agreed as long as he didn't take his bike.

02. Fred : « I'm thirsty ».
Mother : « There's nothing to drink ».
Fred : « I'll go and buy some orange juice ».
Mother : « The shops are closed ».
Fred : « I saw one that was open ».
Mother : « OK, as long as you don't take your bike ».

03. **a.** He told us to take our books out.
b. He told us not to revise our lesson.
c. He told Adrienne to be quiet.
d. He asked Fabio if he had finished.
e. He told Sarah not to do her French exercises during the maths lesson.
f. He told us to do exercise number 6 for the following Monday.

Fiche 85

a. She said she was going to phone Mark straight away.
b. David said he had been to Paris three months before.
c. Janice said she was seeing Mark the following day.
d. He said that Paul had come to see him the previous Sunday.
e. She said there was a concert at the town hall the following Saturday.
f. Paula said she had bought a new computer the previous month/the month before.
g. Jake said they had decided to pay for the TV straight away.

Fiche 86

a. Joe said he would phone Alison later.
b. Selena said she couldn't see the village on the map.
c. Zoe asked Debbie if she could give her a hand.
d. Paul said they may/might have some problems.
e. Rachel said the painting might be a Picasso.
f. David said the children must be back before nine o'clock.

INDEX FRANÇAIS
AVEC RENVOIS

*IMPORTANT : Cet index **ne doit pas** être lu comme une liste de mots avec leurs **traductions**.*

*La colonne de droite ne présente pas nécessairement la **traduction** du mot que vous cherchez, mais vous **renvoie** à l'endroit où vous trouverez de l'information sur ce mot. Par exemple, le mot **apprendre** ne se traduit pas toujours par **learn**, mais vous trouverez toutes les informations utiles sur les équivalents du mot **apprendre** dans l'article **learn**.*

A

à	**at, in, on, to**
à elle	**hers**
à elles	**theirs**
à eux	**theirs**
à lui	**his**
à moi	**mine**
à moins que	**unless**
à nous	**ours**
à peine	**hardly**
à qui ?	**whose**
à toi	**yours**
à travers	**across, through**
à vous	**yours**
afin de	**to, in order to**
afin que	**so that**
ah bon ?	**fiche 56**
ainsi que	**as well as**
alors	**so**
alors que	**whereas**
apprendre	**learn**
après	**after**
arriver à	**get to**
assez	**enough, quite**
au	**at, in, on, to**
au début	**at first**
au lieu de	**instead (of)**
aucun	**no, none**
aussi	**also, as well, so, too**

aussi… que	**as… as, so**
autant… que	**as… as**
autre	**else, other**
aux	**at, in, on, to**
avant	**before**
avant de + verbe	**before**
avec	**with**
avoir (posséder)	**have, have got**
avoir l'air	**look**
avoir l'habitude	**(be) used to**

B

beaucoup	**a lot, much, many**
besoin	
(avoir besoin de)	**need**
bien que	**although**
bon (souhaits :	
bon voyage, etc.)	**have**
bon en (dessin, etc.)	**good at**

C

ça	**it, that**
ça fait… que	**for ; fiche 35**
capable	**able to, can**
ce	**it, that, this**

D

E

F

H

I

souvent	often
sur	about, on

T

ta	your
te	you, yourself
tes	your
tien	your, yours
tienne	your, yours
toi	you
toi-même	yourself
ton, ta, tes	your
toujours	always
tous	all
tous les/toutes les	all, every
tous/toutes les deux	both
tout	all, everything
tout le monde	everybody
trop	too, too much
tu	you

U

un(e)	a, an, one
un peu	a bit, a little, some
un tel, une telle, de tel(le)s + n	such
une fois	once
unique	only, unique

V

voici	here is, here are
voilà	there is, there are
vos	your
votre	your
vôtre	yours
vous	you, yourself, yourselves
vous-même	yourself
vous-mêmes	yourselves

LISTE DES FICHES ET ANNEXES

LA GRAMMAIRE PAR L'EXEMPLE

Achevé d'imprimer en France par Hérissey en mai 2007 - N° 104997
N° d'éditeur : 10140905 - Dépôt légal : juin 2007